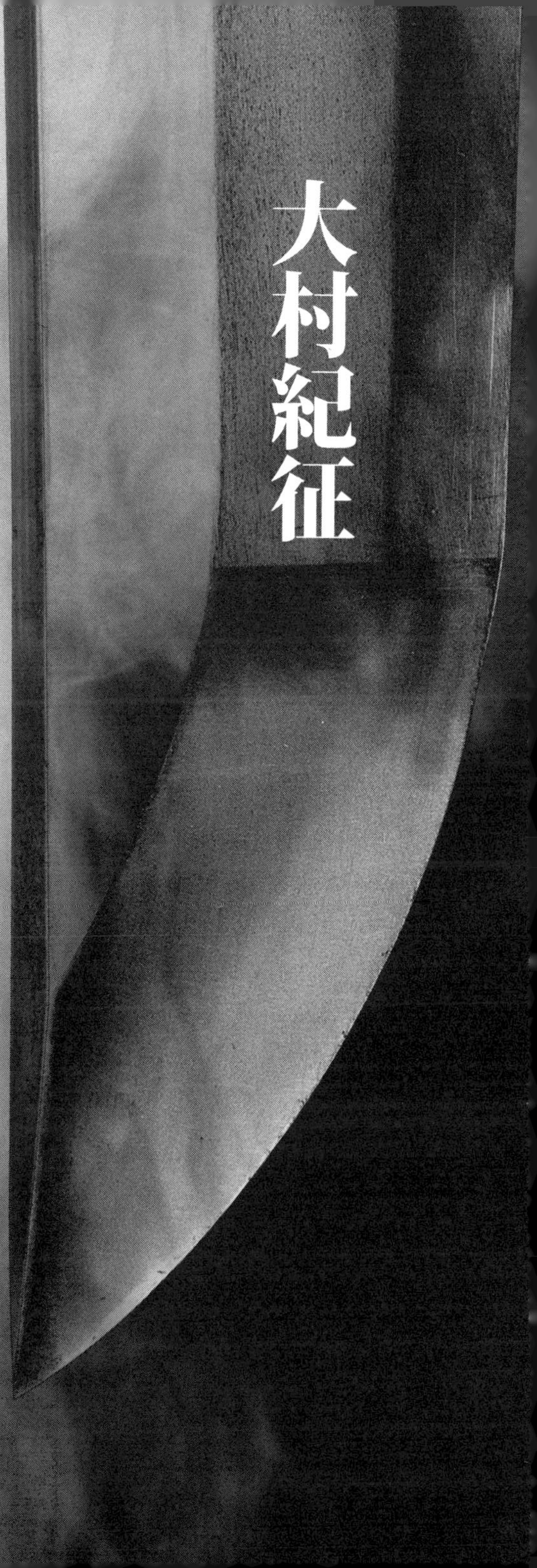

真説 戦う日本刀

〝最高〟と呼べる武器性能の探究

大村紀征

BAB JAPAN

序説（論考趣旨について）

古代より、刀剣は部族の盛衰に関わる重要な武器でした。

刀剣の持つ利刃が畏怖を生み、その裏返しが畏敬でした。刀剣は、単なる武器を超越した部族の信仰の対象にもなりました。部族にとってそれが如何に重要な存在であるかは、多くの神社にご神体として刀剣が祀《まつ》られていることからも明らかです。

刀剣が持つ畏怖・畏敬、霊威・武威の多面性は、全て武器の本質から生まれたものです。以来、刀剣は国造りを支え、単なる武器に止《とど》まらず、心と魂とに係わる民族の精神性の醸成と一体を成してきました。

反《そ》りを持つ太刀が出現してからも、日本刀は千年の歴史を重ねてきました。

しかし、大東亜戦争の終結と共に、長い日本刀の歴史は幕を降ろしました。

現在の日本刀剣界は刀剣鑑賞が主流を占めています。日本刀観は人各々《おのおの》ですから、この是非の議論は控えます。

ただ、刀身美は日本刀の本質から派生した付帯的側面にしか過ぎません。平安時代から太刀黄金期の鎌倉時代まで、刀身の表面は「鍛冶研《かじとぎ》」を少し丁寧にした程度であったと言われます。従って刃文や地肌は判然とせず、むしろ、刀身表面は斬れ味を良くする為にわざわざ荒らされました。これが「寝《ね》た刃《ば》（根太刃）合《あ》わせ」です。これは、戦う刀の常識でした。

刀身美が認識されるのは、足利幕府に仕えた研ぎ師の本阿弥《ほんあみ》家が良質の砥石《といし》を発見し、これで刀身を研いだところ偶然にも綺麗な地刃（地肌と刃文）が出現したことに端を発します。これに目をつけたのが万事に抜け目のない豊臣秀吉と石田三成でした。

うち続く戦乱で恩賞として分け与える土地に窮した彼等は、巧妙な政治政略から、土地に匹敵する価値を刀に付与する為に、地刃の美と名刀伝説を創作し、これを意識的に利用しました。

以来、江戸期になって刀姿、地刃、流派・刀匠、銘の鑑定などの鑑賞の視点から日本刀を論じることが中心になりました。

こうした鑑賞趣味が昂《こう》じた結果、戦後の美術刀剣界では〝地刃の美に欠ける刀は日本刀ではない〟などという異様な風潮まで生まれました。

それは日本刀の原点である武器としての視点が完全に欠落しているからに他なりません。日本刀とは一体何だったのかと疑問に思うのは筆者一人だけでしょうか。

また、日本刀の根本である地鉄や造り込みに関しては、僅《わず》かに水心子正秀《すいしんしまさひで》（江戸末期・文化文政＝一八〇四～一八二九）の秘伝書と、新々刀《しんしんとう》最後の刀匠達の保持技能でした。

刀に密接する製錬（製鉄）についても、江戸・元禄四年（一六九一）に出現した、砂鉄を原料とする永代タタラの説明が全てという状態です。

日本刀千年の永い歴史の中で、これらは日本刀終末期の近世の事象を述べているに過ぎません。問題はこれらの内容を、日本刀が誕生した〝古来からの伝統〟として世間に誤解を与えていることです。

本書は、日本刀の実体を明らかにし、日本刀概念の再認識を世に問うものです。

大村紀征

令和元年年十一月

目次

第3章 製鉄の秘密……89

第4章 軍刀の到達点……127

第5章 現代刀～斬撃性能の飽くなき探究……185

第1章 日本刀誕生

一　日本刀の草創期と湾刀の出現

一　東北戦争

幾多の戦乱の中で、日本刀の形態に画期的な影響を与えた戦いが、奈良〜平安時代初期に起きた東北戦争だった。

飛鳥時代後期から、律令制（王土王民制）を推し進める中央政権は、南部九州の隼人《はやと》を制圧し、その領域の北限は現在の新潟〜米沢〜仙台平野までだった。中央政権は、領域以北を一括して「蝦夷《えみし》」と呼称した。

これは、王権の地域以外は全て蛮夷《ばんい》という大陸の中華思想に基づいているが、奥羽地方の実態は、古代縄文の狩猟・漁撈《ぎょろう》・採集を伝承しながらも、水稲も受容し、国内及びオホーツク沿海地方との活発な交易を展開して、多様な文化を持つ地域だった。

版図拡大を図る律令政権は、地方官衙《かんが》（＝役所。国府）の城柵の設置と、柵戸（さくこ・きのへ）と言われる移民によって群《こおり》を置く事を東北政策の基本とし、懐柔と軍事制圧（征夷）の二面策を採った。

政権と蝦夷との争いは七世紀中葉の六三七年（『日本書紀』舒明天皇九年）に始まっている。最初の城柵は大化改新（六四五）直後、越国《こしのくに》（＝越後）に二ヶ所、ほどなく陸奥《みちのく》（むつ＝仙台平野以南）国も設置した。倭国軍が唐・新羅連合と白村江《はくすきのえ》で戦う以前のことである。

和銅二年（七〇九）、越後の蝦夷が蜂起し、その二年後に出羽《いずは》（＝でわ）国が設置された。その後も陸奥国や海道（宮城県北部、北上川下流域＝牡鹿群）蝦夷が蜂起して大きな動乱が続いた。

宝亀七年（七七六）、光仁天皇は陸奥国と出羽国の軍士二万四千人で山道（胆沢《いさわ》・志波《しわ》の北上盆地）と海道蝦夷を西と南の二面から攻めさせた。三十八年戦争の始まりとなった。

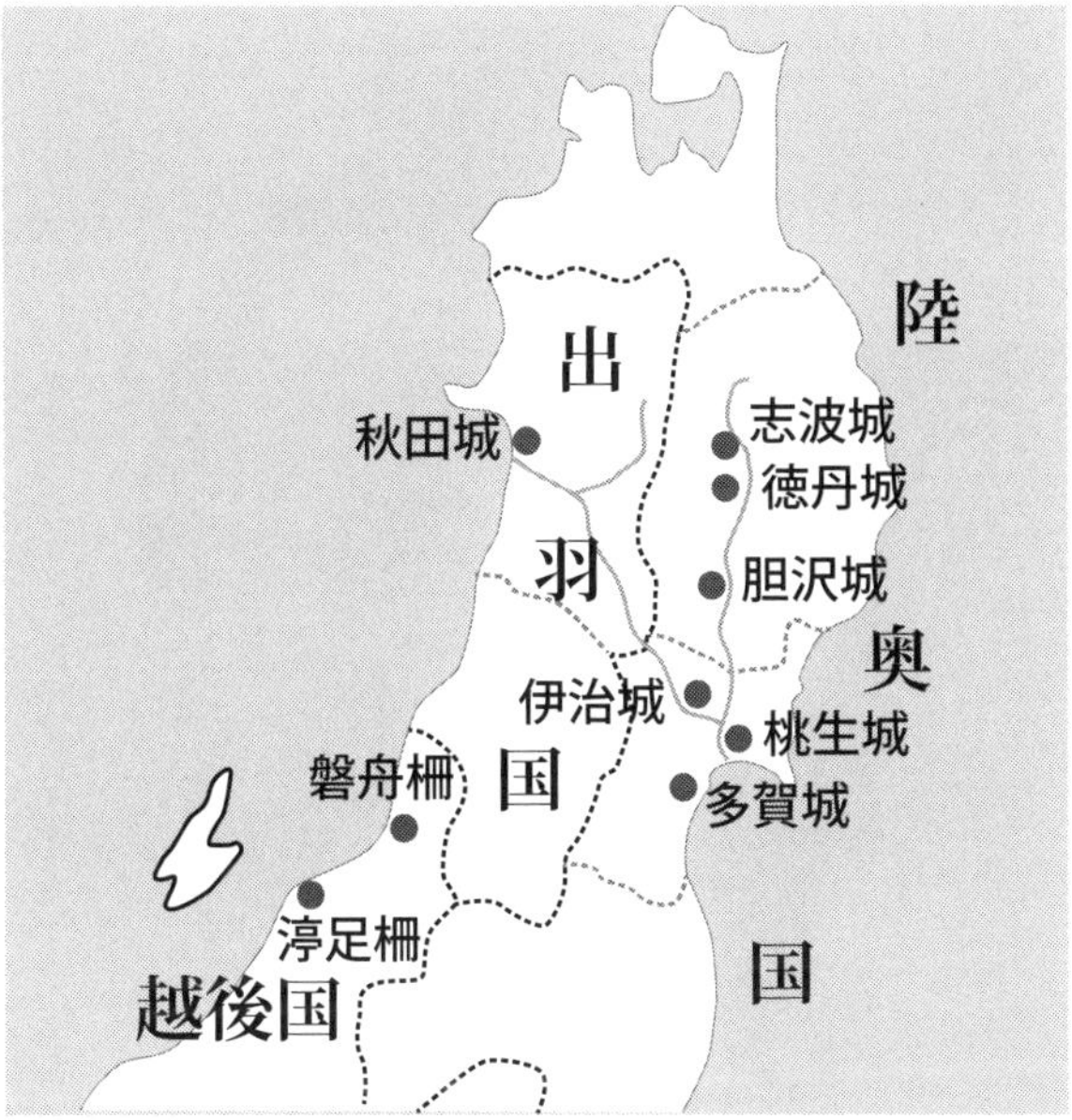

蝦夷対大和朝廷軍が戦った東北戦争の主な関連地域。七七三年～八一一年まで凡そ三十八年間におよぶ長い蝦夷と西国の大和朝廷との戦いが繰り広げられた。

出羽軍は大軍にも拘わらず、板東《ばんどう》の騎兵の増援を求めざるを得ないほどに蝦夷軍は強力だった。ただ、大軍を相手に善戦した蝦夷軍も胆沢・志波で通算八三一人もの同胞を政府側に奪われ、人的損害は非常に大きかった。翌年、陸奥の蝦夷が相次いで降伏した。

宝亀十一年（七八〇）、蝦夷出身の伊治公呰麻呂《これはりのきみあざまろ》は、牡鹿群大領を殺し、伊治城を攻め、按察使《あぜち》の紀広純《きのひろずみ》を殺害した。続いて陸奥国府多賀城を焼き払った。

この乱を端緒に各地の蝦夷が連動して蜂起した。「一を以て千に当たる」ほどの戦闘力を持ち、俘軍（陸奥・出羽において、朝廷の支配に属するようになった蝦夷である俘囚《ふしゅう》の軍）を率いて政府に協力していた蝦夷の豪族達四人も、ことごとく中央政権から離反した。

律令政府の強圧的な支配拡大に、蝦夷が敢然と立ち上がった。それによって東北全体が大混乱に落ち入り、移民系住人の大がかりな逃亡を引き起こした。

ここに至って、律令国家が積み上げてきた東北政策の実績が一挙に瓦解し、国家と天皇の威信は大きく地に落ちた。

翌年、光仁天皇は新たな征東大使を任命して二千の兵を動かしたが、蝦夷に包囲されて苦戦したまま軍を解散した。

大和朝廷軍に大打撃を与えた蝦夷最後の英雄、阿弖流為（アテルイ）の肖像画（画像提供／アテルイを顕彰する会）。

二　古代民族闘争と二人の英雄

天応元年（七八一）、即位した桓武《かんむ》天皇は、新たな都の造営と、重なる征夷の失敗で失墜した国家と天皇の権威の復活を願った。板東諸国に勅を下し、歩兵・騎兵五万二千八〇〇人余りを徴発し、陸奥国多賀城への集結を命じた。この当時の日本列島の総人口は五百万人くらいと推定されているので、今日的には百万人を越す大軍団だった。

大凡百年以上に亘る東北戦争の戦闘記録がほとんど無い中で、征東大将軍・紀古佐美《きのこさみ》の天皇への奏状がかろうじて戦闘内容を明らかにした。

延暦八年（七八九）、紀古佐美は北上川支流の衣川《ころもがわ》上流に先軍を、下流に中軍と後軍を布陣したが、過去の征夷軍と同様にまたもや動こうとしなかった。桓武天皇の叱責を受けた古佐美軍は、中・後軍から各二千の兵を選抜し、北上川を渡って川の東岸を北上した。

胆沢の族長阿弖流為《あてるい》の陽動作戦は完璧だった。

北上川の西岸には扇状台地が広がっていた。ここは蝦夷の集落と農業地帯だった。ここが戦場となれば、正面集団戦となり大軍の征夷軍に勝てる見込みが薄く、かつ、多くの集落と耕地を失うことになる。

阿弖流為の指揮によって、大和朝廷の征夷軍を敗走させた胆沢の戦い（画像提供／奥州市）。

そこで、蝦夷軍の主力が北上川右岸にあるように見せかけた。

阿弖流為は先ず三百人の遊撃隊を会敵させ、退却と見せかけて征夷軍を東岸の狭隘な巣伏《すぶし》村までおびき寄せた。その間、征夷軍は十四ヶ村、宅八百烟《えん》（＝戸）の村々を焼き払った。征夷軍が巣伏村にさしかかって対岸の前軍と合流しようとした時、蝦夷軍八百が現れて征夷軍に襲いかかった。蝦夷軍の勢力は非常に強く、更に蝦夷軍四百人ばかりが東の山から現れ、征夷軍の後ろを遮断し、南北から征夷軍を挟み撃ちにした。

東は山、西は大河だった。征夷軍は行き場を失い、実戦指揮官を含む戦死者二十五人、矢による負傷者二百四十五人、河での溺死者が千三十六人、裸身で泳いで逃げ還った者が千二百五十七人だった（『続日本紀』の要約）。前軍の推定二千人と合わせると六千人の征夷軍は千五百人の蝦夷軍に敗れ去った。

戦に参加した征夷軍は、長期間かけて準備された兵員の一割に過ぎないが、戦闘では死者が少ない古代の戦では、これは惨敗だった。

紀古佐美は天皇の許可もなく、軍粮の欠乏を理由に軍を解散した。五万二千八百人の大軍を撃退したことと同じ結

坂上田村麻呂の肖像画（画像提供／東京大学駒場博物館）。
田村麻呂は七五八年〜八一一年の人。蝦夷との戦いが終結したその年に亡くなっている。晩年は京の粟田（現在の東山区粟田口）に住んでいたが、この間に創建したものと伝えられる清水寺（異説あり）は、一説に阿弖流為らの霊を鎮めるためのものとも言われる。

果となった。

　ここで初めて「大墓公《たものきみ》阿弖流為」の名が史書に登場する（続日本記）。名前に公《きみ》の姓《カバネ》が冠されているので、以前から中央政権が地域の族長として認めていたことになる。

　狩猟を得意とする蝦夷は、弓馬の術に優れ、しばしば「一をもって千に当たる」（『続日本記』天応元年）と恐れられ、畏敬されていた。

　彼等は部族集団ごとに行動していたが、征夷への抵抗を通じて次第に部族同盟化するようになった。その指導者が胆沢地域の族長・阿弖流為だった。律令軍の侵略に対し、部族の誇りと郷土を防衛する為に敢然と立ち上がった蝦夷の雄だった。

　延暦十三年（七九四）、桓武第二次征夷が発動された。十万にも及ぶ空前の大軍団だった。

　ここで征夷副使に任ぜられた坂上《さかのうえ》田村麻呂《たむらまろ》が登場する。史書の欠落により詳細は不明だが、天皇の親任が厚く軍事・行政に長けた田村麻呂が、老齢な征夷使に代わり実質指揮を執った。「蝦夷の首四百五十七を斬り、捕虜百五十人、馬八十五疋を獲り、村落七十五処を焼く」という戦果だった（『日本記略』）。阿弖流為たちも全力を挙げて戦ったに違いない。

復元された中期型蕨手刀（画像提供／一関市博物館）。刀身自体は未だ直刀ではあるものの、刀身と一体の柄が鍔元から極端に反り返り、尖端へ向けて急速に細くなるその形状は、日本刀の特徴の一つである「反り」を生み出したルーツの一つと考えられている。

延暦二十年（八〇一）、征夷大将軍に任じられた坂上田村麻呂は四万の兵で桓武第三次征夷に赴く。この征夷によって胆沢・志波、閉伊《へい》村が制圧された（『日本記略』）。一旦帰京した田村麻呂は再び胆沢城造営工事の為に胆沢に赴く。

この時、阿弖流為と同志の磐具公《ばんぐのきみ》母礼《もれ》が五百余の兵を連れて田村麻呂に投降した。

長期に亘る激戦で、蝦夷も、征夷軍に兵と糧秣《りょうまつ》を徴発された諸国も疲弊しきっていた。阿弖流為たちは、胆沢城の造営を見て、戦闘継続を不可能と判断した。同胞を戦禍から救いたいとの思いが強く、相対峙した田村麻呂への信頼もあって投降の道を選んだ。彼等は都に連れて行かれた。同じ武人として阿弖流為の能力に敬意を抱いていた田村麻呂は二人の助命を嘆願したが、公卿たちの反対に押し切られ、二人は刑場の露と消えた。

三　湾刀の原点〝蕨手刀〟

古代より、舶載および国産刀剣は剣・直刀だった。

そうした中、七世紀以降の古墳・遺跡から大量の蕨《わらび》手《て》刀《とう》が出土した。

主として関東以北の東北・北海道が八割を占め、特に、

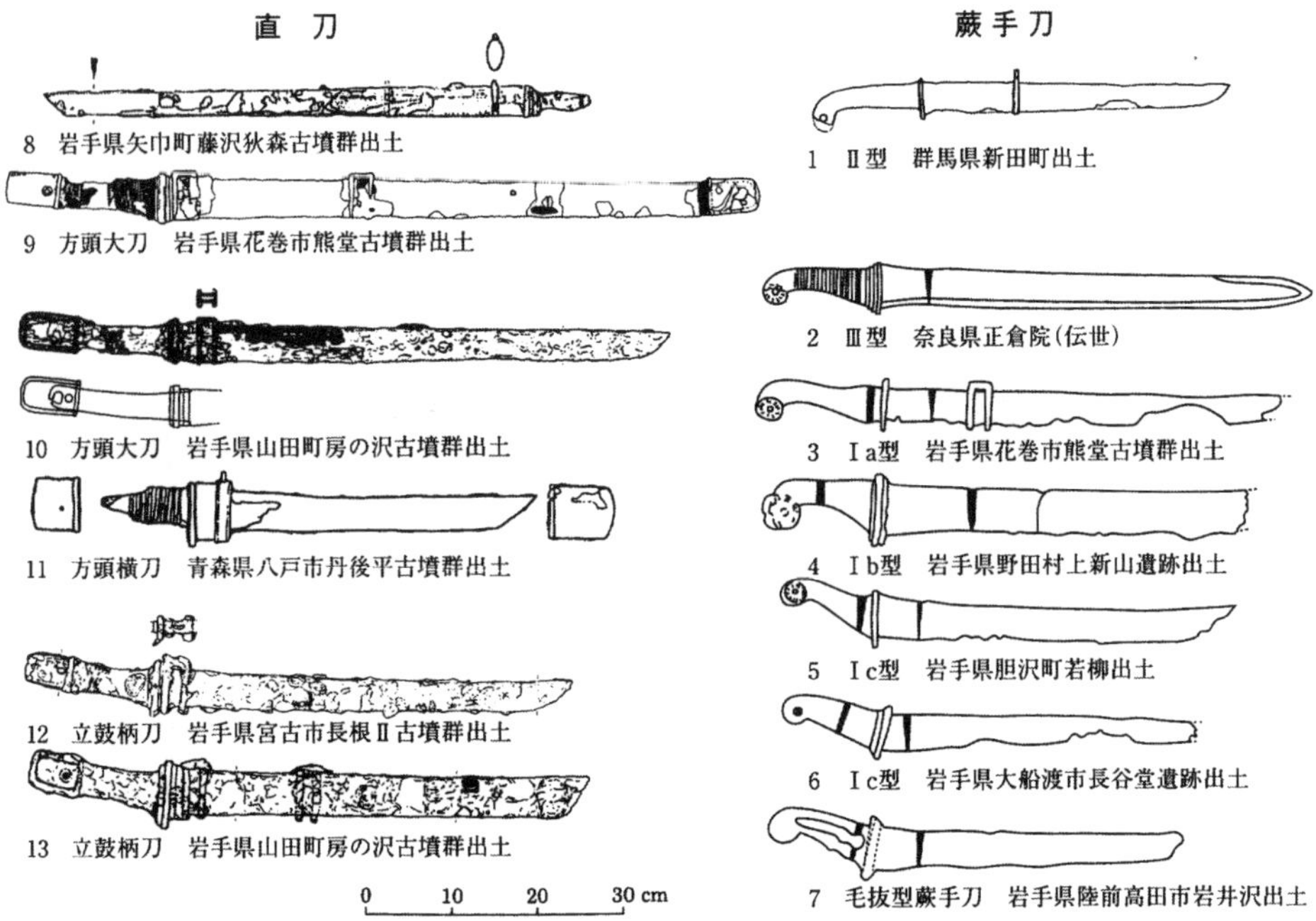

図１　直刀と蕨手刀の比較（佐野美術館刊行『草創期の日本刀』岩手県立博物館 高橋信雄・赤沼英男 論稿）

北上川中流域に集中して出土する。関東以西にも僅かに出土するが、これは中央政権の東北政策によって、政権に恭順した蝦夷（俘囚）を全国に移配したことの影響と思われる。出土は粛慎《みしはせ》、靺鞨《まっかつ》、渤海《ぼっかい》などの北東アジア沿岸にまで及ぶ。交易の結果であろう。

初期の蕨手刀は共柄《ともづか》の直刀だった。蕨手刀出現の経緯には諸説があって定まっていない。東北の終末期古墳群からは蕨手刀と共に様々な直刀も出土する。

※共柄：後年の日本刀のように刀身尾部の中子（なかご）を木材などの柄で覆う構造ではなく、中子そのものを柄とする構造の刀剣。

これらは時間と共に形姿が変化したことが確認されている（図1）。この中で、蕨手刀Ⅱ・Ⅲ型の一部は七世紀まで遡《さかのぼ》り、Ⅰb型は八世紀中葉以降、Ⅰc型は八世紀末以降と推定され、これらには顕著な差が認められる。

柄を水平に握った場合、Ⅰa型は切先もほぼ平行だが、Ⅰb・Ⅰc型の場合は切先が上を向く。

切先が上を向けば突くには不向きとなる。即ち、斬るという刀剣の用法の変化に対応して、刀剣の形姿が変化したことに他ならない。

これは柄反りの直刀の場合も同様である。

柄反りを持つ直刀（方頭大刀・立鼓柄刀）は東北地方北

表1　東北地方北部奈良・平安時代出土刀剣の分析結果

No	資料名	出土地	試料方摘出位置	化学組成（mass%）							非金属介在物組成
				T.Fe	Cu	Ni	Co	Mn	P	Ti	
1	直刀	岩手県紫波郡矢巾町藤沢狄森古墳群	棟部	94.60	0.006	0.004	0.008	0.004	＜0.05	＜0.001	Fe, S
2	直刀（方頭太刀）	岩手県花巻市熊堂古墳群	刃部	94.05	0.025	0.034	0.023	0.005	0.023	0.009	Wü, S
3	蕨手刀Ⅱ型	群馬県新田郡新田町	刃部	64.67	0.010	0.006	0.009	0.006	0.049	0.013	Fa, M
4	蕨手刀Ⅰb型	岩手県九戸郡野田村上新山遺跡	棟部	53.32	0.015	0.002	0.020	0.005	0.058	0.049	XT, Fa, M
5	蕨手刀Ⅰc型	岩手県大船渡市長谷堂遺跡	棟部	84.63	0.017	0.008	0.041	0.003	0.026	0.048	XT, S

注1）化学成分分析はICP-OES、非金属介在物組成はEPMAによる。No.2〜5はNi、Coを加えた再分析値。
注2）WüはウスタイトI（化学理論組成FeO）、XTはチタン化合物、Feは鉄かんらん石、Sはガラス質ケイ酸塩、Mはマトリックス。

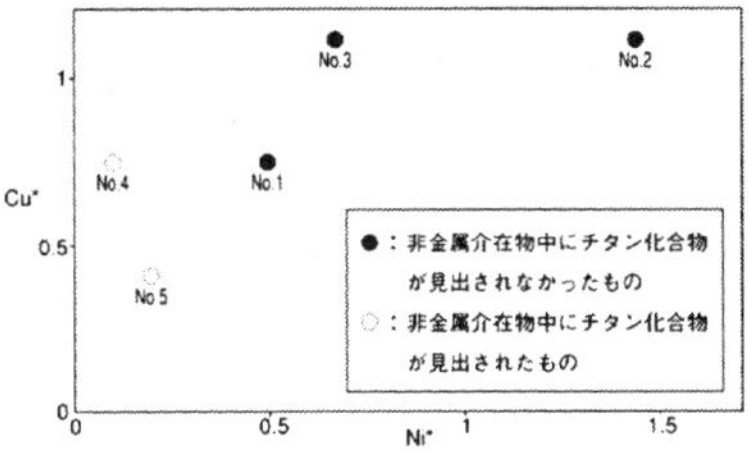

第1図　出土刀剣に含有されるCu・Ni・Co三成分比
Ni*：（mass%Ni）/（mass% Co）
Cu*：（mass%Cu）/（mass% Co）
No.は表1に対応。

図２　直刀と蕨手刀の比較（佐野美術館刊行『草創期の日本刀』岩手県立博物館 高橋信雄・赤沼英男 論稿）

部以外の出土例がないので、東北独自に変化した刀剣とみなすことができる。これらの直刀は蕨手刀や馬具とも随伴して出土する（藤の沢古墳群、江釣子《えづりこ》古墳群など）。

刀身構造：刀身の切断検査が許されない中で、唯一切断検査された岩手県能古堂古墳出土の蕨手刀は硬鋼の下限である炭素量0・3〜0・4パーセントの鋼が刀身の下部に、0・1パーセント位の軟鋼が棟部に使われていた。

また非破壊検査で、中央の軟鋼を左右の硬鋼で挟む構造が一例確認されている。硬・軟鋼を上下、または左右に貼り合わせる構造は古代刀では一般的な方法だった。

成分分析：直刀と蕨手刀の成分分析を図2に示す。

科学的分析の結果、東北北部で作られた刀剣類にはチタン化合物（砂鉄系）が検出されたが、それ以外の刀剣にはそれが検出されないという差異を生じた。

砂鉄系とは砂鉄原料と短絡的に結びつかない。始発原料の鉄鉱石を粉鉱（砂鉄）で脱炭した可能性も視野に入れなければならないからである（別章にて詳述する）。

刀身構造と成分分析から、刀工集団の違いによる入手鋼材、製鋼法、作刀技術の違いがあったことが導かれる。

伝　坂上田村麻呂
佩刀

直刀　長さ二尺五寸三分（約76センチ）　反り０センチ
目釘穴　無　平安時代　鞍馬寺所蔵（画像提供／京都国立博物館）

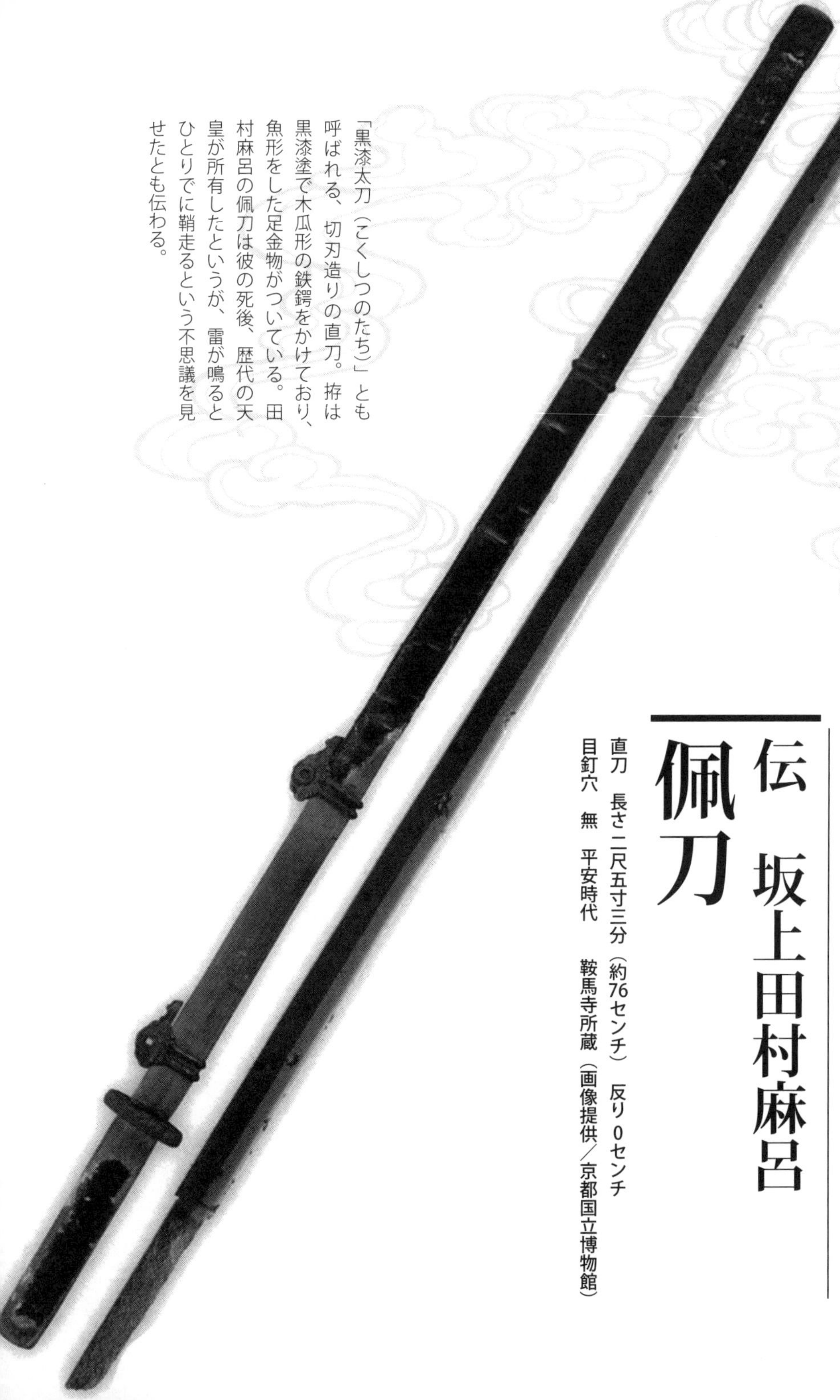

「黒漆太刀（こくしつのたち）」とも呼ばれる、切刃造りの直刀。拵は黒漆塗で木瓜形の鉄鍔をかけており、魚形をした足金物がついている。田村麻呂の佩刀は彼の死後、歴代の天皇が所有したというが、雷が鳴るとひとりでに鞘走るという不思議を見せたとも伝わる。

復元された征夷軍士（画像提供／福島県文化財センター白河館『まほろん』「多賀城に向かう軍団兵士と弓を射る兵士」より）。

四　「俘囚の野太刀」の誕生

政府軍と蝦夷軍との争いは七世紀中葉から一世紀半も続いた。八世紀中葉末からの大規模戦だけでも続けて七回発生した。

これは蕨手刀の形姿の変化と完全に呼応している。

柄反りを持つ蕨手刀の変化は、度重なる実戦の経験から生じたものと判断できる。しかし、史書に残るのは弓馬を巧みに操る蝦夷の精強さだけで、弓以外に両軍が装備した武器の記述は一切ない。

巣伏村の戦いも矢の負傷者は明記されているが、戦死者と、河に追い落とされるに至った戦闘の詳細は一切不明である。

先ず集団戦は弓射戦で始まる。しかし、遠戦で勝敗の全てが決まるとは思えない。やがて近接戦、白兵戦にもつれ込むのが普通であろう。その時の最終武器は刀剣しか考えられない。もし、刀剣が戦闘の補助兵器なら、敢えて形姿を変える必要性は全くなかった。

蕨手刀は一般的に短い。騎馬での狩猟には片手で操作するに適した長さと思われる。征夷軍の装備は直刀だったと推測するが、長い直刀が近接乱戦で必ずしも有利とは限らない。〝突く直刀〟に対して小回りが効く〝斬る蕨手刀〟が効果的だったのではなかろうか。

その証拠に、やがて毛抜型蕨手刀を模倣した毛抜型大刀が政府領内で生まれ、後に「衛府の太刀」として御所を護る武人の刀となった。

これは「俘囚の野太刀」と呼ばれる。

その意味するところは、俘囚の刀工が造ったか、または、蕨手刀を模倣して政府側の刀工が造ったかのどちらかである。いずれにしても、〝蕨手刀は蝦夷が生み育てた刀であった〟ことを明確に表している。

東北蝦夷の蕨手刀と柄反りの直刀（方頭大刀・立鼓柄刀）が、紛れもなく〝日本刀へとつながる〟湾刀《わんとう》の先駆けとなった。■

二 打ち続く戦乱と武芸専門職の萌芽

一 健児軍士の誕生

桓武《かんむ》第三次征夷《せいい》で蝦夷《えみし》の阿弖流為《あてるい》達が投降して、三十八年に亘《わた》る大規模東北戦争は一応の終結をみた。

※東北戦争：和銅二年（七〇九）、越後の蝦夷の抵抗に遭い、最初の組織的征夷が行われてから、ほぼ一世紀が経っていた。

これは、征夷軍が勝利したという単純な話ではない。蝦夷側は勿論のこと、征夷軍士を拠出した坂東《ばんどう》諸国も長期に亘る戦闘で荒廃し、戦争を継続できる状況になかった。その為に、律令《りつりょう》政権は武力制圧に代えて懐柔策に転換した。

胆沢《いさわ》以北の蝦夷に自治権を容認する妥協案で戦乱が収まったというのが実態だった。これが後に、更に大きな騒乱を招くことになる。

東北戦争は、刀剣の変革をもたらしただけでなく、後に武士と武家政権を生む大きな伏線となった。

「武士」という言葉は奈良時代初期に「文人・武士は国家の重んずるところ」（『続日本紀』養老五年＝七二一年）として登場する。九州・隼人《はやと》の反乱があった翌年である。

ここで言う「武士」とは武芸に優れた武官を指し、中世の在地領主の武士とは性質が異なる。律令国家の実態は文官が重んじられ、武官（武臣）の地位は相対的に低かった。

中央政権を支配する文官貴族が武人の重要性を身に染みて認識するのは、遙かに時代を下って天慶二年（九三九）に関東と瀬戸内海で起きた平将門《たいらのまさかど》の乱と藤原純友《ふじわらのすみとも》の乱（天慶の乱）になってからだった。

奈良時代の律令国家は、歩兵を主体とする軍団兵士制を採っていた。征夷の指揮官は、中央から武臣が派遣されるが、実戦で戦う軍士は、各国から一戸／一人当て徴兵された百《ひゃく》姓《せい》と農民だった。

※一戸：二十～三十人の大家族、または町内会的な単位。

※百姓：農民以外の公民。

徴兵された兵士は、三～四郡《こおり》を一軍とする基準兵力量千人の軍団に配属され、軍士として六ヶ月の「陣法」を施《ほどこ》された。これは歩兵としての集団行動訓練が主で、兵技訓練などというものではなかった。

一方、狩猟を生業として受け継いでいた蝦夷は、日常の狩猟が軍事訓練そのものだった。対象が動物か人間かの違いだけだった。「蝦夷一人に対して律令軍士十人が当たっても適わない」という戦闘力の差だった。「士気」の差も歴然としていた。

部族と郷土を護る使命感に燃えた蝦夷の戦士と、政権への忠誠心など無縁で、強制徴発されて他国で戦わされる征夷軍士との士気の差は隔絶していた。各戦闘で、征夷軍士は大量に戦線逃亡をしている。

そのため、天平六年（七三四）四月に、郡司の子弟と百姓の中から、弓馬の術に長けた者を選んで「健児《こんでい》」として軍団に配置するよう勅《ちょく》（天皇の命令）が出された。これは後世の騎馬武者の祖型といえる。蝦夷の弓馬の精強さが如何に強烈だったかが窺える。

※郡司（および国司）：中央政府の地方行政機関を国衙・国府といい、そこに務める行政官を「国司」という。職名に守（かみ）・介（すけ）・掾（じょう）・目（さかん）の四等官がある。その下の行政官に「郡司」が居る。国司は地方の豪族を郡司に任命して、実務行政に当たらせた。政権から任命される国司は四年の任期、郡司は世襲制だった。国司の最上位を「受領（ずりょう）」という。

これは四年後に一旦廃止されるが、天平宝字六年（七六二）になって、健児制が一部復活し、伊勢国・近江国・美濃国・越前国の四ヶ国に配置された。大凡《おおよそ》百年を経過して租《そ》庸調《ようちょう》の律令制が綻《ほころ》びを拡大したことに伴い、桓武天皇は大規模な行政改革に着手した。その一環として、延暦十一年（七九二）六月、大陸・朝鮮半島からの脅威、東北征夷に対応する為、陸奥国・出羽国・佐渡国・西海道（九州太宰府管内）諸国を除いて、軍団兵士制を廃止し、代わって健児の制を施いた。

桓武第一次征夷の失敗から、二次征夷に当たっては、国司・郡司の子弟などで武芸の心得のあるものを軍士に当てるよう勅が出された。

但し、健児は地方の国の大きさによって、二十～二百人くらいの小規模兵力でしかなかった。その為に、戦闘力が極めて高い俘《ふ》軍（恭順したり、戦いで投降した蝦夷の兵士）を九州太宰府管内、瀬戸内海沿岸諸国、坂東諸国に配置した。東北戦争では「夷をもって夷を制する」ことが最上の方策とされ、俘軍は積極的に坂東諸国に組み込まれた。
併せて、集団歩兵戦用の弩弓と弩師の配備、革甲《かわよろい》の調達も命じている。

※弩弓：長い和弓には高度な技能が必要だが、弩弓（アーチェリー）なら素人兵士にも比較的簡単に扱える。

武士を、「武器・武具を駆使して武芸（職能）を専らとする戦士で、且《かつ》、政権（王権）に認知された者」と定義するなら、健児や俘軍兵士は将《まさ》に武士の走《はし》りであった。

※武士：東北征夷戦の兵站基地として拡大した坂東（関東以北）で、群盗の跳梁が激しくなり、租税の収穫も脅かされたため、武力の整備が急がれた朝廷（中央政権）が武芸者を督促した。そのため、没落した下級貴族で都での栄達の可能性が低かった、武芸の心得のある桓武帝や清和帝、名門の藤原氏などの子孫達が、これに応じた。彼等は都の警護と、群盗の制圧に坂東へ下向した。その後、東の将門、西の純友が同時に起こした反乱は、朝廷を驚愕させ錯乱させた。慌てた政権は天慶三年（九四〇）、「追補官符（ついぶかんぷ）」（捕亡令に基づき、逃亡した者を追捕することを命ずる太政官符）を発し、この乱で功績のあった者を「兵（つわもの）の家」と認定した。この結果、「桓武平氏」・「清和源氏」・「秀郷流」などの軍事貴族が誕生した。
歴史学会では、「兵（つわもの）」と「武士」を私営田と領主の距離、上下支配関係の有無で区別しているが、武芸を専門とする職能で捉えれば差異はない。すなわち、天慶三年の追補官符が、武士発生の起爆剤となったのである。

二　相次ぐ地方反乱

一旦収まった戦乱は、弘仁二年（八一一）十二月、新羅《しらぎ》海賊の北九州侵攻に始まり、出雲国、坂東、奥羽などで俘囚の反乱が頻発した。

元慶《がんぎょう》二年（八七八）、出羽国の夷俘（蝦夷）が、凶作・飢饉《ききん》を無視した朝廷の呵責《かしゃく》な課税に抵抗して秋田城を襲った（元慶の乱）。十ヶ月に及ぶ当時最大規模の戦いだった。

出羽国の兵二千では対応できず、陸奥国から二千の兵を出したが、秋田城司介と出羽守は防戦しかねて逃亡し、秋田城で俘囚《ふしゅう》軍に甲冑三百領、衾《ふすま》（寝具）千條、馬千五百疋《ひき》の武具を奪われ大敗した（『三代実録』元慶二年）。捕獲された軍馬の数は、朝廷軍の騎馬兵重視の顕れだった。

政権は下野国《しもつけのくに》と上野国《こうづけのくに》にそれぞれ千人の徴兵を命じ、陸奥押領使などが陸奥国より騎兵千人、歩兵二千人を派遣して鎮圧に向かわせたが、これも大敗して陸奥国に逃げ帰った。桓武征夷の二の舞だった。軍事制圧が不可能と判断した政権は、俘囚が要求する自治を認める親和策で戦乱を収

「伝 悪路王(阿弖流為)佩刀」
毛抜形蕨手刀

蕨手刀　刃長：52.0 センチ　反り：0.4 センチ
平安時代　「関山 中尊寺」蔵　（鉛筆スケッチ）

長野県のべ沢出土　毛抜形太刀

毛抜形太刀　刃長：67.0 センチ　反り：1.4 センチ
平安時代　「國學院大學博物館」蔵（写真提供 / 國學院大學博物館）

めた。

三　毛抜形太刀の出現

うち続く戦乱は、武芸を専業とする武人の出現を促《うなが》し、刀剣の進化をもたらした。

その一つが、毛抜透《けぬきす》かしの共鉄柄《ともがねづか》を持った湾刀《わんとう》と、他の一つが木柄を差し込む湾刀を生んだ。刀身に反《そ》りを持つ片刃鎬《しのぎ》造《づく》りの刀剣を日本刀と定義するなら、二つの流れの日本刀が誕生した。

古文書に「蝦夷は衣の下に刀を佩《は》く」との記述が見える。蕨手刀《わらびてとう》は、狩猟用に限定されたものではなく、鉈《なた》や鎌《かま》をも代用する日常の必需品であったと思われる。その為に、初期の刀身は刃長40センチ前後の短いものだった。恐らく、蝦夷成人男子のほとんどが日用品として身に帯びていたと推定される。東北戦争の経緯の中で、蕨手刀は対人戦の武器として刃長を伸ばして行った。

中尊寺に伝世する「伝 悪路王（阿弖流為）佩用」の毛抜《けぬき》形《がた》蕨手刀の刃長は52センチまで長くなっている。

連続する騒乱の中で、蕨手刀は平造りの毛抜形太刀へと進化する。

この毛抜形太刀が、長野県塩尻市宗賀洗場のべ沢遺跡か

「藤原秀郷龍宮城蜈蚣射るの図」（月岡芳年画『新形三十六怪撰』より）

ら出土した。刃長：67センチ、刃反り：1・4センチの平造りの太刀で、平安時代中期の作とされている。これに類した太刀は宮城県西都市都萬上宮、新潟県三島郡和島村からも出土した。

遺物の分布から、東山道を介して奥羽から中部へと伝播したようにもみえる。

四　武官が正式採用した「俘囚野剱」

山口県山陰の見島に移配された俘囚は、水田耕作に馴染まず、住民の馬を奪い、狩猟と漁労《ぎょろう》に明け暮れていたと記録に残る。蝦夷の積石塚から、鏃《やじり》、蕨手刀の他、豊かな生活用品が出土した。

東北戦争の中で、蝦夷（俘囚）は異国の地に移配されながら、騎馬と騎射の習性を忘れることはなかった。各地に移配された俘囚も同様だったと思われる。この俘囚の高い戦闘力が、崩壊する律令軍団制を補填する重要な戦力として積極的に各地で活用されていた。

こうした西国の俘囚の影響や、西方に伝播した平造り毛抜形太刀の影響を受け、鎬造りの毛抜形太刀が政権中央で造られた。これは衛府《えふ》（禁裏《きんり》の警護を司《つかさど》る役所）の武官用制式太刀に採用された。

「伝 藤原秀郷佩刀」
毛抜形太刀

毛抜形太刀　刃長：70・5センチ　反り：4・1センチ
平安時代　「神宮徴古館」蔵（写真提供／神宮徴古館）

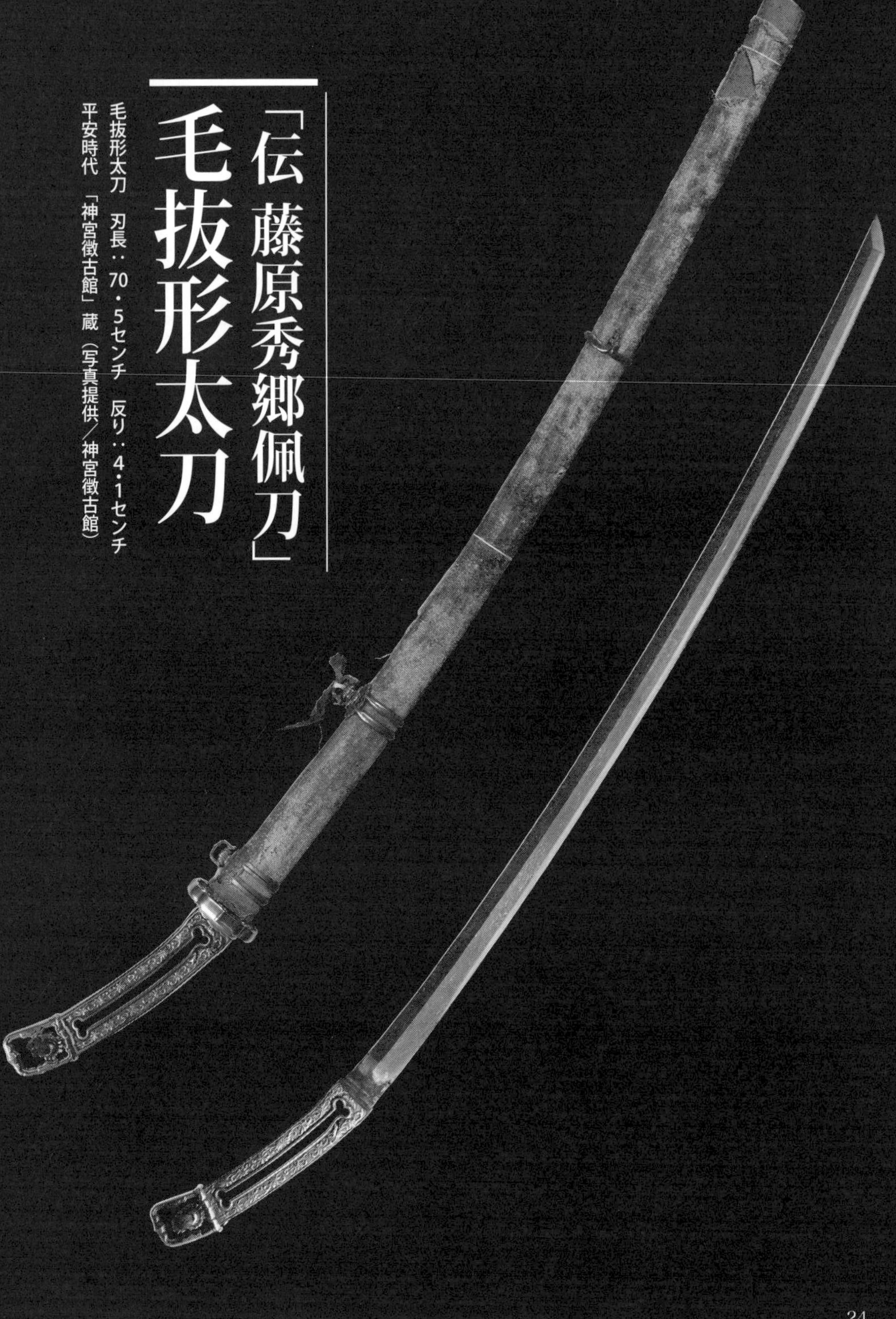

毛抜形太刀　実寸変遷図

「伝　悪路王佩刀」毛抜形蕨手刀　全長: 66 センチ
※ ただし、切先が欠けている為、全長・刃長ともにもう少し長い

長野県のベ沢出土毛抜形太刀　全長: 82 センチ

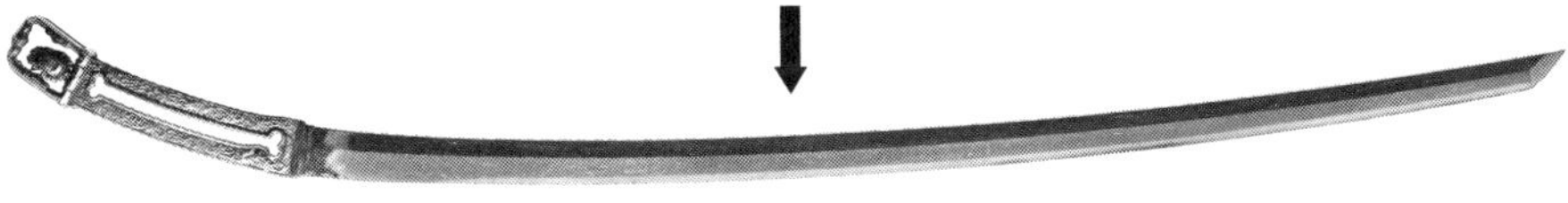

「伝　藤原秀郷佩刀」毛抜形太刀　全長:88 センチ

中央ではこれを「俘囚野劔《ふしゅうのだち》」と呼んだ。公家の朝儀用儀礼刀に対して、「野劔（野太刀）」という呼称に、武用刀の意識が強く働いていた。政権内の直刀は既に鎬造りになっていたので、これらの造り込みが融合して、鎬造りの毛抜形太刀が完成したとみられる。

前頁掲載の毛抜形太刀は藤原秀郷《ひでさと》（別名：俵《たわら》（田原）藤太《とうた》）佩用刀と伝えられ、刀身・拵《こしら》えともに完全な状態を保持する希少な太刀である。

秀郷は、下野国（現：栃木県）の豪族で、天慶《てんぎょう》三年（九四〇）、平将門の乱を鎮めた功で従四位下の位階を授けられ軍事貴族となり、下野守《しもつけのかみ》、鎮守府《ちんじゅふ》将軍に任じられた。弓術に優れ、武士の鑑《かがみ》とも賞された。後の奥州藤原氏の遠祖でもある。

天慶の乱では、直刀と毛抜形太刀が混在して使われたと思われる。この太刀は初期の兵仗《へいじょう》用で、刀身と鞘に打傷が認められる。

毛抜形太刀は、木柄をはめる太刀が主流になると、儀仗用として江戸時代末まで造られた。

五　東北武士たちの「舞草刀」

東北では鉄鉱石、砂鉄《さてつ》、餅鉄《べいてつ》が豊富に産出するが、この時代の確かな製錬（製鉄）遺跡は未だに確認されていないし、

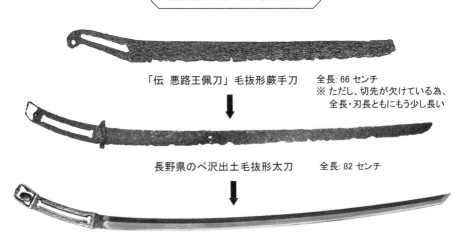

奥州鍛冶《かじ》の始原も定かではない。

古くから北方ルートで伝わったモンゴル騎馬民族の韃靼《だったん》系山靼《さんたん》（沿海州の民族）鍛冶が独自の鉄文化を東北にもたらしたとの説と、奥羽の独自発生説があって未だに定まっていない。蕨手刀の金属分析で、異なる鍛冶集団が存在していたことが確認される。

国衙《こくが》（国府）周辺や城柵内から幾つかの鍛冶工房跡が発掘され、遺跡の状況から、鍛冶工は定着ではなく移動集団だった。注目されるのは、東北戦争中の八世紀後半から九世紀初頭と推定される青森県百石町根岸遺跡の鍛冶跡から挂甲《けいこう》（古代の甲冑）一領分の小札片と蕨手刀の柄が発掘された。これは蝦夷の族長の支配下遺跡と目され、蝦夷が蕨手刀を造っていた証《あかし》となろう。金属分析の結果、始発原料は鉄鉱石とされた。

時代が遙かに下がって、後三年《ごさんねん》の役《えき》（一〇八三〜一〇八七）のあと、奥州藤原氏初代の清衡《きよひら》は平泉《ひらいずみ》に壮大な都を築き始めた。清衡の棺上には、平造りの湾刀が添えられていた。刃長48・0センチ、反り1・5センチ、木柄をはめる湾刀だった。俗に「蝦夷刀」と呼ばれる。

二代基衡《もとひら》が清衡の事業を引き継ぎ、京の都をも凌駕する仏教と黄金の都を造り上げた。その源泉は、砂金、馬、海産物、絹織物、鷹の羽（弓の矢羽根）などの豊かな東北の産物にあった。それらは京の公家達が挙《こぞ》って欲しがるものだった。

極楽浄土の都を目指した奥州藤原氏は、生粋の東北人であると同時に由緒ある武門（藤原秀郷）の末裔だった。仏教都市を目指したのも、東北戦争で亡くなった多くの霊を慰《なぐさ》めるという思いを込めていた。

豊富な財力と強力な軍事力を保有し、朝廷といえども手を出すことができなかった。三代の秀衡《ひでひら》の代に最盛期を迎え、百年の栄華を極めた。

この平泉の直近に舞草《もくさ》地区がある。奥州藤原氏の強大な武力を支えたのが、舞草鍛冶とみるのは自然であろう。

古剣書『観智院本銘尽《かんちいんぼんめいづくし》』（国重文）で、古代から鎌倉期までの名工四十二名が挙げられ、平安期に限れば二十四名の刀工中、奥州刀工八名が記されている。全国の名工の中で三分の一という大きな比重を奥州鍛冶が占めていた。その八名の中、六名は舞草系と見做《みな》され、奥州刀の主流を占めていたと推察される。

※銘尽（観智院本）：現存する、我が国最古の刀剣書。東寺塔頭の一つである観智院で旧蔵されていたことから「観智院本銘尽」とも称される。内容は鎌倉末期に成立したとみられるが、室町

時代の転写本とみられている。神代より鎌倉末期までの刀工の系図や、当代の刀工などについて記してある。巻首欠落しており、書名は九丁目の裏に「銘尽」と記されていることによる。墨付45丁。装訂は大和綴風の仮綴。

「奥州舞草鍛冶の光長の作は、埋鋉《うすやきば》、揁《なかご》は土目仕立で、目貫の辺（中程）を細く薄く作っている（注：即ち立鼓柄《りゅうごづか》の刀。次頁写真説明参照）。これを朝廷の為に三千本作ったのでこれが世の中に流布した。三寸忌樋《ひ》（透かしの樋）の刀も作った」（『銘尽』観音院本）

　即ち、舞草鍛冶はある時期から立鼓柄刀、毛抜形太刀の両方を造っていたことになる。本来、打撃戦闘では共鉄柄の刀剣の強度は高い。支那戦線における実戦検証で、日本刀の木柄廻りの損傷は深刻だった。清衡の棺上には木柄の湾刀が副葬されていた。地元舞草には「藤原清衡が舞草丸是《これ》湾刀の始めなり」との伝承があるので、木柄湾刀は舞草鍛冶が始祖との説を補強する。

　これはうち続く戦乱で、大量の実戦刀を造る必要から生まれたものと思われる。即ち、木柄を嵌《は》める細くて短い茎《なかご》は、共鉄柄に比べて工作が格段に簡単で、併せて貴重な鉄の節約にもなる。また木柄は、強度は落ちるが手の衝撃を和らげる。これらの要素が複合して木柄の湾刀が出現した。

　これには、西国で永く造られた木柄の直刀も参考にされたと思われる。

　奥州の刀工集団には、舞草系、宝寿系、月山系が確認されている。

　舞草、月山は所在地の名前、宝寿は玉造郡住＝のち平泉の集団名を表している。後三年の役の後、奥州舞草の刀工が、京、備前、豊後《ぶんご》など日本各地に移住したという記録がある。これ等の刀工の影響で、鎬造りの湾刀（日本刀）が全国で普及するようになったと考えられている。

六　舞草刀とは日本刀そのもの

　栄華を誇った奥州藤原氏も、源義経《みなもとのよしつね》を口実にして、藤原氏に怨念を抱き、奥羽の豊かな産物に野心を持つ源頼朝《よりとも》によって滅亡した。この時、優れた舞草刀を戦利品として捕獲し、舞草鍛冶を鎌倉に連れ帰った。その為に、在地の舞草鍛冶は衰退した。

　今日、舞草鍛冶が造った刀を慣例的に「舞草刀《もくさとう》」と呼んでいるが、舞草刀は将に「日本刀」の完成であり、日本刀そのものだった。

　武芸を専門とする兵《つわもの》・武士の出現と、彼等が駆使する日本刀は、全て東北戦争が契機となり、東北の地で生まれた

【太刀】銘「舞草」

刀身と一体の共柄から、木製の柄を使用した湾刀の始祖とも目される舞草刀。

舞草鍛冶が造り込んだという「立鼓柄」とは、柄の中ほどをわずかに絞って鼓状にしたもので、特に刃方を凹ませた形状を諸立鼓、あるいは単に「立鼓をとる」と表現する。立鼓は最も手に馴染む柄の形とされている。

刃長：72・7センチ　反り：2・1センチ　元巾：3・2センチ
目釘穴　一個　鎌倉時代
「一関市博物館」蔵　（写真提供／一関市博物館）

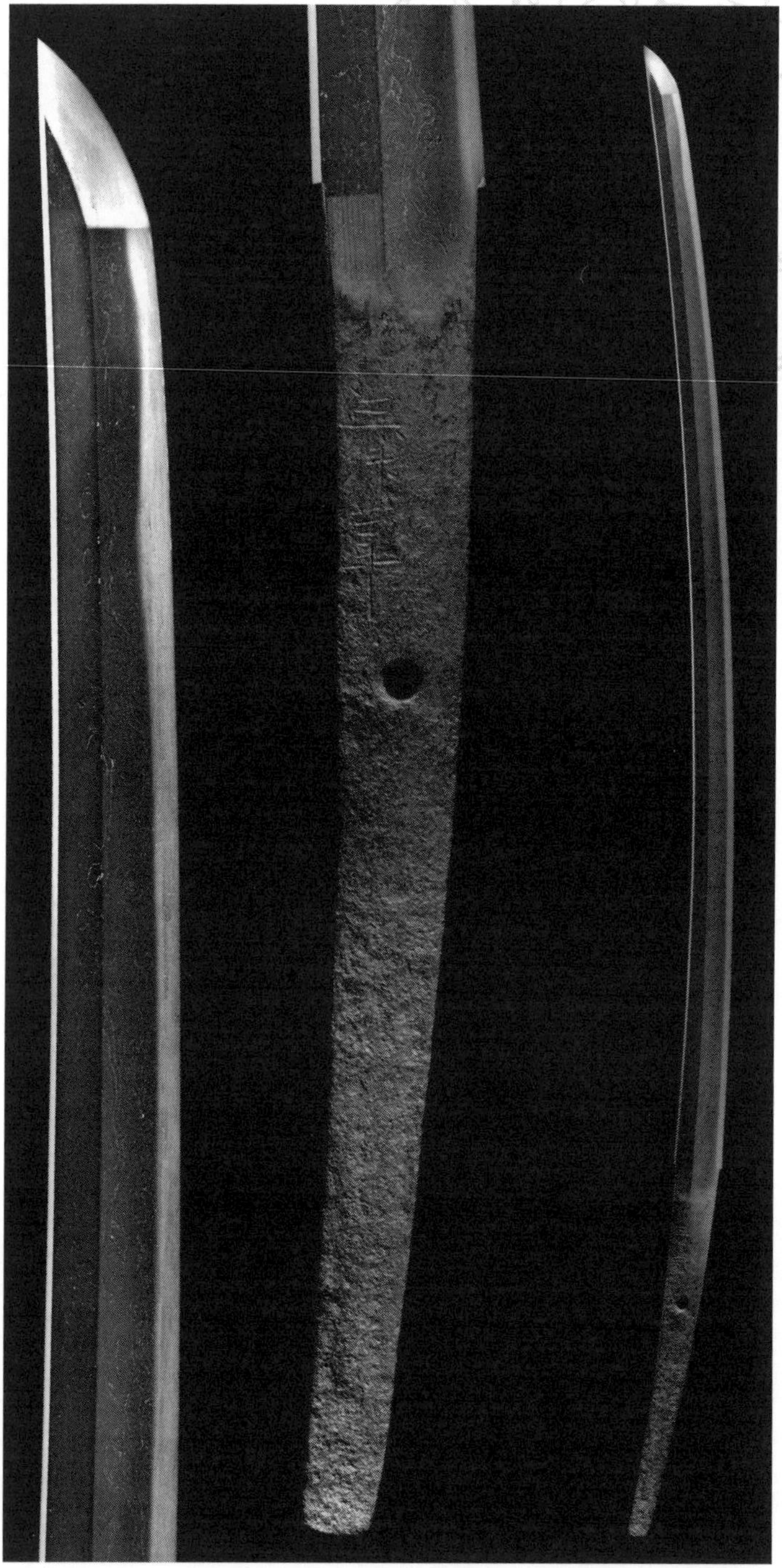

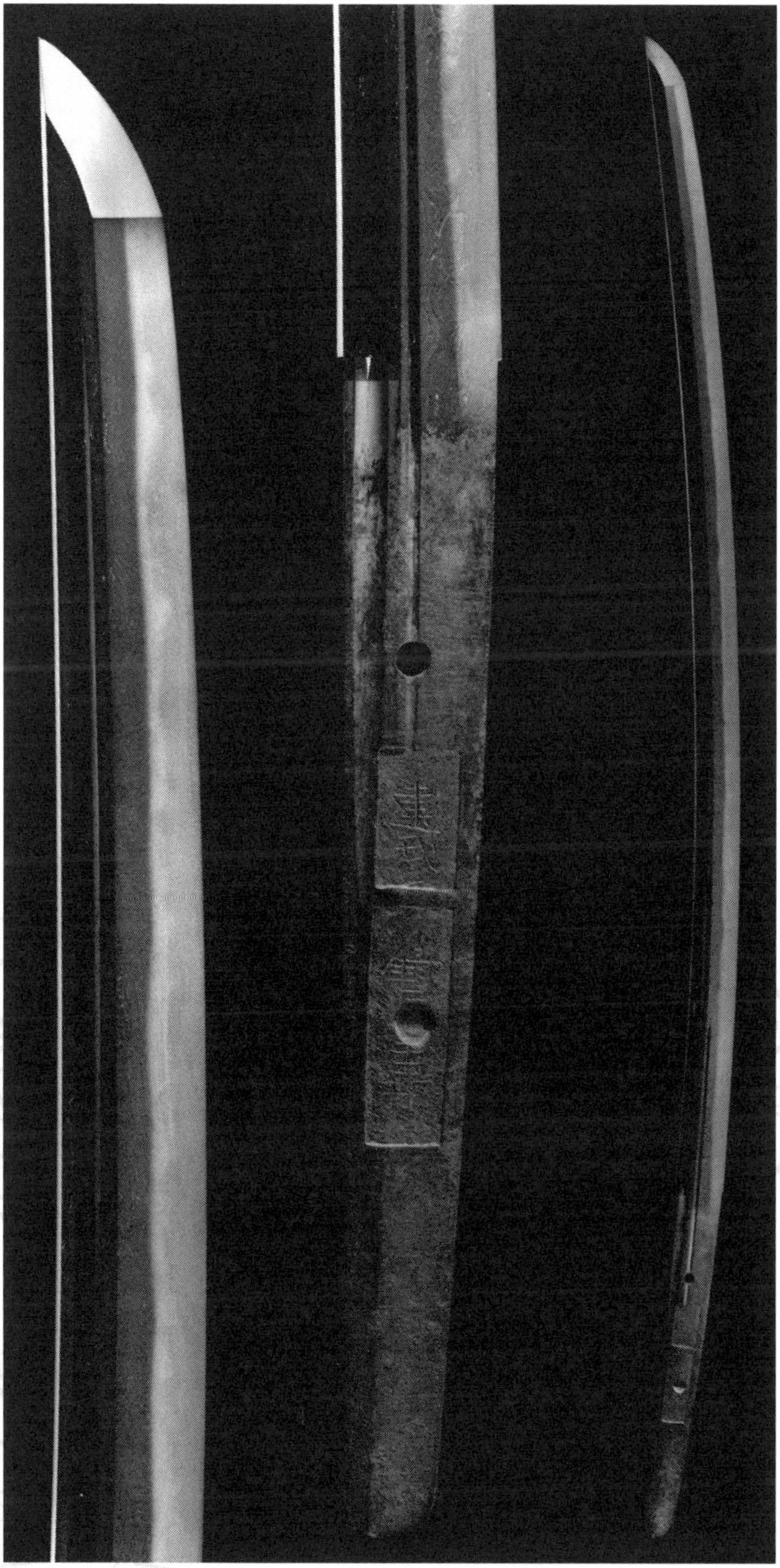

【刀（大磨上げ）】額銘「建武宝寿」

刃長：70・3センチ　反り：1・9センチ　元巾：3・1センチ
目釘穴　二個　南北朝時代
「一関市博物館」蔵　（写真提供／一関市博物館）

ものと言っても過言ではない。

■

第2章

名刀の理由

歴史に名を成した実用刀

一　天覧の兜割り

明治二十一年（一八八九）十月十一日、東京府麹町区紀尾井町の伏見宮貞愛親王邸に明治天皇が行幸され、弓術、鉢試《はちだめ》し、席画、能楽、狂言が催された。

鉢試しとは、刀、槍、弓の武術を天覧に供するもので、刀の部では兜《かぶと》の試斬に剣客の榊原鍵吉《さかきばらけんきち》、逸見宗助《へんみそうすけ》、上田《うえだ》馬之允《うまのすけ》の三名が指名された。明治天皇は愛刀家として知られる。

一番手は、警視庁師範、立身流《たつみりゅう》・鏡新明智流《きょうしんみょうちりゅう》の名手逸見宗助だった。気合いを込めた白刃は、刃先を欠いて跳ね返された。

二番手は逸見と同門の先輩で、幕末の銀座の料亭で天童藩の剣術と槍術の二人の師範を斬り捨てて勇名を馳せた鏡新明智流の上田馬之允だった。上田は渾身の力を込めて斬り下ろしたが、刃先を滑らせて了《おわ》った。達人の上田が刃筋を狂わしたとは考え難い。刃曲《はま》がりを生じて刀身が滑った可能性が高い。

日本刀は本来が鉄を断ち切るものではない。この兜割りは尋常な試斬ではなかった。

逸見宗助と上田馬之允の使用刀は判らない。不名誉の為に伏せられたのだろうか。

少なくとも、天皇の御前で鈍刀を使う筈がない。

明珍《みょうちん》家は平安時代から続く甲冑《かっちゅう》師の名門である。堅牢さは古今随一とされ、著名な武将達が愛用した。兜は鍛造された鋼《はがね》であって鉄や軟鋼ではない。

明珍家に限らず、甲冑師達は日本刀の性能を前提に兜を造っていた筈である。従って、兜は元々刀で斬れないように造られていた。

三番手の最後が榊原鍵吉だった。直心影流《じきしんかげりゅう》を修め、幕末、幕府講武所《こうぶじょ》の教授方を務めた名手である。榊原は明治維新

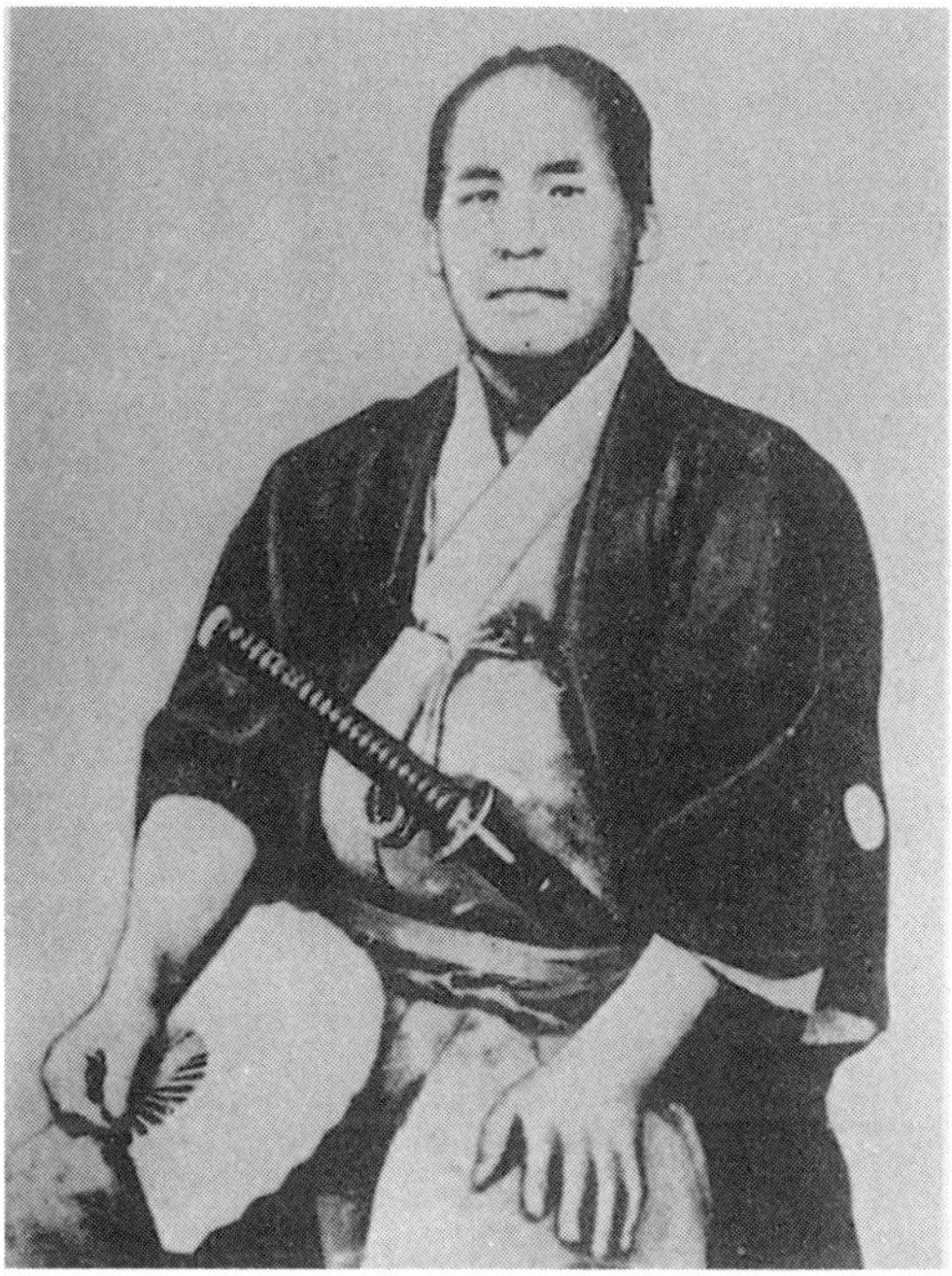

（上）〝最後の剣客〟とも呼ばれた榊原鍵吉。下はその後継となる山田次郎吉による直心影流の振り棒鍛練の図（『皇国武術英名録』より）。榊原も若き日には長さ六尺（180センチ）、重さ三貫（11キロ）の振り棒を2000回振ることを日課としていたという。彼の兜割り成功によって、以後、「同田貫」がその豪刀としての勇名を馳せることとなる。

で失職し、糊口《ここう》を凌ぐ為に撃剣興行を催していた。

時に五十八歳の老剣客は、同田貫業次《どうだぬきなりつぐ》の剛刀を上段に構え、魂魄《こんぱく》の気合いと共に明珍の南蛮鉄の桃形《ももなり》兜を斬り下げた。刀身は六寸五分（約20センチ）も鉄を裁《た》ち、見事に兜を斬り裂いた。鍵吉の技と同田貫の鍛えの業が渾然と一体化した瞬間に奇跡を生んだ。

明治天皇も驚嘆され「おぅー」と声を発せられたと伝えられる。この偉業に対し、伏見宮から榊原へ金十円という大金が下賜された。

この榊原鍵吉は天覧の鉢試しに臨み、二つの逸話を残している。

鉢試しの一か月前、榊原は「刀にて兜を切ること能《あた》わず」と出場を辞退したが認められず、さまざまな刀で試したが失敗し、当日悲壮な覚悟で家を出ようとしたところ刀剣商から同田貫を手渡されたという。

別の逸話によれば、彼は以前に同田貫を用いて将軍・徳川家茂《いえもち》の御前で兜割りに成功したことがあり、相当自信を持っていたが、手元に同田貫がなく、刀剣商から当日に手渡されたとしている（玉林晴朗『剣客榊原鍵吉』）。

いずれにしても、榊原は当日偶然にも同田貫を手にしたことになる。それも事前に自ら吟味した手慣れた刀ではなかった。このことは同田貫の評価を更に高めた。

この天覧兜割りは、榊原の剣豪としての名声を高め、併《あわ》せて肥後・同田貫の群を抜く強靭さを世に知らしめることとなった。

二　豪刀・同田貫

鎌倉時代、肥後隈本《くまもと》（＝後の熊本）を支配していた名門の菊池氏は、京都山城国粟田口から高麗系の名匠来國俊《らいくにとし》の流れを汲む刀工・延寿國村を招き、菊池の西寺村に居を構えた。南北朝期を迎えるとその刀工一派は周辺の村に分かれ住んだ。その一つが稗方村《ひえかたむら》同田貫（地名）である。

南北朝～戦国時代には、外国からも日本刀の需要が高まり（特に明《みん》は、倭寇《わこう》に対抗する海浜兵の武装強化の為に日本刀を大量に買い求めた）、輸出入の利便の為、良港がある海岸の玉名へ鍛刀場所を移した。

菊池氏の後、天文二十三年（一五五三）、豊後の大友義鎮《よししげ》（＝宗麟《そうりん》）が肥後守護職を兼ねると、大友氏の配下で実用刀を大量に生産していた豊後高田鍛冶が菊池領内に流入してきた。一方、薩州（薩摩《さつま》）から波平一派が肥後川尻に進出してきて盛んに鍛刀した。

【同田貫】銘「九州肥後同田貫上野介」

刀 長さ72・2センチ 反り2・0センチ
目釘穴 一個 桃山時代 「玉名市立歴史博物館こころピア」蔵

同田貫は九州肥後国菊池の同田貫（地名）を本拠地に、永禄の頃（一五五八〜）から活躍した肥後刀工の一群。作風は、重ね厚く、刃肉が豊か。切先が伸び、反りは浅く長寸のものが多い。鍛えは板目肌、直刃、小乱刃を焼く。銘は「九州肥後同田貫」、「肥後州同田貫」、「肥後国菊池住同田貫」などと切り、個銘（刀工の名）を刻むものは少ない。個銘を刻むというのは刀匠の一種の自己主張とも受け取れる。個銘が少ないということは、為政者・清正の軍備としての刀に対する明確な認識があったのではなかろうか。

そうした中で、加藤清正から一字を授かったという「九州肥後同田貫藤原正国、または上野介」が著名。家康が武田軍団との戦いで、高天神城（たかてんじんじょう＝遠江国城東郡土方〔ひじかた〕＝現在の静岡県掛川市上土方・下土方）を攻めての退却中、一言坂で武田の軍勢数名が道を遮った。家康の道案内をしていた永田正吉がそれに向かって突進し、鍋のような兜をかぶった兵を兜もろとも切り伏せた。正吉が振るった刀が二尺三寸九分、重ね三分の「九州肥後同田貫藤原正国」だった。家康が「以後、鍋割と呼ぶがよろし」といったので「鍋割正国」、または「兜割正国」の名が生まれた（写真提供／熊本県玉名市立歴史博物館）。

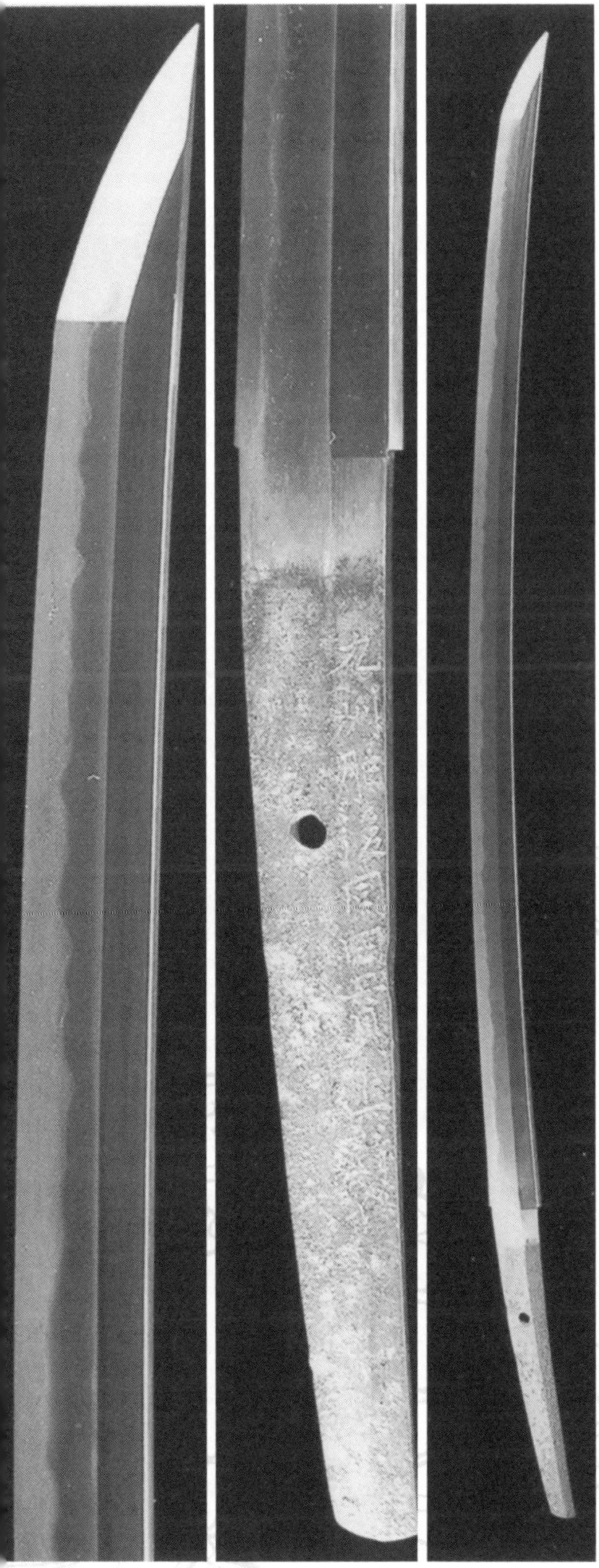

現在の熊本城一帯は、茶臼山（ちゃうすやま）と呼ばれた丘陵地だった。この一帯は中世の城が存在した肥後の要だった。明応五年（1496）、鹿子木親員（かのこぎちかかず）が茶臼山西南麓に「隈本城」を築いた。その後、戦乱の時代に紆余曲折あり、天正十五年（1587）、豊臣秀吉の九州平定で、佐々成政（さっさなりまさ）が領主として肥後に入国した。しかし、施政の失敗で成政は切腹。翌年、肥後は北半分を加藤清正に、南半分を小西行長（こにしゆきなが）に分け与えられた。このとき清正が居城としたのが隈本城だった。
現在の城郭は加藤清正により慶長十二年（1607）にほぼ完成したとみられる。この新たな城郭の完成を機に、「隈本」の文字が「熊本」と書き換えられた（写真提供／熊本市観光振興課）。

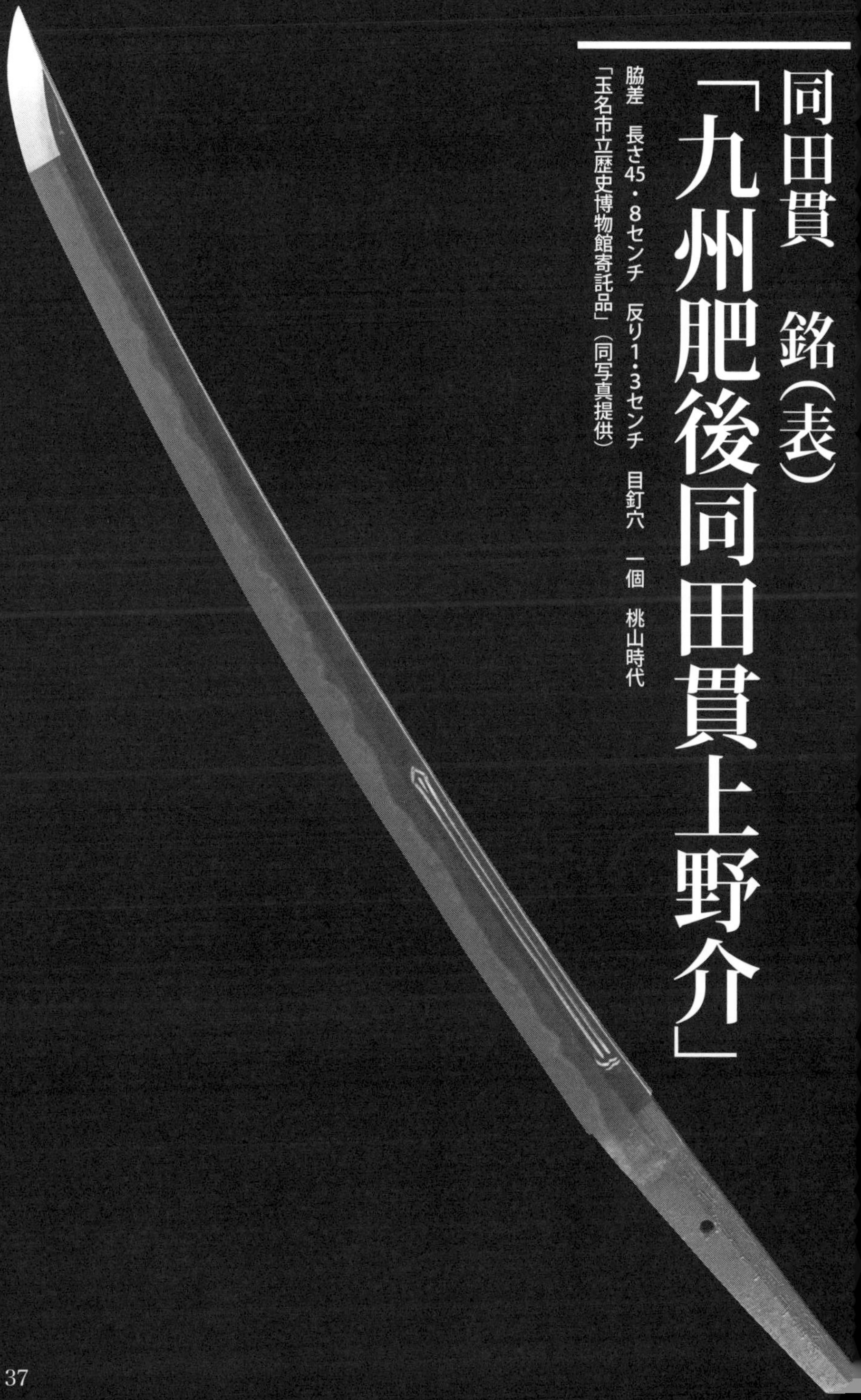

同田貫　銘（表）

「九州肥後同田貫上野介」

脇差　長さ45・8センチ　反り1・3センチ　目釘穴　一個　桃山時代

「玉名市立歴史博物館寄託品」（同写真提供）

熊本城の入口、行幸橋（みゆきばし）にある清正公銅像。加藤清正は永禄五年（1562）六月二十四日、尾張国生まれ。豊臣秀吉とは血縁関係にあり、幼名を夜叉丸（やしゃまる）といい、九歳の頃から秀吉に仕え、元服してから加藤虎之助清正（かとうとらのすけきよまさ）を名乗る。二十七歳で入国した肥後で清正は積極的に領地経営を進め、今でも熊本では善政の事跡は全て「せいしょこさんのさしたこつ（清正公のなさったこと）」となっている。
関ヶ原の合戦後は肥後全域を領して実質ともに五十四万石の大大名となったが、豊臣家に対する清正の想いは並大抵のものではなく、慶長十六年（1611）、二条城で秀吉の遺児秀頼と徳川家康を会見させることに成功。その帰途の船中で発病し、熊本城で没した。享年五十歳。奇しくも生まれた日と同じ六月二十四日だった。豊臣家も清正の没後わずか四年で大坂夏の陣に破れて滅亡した（写真提供／熊本市観光振興課）。

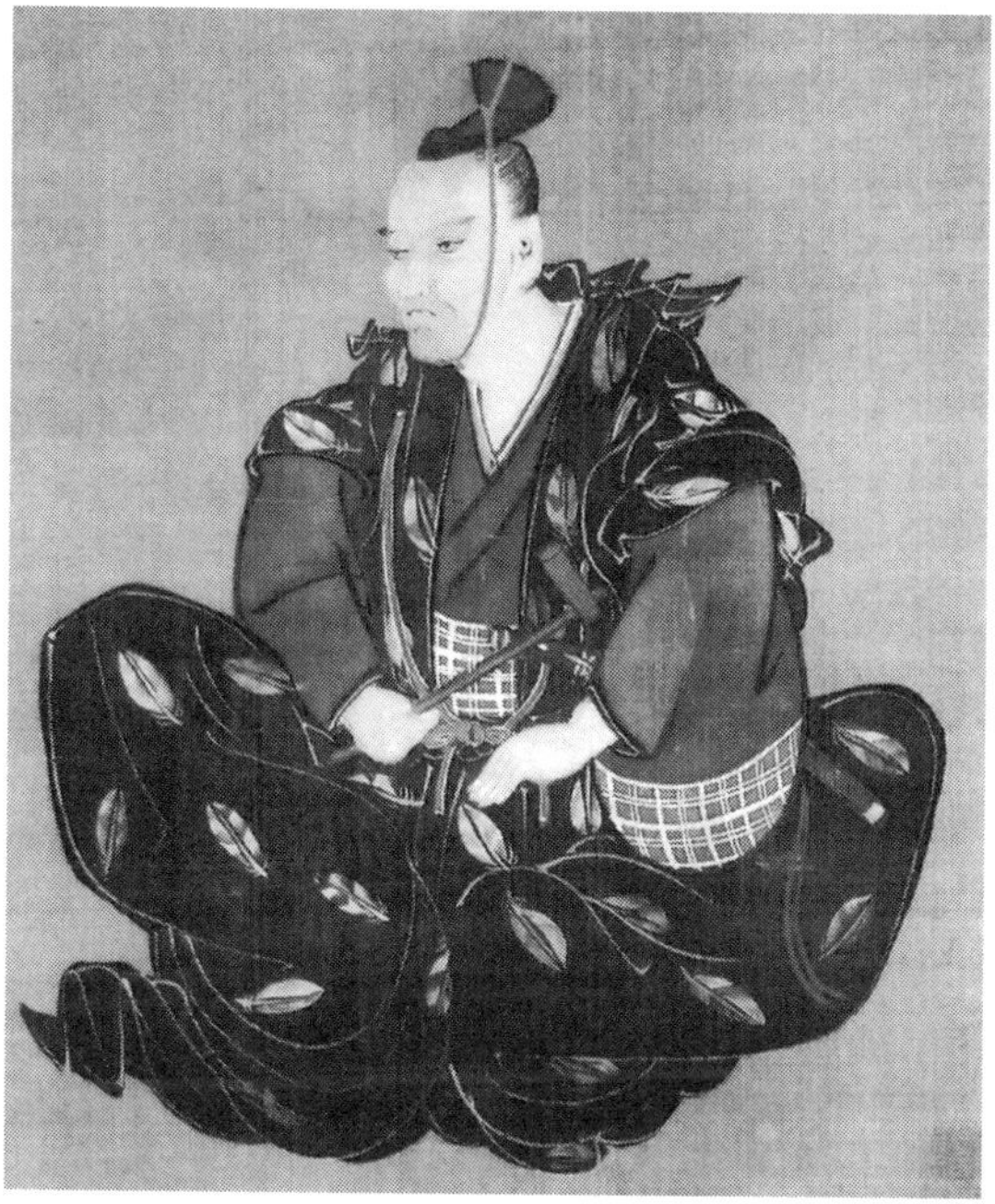

同田貫　初代上野介正國肖像
（写真提供／熊本県玉名市立歴史博物館）

大友宗麟は密貿易で日本に多大な物資を持ち込んだ「倭寇」の庇護者の一人だった。

倭寇に困り果てた明国は、倭寇の調査をする為に役人・鄭舜功《ていしゅんこう》を日本に派遣した。

室町幕府に疎《うと》まれた鄭舜功は、滞日終盤に近い半年間を大友宗麟の庇護の下に過ごした。

彼は日本の文化・地理・風俗などを詳細に調査して、明に帰国後『日本一鑑』を著した。

※「日本一鑑」：一五五六年（日本年号：弘治二年）に来日した鄭舜功によって著された書物。日本の歴史・人物・風習や、地理など三部構成。特に中世日本語の実態を伝える貴重な文献とされる。

これに、日本の鉄生産地を四箇所（豊後・越中・備中・陸奥）挙げ、この鉄が銑鉄《せんてつ》であった事、支那の福建《ふっけん》やシャム（タイ）から鉄を輸入しているなどの中世古刀期の鉄の事情を明らかにした（後の章で詳述する）。

※「銑鉄」：炭素含有量2・1パーセント以上の硬いが、脆い（展延性が低い。破砕しやすい）鉄。主に鋳物などに使われた。

大友氏の後、加藤清正《かとうきよまさ》が肥後の領主になって、刀工達は稗方村同田貫から亀甲村へ、今村木下から伊倉南方村へ、さらに河内村の塩屋にも移り、各々加治屋町が生まれた。

ここでの刀工集団は、いつのまにか地名の一つである「同田貫」を名乗るようになった。

肥後熊本人は「肥後もっこす」と言われ質実剛健を旨とした。「もっこす」とは肥後人の気質を表す言葉で、頑固者、一徹者、気骨者などを表す言葉である。

この地域の風土が一切の虚飾を排除し、武器本来の性能を追求した結果が同田貫を生んだ。この実用刀を重んじたのが豊臣秀吉に仕えた戦国以来の勇将・加藤清正であった。同田貫一派は加藤清正のお抱え刀工となり、熊本城の常備刀として全盛期を迎えた。

「同田貫上野介正國」、「木下左馬介清國」などが著名である。同田貫の刀身は反りが浅く、身幅が広く重ねが厚い、見るからに豪刀と言える。

作風は板目肌、広い焼き幅、沸《にえ》でき（匂いできもある）、大湾《のた》れ、互《ぐ》の目乱《めみだれ》である。

天正十一年（一五八三）賤ケ岳《しずがたけ》の戦いで武功をあげ、清正二十七歳の天正十六年（一五八八）、肥後北半国の領主に任命された。入国当時の肥後は長引く戦乱で国内は荒れ果てていた。

清正は治山治水、新田開発などに力を入れ、また南蛮貿易に乗り出すなど、積極的に領地経営を進め、国は見違えるように豊かになり、領民からは神様のように慕われた。

朝鮮出兵の文禄・慶長の役では主力として七年間戦い続けた。勇猛な清正軍団を支えた刀こそが豪刀の同田貫であった。秀吉の死後起きた関ヶ原の合戦で武勲を挙げ、徳川家康から肥後南半国も拝領して、実質ともに五十四万石の大大名となった。

清正の死後、豊前小倉城主の細川忠利が入国した。細川氏は豊後高田系の刀工を多用し、これを境に同田貫は衰退して鍛刀技術も失われた。

徳川の偃武《えんぶ》（＝武を納める）時代を反映して、日本刀は武士の装飾刀と化していった。地刃の華やかな刀がもてはやされ、日本刀観が最も堕落した時代がその後続く。

同田貫が復活するのは幕末の動乱が始まる新々刀期になってからである。

水心子正秀に師事した「同田貫正勝・宗広」が出て広く使われるようになった。ただし、実戦刀だった為に残存数が少ない。

歴戦の武将・加藤清正は軍備と日本刀の本質を洞察していた。織田、豊臣、徳川などの諸公が質実剛健な美濃国・関《せき》の日本刀を庇護して採用したのと共通する。

天下を狙う大名ともなれば、実に合理的な現実主義者である。そうでなければ動乱を勝ち残れなかった。これらの事実は日本刀の本質とは何かを、冷徹に我々に問いかけている。■

二 備前刀と名門「長船」の誕生

一 吉備の鉄生産事情

古代吉備《きび》（岡山）には強大な「クニ」が存在した。その基盤を支えたのは銅と鉄の生産にあった。

発掘された「門前池遺跡」の炉跡から多量の褐鉄鉱《かってつこう》（沼鉄）の鉄塊が出土し、随伴土器から弥生時代後期と推定されている。また、津山市沼住居跡群の発掘調査（昭和二十七年）でかなりの板状沼鉄が発見されていた。鉄先進国の欧州やインドと同じように、日本でも褐鉄鉱（湖沼鉄）製錬の歴史があった事を雄弁に物語る。

六世紀以降の吉備地方の製錬遺跡は約三十、製錬炉は百基以上が総社市域を中心にして発掘されていて、他の地域とは格段の差をつけている。

奈良時代、備前・備中・美作《みまさか》は税として鉄を納めていた。平城宮跡で発見された木簡《もっかん》には、鉄・鍬《くわ》に関しての多くは吉備国から調達したと記されていた。

金属遺物の分析により、奈良時代までの製鉄原料は鉄鉱石が主流を占め、一部、津山（美作）などの山間部沿いに砂鉄製錬が行われていた。

八世紀初頭、備中の北半部の花崗岩地帯が美作に分国された。

平安初頭の八世紀末、それまでの製鉄の盛業が皮肉にも鉄鉱石の枯渇という状況に立ち至った。美作の砂鉄は別国となって使えなかった。そこで「備前では鉄が産出しない。納税のたびに鉄を買っていたが、今後は鉄での納税をやめたい」（七九六年十一月）と上奏している。「延喜式《えんぎしき》」十世紀前半（平安時代前期後葉）の鉄納税国に、備中・美作はあるが、備前は姿を消した。

こうした状況が、後になって船載鉄を受け入れる素地になったように思われる。

「備前国住長船与三左衛門尉祐定」作

刀　刃長：69・4センチ　反り：1・4センチ　重ね：0・82センチ　庵棟、生ぶ茎
室町後期の末備前　裏銘：享禄三年二月吉日　（写真提供／あさひ刀剣）

「長船祐定」は勝光、清光と並び、末備前を代表する名工であり、その中でも最高峰と言えるのが「与三左衛門尉」。享禄三年は与三左衛門尉祐定64歳の円熟した技巧が冴える作品。

二　備前鍛冶の隆盛

古墳時代、韓鍛冶《からかぬち》が瀬戸内海経由で渡来し、備前の吉井川流域に定着した（包平、助平系）。場所は吉岡の地と推定される。次いで、和気氏《わけうじ》が出雲・美作《みまさか》から南下して吉井川中流域の藤野郡（後の和気町）に定着する過程で、随伴していた別の韓鍛冶（白根安生《しらねやすなり》、友成系）もこの地に定着した。

※韓鍛冶：韓鍛冶とは朝鮮半島から渡来した鍛冶工。彼らが造った直刀は「環頭大刀」と呼ばれる柄の終端に円形の輪を付けたもので、朝鮮半島の代表的刀剣。「韓（から）大刀」とも呼ばれ、古墳時代には国産でも盛んに造られた。

※吉岡の地：備前鍛冶の発生地には、久山俊氏の和気・吉岡説と、福永酔剣氏の長船・吉岡の二説がある。福永氏の長船説には実証上の難点があり、吉岡説が妥当であろう。

彼等は、古墳時代以降～平安時代前半まで、剣や長大な直刀を大量に生産して国内の武官や兵士に供給していた。

この地の豪族出身である和気清麻呂《わけのきよまろ》は、実務能力を認められた貴族であったが、自ら強く望んで、美作・備前両国の国造《くにのみやつこ》に任じられたこともある。

※国造：古代日本の行政機構において地方を治める官職のこと。軍事権、裁判権などを持つその地方の支配者であったが、大化の改新以降は主に祭祀を司る世襲制の名誉職となった。

同郷出身の報恩大師（快賢芳賀坊）を庇護し、それが縁で武臣の坂上田村麻呂（第1章一参照）と誼《よしみ》を通じた。

そんな彼は吉井川流域の和気氏の所領で造られる刀剣に少なからぬ関心を持っていて、所領の支配者として刀剣革新の必要性を感じていた。これは、東北蝦夷《えみし》との戦いを経験した坂上田村麻呂から蕨手刀《わらびてとう》の優位性を聞かされた為ではないかと推察される。

そこで、報恩大師の弟子である延鎮が、和気氏の意を汲《く》んで、奥羽蝦夷の優秀な俘囚《ふしゅう》鍛冶（有正、正恒系）を備前に招聘した。

この俘囚鍛冶が蕨手刀、毛抜透大刀《けぬきすかしたち》の技術をもたらし、そこに先住していた韓鍛冶の細身の直刀技術が融合して、平安中～末期に、細身で強い腰反りを持つ長大で優美な湾刀が誕生した。

鎌倉初期まで造られたこれらの太刀は「古備前」と呼ばれる。この時の木柄・茎《なかご》方式への統一は、鉄の節約と量産性の確保にあったと考えられる。

この吉岡の刀鍛冶が長船《おさふね》に南下する決定的要因は、山側の東海道が海側ルートに変更され、吉井川の下流に福岡（現在の長船町福岡）などの新しい商業拠点が生まれた為である。

長船鍛冶の隆盛は南北朝期の騒乱にあった。九州へ退く足利尊氏《あしかがたかうじ》は、備前福岡に滞在し、兼光《かねみつ》に作刀を命じた。この大量の武器発注を契機に、吉井川流域の各地の刀工達が福岡・長船に集まったと推定される。

長船刀工の確立は、木炭・鉄の生産地と、鍛冶集団（作刀地）の距離的分離を実現したという意味で大きなものがある。この分業体制の確立は、各々の分野を専業化して、生産を飛躍的に向上させる結果をもたらした。

こうした発展の象徴的現象が「五十人の祐定《すけさだ》」を生み出した。

高い技術水準を体得した多数の刀工集団の存在は、長船刀＝備前刀＝日本刀というイメージを生み出す背景となった。

全国を疲弊させた南北朝の動乱～戦国期に亘《わた》って造られた「末《すえ》備前」は、質・量共に最大の備前刀であって、実戦刀をもっとも良く体現した日本刀の一つと言える。支那戦線で軍刀修理を行った成瀬関次氏は、陸軍々刀の中で祐定銘の刀身が実に多かったと述べている。

「祐定」は刀工流派の名称であって個々の刀匠銘ではない。これは同田貫に通じるところがある。だが、今回の掲載刀身（42頁参照）は珍しく刀匠の個銘が切られている。この「与三左衛門尉祐定」は、末備前随一の名工と称され、永正末年から大永・享禄・天文年間にかけて、末備前の諸工の中で最も繁栄していた。中国地方の赤松・浦上・宇喜多の守護や守護代をはじめ、各武将の為にも作刀し、多くの名作を残している。

しかし、大永・天正の二度に亘る大洪水で長船は壊滅的な打撃を被《こうむ》った。特に天正十九年（一五九一）の洪水では、刀工の天正祐定以下何人かは下流の甲山《かぶとやま》まで流された。

長船は、この大洪水と火縄銃の台頭と重なって、往事の隆盛を取り戻すことができなかった。ただ、祐定刀は新々刀期まで続いた。

三　日本刀の科学的研究

日本刀の実質に関する科学的分析の嚆矢《こうし》は、日本冶金《やきん》学の泰斗《たいと》として有名な東京帝国大学工科大学教授の俵國一《たわらくにいち》博士（一八七二～一九五八）である。明治三十九年（一九〇六）～大正十三年（一九二四）の二十年間に亘って日本刀の科学的研究をされ、初めて日本刀の解析に科学のメスを入れられた。

※工科大学：後世に工学部という呼称になった。

鋼材成分、肉取り、打撃中心、切れ味などの実質内容から地刃の発生原因など、学会誌や講演で発表された論稿と、博士に協力した工科大学研究室の論文を、博士を敬う人々が後に『日本刀の科学的研究』という大著に纏《まと》めた。

ただ、博士の日本刀認識および研究された時代を斟酌《しんしゃく》しないと内容を的確に把握できない虞《おそれ》がある。

注意点は、博士の日本刀観と使用鋼材の認識が、当時の刀匠や日本刀専門家・愛刀家の進言に基づいていることと、国内外の考古学情報の不足や、分析技術などの時代背景が今日とは全く違う点である。

日本刀の作刀では、京都帝国大学採鉱冶金科の高橋信秀刀匠（新々刀準拠）の実技と口述、俵博士が直接聴取した笠間繁継刀匠（新々刀準拠）の口述である。使用鋼材に関しては、江戸中期末に出現した出雲の永代タタラの考察が基本となっていて、日本刀は〝古来より砂鉄製錬の和鋼（玉鋼《たまはがね》）で造られる〟という認識に博士は立たれていた。即ち、新々刀の製作法と、古代から刀材には玉鋼が使われていたとする〝刀剣界の常識〟が博士の日本刀の認識であった。

その為に、鍛錬法ではいきなり四方詰《しほうづ》め（芯鉄、刃鉄、皮鉄、棟鉄からなる造り込みの方法の一つ。芯鉄を刃鉄、皮鉄、棟鉄で四方から包むように組み合わせる）が図示される。後世の冶金学者が古刀構造を四方詰めと図示して憚《はばか》らないのはここに原因がある。これは俵博士の日本刀認識の前提を理解していない為である。俵博士のこうした日本刀の認識が、日本刀地鉄の分析評価の戸惑いを招いたとも言えるだろう。

俵博士は定性分析を主にされ、工科大学研究室はスペクトル分析を行った。化学分析では現れない成分が、このスペクトル分析で抽出された。

以下の五刀の分析では、総て銅とマンガンが検出された。

鉄鉱石原料と分析できる日本刀5口

◎**七号刀・了戒**
（鎌倉時代末）

◎**八号刀・村正短刀**
（室町末期）

◎**十号刀・二王清貞**
（南北朝〜室町時代）

◎**二十七号刀・祐定**
（室町期〜）

◎**二十九号刀・波平短刀**
（平安中期〜）。

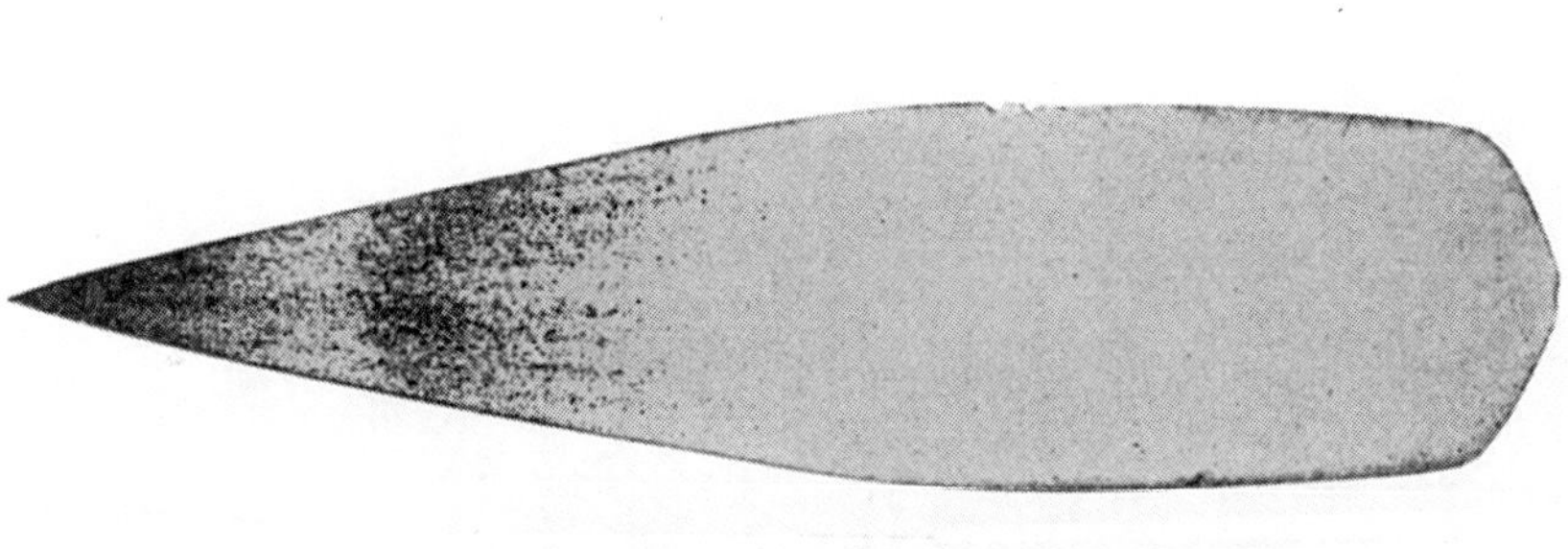

俵博士が切断分析された二十七号刀・祐定（天正元年作）
の断面写真。丸鍛えで、刃部に硬鋼が配置されている。

これは原料識別の指標であり、これにより、製鉄原料は鉄鉱石を示している。

※鉄鉱石指標：銅（Cu）含有率0・03％以上を鉄鉱石、以下を砂鉄とみなしている。

しかし、工科大学研究室と俵博士は二十七号刀・祐定を除き、検出量が微量なので和鋼の範囲と判断した。

古直刀は燐《りん》を含まず、古刀→新刀と時代が下がるに従って確実に地鉄が汚れてくることが証明された。

七号刀・了戒は有害元素の燐が多く、十号刀・二王清貞は銅と燐が多かった(国・内外の鉄鉱石製錬であろう)。良工・名匠と言われる刀に、燐と硫黄を多く含むものがあると分析所見は指摘した。

不純物の燐・硫黄の少なさが和鋼の特徴とされた筈だが、微妙な判定違いで、国外の鉄鉱石を原料としていたのかも知れない。

四　日本刀にみる舶載鉄の痕跡

試料二十七号刀・末古刀の祐定（天正元年＝一五七三）の造り込みは丸鍛えで、鋼材成分は多量の銅を含んでいた。

古来からの和鋼、南蛮鉄には銅成分が認められない。我が国でも近代になって、釜石（岩手）と赤谷（新潟）の二ヶ所で含銅鉄鉱石が発見されたが、採掘の形跡は皆無であった。しかも、産地指標の銅（Cu）の含有率0・1パーセント前後を含むものは国内で確認されていない。

その為に、博士は古代刀試料十本の内、九本が多くの銅を含み、古代刀以外の日本刀にも銅成分を多く含むものが相当ある事を確認され、「理解に苦しむ」とされた。

困惑された博士は、水心子《すいしんし》正秀《まさひで》が言う「銅鉄鍛え」に着目され、銅合金を卸《おろ》せ（含有炭素を調整すれ）ば可能であろうと推論された。日本刀は和鋼で造られるものとばかり思われていたからである。

火窪《ほど》の高温が得られない古《いにしえ》では、鉄と銅の溶融合金は不可能である。博士も別項でこの点には疑問を呈されている。

銅鉄鍛えに関しては、以下の三点のどれか一つに基因すると述べられ、〝後日の研究に俟《ま》つ〟とされた。

一．本邦に於いて砂鉄以外の鉄鉱石より製造せしか（注：鉄鉱石製練は早くに存在したが、銅を多く含む鉄鉱石製練は確認されない）

二．銅鉄鍛えを施行せしものか（注：博士は正秀の説にかなり拘《こだわ》られていたが、幕府筋の命により石堂是一が作刀実験を行い、失敗している）

三．朝鮮・支那よりの輸入品なるか（注：支那大陸・朝鮮半島の原料を意識されたが、我が国に流入していた史実はご存知なかった）

※支那：「支那（シナ）」は英語の"China"の読みに基づく。日本では、平安時代初期の高僧・空海が「性霊集」に「支那」と記述している。これは多分にインドの仏教用語に影響されていた。以来、日本では、大陸で興亡した国家、及びその地域を指して「支那」と呼称して来た。

一五四八年、ニコラオ・ランチロットの『第二日本情報』での呼称は「チナ」、宣教師ルイス・フロイスの『日本史』での呼称は「シナ」である。「中国」の呼称は、一九一二年に成立した革命家・孫文の「中華民国」からの呼称となる。それ以前の呼称は「支那」とする方が史実に忠実で解り易い。

これは戦後、新日本製鉄が最新のCMA解析装置で地金を分析し、大陸の山東半島で産出される銅成分を多く含む磁鉄鉱石を精錬した「炒鋼」であることが解明された。即ち三が正解だった。

古代刀は勿論、末古刀の「祐定」も舶載の支那鉄（炒鋼）だったという事になる。

また、新刀以降の二枚鍛えの心鉄と皮鉄の成分の違いを不審とした。概して心鉄には銅分が多く含有していて、和鋼とは考え難い。最も簡単な推定は心鉄に船載鉄を使ったということになる。

また、それ以外に、船載銑鉄《せんてつ》を精錬（製鋼）して、錬鉄（軟鋼）と刃金（硬鋼）を造ったことも想定できる。この時の精錬工程の違い、その後の心鉄と刃金の鍛錬回数の相違などに、銅成分の差を生じる原因があったのではなかろうか。

明治末～大正時代、我が国および支那大陸・朝鮮半島の古代製錬（製鉄）、精錬関連の研究は未開であった。当時に、現在のような豊富な情報があれば、俵博士の日本刀地金の考察はもっと明快になっていたであろう。これは解析手法に就いても言えるように思える。当時と現在の解析手法には格段の差がある。

支那大陸・朝鮮半島の製鉄原料の成分等も総合して、現在の最新解析装置で分析したら、どのような結果が出たであろうか。

最終試料数は古代刀十口《ふり》、日本刀が二十九口である。古作の日本刀は貴重な為に提供数が限られ、博士は試料の確保に苦労された。

少ない試料数ゆえに、祐定一刀の船載鉄は重い意味を持っている。

国産鉄であれば、刀匠ごとに少量購入が可能であろうが、インターネットも、海外との個人物流システムも無い時代に、個々の刀匠が少量の船載鉄を輸入することは不可能であろう。

従って、祐定の一例は「単なる船載鉄の一例」では済まないことを意味している。祐定に使われた船載鉄の一例の背後には、膨大な鉄の輸入があったことを示していると考えて良いのではないか。

即ち、交易帆船が鉄を持ち込んだということは、商品であれ、船のバラストであれ、交易船一隻《そう》当たり数十トン～数百トンの鉄が輸入されたとみなければならない。

※バラスト：中世の外洋帆船は常に沈没の危険と隣合わせである。船の重心を下げる為に、外洋船では船底に石、海水などの重量物を必ず積載するのが掟だった。しかし、石や海水を積んでも、それらは一銭の金にもならない。交易輸送の多大なリスクに引き合う為には、利に聡い商人が無駄な積載物を積む筈がない。その点、鉄はすぐに換金できる最高のバラストだった。日本からは、刀剣や玉などの重量物をバラスト替わりに持ち帰った。時代や船の大きさにもよるが、一航海で積載される鉄の量は数百トンを下らない。

中世古刀期までの日本の「たたら製鉄」の規模は小さく、製錬炉一基の鉄生産量は数十～数百キログラムであっ

支那外洋帆船図。支那の中世・外洋ジャンク船の一例で、積載量600トンを超えていた。明の宝船の最大は船長137メートル・船幅56メートル。これは現代の15万トンタンカーと比較すると、船幅は同じで、船長のみが1／3という、現代人の想像を遙かに超える巨大帆船もあった。

た。大規模になった江戸中期末の元禄・永代タタラでさえ、一代《ひとよ》のケラ塊は夾雑物を除くと、実際に使える鉄塊量は三分の一に減少して約一トンである。

商品や船のバラストとして持ち込んだ鉄は、そのまま使える完成された鉄素材である。一隻の貿易船が持ち込む鉄量は、永代タタラの生産量で数百基分に該当する。国産鉄の生産量と輸入鉄の物量差は歴然としていた。

ちなみに、徳川鎖国政策の中で、鍋島藩や薩摩藩などは、船のバラストという隠れ蓑を巧みに利用して密輸の鉄を入手し続けた。

五　炒鋼について

新石器時代に発達した支那の製陶窪《くぼ》は摂氏1280度の高温を得ていたという。紀元前十五世紀の頃、銅製錬が始まっている。

製鉄の起源は小アジア（現：トルコ）からの技術伝播を受け、紀元前千年の春秋時代とみられる。最初は直接製鉄法の海綿鉄製錬だった。

前六～五世紀頃、華北地方（黄河の北）では、炉の改善で銑鉄製造（溶融冶金）に移行した。製陶、銅製錬技術を

図１　（「天工開物」炒鋼法説明図）

明代末、宋應星の「天工開物」に記載された炒鋼法の概念図。実際の炒鋼炉は、下の絵にある反射炉のようなものだった。

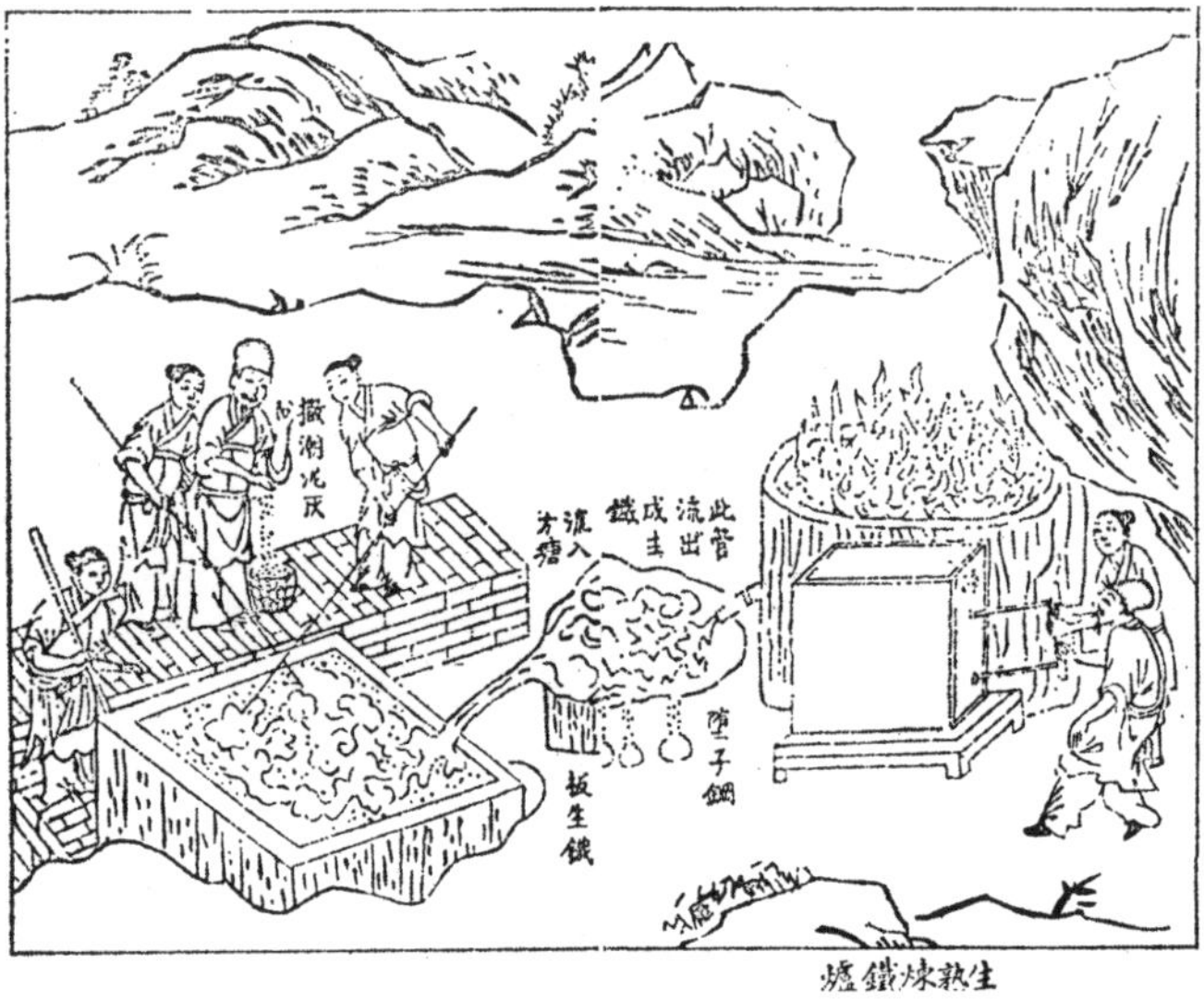

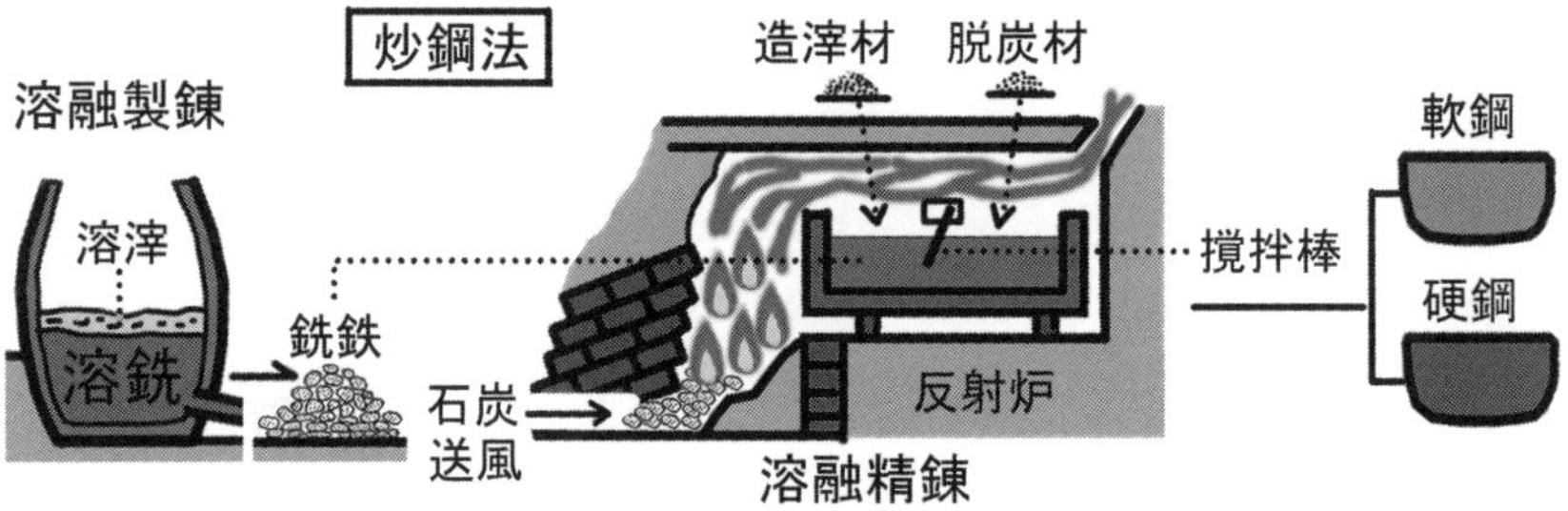

応用したものと思われる。

支那古代製鉄の特徴は短期に銑鉄（白銑・鼠銑）製造を開始し、鋳造《ちゅうぞう》鉄器を使用した事にある。

漢代の紀元前二世紀頃、製鉄技術は完成の域に達し最盛期を迎えた。その画期は、溶融銑を攪拌脱炭《かくはんだったん》して鋼を造る間接法の「炒鋼法」（図1）の開発にあった。

これは、溶融還元された銑鉄を粒状に破砕して、耐火性の石灰質の粘土の炉に装入し、溶解させた銑鉄を木の棒で攪拌しながら溶銑の炭素分を空気に触れさせ、空気中の酸素と化学反応を起こさせて二酸化炭素ガスにして放出除去するものである。攪拌を続けるに従って溶銑の炭素分は次第に減じて鋼に変化する。

西洋で溶鋼炉が始まったのは十四世紀からであり、炒鋼法と同じ原理のパドル製鋼法が開発されたのは十八世紀になってからである。

海綿鉄製錬や、我が国たたら製鉄のような直接法は、固体に咬み込んだ鉄滓（不純物）の除去と炭素量の調整を、非効率な物理的赤熱鍛打で行わなければならない。炒鋼法は鉄滓を化学的に鉄から分離する造滓《ぞうさい》材や脱炭材まで使っていた。銑鉄も鋼も液状で造るので、鉄滓などの介在物が容易に分離し、混じり物の少ない清純な鋼が大量に製造できるようになった。華北が間接製鉄法に移行していた頃、日本は弥生時代中期中葉だった。

ヨーロッパが溶鋼中の燐を石灰で除去する為に苦心して、塩基性耐火煉瓦を開発したのは十九世紀に入ってからである。

「漢《かん》」は驚くことに、西欧より二千年も早くに近代的溶融冶金を確立していた。更に、薪・木炭を火力の強い石炭（無煙炭）に換えて、生産量を増大させた。製鉄技術では、世界の最先端を走っていたことになる。

※中国溶融製錬：製鉄後進国の中国が、先進的な溶鋼技術を短期に確立できた理由には、以下の要因がある。

①古代から高度な製銅、銅器の鋳造技術を確立していた。
②製陶技術が発達して窪（くぼ）、通風装置、燃料の改善などで既に高温の焼成温度（1280℃以上と推定される）を確保していた。
③含燐鉄鉱石が多く、燐は溶鉱炉で鉱石の融点を下げ、鉱石の溶融が容易であった。
④石灰質の耐火粘土に恵まれて、早い時期から坩堝（るつぼ）や耐火煉瓦が発達していた。石灰は鉱石中の燐を除去する。
⑤薪・木炭に換えて、身近に産出する火力の強い石炭（燐を含まない無煙炭）を燃料に使えた。
⑥紀元一世紀には複動ピストン鞴（ふいご）が登場して連続送風を

図2　大陸と日本への流通ルート

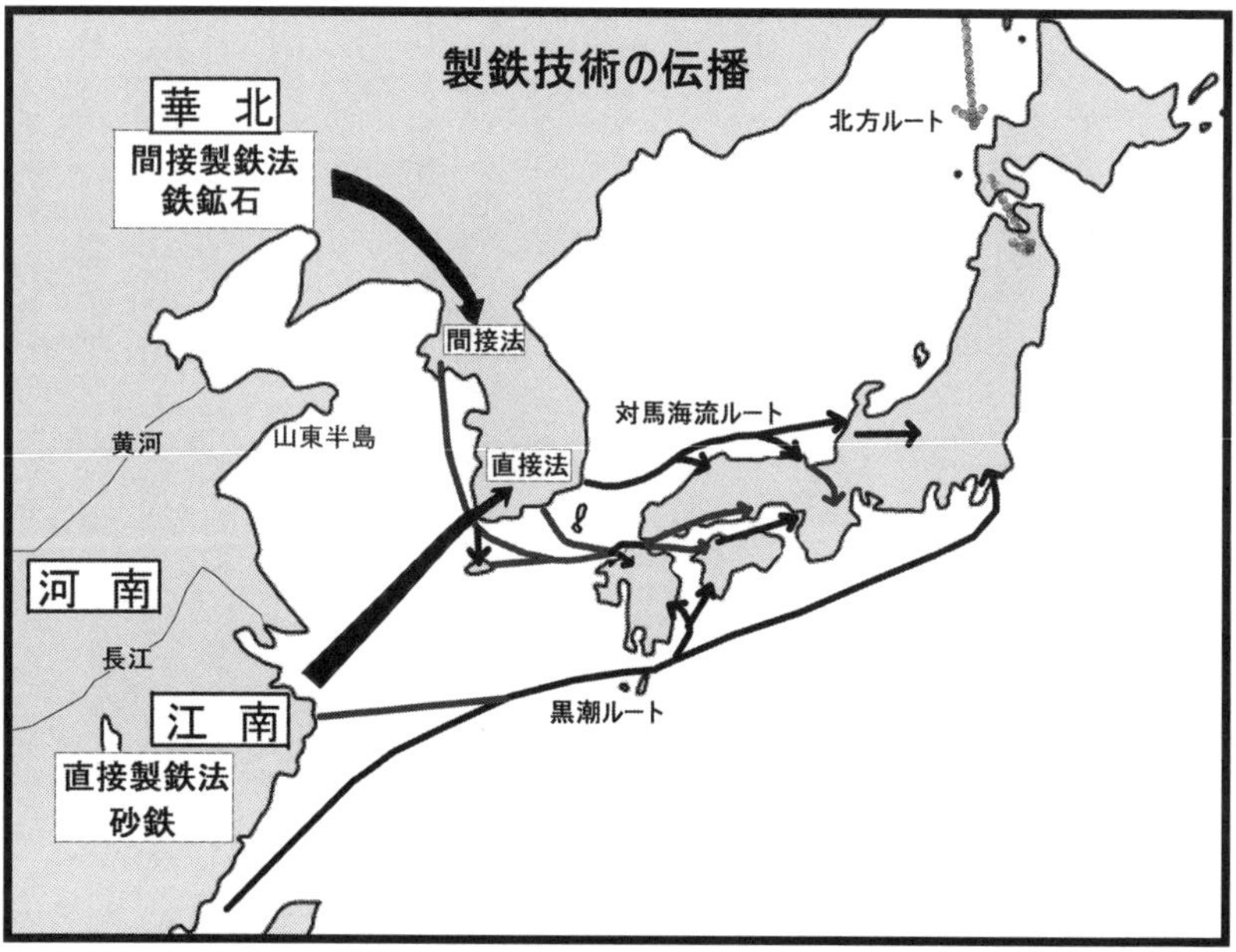

可能にした。

これらの要素が相乗し、溶融冶金＝鉄の量産を実現した。

また、小型竪炉に依る溶鉱も実現し、滲炭法も開発した。鍛鉄を灼熱して水中で急冷する焼入法（刃金技術）もこの時代に盛んに行われた。

河南（中原＝黄河中流域）地方は、直接法と間接法の両方式が混在した。北方と西南シルクロードの交点に四川《しせん》があり、早くに文化が栄えていた。山東半島から長江下流域の沿岸一帯に含銅磁鉄鉱床の存在が知られ、日本の古墳出土の鉄鋌《てってい》（第3章一参照）は、成分々析から、河南～江南の含銅磁鉄鉱石に依る炒鋼と分析されている。

また、大陸と日本との交易ルートからも河南が着目されている。

江南地方（長江より南）は全く違う海綿鉄の製鉄法だった。赤鉄鉱、または砂鉄を原料として直接製鉄法を主流に錬鉄を生産した。西南シルクロードや海上交易を通じたオリエントおよびインドからの技術伝播と思われる。紀元前三～二世紀頃より、皮鞴《かわふいご》に替わり、手押し～足踏《あしふみ》フイゴが登場して炉温が改善される。

海綿鉄と鋳鉄は技術的には同じもので、単に製錬温度の違いだけである。錬鉄で武器を、鋳鉄で農・工具や生活用具を造ったのだ。

この直接製鉄法＝海綿鉄または塊練鉄製錬が、南部朝鮮と日本に伝播したと推定されている（図2）。

■

三 末古刀の実力と渡来鉄

一 実戦刀の極致「末古刀」の価値

美濃国関《みののくにせき》の刀剣が隆盛を極めたのは騒乱の南北朝期以降である。

戦場に臨む武将の刀への願いは、先ず「どうか折れないでくれ」であった。戦場での刀の折損は、即、自らの死を意味したからだ。次いで望むことは「どうか曲がらないでくれ」であったろう。

斬味《きれあじ》に関しては、相手の防具によって異なる。斬味は二の次、三の次の問題だった。まして、刀身地肌や刃文の美醜など、実戦刀にとっては埒外《らちがい》のことであった。敵に対峙する武将の脳裏に、刀身地刃の美などという想いは掠《かす》めもしなかったであろう。

刀の強靭性に関しては、「沸《わ》き出来」が脆《もろ》く、「匂《にお》い出来」が優れていると言われる。鉄の粒子の観点では一般論としては妥当であろう。また、刃毀《はこぼ》れの拡大を防ぐには、直刃《すぐは》が良いとの意見があるが、刀匠・柴田果は数々の実験の結果、乱刃《みだれば》の方が刃毀れの拡大を防ぐと結論付けている。

これらはいずれも一般論であって、個別手作りの刀では、鋼材の選択、造り込み、熱処理などの要件と刀匠の力量が大きな影響を与える為に、一概にどちらが良いかとの結論が出せないのが実態である。因みに、大東亜戦争中、陸軍戸山学校、及び小倉陸軍造兵廠《ぞうへいしょう》での各種日本刀の強度試験では、地刃の美醜（刃文が無い刀身を含む）と刀身性能は何等《なんら》関係が無いことが証明されている。

一方、武力を整備する戦国大名にとって、軍事費の負担は重大事であった。限られた費用で、如何に効果的な軍事力を整備するかが戦いの勝敗を分ける。採用の条件は「虚飾を排除した武器性能、短納期、低コスト」だった。これは日本刀に限らず、武器全般に要求される普遍の条件である。

関の刀匠達は、その時代の要求に応えた抜群の実戦日本刀を造りあげた。だからこそ、織田、豊臣、徳川などの名だたる雄藩が関鍛冶を庇護し、備前を凌ぐ刀剣供給地になり得たのである。

逆説的には、効果／費用に優れた関の実戦刀が、天下を狙う雄藩の軍事力を下支えしたとも言えるであろう。

刀身鑑賞の視点では、ややもすると、関物、数打ち物を蔑《さげす》む傾向にあるが、武器としての日本刀の視点が完全に欠落している為である。

天下を狙う諸大名は極めて冷徹で合理的な考えを持っていた。そうでなければ戦乱の世で生き残れなかった。短納期・低コストが必要条件だとしても「安かろう、悪かろう」を容認する筈がない。武器性能を満足する最低限の十分条件を満たさなければならなかった。

如何にコストが安くても、戦いに耐えられない武器を装備したなら、それは自藩の滅亡につながるからである。

関の刀匠達は、武器の基本性能を落とすことなく、短納期・低コストの難関を作刀方法の工夫・合理化で乗り越えた。このことは支那戦線で実証されている。軍刀修理班の成瀬関次氏は「古刀は痩せ身（研ぎ減りした刀身）でも良く切れて戦える。数打ちの無銘でも古刀は最も戦い良い」と評価した。

二　孫六兼元・和泉守兼定

末関物《すえせきもの》を代表する刀工に、二代兼元《かねもと》（通称＝孫六《まごろく》兼元）と二代兼定《かねさだ》（和泉守《いずみのかみ》兼定＝通称「之定《のさだ》」）がいる。

孫六兼元は永正《えいしょう》の頃（一五〇四年～一五二〇年）、初代兼定のもとで、二代目兼定と共に修行し、兄弟の契りを結んだという。孫六兼元は、之定と並び実戦刀としての名声を欲しいままにした。その作刀期間は大永三年（一五二三）から天文七年（一五三八）の間とされている。

焼刃は所謂、互《ぐ》の目尖《めとが》り刃が一定の間隔で連なる様を「三本杉」と呼び、古来より「関の孫六三本杉」として広く知られる特色のある刃文である。稀に直刃を焼くこともあるが、どこかに尖り刃が入る傾向にある。

和泉守兼定の刀は穏やかな互の目刃文を施した気品の高い作風で知られる。両者の刃部は硬度を持ちながら粘り気があって、刀こぼれし難い特色を持つ。

古刀構造は、硬・軟鋼不均質の練り材を無垢《むく》鍛えするか、無垢鍛えに刃金を割り込ませた割刃《わりは》鍛え、硬・軟鋼の合わせ鍛えが一般的であった。これらの日本刀は棟打《むねうち》（刃部の

「孫六兼元」

末古刀　刃長：60・2センチ（1尺9寸8分6厘）　反り：1・5センチ（4分9厘）
室町時代　元幅2・84センチ、元重ね0・55センチ、先幅1・89センチ、先重ね0・47センチ、目釘孔2個、刀身重量493・5グラム（写真提供／刀剣小町）

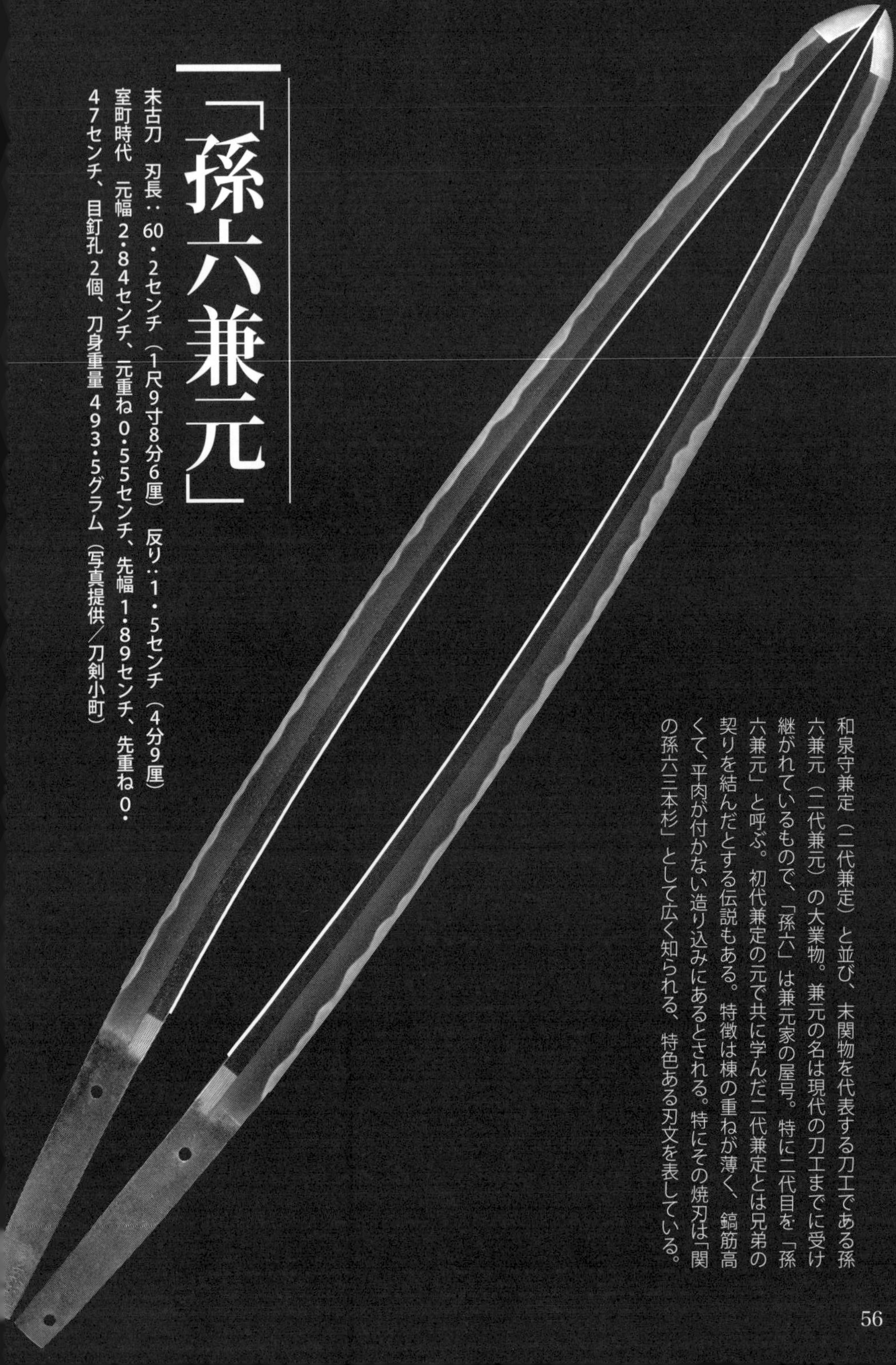

和泉守兼定（二代兼定）と並び、末関物を代表する刀工である孫六兼元（二代兼元）の大業物。兼元の名は現代の刀工までに受け継がれているもので、「孫六」は兼元家の屋号。特に二代目を「孫六兼元」と呼ぶ。初代兼定の元で共に学んだ二代兼定とは兄弟の契りを結んだとする伝説もある。特徴は棟の重ねが薄く、鎬筋高くて、平肉が付かない造り込みにあるとされる。特にその焼刃は「関の孫六三本杉」として広く知られる、特色ある刃文を表している。

土方歳三佩刀「和泉守兼定」

刀　刃長：70・3センチ　反り：1・2センチ
江戸時代　銘：「和泉守兼定」（土方歳三資料館蔵）

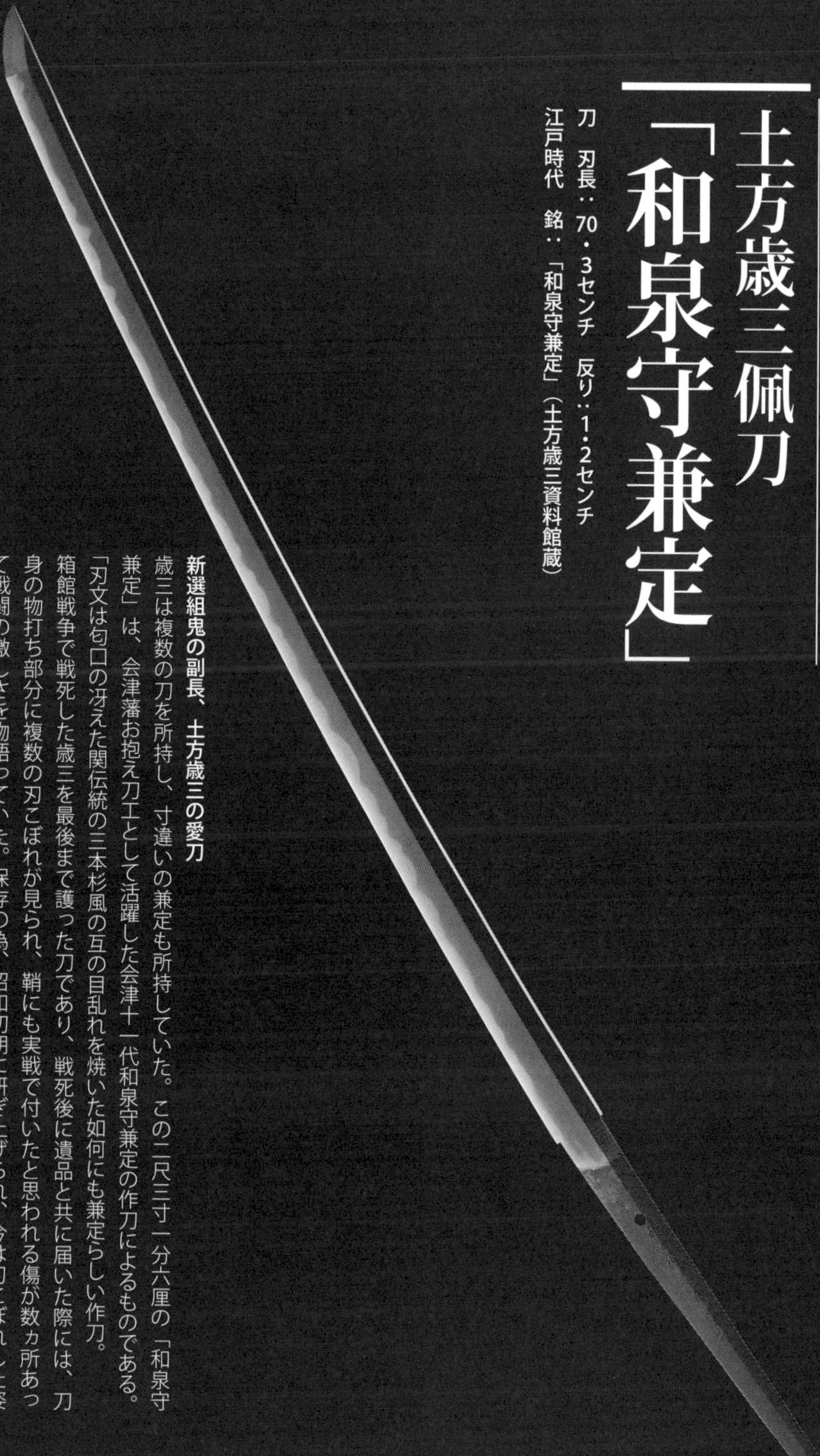

新選組鬼の副長、土方歳三の愛刀

歳三は複数の刀を所持し、寸違いの兼定も所持していた。この二尺三寸一分六厘の「和泉守兼定」は、会津藩お抱え刀工として活躍した会津十一代和泉守兼定の作刀によるものである。「刃文は匂口の冴えた関伝統の三本杉風の互の目乱れを焼いた如何にも兼定らしい作刀。箱館戦争で戦死した歳三を最後まで護った刀であり、戦死後に遺品と共に届いた際には、刀身の物打ち部分に複数の刃こぼれが見られ、鞘にも実戦で付いたと思われる傷が数ヵ所あって戦闘の激しさを物語っていた。保存の為、昭和初期に研ぎ上げられ、今は刃こぼれした姿を見ることはできない。

図1　関伝合わせ構造図

棟部に硬鋼を配した古来・関伝独特の刀身構造（和泉守兼定＝上図）。後世の心鉄構造と違い、研ぎ減りしても硬・軟鋼の配分は変わらない。関・実戦刀の面目躍如たる刀身構造といえる。下図は同じく孫六兼元の刀身断面図。

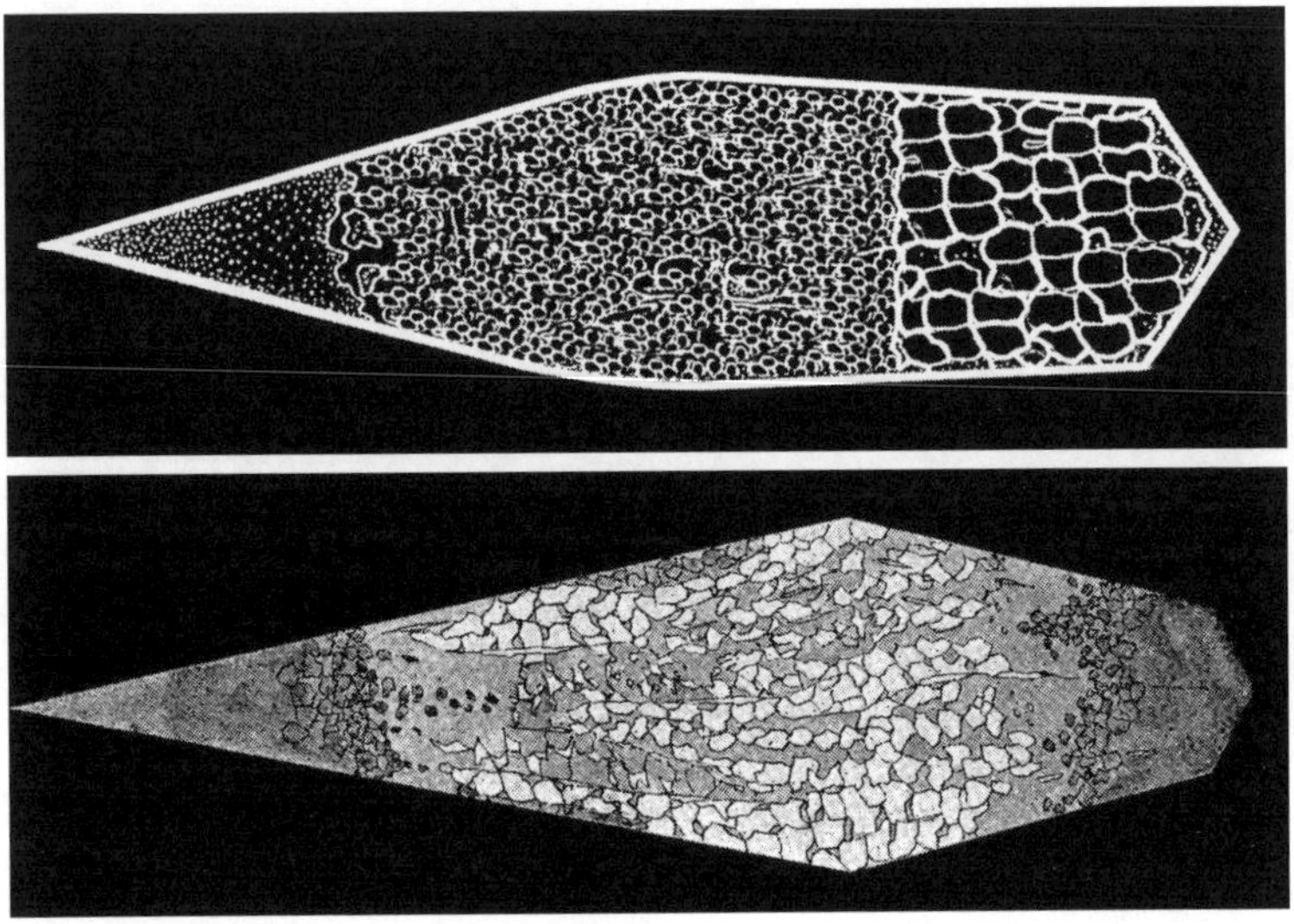

背側への打撃）に極めて弱く、棟打すると簡単に折損するか、大きな刃切れを引き起こす。彼我が激しく運動する戦闘の中で、常に刃筋を立てて理想の形で刀を振ることは不可能に近い。思わず刀身側面や棟に打撃を受けることは容易に想定される。

孫六兼元の造り込みは割刃鍛えの棟に硬鋼を合わせるという関伝独特の刀身構造を採用した（図1）。こうした造り込みは、実戦における日本刀の過酷な使用状況を知悉《ちしつ》していた結果生まれたものと推察される。

之定の刀身断面は残念ながら確認されていない。しかし、古来「関伝」と称される断面構造、孫六との修行の経緯を見ると、孫六の断面構造と同様な硬・軟鋼の配置だったと想像される。この合わせ構造は、いくら研ぎ直しをしても、硬・軟鋼の配分が変わらない。研ぎ直しが前提にある実戦刀では必須の配慮であった。

これらの刀は武田信玄・豊臣秀吉・黒田長政・前田利政・青木一重など多くの名だたる武将達が佩刀したことからも、その性能の高さを窺い知ることができる。

孫六兼元の断面図は、昭和四年（一九二九）、京都帝国大学理学部近重研究室の足田輝雄講師が、刀身断面を顕微鏡で覗きながらスケッチしたものである。近重研究室は金属分析を得意としていたが、炭素濃度の分布がより明確になる顕微鏡撮影装置が無かったのであろう。

また、古来より日本刀は玉鋼《たまはがね》で造られるとの思い込みから、肝心な金属分析を行わずに画竜点睛を欠く結果となった。この目視図は近重眞澄著『東洋錬金術』に収録された。

これ等の優れた実戦刀は、どのような刀材を使ったのであろうか。

日本刀の研究家・佐藤富太郎は著書『日本刀の秘奥』で「備前や美濃の刀工達は、支那鉄を使用して相当数の日本刀を造っていた。

渡来鉄を銘記した物、無記銘物、其の儘或《ままあるい》は和鋼と混合した物など渡来鉄が不言の中に頗《すこぶ》る広く各刀工に使用された」と述べている。

※佐藤富太郎：日本刀神話が蔓延し、情緒・感覚でしか日本刀を捉えていなかった刀剣界の中で、日本刀の実質内容を科学的に解明しようとした数少ない研究者。名匠・堀井俊秀の校閲で『日本刀の秘奥』を著した。

出羽大掾國路、和泉守國貞（初代）、安綱などにも「唐鐵《からてつ》」・「支那鉄」添銘の刀が確認される。

また、渡来鉄使用では肥前忠吉一派、筑前信國（吉包）一派、埋忠（明壽、重義）一族、無記銘物には大和守安定、越中の藤原重清、仙台の永重などが知られている。

三　文献史学に見る国内鉄市場

古代から、環シナ海・環日本海交易は活発だった。民間貿易は古代から連綿と続き、平安時代の対宋《そう》貿易は隆盛を極めた。

文字を持たなかった五世紀中葉以前はやむを得ないとしても、その後の史書は、古事記・日本書紀と各地の断片的な風土記を見るくらいで、体系的に纏《まと》まった日本の史書は皆無に近い。海外との交易に関しても、遣隋使、遣唐使、対宋・対明《みん》貿易を表層的に述べるに止《とど》まっている。

従って、日本の交易の実態は支那の史書に求める以外に道がないのが現状である。中世の交易で最も大きな役割を果たしたのは「倭寇《わこう》」と呼ばれる私貿易・密貿易（略奪含む）だった。

※倭寇：鎌倉時代の二度に亘る元寇の来襲で、壱岐・対馬の島民は婦女子を含めてほとんどが惨殺され、田畑も壊滅した。食料に窮した生き残りの島民達は、糧食確保と復讐心から倭（日本）の海商人と組み、朝鮮半島へ食料の収奪に向かった。これが倭寇の始まりとされる。

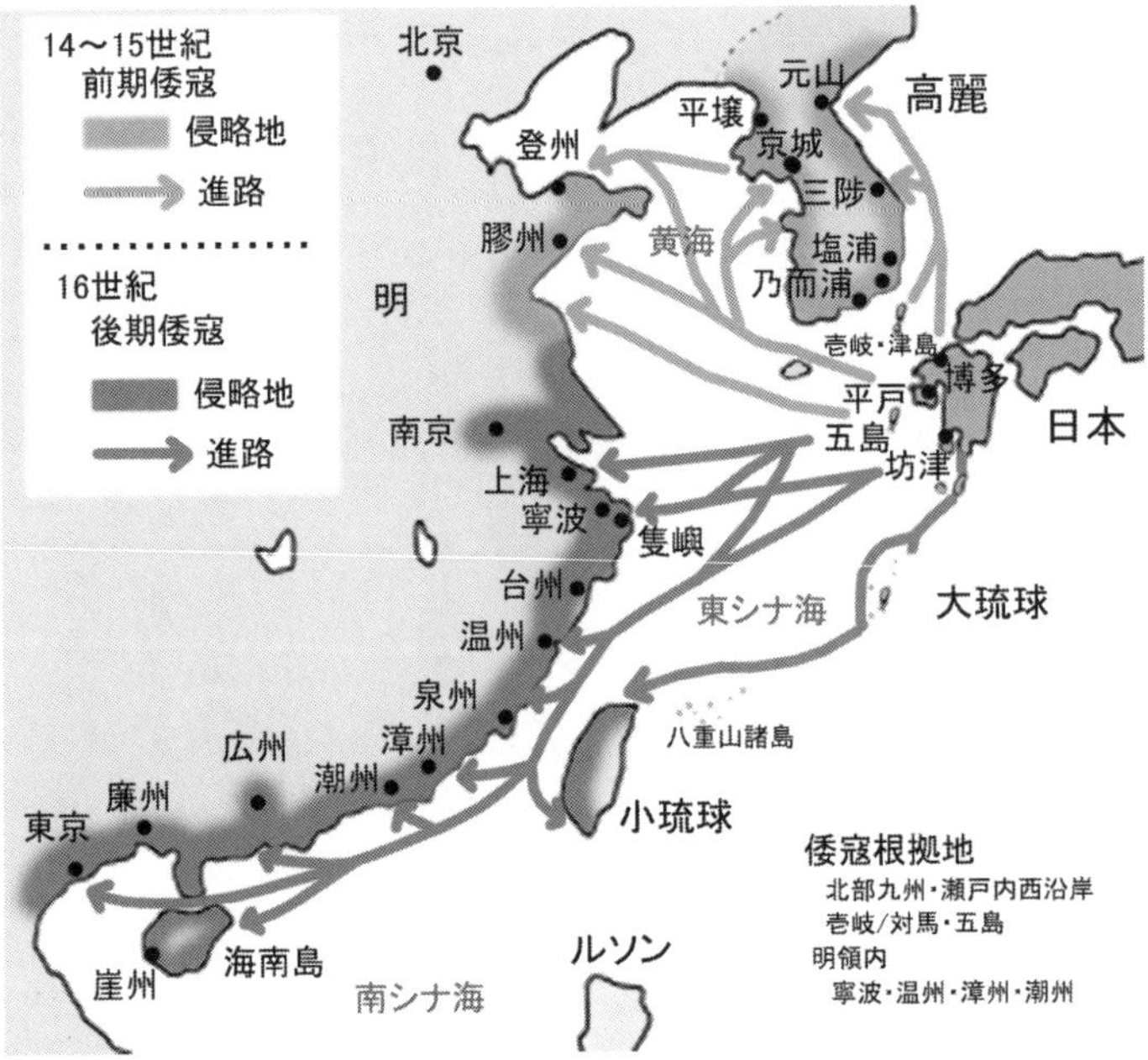

倭寇の侵略地と根拠地

その後、南北朝の戦乱は、糧食・物資の欠乏をきたし、倭寇は船団を組んで環シナ海を縦横に活動するようになった。

宋の次に建国した明は、日本との交易を禁じていたが、十三世紀後半から倭寇が活発に活動し、強大な勢力となって明を脅かした。

対策に窮した明は、財政窮乏にあった室町幕府（足利義満）の願望と相俟《あいま》って、應永《おうえい》五年（一三九八）に日明貿易を開始した。

実態は、倭寇の取り締まりを条件とする明主導の朝貢《ちょうこう》貿易だった。

應永八年（一四〇一）～天文十六年（一五四七）に至る約百五十年の間に十九回の勘合《かんごう》貿易を行った。

第一回～第八回までは幕府の船二～三隻《そう》、第九回から、守護大名、有力寺社、商人の船が加わり五隻位の船団だった（第十二回は最大の十隻）。第十三回からは十年間隔となり、一回に三隻程度の交易だった。勘合貿易は実に細々としたものだった。

明からは綿布、薬品、諸雑貨と共に「鉄」を輸入した。

明は倭寇討伐を繰り返し実施したが、武装した倭寇の力に為す術がなく、中期倭寇～後期倭寇によって受けた被害は甚大だった。その為に、明の浜海兵の武装強化に迫られて、明は日本刀を大量に買い付けた。

※明の日本刀買い付け：明に大量の日本刀を輸出したことを理由に、国産鉄が豊富に生産されていたとの説があるが、如何かと思われる。もし、国産鉄が潤沢に生産されていたのであれば、危険を冒してまで密貿易に走ったり、挙げ句の果てに、外国の鉄製品を略奪する倭寇が跳梁する筈がない。リスクを負って鉄器を確保しても、国内では売れないからである。

即ち、日本の鉄需要を賄えるような国産鉄の生産量は無かったということである。

この勘合貿易も、嘉靖《かせい》二年（一五二三）、大内・細川両氏の勘合船が寧波《ニンポー》で朝貢権を争う騒乱に発展して、明は日本朝貢船の入港を禁止した。

これで日・明の正規の貿易ルートは途絶え、商人達が貿易を行う手段は密貿易とならざるを得なかった。明の有力者、豪商、奸商、官吏などが倭寇と手を結んだ。十六世紀中葉の倭寇の貿易回数は五三八回に及ぶ（田中建夫著『倭寇と勘合貿易』）。

この倭寇の頭目の中で最も有名なのが「王直」だった。

※王直：王直は明の海商のひとり。双嶼（リャンポー）を拠点としている頃、巨船を建造し、2000人の部下と450艘の船を自在に操っていた。日本・ルソン・ベトナム・タイ・マラッカ等を自由に往来し、禁制品の生糸や硫黄の密貿易で巨万の富を築いた。一三七一年の「海禁令」により、王直が拠点にした双嶼・月港を官に攻撃された為、王直は倭・明の密貿易人を率いて戦国時代の天文十年代（一五四一年～）に五島列島の福江に来航した。

幾多の後期倭寇の頭目の中でも王直の勢力は群を抜き、「倭寇王」と目されていた。後期倭寇の構成は「倭人3割、7割が明国人の偽倭寇、倭人に従う者の7割が明国人だった」とされる（『嘉靖東南平倭通録』嘉靖三十二年十月の条）。一五五〇年六月に王直の手引きでポルトガル船が初めて平戸へ来航したのが、南蛮貿易の始まりとなった。

「汪（王）直、諸々の倭と勾《むす》び大挙入寇す。艦を連ねること数百、海を蔽《おお》いて至る。浙東・西、江南・北、浜海数千里、同時に警を告ぐ。昌国衛が破らる」（『明史』巻三二二日本伝）。

倭寇は一回の運航で、数十隻～数百隻の船団を組んだ。

倭寇が扱う物量は膨大なものだった。倭寇は物品に止まらず、多数の被虜人（捕虜）と商人を連れてきた。各地に残る「唐人町」の地名はその名残である。倭寇の跳梁《ちょうりょう》によって明の国力は衰え、明朝滅亡の一因とも目《もく》されるに至った。

倭寇の活動のピークは、日本においては騒乱の南北朝期

長崎県平戸市に建つ王直像。明の洪武帝は、一三七一年に「海禁令」を出し、海外との交易、大船の建造などを禁止した。明朝からすれば、王直は海禁令を犯す海賊だが、日本にとっては支那の高度な先端商品をもたらす得がたい貿易商人だった。

と、鉄不足が深刻な戦国期である（倭寇の活動内容は時代によって極めて複雑）。この倭寇の拠点には五島列島、平戸、博多、薩摩などがあり、瀬戸内沿岸にも広がった。豊後の大友宗麟《そうりん》、周防《すおう》の大内義隆、五島の宇久盛定、平戸の松浦隆信などが後ろ盾になっていた。

四　密貿易と鉄の輸入

鄭若曽《ていじゃくそう》著『籌海図編《ちゅうかいずへん》』には、倭寇が好んだもの（倭好）として「鉄鍋」と「鉄錬」が挙げられ、謝杰《しゃけつ》の『虔台倭纂《けんだいわさつ》』には「倭寇が高価な大鍋は勿論のこと、小鍋に至るまで永楽銭二銭を出して手に入れようとした」と記されている。ただ、籌海図編の「倭好」二十二品目に「鉄鍋・鉄錬」はあるが、何故か「鉄」が載っていない。

※鄭若曽『籌海図編』：倭寇対策の海防書『籌海図編』上巻「倭利」を著す。捕らえた倭寇や被害者などの聞き取り調査による中世日本研究の根本資料。

※謝杰『虔台倭纂』原文：「鉄鍋重大物一鍋価至一両銭、重古者千文価至四両、小鍋曁開元永楽銭二銭、及新銭不尚也」。一五七九年に琉球への冊封（さくほう）副使に任命された謝杰の著書。鍋は溶かしてズク鉄材料として販売するのが目的。

表1　中世後期（15・16世紀）における鉄砲と日本刀の産地

※鉄砲の生産地は『日本一鑑』、日本刀の生産地は『日本歴史大系2』中世後期国別物産表(井上光貞編)による。

	鉄砲	日本刀
九州		筑後
	平戸	
		肥後
		豊前
	豊後	
	坊ノ津	薩摩
山陽・瀬戸内	安芸	
	備後	
	阿波	

	鉄砲	日本刀
畿内	和泉	和泉
北陸道		若狭
		加賀
		越中
		越後
東海		駿河

大量に輸入された安価な支那製陶磁器、材料である硝石《しょうせき》や鉄が「倭好」に載っていないのは、鄭若曽の関心が公家・上級武家・禅僧向けの珍品・高級製品にあり、一般商品や、完成品ではない材料に興味がなかった為と見なされている。

これについて、東洋史の研究家・太田弘毅氏は、十六世紀に西日本、特に倭寇とのつながりが強い九州や瀬戸内海沿岸に新興の日本刀産地が発生している事を指摘し、戦国時代に増大する日本刀や鉄砲の需要を賄《まかな》う為に、倭寇による鉄鍋などの中古鉄、シャム・福建の鉄を輸入したと論じている（表一）。

※太田弘毅：早稲田大学文学研究科東洋史学専攻。海上自衛隊第1術科学校教官、玉川大学非常勤講師、東北女子短期大学教授などを歴任。軍事史学会理事。「倭寇が運んだ輸入鉄—『鉄鍋』から日本刀製作へ」（明代史研究会明代史論叢編集委員会編『山根幸夫教授退休記念明代史論叢』〈汲古書院〉）、『倭寇～商業・軍事史的研究』（春風社）等の著書多数。

弘治二年（一五五六）に倭寇の対策と日本の実情調査のために来日した明の役人・鄭舜功《ていしゅんこう》は、二年間に亘《わた》った緻密な調査結果《そう》を『日本一鑑』に著した。「鉄は『豊後』・『越中』・『備中』・『陸奥』に産出して、刀を造るには佳《よ》いが、この日本の『鐰鉄《てつ》』は蓋《けだ》し脆《もろ》くて鉄砲に使えない。シャム（タ

倭寇図（東京大学資料編纂所蔵）

イ）や福建からの密輸品の鉄で鉄砲が作られていた」と述べている。

※鄭舜功：『日本一鑑』原文に「出豊後越中備中陸奥者佳、可為刀、不可作銃、蓋鍱鉄也」（「窮河話海」「珍宝」の条「鉄」の項）、「其鉄既脆不可作、多市暹羅鉄作也而福建鉄向私市彼、以作此」（「器用」の条「手銃」の項）。全3部16巻からなる膨大な資料。歴史、人物・風習、地理（地図）、言語辞書に至るまで、中世日本の実態を綿密に調査した、日本研究には不可欠の書。鄭舜功は嘉靖三十四年（一五五五）～同三十六年（一五五七）の滞在2年の内、豊後の大友宗麟の下に6ヶ月間滞在した。国産鉄の産地や鉄の種類も、豊後藩の認識などが反映されていたと見るべきであろう。

極めて重要なことは、日本の代表的な鉄の産地を四ヶ所挙げ、その鉄が「銑鉄《せんてつ》（ズク）」だと明記している点にある。「鍱鉄」とは「硬くてもろい鉄」を指す。即ち「銑鉄＝ズク」を表している。

また、天文以降、国産鉄生産の中心の一つとされる「出雲」は、この時点で鉄の産地として未だ登場して（あるいは認識されて）いない。これらの情報は、中世の国内鉄市場の実態を知る上で極めて重要である。

明の隆慶元年（一五六七）、倭寇の跳梁を促した海禁令の弊害もあって、明の初頭以来二百年間続いた海禁令が解除された。只、この海禁解除はシャム等の南海方面だけに限られ、日本への渡航は禁止されていた。明の「硝石・硫黄・銅・鉄など」は輸出禁制品のままだった。

禁制品ほど利益は大きい。ここに密貿易が継続する背景があった。

日本はシャム、福建から盛んに鉄を密輸入した。支那の福建・広東《カントン》は「生」鉄の一大加工地だった。シャム鉄とは、福建・広東の鉄をシャムを迂回して日本に持ち込んだか、シャムへの輸出と偽り、福建を出港して直接日本に持ち込んだものと思われる。

戦国時代が終わり、衰退した倭寇に替わってポルトガル商人による南蛮貿易が始まった。天文の商業和鋼の出現後にも、高価な南蛮鉄の輸入は九十年間も続くことになった。南蛮船で持ち込まれる、支那鉄（唐鉄）、阿蘭陀（オランダ）鉄、露西亜（ロシア）鉄などの各地域の鉄は、一括りにして南蛮鉄と呼ばれた。

更に、明の史料『明神宗実録』の一六一二年の条に「鉄は(日本で)もとの値の二十倍になる」との記述がある。この「鉄」は「熟鉄＝軟鋼」を指す。慶長に入ってからも高価な鉄を輸入し続けていた。

ここに、国内商用鑪《たたら》の生産量では需要が賄《まかな》えず、船載鉄に頼らざるをえなかった国内鉄市場の状況が浮き彫りとなった。これは金属遺物の成分々析（113頁）の結果とも合致する。■

四　古刀の刀身構造と鉄の精錬

一　刀剣の条件

日本刀の機能を端的に表わす俗語が「折れず、曲がらず、良く切れる」である。折れず、曲がらずとは願望であって、そんな刀は存在しない。正しい表現は「折れ易からず、曲がり易からず、良く切れる」である。

硬い鉄は折れ易く、柔らかい鉄は直ぐに曲がる。折れ易からず、曲がり易からずは矛盾する。特に、細長い刀剣などの刃物類では難問だった。この矛盾する要素の両立こそが刀剣製作の要であって、鍛冶工達はその為に様々な工夫を凝《こ》らした。古代の人々は、この解決策として、硬い鋼と柔らかい鋼を貼り合わせる構造を思いついた（図1）。

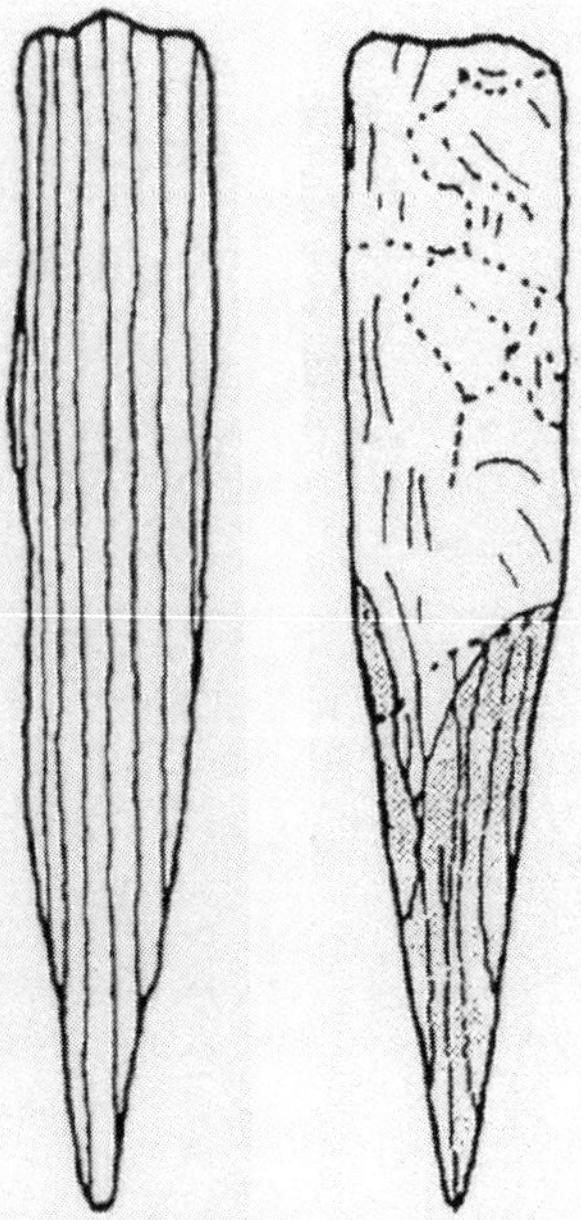

図1　古代刀の貼り合わせ

近隣の支那大陸では、陶磁器《とうじき》製造の高温炉《こうおんろ》を使い、小アジアより二千年も早く銑鉄製錬《せんてつせいれん》を開始した。

銑鉄は鋳物《いもの》以外に使い道がなかった。そこで、この鋳鉄

図2　灌鋼（刀剣用鋼）

灌鋼の製造法 : C4% の銑鉄は 1145℃で溶融するが、低炭素の錬鉄の溶融点は約 1500℃と高い。銑鉄から吸炭して錬鉄の融点が下がっても、鍛冶炉の鍛錬では半溶融状態である。従って、灌鋼は硬・軟鋼の異種鋼が練り合わさった不均質複合組成の鋼となる。

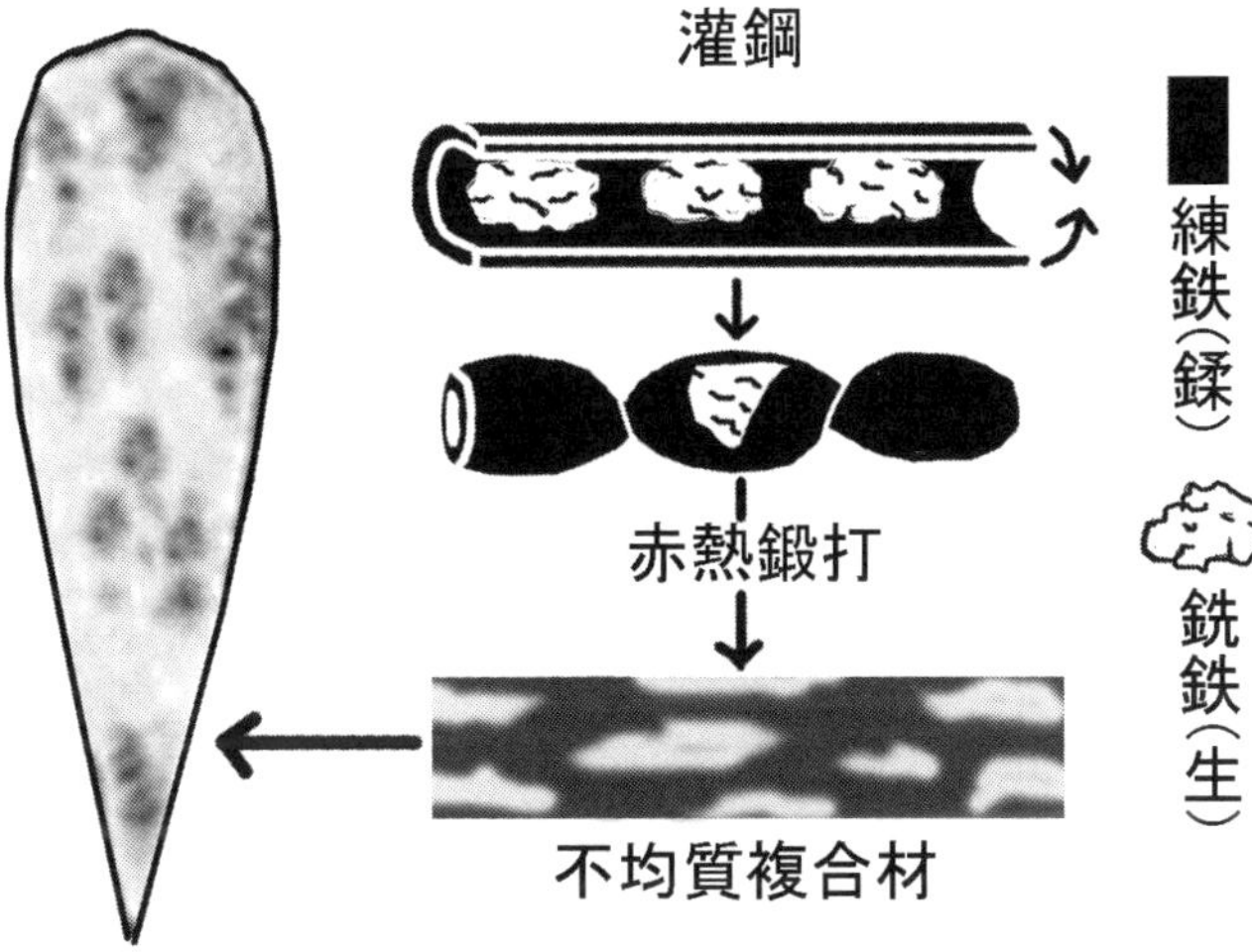

を農・工具や刀剣などに使えるように、鋳鉄品の表面を脱炭する鋳鉄脱炭鋼の処理技術を開発した。これによって、鋳鉄が刀剣に使えるようになったものの、表面脱炭鋼では強度に自ずと限界があった。

紀元前三世紀頃、銑鉄を効率良く脱炭して鋼に変換する炒鋼《しょうこう》法(51頁)を開発して、均質で綺麗な鋼の量産が始まった。ところが、均質な硬鋼や軟鋼を各々単独で使っても、刀剣の折れず曲がらずの二律背反《にりつはいはん》要素を満足することができなかった。

均質な単純炭素鋼が刀剣に不向きであることは、古代より、硬・軟鋼の「貼り合わせ」が工夫されてきたことで証明されている。

やがて、塊や板状の硬・軟鋼を「練り合わせる」ことも思いついた。

そうした中で、「灌鋼《かんこう》」という複合鋼を考案した(図2)。宋代の官僚・沈括は、随筆集『夢渓筆談』(AD一〇八六〜一〇九三年頃)に、灌鋼に就いて「鋼鉄とは生鍒を雑煉して刀鎌を作る」と記述している。「生」とは銑鉄、「鍒」とは錬鉄(柔らかい鉄)を指す。「灌鋼」は刀剣や刃物用の鋼だった。

灌鋼の製造法は、錬鉄の長い薄板に銑鉄粒を夾《はさ》んでコイル状に巻き、泥で封じてから炉内で高温に加熱する。加熱後、取り出して鍛打鍛造する。銑鉄は炭素を放出して硬鋼となり、錬鉄は滲炭されて軟鋼に変わる。これで、硬・軟鋼を練り合わせた複合材ができあがった。

単に鋼の製造であれば、反射炉や炒鋼法が生産効率に優れている。生産効率が悪い灌鋼を敢えて造るには、それなりの理由がなければならない。刃物鍛冶《かじ》は、灌鋼が必然的に備えている、不均質な「練り鋼」の性質が刀剣には最適だった、ということを経験上で知っていた。

この灌鋼は明《みん》代に至って更に改良され、刀剣・刃物鋼として、千六百年以上の長きに亘《わた》って支那大陸で使われた。

沈括は百練鋼が「真の鋼」だと言いながら、刃物には灌鋼という「偽鋼」が広く使われていたと述べている。

※真の鋼：均質な鋼という意味で「真の鋼」と呼んでいる。

これと全く同じことを、数百年後の明代末に、学者である宋應星も『天工開物』で述べている。官（国営）の製鉄所で造る鋼が「真の鋼」だが、刃物・刀剣には何故か偽鋼の「灌鋼」が広く使われていると記す。時代を超えて、二人がいみじくも言う「真の鋼」と「偽鋼」という概念が一致しているのは面白い。

刃物・刀剣に素人である官僚や学者の二人は、刃物にとって最適な鋼は何かという視点が完全に欠落していて、単に「鋼の均質性」のみで鋼を評価してしまった。均質な単純炭素鋼は刀剣に不向きであることを灌鋼が物語っていた。ここに、日本・古刀鋼材の一つの姿が浮かび上がる。

二　古刀の刀身構造

世の中に、地刃・体配などの外見上の情報は横溢しているが、刀身の構造、強度に関する実質内容は殆ど解明されていなかった。その理由は、研究の為に刀身の破壊が不可避であり、歴史遺産の保全の観点から刀身試料の確保が困難であった。また、相応の検査機器を必要とする為、経費の面でも簡単に検査が行えなかった。加えて、日本刀を鉄の芸術と讃えながらも、刀身の実質に関心を寄せる金属、冶金《やきん》学者が極めて少なかったことに因《よ》る。

そうした中で、市井の日本刀研究家、刀匠、研師《とぎし》の僅かな方達が、刀身の破断研究をされていた。ただ、本格的検査装置が個人で手軽に利用できない為に、残念ながら散文的観察に止まっていた。

戦前の刀身組織観察は光学顕微鏡が唯一であり、腐食処理した刀身の顕微鏡写真が一部撮られたものの、写真品質が悪く、炭素濃度の分布が大まかに分かる程度であった。従って組織の観察は顕微鏡目視の結果を手書きで描画するしか手法がなかった。

古刀の刀身構造は、硬・軟鋼の「練り材」と「張り合わせ材」の二種類に大別される。「練り材」は、硬鋼（銑鉄）と軟鋼を練り合わせる系列で、灌鋼法の他、銑鉄を卸《おろ》す（含有炭素の調整）「卸し鉄」、硬鋼と軟鋼の塊や板を混ぜ合わせる等の方法がある。また、「貼り合わせ材」は洋の東西を問わず、古代から行われていた硬鋼と軟鋼材を接合する系列である。

ここでは、練り材として室町末期の「備前春光」を、貼り合わせ材として戦国時代の「相州廣光」を取り上げて、各々の刀身と刀身断面構造を示す（次頁、次々頁写真）。

戦後、顕微鏡、鋼材分析装置などは格段の進歩を遂げた。東京工大製鉄史研究会、新日本製鐵第一研究所のCMA（コンピュータ制御X線マイクロアナライザー）に依る刀身の構造と鋼材成分の分析を行った。しかし、何れも古代刀の範囲に止まり、古刀以降の研究は放置されたままだった。

平成二十年、東京芸術大学・北田正弘教授が最新の走査、透過型電子顕微鏡を駆使した古刀の科学的解析を実施した。北田教授の研究は、伝世品の日本刀を切断し、炭素濃度は電子プローブ微少分析、微少領域の元素濃度は電子分散X線分析、走査型透過型電子顕微鏡などの最新機器を駆使してｎｍ（ナノメートル）の世界での組織の観察と確認が行われた。本研究は、従前の日本刀分析とは次元を異にするもので、最新分析装置によって刀身の微細構造が初めて明らかになった。

※ｎｍ：ナノメートル（nanometre、記号nm）は、10億分の1メートル。1ｎｍ＝0.001μｍ（マイクロメートル）。

これには多額な経費を必用とし、刀身の解明が経費の面でも如何に困難であるかを物語る。この研究によって、従来の口伝、風評に過ぎなかった幾つかの内容が科学的に確認された。

三　室町期日本刀の微細構造

室町期の「信國吉包」は京都信國派の流れを汲む豊前国の刀匠である（72頁写真）。北田教授は、破断分析に使用した自己所蔵の吉包の造り込みを、芯金（ママ）中央部に大きい非金属介在物が多数存在することから「まくり鍛え」と見做《みな》したが、これは如何であろうか。

※まくり鍛え：硬鋼と軟鋼の板を重ね合わせ、軟鋼側に二つ折りして鍛造する製法。心鉄構造となる。

「備前春光」

銘：備州之住長松十郎左衛門尉藤原春光作 元亀四年癸酉八月廿四日
室町時代　（写真提供／銀座長州屋）

備前長船の住人。天正年間の戦国最盛期に活躍した刀匠。十郎左衛門尉の俗名入りは高位の武将の需に応じたものか、いずれも出来優れ、年紀の殆どに干支を添えている。小板目の肌目詰み、平地の全面に爽やかに映り立つ。末備前俗名入りの優質を余すところなく実現した名刀である。〔刀身断面写真：京都帝大理学部撮影〕

「相州廣光」

無銘　相州廣光（名物：大倶利伽羅広光）
刃長：二尺二寸三分（67・6センチ）　反り：四分五厘（1・7センチ）
戦国時代　（写真提供／つるぎの屋）

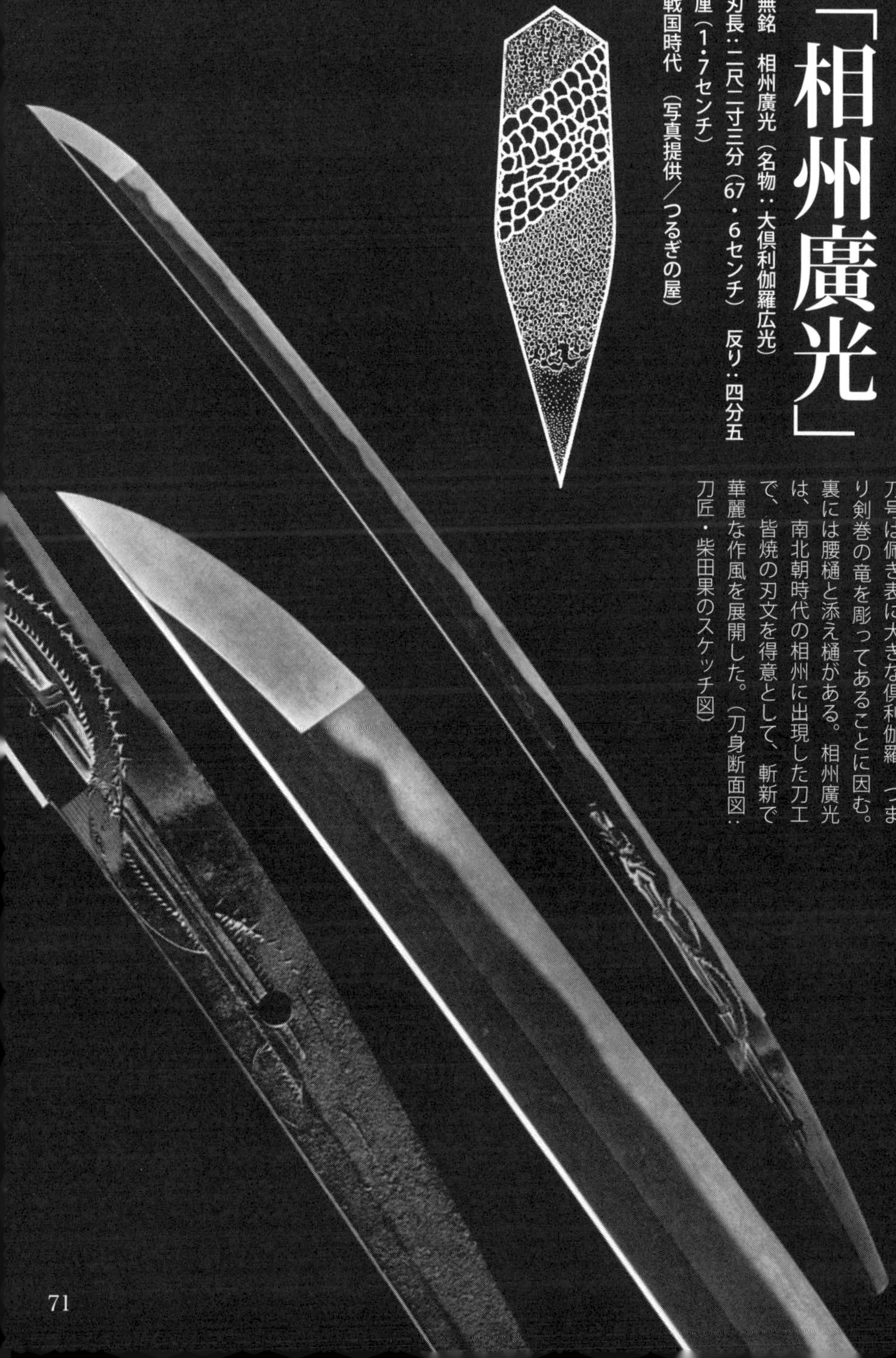

刀号は佩き表に大きな倶利伽羅、つまり剣巻の竜を彫ってあることに因む。裏には腰樋と添え樋がある。相州廣光は、南北朝時代の相州に出現した刀工で、皆焼の刃文を得意として、斬新で華麗な作風を展開した。（刀身断面図：刀匠・柴田果のスケッチ図）

「信國吉包」

刀銘　信國吉包作　天文八年二月吉日
刃長：二尺四分二厘（61・9センチ）
反り：七分二厘　室町時代
（写真提供／銀座長州屋）

天文八年紀のこの刀は、戦国騒乱の最中の作で、寸法控えめながら重ね充分に厚く、先反り強く表裏に棒樋が深く掻かれ、茎が短く仕立てられた戦国武将好みの片手打の刀。操作性の良さと威力とを備えた実戦刀。

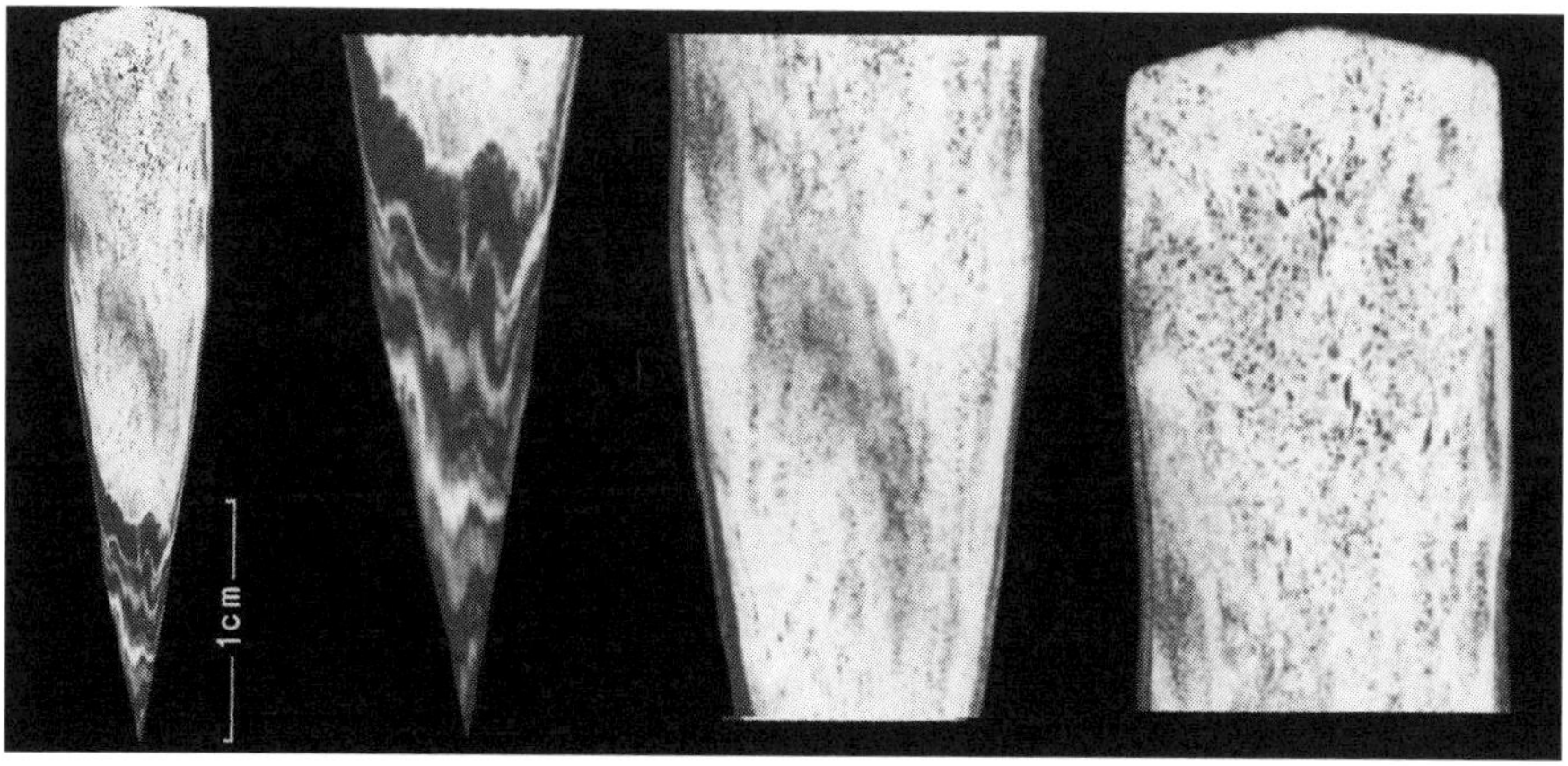

「信國吉包」断面写真。黒色＝高炭素領域。白色＝低炭素領域。灰色＝中間炭素領域。黒点・線＝非金属介在物。最高含炭量：刃金 0.6%C、最低含炭量：棟部 0.1%C

①まくり鍛えでは中央鍛接線が識別されることが多い。鍛接が完全だと境界面の原子・不純物原子の拡散（移動）を生じて鍛接境界は識別できなくなることもあるが、本例に見る左右に跨る連続性をもった炭素領域の分布は「まくり鍛え」での発生とは言い難い。

②極端に薄い皮鉄状のもの（硬鋼）が確認されるが、鎬《しのぎ》の処で止まっている。この薄さだと、一～二回の研ぎ直しでこの硬鋼部は消滅する。刀匠の目論見《もくろみ》に反した失敗作だったのか。元々が研ぎ減りした刀だったのか。

刃区《はまち》の状況からして、研ぎ減りした刀身とは考えられない。南北朝期「備前長船政光」の破断検査をした日立金属の顕微鏡写真も、刃金を差し込んでいないだけで、この吉包の断面構造に極めて近似している。従って、刀身表面を滲炭させたものと思われる。

③割刃金は刃部硬度の確保であり、刀身全体の強度保持を目的とするものではない。刃金を差し込む可否は、主たる被切物が何かによって決まったのではなかろうか。刀身強度の対応は、刀身本体の側面を強力に滲炭させることを経験的に知っていた。東京帝大の俵国一博士の古代刀の分析で、刀身強度は複雑な三段焼入れで実現してい

ることが確認されている。

④刃金の低炭素部（白い部分）は折返し鍛錬で巻き込まれたスケールと思われる。この分布状況は四〜五回の折返し鍛錬の鍛接面を現している。

筆者は以上の理由により、これを不均質鋼の無垢鍛えに刃金を差し込んだ割刃構造と判断した（前頁）。

古刀の刀身構造に関して、人間国宝の天田昭次刀匠は「朽ち込みの激しい数点の刀を切断してみた。鎌倉時代の大和物で、芯鉄を使っていない刀が出て来た。逆甲伏の軟鉄に刃金を僅かに差し込んでいる丈だ。戦後の私は刃物を作り、鉈《なた》も鉞《まさかり》も作ったが、基本はこの通りの割刃金だ。

この刀が例外かと思っていると、やはり古い時代の刀に割刃金が次々と出て来た。『古刀全般にわたって芯鉄を使わなかった』とは断言できないが、少なくはなかっただろう」と述べている。

現在流布されている代表的造り込みは、主として新刀以降の硬・軟均質鋼の貼り合わせを前提としている。従って、不均質鋼を使った古刀期の造り込みは、新刀以降の造り込み分類に当て嵌《は》まらない。

刀身本体に刃金を鍛接した吉包の刀身鍛接面の炭素遷移を次頁に示す。

硬・軟鋼の接合部での炭素拡散（遷移）に関しては、日本刀研究家の佐藤富太郎、刀匠・柴田果などが指摘していたが、本検査により、炭素遷移の実態が科学的に確認された。

四　吉包の鋼材成分

刃金は非金属介在物の分析でチタンを含有していた為に砂鉄系和鋼と見做《みな》された。しかし、本体はチタンが検出されなかったので異なる鉱石原料を用いたと述べるに止まり、褐鉄鉱《かってっこう》等の鉱石原料、または輸入鋼も想定して今後の研究に俟《ま》つとした。

※砂鉄系和鋼の判定：チタンの含有を以て始発原料が砂鉄とは一概に言えない。

因みに、江戸期の日本刀では「刃金にチタンが含まれるが、芯金ではチタンが検出されないものがあり、三種の異なる原料が使われている刀もあった。また、古代の直刀ではチタンが検出されない。これらについては多くの試料を用いて引き続き検討しているが、本邦の砂鉄に由来する鋼以外の輸入鋼が古くから使われていた可能性がある」とも述べている。

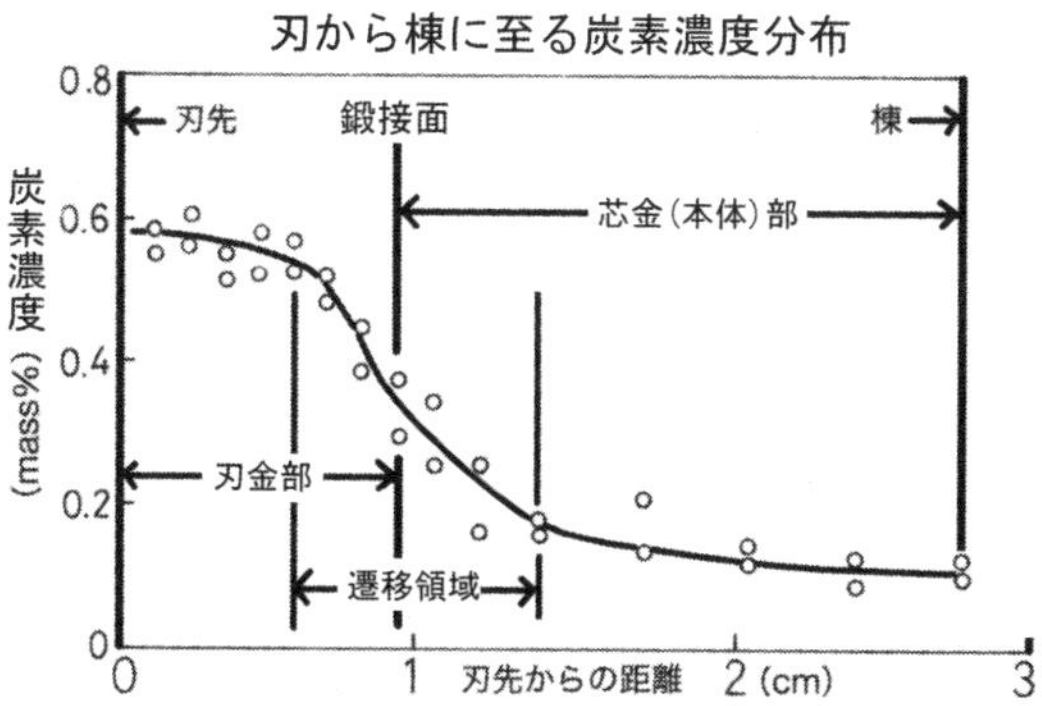

硬・軟鋼は約800℃位の鍛造温度で固体の状態のまま原子の相互移動に依って鍛接される。接合面では硬・軟鋼の両者の鉄（Fe）と炭素（C）が同時に拡散する。
上図は身巾方向の炭素濃度の分布曲線で、当然の事ながら鍛接境界に近いほど硬鋼の脱炭量と軟鋼の吸炭量は多い。
炭素拡散の見かけ上の範囲（遷移の発生した距離）は9㎜に及んでいる。日本刀の平均的重ねより長い距離である。重ね方向（側面から側面）に関しては刃先から7㎜、8㎜の位置のデータはあるが、何れも刃金の範疇である。刀身中央附近のデータは残念ながら測定値なし。曲線上下の○は二点の測定値。

肥前、筑前は南蛮船の主な寄港地だった。福岡市樋井《ひい》川A遺跡の鉄塊系遺物は南蛮鉄と推定されている。

本試料の筑前信國（吉包）一派、肥前忠吉一派は南蛮鉄使用の流派として知られる。鍋島藩は幕末まで南蛮鉄の密貿易を行っていた。筑前・肥前の刀工流派に南蛮鉄が多く使われた理由が肯《うなづ》ける。この「信國吉包」の本体鋼材は南蛮鉄の可能性も充分に推定される。

五　古刀に現れた超鉄鋼組織

鋼の結晶粒を写真で示す（次頁写真）。

結晶粒の径は鍛錬の加工度と温度の保持時間に関係する。加工度が低く、熱保持時間が長くなると粒径が大きくなる。

特筆すべきは、刃金と本体の炭素遷移領域に粒径0・3〜5μm（マイクロメートル）のフェライトと、粒径0・05〜0・5μmのパーライトが検出された。

現代鉄鋼の粒径の限界は20μmと言われ、それ以下の「超鉄鋼」と呼ばれる微細組織の鉄は、従来の鉄鋼材料と比較して強度が二倍、寿命が二倍という性能を備え、現在でも実験室の段階で盛んに研究されている。この「吉包」は超鉄鋼に匹敵する微細な結晶を一部に備え、強度と靭性に優

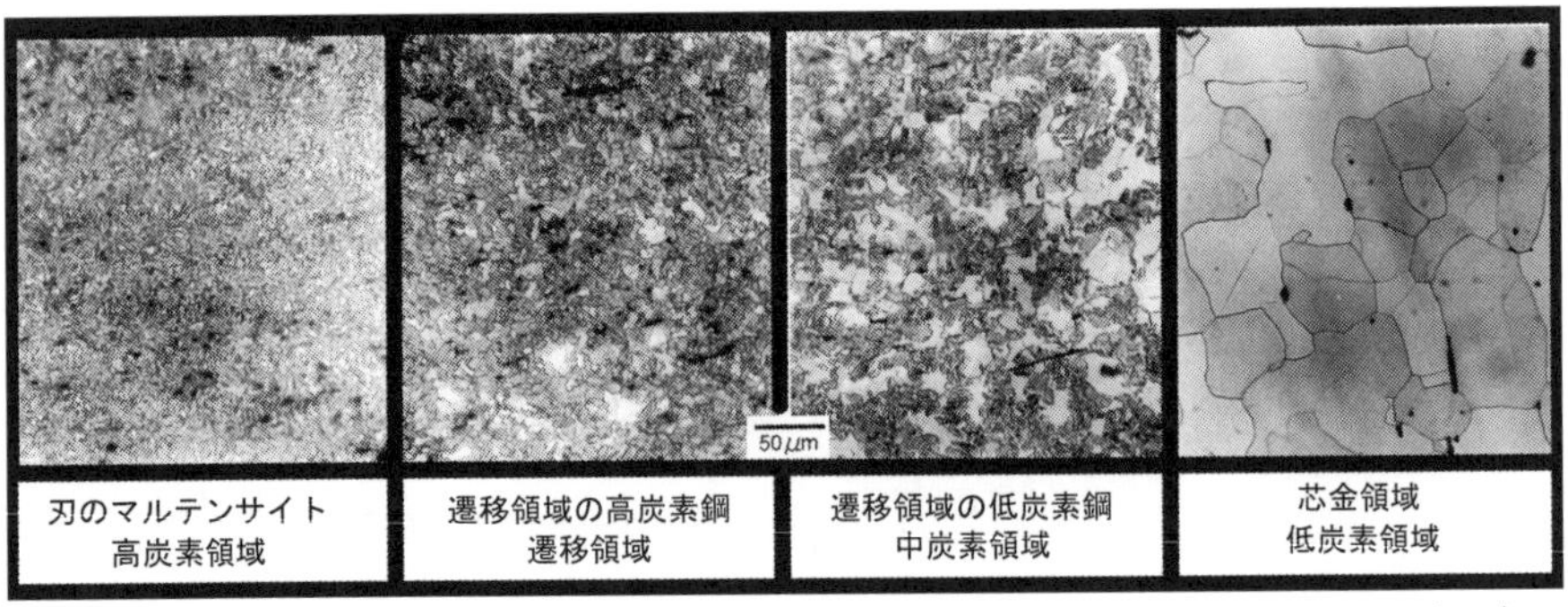

左から、焼入による微細な針状マルテンサイト組織。長さは0.5-2μm（マイクロメートル）、巾は50-200nm。二番目はマルテンサイトとパーライト（フェライト＝α鉄と針状セメンタイトの層状）の混合組織。パーライトは10μm以下の微細結晶粒。明るく見えるのがα鉄で炭素遷移が少ない所。三番目は鍛接面に近いパーライト（暗い）とフェライト（明るい）の混合組織。
右は、本体中心部の20～80μmの多角形フェライト結晶粒。棟に向かう程、大きくなる。黒い点状や線状の部分は非金属介在物。鉄の結晶粒が小さくなる程、鉄は強靭になる。

れた驚異的な構造を持つ刀身だった。

優れた刀匠が比較的低温で鍛錬し、短時間の作業で造った為と推定される。これは、桜ハガネを開発した工藤治人博士の古刀鍛錬法の信念と図らずも一致している。

博士は「古刀期の備前のタタラの産物は銑鉄＝白銑であった。（刀身地肌の）木目を見せる黒い筋は鉄滓《てっさい》である。今日は精鋼を得る為に、鉧《けら》（踏鞴《たたら》吹き製法〔鉧押し〕により砂鉄からつくられた粗鋼。編註）を高く焼いて鉄滓を流動状にし、鎚《つち》で絞って鉄滓を除去するが、古名刀は此の鉄滓（鍛接剤として有用なウスタイト系ノロ）除去をしていないと思われる。

高炭素鋼は低温鍛錬が出来ぬので、左下場で出来た鉧と、本場で卸《さ》げた包丁鉄（錬鉄）を合わせ、何れもの持っている鉄滓を逃がさぬ様、出来るだけ低く焼いて鍛えたものと考えられる。低い温度で叩いて傷の出来ない為には炭素の低い鋼を要するので、鉧の炭素を低くする為に包丁鉄を交ぜ、鉄滓をも増加しているものと思う。

①初め高温に熱して除滓する（新刀以降の）和鋼独特の作業をしない事、

②なるべく低温に焼く事、

③低温鍛錬を可能ならしむるため、打上げた時、C0・45

〜0・5パーセントになるように低炭素の素材を選ぶ事、
④心金を用いず丸ギタエにする事、
⑤折り返しは少なくする事」と述べる〔以上、（　）は筆者注〕。
これは鎌倉・南北朝期の古名刀の地鉄に対する工藤博士の不動の考えだった。

また、本試料と新刀の肥前忠吉・越前下坂の刀が比較された。新刀に比べて吉包の結晶粒径は一桁近く細かい。更に、熱感度が高い（敏感な）ことが解った。古刀は新刀に比べて四倍の熱感度を持つとする報告もある。

低炭素鋼を使い、低い鍛錬温度で素早く鍛造するという古刀製作の秘訣は、鋼の熱感度に支えられていたとみられる。

吉包は、超鉄鋼の組織を一部に持っていたことにより、その強靭さの一端が科学的に証明された。

ただ、結晶粒の微細化は低温鍛錬と加工度だけで実現できるものか。鋼材の熱感度の相違は含有元素に起因するのか。製錬原料、含有元素との相関関係の有無など、新たな研究課題を投げかけることになった。■

五　大規模商業和鋼の誕生と新々刀

写真１　永代たたら（高殿施設）
※和鋼博物館展示のカット模型

一　永代タタラの出現

徳川幕府が開府して約三十数年後の寛永十四年（一六三七）十月、日本史上最大の一揆《いっき》である島原・天草の乱が勃発した。約四ヶ月に亘る内乱の後、漸《ようや》く泰平の世が訪れた。

この乱の約五十年後の天和～貞享（一六八〇年代）の頃、タタラ製鉄の革新が始まった。それまでのタタラ場（製鉄所）は、大炭山を求めて二～三年を限度に場所を移動していた。やがて牛馬による運搬力の増強で、大炭を求めて移動しなくて済むようになり、鉄穴流《かんなが》しの普及で砂鉄の採取量が増え、タタラ場を一個所に固定できる環境が整った。

※大炭：タタラ製鉄に使う炭。

これに伴い、高殿《たかどの》と呼ばれる、高い天井を持つ全天候型の製鉄施設が誕生した（写真1）。これが「永代《えいたい》タタラ」と呼ばれる。森林の復元力が高い中国地方の特徴を背景として、三十～五十年の歳月をかけて普及をした。

※永代タタラの普及：先ず、天和～貞享（一六八〇年代）の頃、伯耆（鳥取県西部）で創業が始まり、元禄年間（一六九〇年代）に出雲、安芸（広島県）に、享保年間（一七一〇～一七三〇年代）に石見（島根県西部）に広がっていった。

永代タタラが増えつつある最中の元禄四年（一六九一）頃、従来の踏吹子《ふみふいご》に替わって風量を飛躍的に増大させる天秤吹子が出現した。これはタタラ製鉄の生産力を飛躍的に高める革新的な送風装置だった。

製鉄原料である赤目《あこめ》砂鉄の融点は1390度、真砂《まさ》砂鉄の融点が1420度である。永代タタラの炉温の上昇に伴い、赤目砂鉄を原料とするズクの量産体制（ズク押し法＝四昼夜製錬）が確立した。一方、真砂砂鉄は融点が高い為、同じ炉温でも鉧塊《けらかい》を大量に形成することになった。

ズク押し法に約五十年も遅れて鉧《けら》押し法＝三昼夜製錬が確立された。遅れた理由は、宝暦年間（一七五一～一七六三）に大容積の鉧を破砕する大銅《おおどう》の完成を待たなければならなかった為である。生産量は、直前の踏吹子を使うタタラの約4倍に増大した。製鉄山では、大銅を利用して、銑《せん》・鉄《てつ》・鋼《こう》を各々選別して出荷するようになった。鋼の極上品は造鋼《つくりはがね》、または粒鋼《つぶはがね》と言われ、造鋼を取った残りの鋼を頃鋼《ころはがね》、または玉鋼《たまはがね》と呼んでいた。

※玉鋼：江戸時代に呼ばれた「玉鋼」は、鋼の下級品を意味していた。明治の中期、鋼材商は陸・海軍工廠の坩堝鋼（るつぼこう）の材料に、下級品の頃鋼（玉鋼）を納入した。兵器用に溶解精練するので極上の造鋼（つくりはがね）は必要ないとされた。頃鋼を原料とした坩堝鋼が極めて優秀だった事から、軍は上等の鋼を「玉鋼」と呼ぶようになった。「玉」と「砲弾（たま）」を掛けたという説もある。現代まで、明治に生まれた軍の呼称をそのまま流用し、上等な和鋼を「玉鋼（たまはがね）」と慣用的に使っている。また、割鉄（わりてつ）＝錬鉄を、その形状から「包丁鉄」とも呼ぶようになった。

鉄の大量消費は戦争である。戦争の無い泰平の世に、大量生産の永代タタラが出現するには理由があった。効率が悪い中～小規模のタタラ製鉄では、舶載鉄の量と簡便さに対抗できなかった。寛永十年（一六三三）から始まる数次の鎖国令によってポルトガル貿易などが禁止され、鉄市場へ大きな影響を与えた。これを機に、高価な輸入鉄に市場を許していた鉄山師達は国産鉄の拡大に意欲を燃やした。

※鎖国令の影響：長崎の出島を窓口に、オランダや明の貿易特例が認められていた。

これがタタラの革新につながった。この永代タタラの出現で、国内鉄市場の国産化率がようやく大幅に向上することになった。

「水心子正秀」
毛抜形太刀

刀銘：水心子天秀（花押刻印）※「天秀」は子息に「正秀」銘を譲った晩年の銘
裏銘：文政二年八月日 黒羽臣佐藤紀八藤原秀庸永以伝子孫水心子天秀
武蔵国　江戸時代後期（文政二年）　新々刀
刃長：二尺三寸一分（70・0センチ）　反り：2・1センチ
（写真提供／イーソード）

二 水心子正秀

永代タタラの普及が一段落した約六十年後、江戸泰平の世で堕落・衰退していた日本刀に大きな影響を与える水心《すいしん》子《し》正秀《まさひで》という刀工が出現した。

羽州米沢藩領に生まれた彼は、最初は野鍛冶となったが、刀工を志して山形や武州八王子に出かけて腕を磨いた。後に武州下原派の吉英に師事して鍛刀の技を修めた。初銘を「宅英」または「英国」と切り、安永三年（一七七五）に山形・秋元家の抱え工となり、名を川部儀八郎藤原正秀に改めた。「水心子」と号し、寛政・享和年間（一七八九～一八〇四）には、津田助広の濤瀾《とうらん》刃《ば》や井上真改などの大阪新刀を写《うつ》した華麗な刀を数多く造った（前頁写真）。

寛政（一七八九～）の頃から、古《いにしえ》に立ち戻ろうとする復古思想が興隆し、故実の研究が盛んとなる。文化八年（一八一一）、正秀は華美を戒《いさ》め、実用刀を重視して鎌倉・南北朝時代の古作刀を理想とする『刀剣武用論』を著す。この前後から正秀の作風は著しく変化して行った。

文化・文政年間頃には古作相州や備前の景光や兼光に範をとった作刀が多くなった。文政元年（一八一八）に子の貞秀に正秀の名を譲り、「天秀」と改名する。正秀は新々刀《しんしんとう》期における一大教育者として幾多の門弟達を養成した。

三 新々刀

徳川時代末期の文化・文政頃になると、尊皇攘夷の声が湧き起こり、世上は物情騒然となってきた。鍛刀界にも大転換が始まった。日本刀は永い眠りから目覚め、再び実戦刀を求め始めた。この時代以降の作刀を「新々刀」と呼ぶ。

※新々刀期：慶長以降の新鋼材と新たな作刀法で造られた刀を一般的に「新刀」と呼称する。ただ、幕末の永代タタラで量産された鋼の性質が千種・出羽（いずは）の鋼質と異なり、結果として新刀と言いながらも刀質が硬く、従来の新刀と差異が認められるので、「新々刀」と区分けされている。

東では水心子正秀が簡素化された新刀の鍛刀法を改め、古刀の鍛錬法を提唱して諸国の刀工達の共鳴を得た。また、西の京都では、南海太郎朝尊《あそん》が教育家的立場から古刀鍛刀術を説き、多数の門人を集めた。そしてこの時代は古刀の名作の模倣が盛んに行われ、特に古刀の備前と相州物の写しや模倣がその主体をなしていた。

また一方では、世情を反映して薩摩、長州、土佐、肥前、水戸等の勤王志士達の需要に応じて、反りが浅く身幅の広い実用的な剛刀も造られ始め、新刀初期に劣らない繁栄を見るようになった。

写真2　新々刀の刀身構造

左二葉の写真は皮・心鉄構造の一般的な造り込み。鋼の組合わせで様々な呼称をしているが、基本的にはこの二つのパターンに集約される。最も実用的な造り込みは左のマクリ（中央に鍛接線があれば甲伏〔かぶせ〕と呼ばれる）。本三枚も結果としてはこのパターンになる。
右の四葉は京都帝大・足田輝雄講師のスケッチ図。皮・心鉄構造に最も忠実なのは、最右の慶応三年に作刀された眞龍子壽茂の刀身と言える。刀匠によって、造り込みに差があることが確認できる。

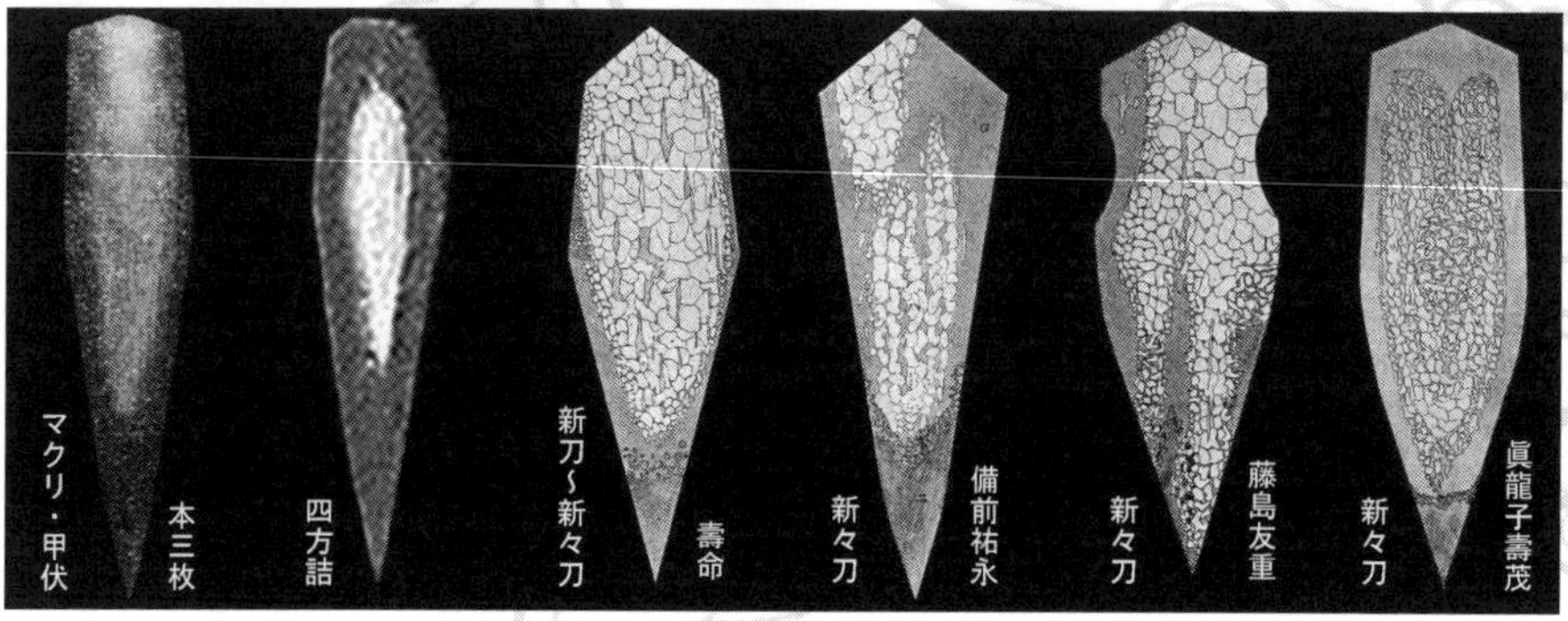

四　水心子正秀の刀材と構造

正秀の刀材と刀身構造は、刀身の分析資料が無い為に不明である。

人間国宝の隅谷正峯刀匠は、涛乱刃（濤瀾刃）の鍛造に、正秀は南蛮鉄を使用したという見解を示し、その根拠として、正秀自身が書いた『剣工秘伝志』に南蛮鉄の不足を記した箇所があることを挙げている。

※南蛮鉄の不足：文政四年（一八二一）著述、「しかるにこの品、近来は渡らざる故、若き輩にはついに見る事も無きようになるべし」とある。

正秀の作風変化は南蛮鉄が不足した為に、涛乱刃の華やかな作品が出来なくなって作風を変えざるを得なかったという見解である。正秀の別著『鍛錬秘録』の内容からも窺《うかが》えるように、正秀が南蛮鉄を使用していたことはほぼ間違いないと思える。その後は、『刀剣武用論』で述べるように、既に量産和鋼が広く普及していたので、当然これらを使用したものと思われる。

慶長に入り、堀川國廣らに依って皮・心鉄構造の刀身が開発されたが、江戸中期に至るまで無垢《むく》鍛えの刀身も混在していた。正秀は『剣工秘伝志』で、〝古刀は卸《おろ》し鉄《かね》だ〟と

写真3　古刀と新刀の刀身結晶粒の比較

左から16世紀古刀（信國吉包）、2番目19世紀新刀（越前下坂作）、3番目16世紀古刀（信國吉包）、4番目19世紀新刀（肥前忠吉作）。（北田正弘著『室町期日本刀の微細構造～日本刀の材料科学的研究』より）

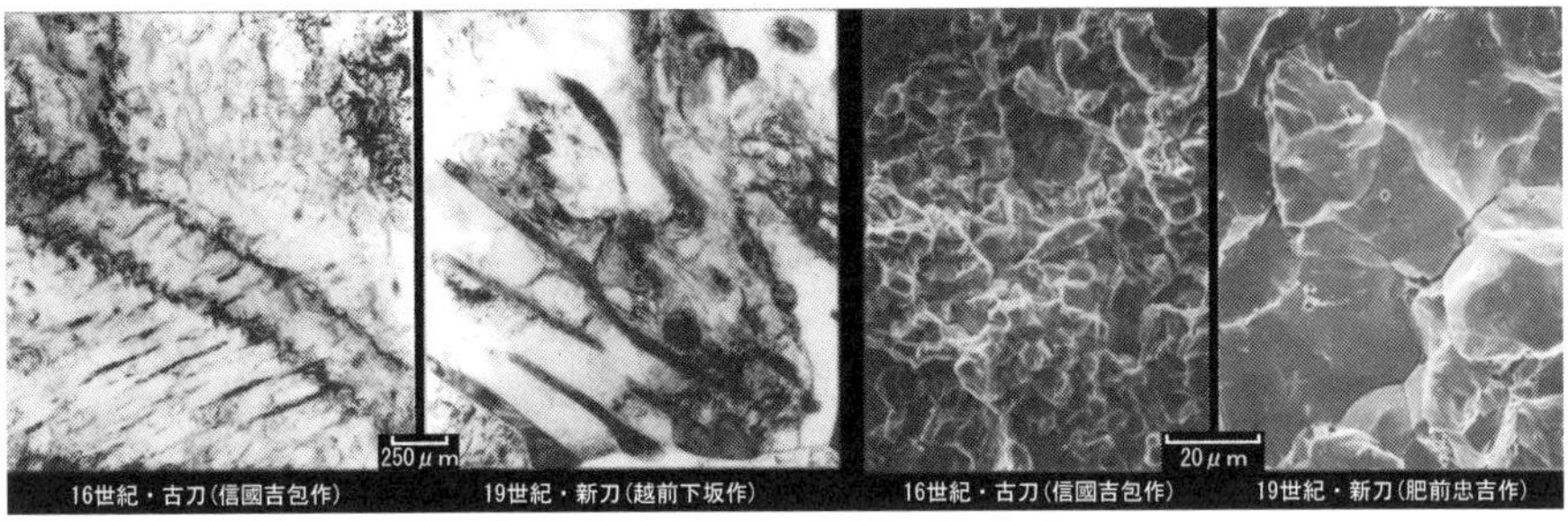

主張していた。そうであれば、刀身構造は無垢鍛えだと思われるが、彼の別の秘伝書および門弟達、新々刀最後の刀匠達の保持技能を確認すると明らかに皮・心鉄構造が大勢であった（写真2）。

新々刀期の刀身分析資料がないので、参考までに末《すえ》古刀と新刀の刀身金属結晶粒のデータを「写真3」に示す。末古刀は信國吉包（72頁参照）、新刀は肥前忠吉、越前下坂の二刀が比較された。末古刀に比べて新刀の結晶粒径は一桁近く大きい。刀身の強度は一般論として結晶粒径の大きさに反比例する（結晶粒径が小さいほど強靱）。

結晶粒径は鍛造温度に比例して大きくなる。古刀↓新刀↓新々刀と、時代が下がるに従って製錬温度も上がり、刀匠の鍛造温度も高い状態で作刀された。写真の結晶粒径の大きさ比較はその実態を如実に顕している。

また、無垢鍛えと皮・心鉄構造の強度比較を次頁の図「貼り合わせ材と練り材の強靭性比較」に示す。只、注意しなければならないのは、使用鋼材（含有元素、炭素量など）、刀身の構造・結晶粒径の大きさなどの物理的要素は刀身の性能を構成する無視できない重要項目ではあるが、それだけで完成刀の性能が決まる訳ではない。

最終的には個々の刀匠の経験と力量がものをいう。だからと言って、刀匠の力量が全てかというと、それでは身も

貼り合わせ材と練り材の強靭性比較

（応力ベクトルを模式）

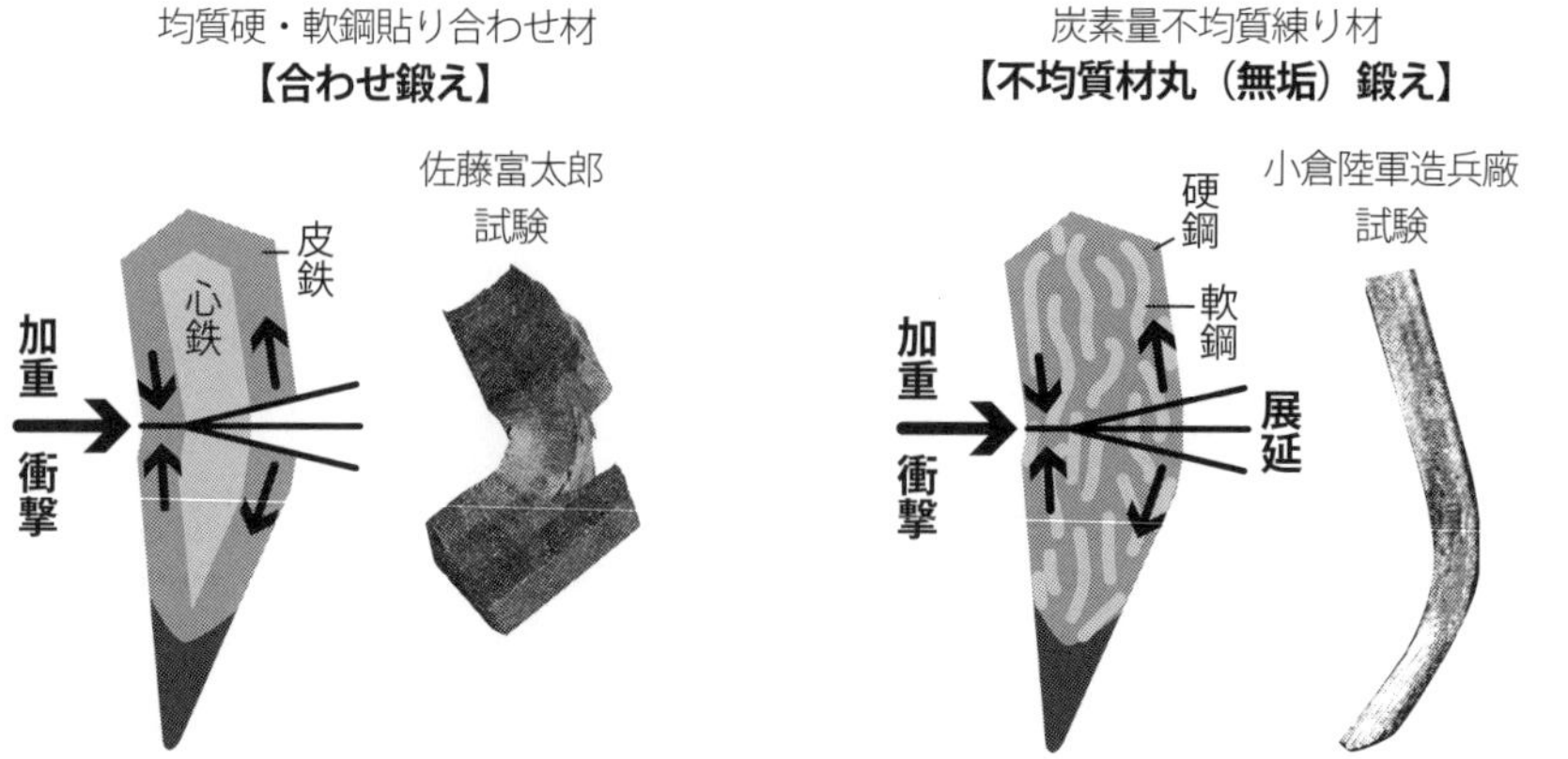

加重衝撃を受けると、衝撃を受けた側は圧縮され、反対側の刀身表面は衝撃延長軸を境に最大の引っ張り応力が掛かる。皮・心鉄構造では、靭性に乏しい硬鋼は引っ張り応力に極めて弱い為に破断する。硬・軟鋼が不均質に分布する練り材では、刀身全体に軟鋼が微妙に配置されているので、その展性で応力が吸収される。厚い外皮が無いので破断を引き起こし難い。破壊靭性の原理に依る軟鋼の塑性（固体に外力を加えて変形させ、力を取り去ってももとに戻らない性質）変形が亀裂の伝播を止める。

蓋《ふた》もない話となってしまう。

後の項で述べるが、全く同一条件で複数の刀匠に造らせた刀に大きな性能のバラツキがあり、同一刀匠に鋼材を替えて作刀させたら明らかに性能差が出るという実験結果がある。要は鋼材、構造などの物理的要素と、刀匠の力量の総和で斬味や強靭性が決まるということである。

この観点で、新刀、新々刀期に強靭性を実証された会津藩工の三善長道、信州松代藩の山浦真雄《まさお》、水戸藩の勝村徳勝などの刀は興味の尽きない対象である。

五　山浦真雄の〝荒試し〟

外圧と国内動乱の兆《きざ》しが見え始めたころ、各藩は常備する武器類の吟味を厳しくするようになった。

刀剣類は実戦に耐えられる強靭さが必須であり、採用の可否を判断する為、堅物《かたもの》切りの荒試《あらだめ》しが盛んに実行された。その中で、後々まで語り継がれることになる「信州松代藩荒試し」がある。

そこで一躍名を上げたのが山浦真雄だった（次頁写真）。真雄は、信州小諸の郷士として最初は剣の道を志したが、思いに適う刀がなかった為、自ら刀工の道を選んだ異色の人物だった。

「山浦真雄」

刀銘：遊雲斎真雄　慶應三年春三月日
刃長：74・9センチ（二尺四寸七分一厘強）　反り：1・5センチ（一分八厘）
新々刀　信濃国　（写真提供／銀座長州屋）

真雄は源清麿の兄で、文化元年（一八〇四）、信濃国佐久郡赤岩の名主、山浦家の長男として生まれる。剣術修業に没頭する傍ら、己が命を託すに足る刀を求めた挙句、自ら槌を取るに至った異色の刀工であるという。本作は本来二尺六寸を越す、本三枚と見られる造り込みの豪刀とされる。真雄六十四歳の充実振りが示された上々の出来映えの作。

松代藩の真田家から試刀する為の作刀を命じられた。その時、真田家の家老は「沸《にえ》出来が得意か、匂《におい》出来が得手《えて》か」とわざわざ尋ねた。真雄が「沸出来の姿は華美だが自分は得意ではない。実戦用には匂物がよいと思うし、これなら得手である」と答えた。これに対して家老は「それなら不得手な沸出来の刀で試したい」と指示した。

※沸出来・匂出来：「沸出来」とは、鋼が加熱されてオーステナイト（γ鉄）からマルテンサイト（α鉄）に変わる際のマルテンサイトの粒が大きな状態をいう。見た目には地刃が極めて華やかだが、硬い部分が大きく分布しているので、物理的には折れやすい。これに対して、低温で焼くとマルテンサイトの粒が肉眼では確認できないほど細かく、うっすらと霧がかかった様な出来の地刃になる。これを「匂出来」という。匂出来は硬いマルテンサイトの周りにトルースタイトという鋼が包むように固着しており、強靭性を発揮する。但し、見た目は地刃がボヤッとしている為に鑑賞刀としては人気がない。しかし、武用刀として、沸出来は折れやすいので、匂出来の刀を選ぶのが武士の心得と、古来から言われてきた。

試刀会の当日は、著名刀工の作を含めて十六口《ふり》が試された。これは単なる試刀という生やさしいものではなかった。日本刀の限界を突き止めるという過酷なものだった。

真雄が不得手という刀の性能は次のようなものだった。

古竹を入れた巻藁《まきわら》の切断を十九回、斬手の誰が斬っても八、九分斬れ、厚さ三センチの古鉄は一刀両断したところで刃の部分に切れが生じた。ここからが勝負だった。続けて鹿《しか》角を六回斬って、再び巻藁を二回斬ったが全く刀身に変化がなかった。砂鉄を詰めた陣笠、鉄の胴、刀の鐔《つば》をそれぞれ二回ずつ斬ってもまだ折れない。そして鍛鉄と鉄兜をそれぞれ一回ずつ斬り、さらに鉄杖《てつじょう》で刀身の棟《むね》を七回打ち据《す》えたところ、やっと刀の棟に割れが入った。

続けて、その鉄杖で平打ちを六回行い、棟打ちを十三回行ったところで、やっと刃切れが大きくなり、鉄敷に刀の側面を三回叩きつけて、やっと折れたという。

この恐ろしいほどの耐久性能に、検分した松代藩の勘定方や多くの役人、居合わせた百名余りの見物人は全員舌を巻いた。十六口の刀のうち、最後まで残ったのは真雄の刀だった。真雄の得意な匂出来の刀は最早試すに及ばずとなった。山浦真雄の刀の実態は残念ながら解らない。謎のままの方が夢があって良いのかも知れない。

六　江戸期の情報

日本刀に関する資料は江戸期に記述された約二百種の資料が総てと言っても過言ではない。

これ等の資料は刀姿、地刃（地肌と刃文）、刀匠・流派・

歴史などの考察に終始していて、地鉄や構造に関する日本刀の実質内容に係わる資料は皆無に等しい。そうした中で、造刀関係書なるものが僅《わず》かに散見されるが、誇張、法螺《ほら》、我田引水、売名目的等が多く、資料の信憑性には甚だ疑問がある。

復古刀を唱えた水心子正秀は、古刀は卸し鉄だったと主張し、その対局にいた忠棟は、古刀は鍛錬回数が多いと主張した。

※正秀と忠棟の主張：『剣工秘傳志』『刀剣固癖録』。

両者の主張は如何に古刀の地刃に迫れるかであった。結果論として、正秀の推論が正しかったが、当時は、忠棟の主張を支持する刀匠達が断然多かった。彼等は〝六十遍〜七十遍鍛えるから古刀の肌になる。手を抜いて十五遍しか鍛えないから刀は駄目になった〟と主張した。鉄を六〜七十回も折り返し鍛錬すると、どうにもならない鉄になってしまう。

科学技術に疎《うと》い江戸期の主張や資料は、その信憑性《しんぴょうせい》を慎重に見極めなければならないという例である。そうした不確かな情報に今日まで尾を引く「折り返し鍛錬と刀身強度」の誤解がある。

七　鍛錬と刀身強度

鉄は「折り返し鍛錬するから強靭になる」と言われ続けて来たが、これは大いなる妄想である。

原始製錬の鉄塊は非金属介在物を多く含む為、そのままでは使えない。欧米では「フォージ」と言い、加熱した鉄塊をハンマーなどで打撃して介在物を除去する作業を指す。これは単に不純物を除去（一部炭素量の調整）する作業で、「鍛錬」または「鍛える」という概念は一切無い。

※フォージ：鍛錬＝Forging, Forge

我が国では、この作業を「折り返し鍛錬」・「鍛える」と呼んだ。この日本独特の「当て字」が「鉄は鍛錬するから強くなる」という迷信の元になった。

日本刀とほぼ同じ条件で鍛造した鋼鉄片をシャルピー型墜撃試験機（次頁図1）で計測した試験成績は次頁表1の通り。強度が増すのは折り返し鍛錬の二回まで。三回目以降は元の値に還って、後は何回折り返し鍛錬しても強度は変わらない。

国立歴史民俗博物館が、「折り返し鍛錬」の科学的考察をまとめた。夾雑《きょうざつ》するスラグ塊や空孔の実質除去は二回までの折り返しでほぼ達成される。それ以上折り返し回数が増えてもスラグが小さく均一に分散するだけであり、鉄の靭性・強度にほとんど影響を与えない（次頁写真4）。ただ、炭素原子の移動が簡単に起こり、脱炭だけは容易に進む。それも、近代精錬など、夾雑物や空孔が存在しない調整鋼であれば、炭素量の調整以外に「折り返し鍛錬」をする意味がない。■

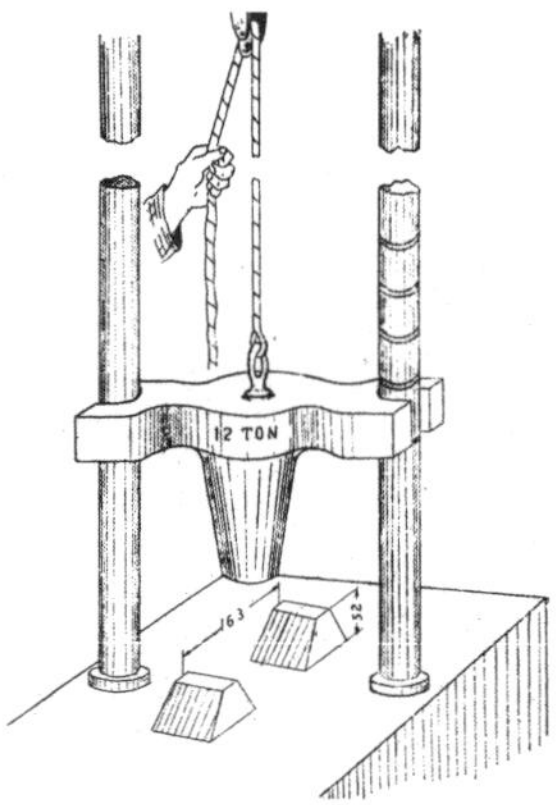

図1　Charpy（シャルピー）型墜撃試験機

図の様に、枕の間に刀身を横たえて上から約11・25kgのオモリを落として刀身の折れ曲がりを検査する。刀身が折れた場合のオモリの落下重量（グラム）を折れた部分の面積（平方センチ）で割った値を「シャルピー衝撃値」として表示する。

表1◈シャルピー型墜撃試験成績表　※福永酔剣著『日本刀大百科事典』

折り返し鍛錬と強度の関係

折り返し鍛錬の回数	衝撃値	備　　考
①無鍛錬（素延べ）	2.42	
②一回折り返し（二つ折り、元の長さに鍛延）	4.88	衝撃度は飛躍的に向上（強靭）
③二回折り返し　　同上	5.07	強さの向上は徹増しかない
④三回折り返し　　同上	2.42	素延べの数値に戻り、以降は何度折り返しても強靭性は変わらない

写真4　原料の鉧および各折り返し回数におけるスラグ由来介在物の変化

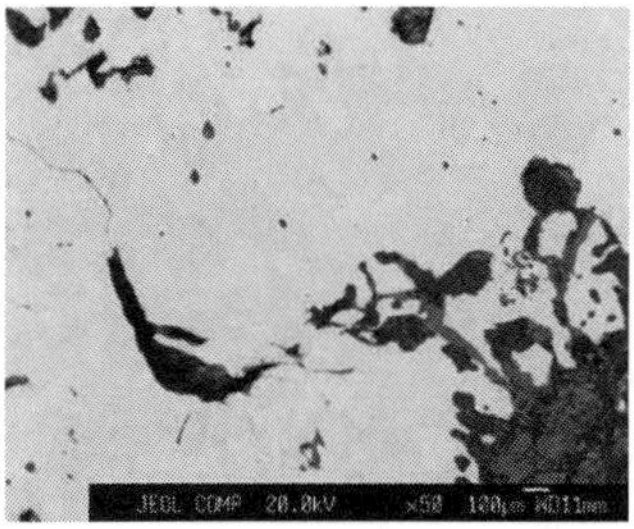

a　原料

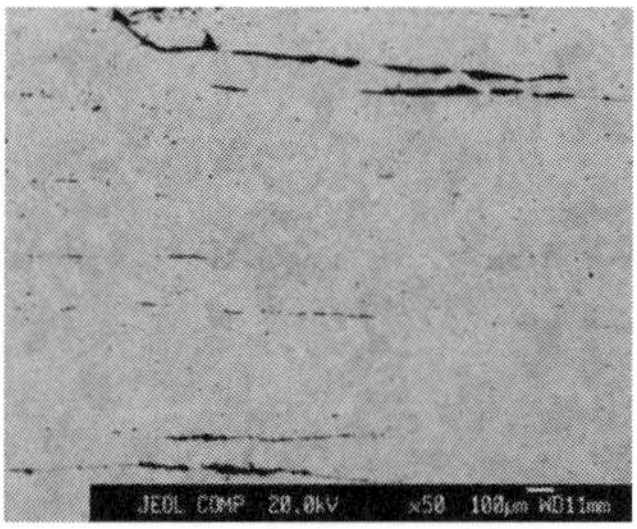

b　2回折り返し鍛錬後

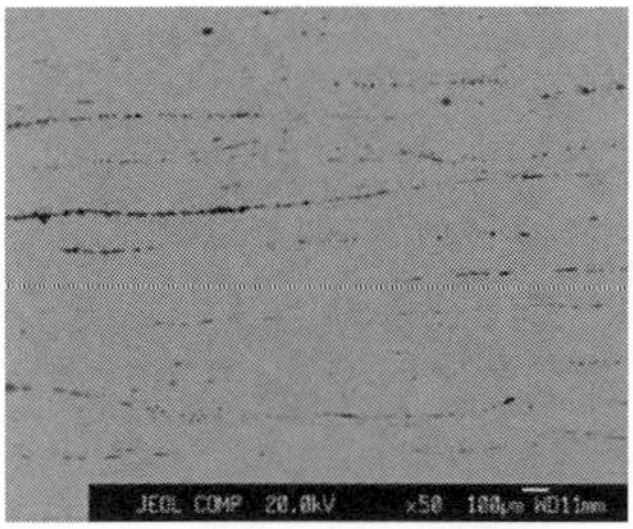

c　4回折り返し鍛錬後

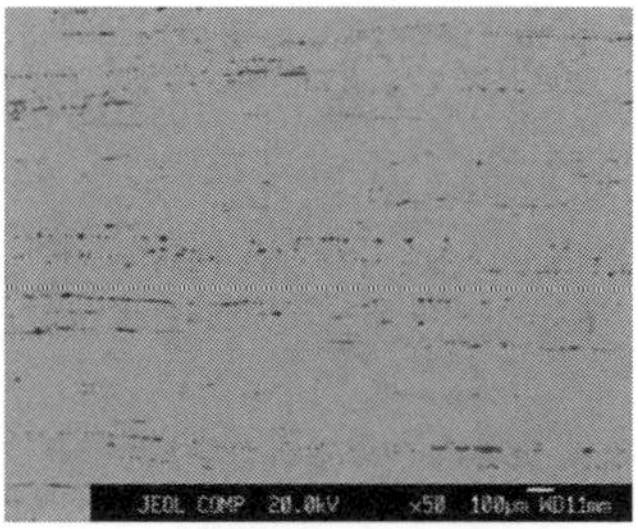

d　6回折り返し鍛錬後

第3章
製鉄の秘密

二　戦いの中の刀剣

埴輪「挂甲武人」（群馬県太田市飯塚町出土）。6世紀古墳時代に造られた台座込みで高さ130・5センチに及ぶ精密な埴輪。挂甲と頬当・錣の付いた衝角付冑に身を固め、両腕には籠手をつける。鞆（弓を射る時に左手首の内側につけて、矢を放った後、弓の弦が腕や、「釧〈くし〉」と呼ばれる手首や肘に装着するリング状の装身具に当たるのを防ぐ道具）を巻いた左手には弓を執り、右手を大刀の柄にかけ、完全武装の東国武人の姿を表している。

一　「もののふ」とは「弓取り」か？

武者・戦士達は、どのような器杖《きじょう》（武器）・戎具《じゅうぐ》（武具）を駆使したのであろうか。それを知る有力な手がかりは、古墳から出土する複数の埴輪《はにわ》である。

群馬県太田市飯塚町で出土した「挂甲《けいこう》武人」の埴輪は極めて精巧につくられていて、六世紀の製作とされる。挂甲と頬当・錣《しころ》の付いた衝角付冑《しょうかくつきかぶと》に身を固め、両腕には籠手《こて》をつける。

鞆《とも》を巻いた左手には弓を執《と》り、右手を直刀の大刀（横刀）の柄にかけ、完全武装の東国武人の姿を表している。同じく、群馬県世良田出土の「武人埴輪」は飯塚町出土品と同じ武器・武具を装着するが、大刀の柄が「蕨手刀《わらびてとう》」であることが注目される。

律令軍制は東北戦争の過程で「弓馬に便なる者、騎兵隊となせ、余（その他）は歩兵隊となせ」（『軍防令』隊伍条）とあり、騎兵重視の方針を出した。

只、高度な訓練と習熟を要する「便弓馬者」の比率は少なかった。集団歩兵戦の有力な武器は、重装兵器の「弩《いしゆみ》」だったが、弩師は屈強な体力を必要とする為に、五十人の一隊ごとに二名が配置されただけである（軍防令軍団条）。機動性を要求される騎兵の武器は「弓と大刀《たち》（横刀）」であり、歩兵は弓、または鉾《ほこ》と大刀（横刀）だった。

※大刀（横刀）：読みは共に「たち」。直刀の刀剣だが、刃長60センチより長いものを「大刀」、短いものを「横刀」と呼ぶ。「刀」とは短刀・刀子を指す。湾刀以降は刃長60センチより長いもので刃を下に佩用するものを「太刀」、刃を上に向けて帯に差すものを「打刀・刀」と言い、短いものを「脇差し」・「短刀」と言う。大（だい）と太（ふとい）に注意のこと。呼称が煩雑なので全てを含めて一括呼称する場合、筆者は「刀剣」または「刀」と呼称することにする。

軍団制と王朝軍政の端境期の武器・武具の状況は、平安中期の十一世紀初頭に書かれた『上野国交代実録帳』で確認される。

兵器の内容は「無実」（帳簿上は存在するが、国衙《こくが》の武器庫に無いもの）と「破損」（存在は確認されるが、焼損した兵器具）に大別される。

無実は、槍二十二柄、鉾三十九柄、弓千七百四十枚、手弩（軽量化した弩弓《どきゅう》）二十五具、鉄冑《てつかぶと》二十二領、樋箭《ひせん》（弩用の矢か）二千隻、箭（矢）一万八千百二十七隻など。

破損は、槍四十柄、鉾四十柄、弓六百四十一枚、革甲《かわよろい》五領、箭四千六百五十九隻、大刀（横刀）二百二十一柄、鉄冑三十二領などとなっている。

ここでは大量殺傷兵器の弩弓が姿を消し、弓箭《きゅうせん》（弓と矢）、革甲、大量の大刀が注目される。

律令制の時代から「便弓馬者」が督促され、王朝時代の国衙軍政では更にそれが促進された。このことから武者は弓箭と騎馬の術に長けていることが条件とされ、弓箭の佩帯《はいたい》が武人の象徴となった。

この為に、軍政や武器・武具の研究者から、弓箭が主武器であり、刀剣は補助武器との見解が多く出された。

これには軍記物に騎射・歩射の記述しかない事、馬上での太刀の使用が現れるのは十二世紀初頭の『保元物語集』で、『平治物語』・『平家物語』が続く。本格的な太刀による馬上戦の記述は『太平記』からであることも影響している。

戦いには大規模合戦もあるが、小規模または個人的な戦いもある。全ての戦いが遠戦であればそういう見解も成り立つとも思えるが、その場合でも弓射戦で決着が着くとは考えられない。つまり、そこには流動する戦闘局面が全く勘案されていない。遠戦は弓射戦で始まるが、やがて、中・近距離の戦いに移行する。敵は当然のことながら無防備ではない。

なお、弓射戦に対応する防御戎具を、新羅《しらぎ》の海賊来寇で確認できる。

貞観十一年（八六九）、新羅海賊が博多津《はかたのつ》に来襲し、新羅が滅亡する十世紀中葉の九三五年まで続いた。これを太宰府管内の律令軍団と、海防政策で移配された俘囚《ふしゅう》軍が防戦して撃退した（『三代実録』貞観十二）。その中で最大のものは寛平六年（八九四）九月の新羅船四五艘の対馬《つしま》来襲だった。

対馬では「弓矢に便なる者、百分の一～二」（『類聚三代格』）という兵力の劣勢を補う為に、対馬へ「府兵五十人」の派兵を手配していた。対馬国守が郡司以下の士卒を率い、全軍に楯を持たせて新弩で応戦した。敗退した新羅海賊の被害は甚大だった。

※府兵：律令期は軍団兵士、王朝期は太宰府管内で請け負い契約した武芸者と思われる。

※新弩：九世紀前半の承和年間に旧来の弩弓を改良したもの。

射殺三百二人（大将軍三人、副将軍十一人を含む）、拿捕《だほ》した新羅船十一艘だった。陸戦場には甲冑・銀作大刀・弓・胡簶《やなぐい》・保侶《ほろ》が残され、船には、「太刀五十柄・鉾千基・弓百十張・胡簶百十・房楯三百十二枚」という膨大な武器が残っていた。多くの楯は弓射戦用の防護戎具で、千基に及ぶ鉾（槍）と多くの大刀（内容は不明）は中・近接戦用の武器だった。

※胡簶：矢を入れて携行する道具。

※保侶：後ろから飛んでくる矢を防ぐための防具。

このように、戦いは遠戦～近接戦の局面が常に流動するもので、各々の戦闘局面に最適な武器・戎具が重層的に装備されていたことが解る。

日本と半島は情報の流通が盛んだったので、我が国の装備もこれと大差ないのは当然と言える。この戦いで使われた新弩は、歩兵弩師が使う重装武器だった。それでは新弩は万能の武器だったのであろうか。

十世紀初頭、公家で漢学者の三善清行《みよしのきよゆき》は「新弩は迎撃・防衛戦には適しているが追撃戦には不適」と上奏した（『本朝文粋』巻二）。機動力の無い新弩の限界を示している点に注目したい。

戦果には射殺としか述べられていないが、敵の装備である鉾や大刀は明らかに近接戦を想定している。緒戦で大量の指揮官を失った為に、新羅海賊は戦意を消失して近接戦

完全武装の騎馬武者像（騎馬武者・山内一豊〈『国史画帳 大和櫻』〉）。後ろからの弓射を防ぐ保侶を背負い、弓箭に代えて槍を持っている。

を待《ま》たずに逃げ散ったように読み取れる。そうであれば対馬国にとっては幸運であった。これを以って大刀は補助兵器とは言い切れない。

「弓馬の道」との表現が武者を表す言葉に使われるが、これは、騎馬・弓射と刀剣や槍の操法では習熟の困難さが違うことに起因しているように思える。

槍や刀剣にも奥深い高度な操法が当然あることを承知の上で、極論すると棍棒を振り回せる人であれば巧拙は別にして「取り敢《あ》えず刀剣や槍が使える」という現実がある。騎馬と弓射は「取り敢えず」という訳にはいかない。武芸という特殊職能を表現するには必然的に「弓馬の道」ということになった。

裏を返せば、刀剣は極めて身近で簡便な武器であったということができる。衣服令武官令服条、朝服令で高級武官から最下級兵士の衛士・兵衛の武器を見ると、武官の階位、平時、戦時を問わず最も基本となる武器は「横刀（大刀）」と規定されている。現に、刀剣は弓や薙刀《なぎなた》などの他の武器が時代により盛衰するのに比べて、古墳時代より武家政権が終焉するまで、一貫して佩帯された基本の武器だった。

「にっかり青江」

大脇差　刃長：60・3センチ　反り：1・2センチ
鎌倉時代末期　青江貞次作（備中青江派）
（写真提供／丸亀市立資料館）

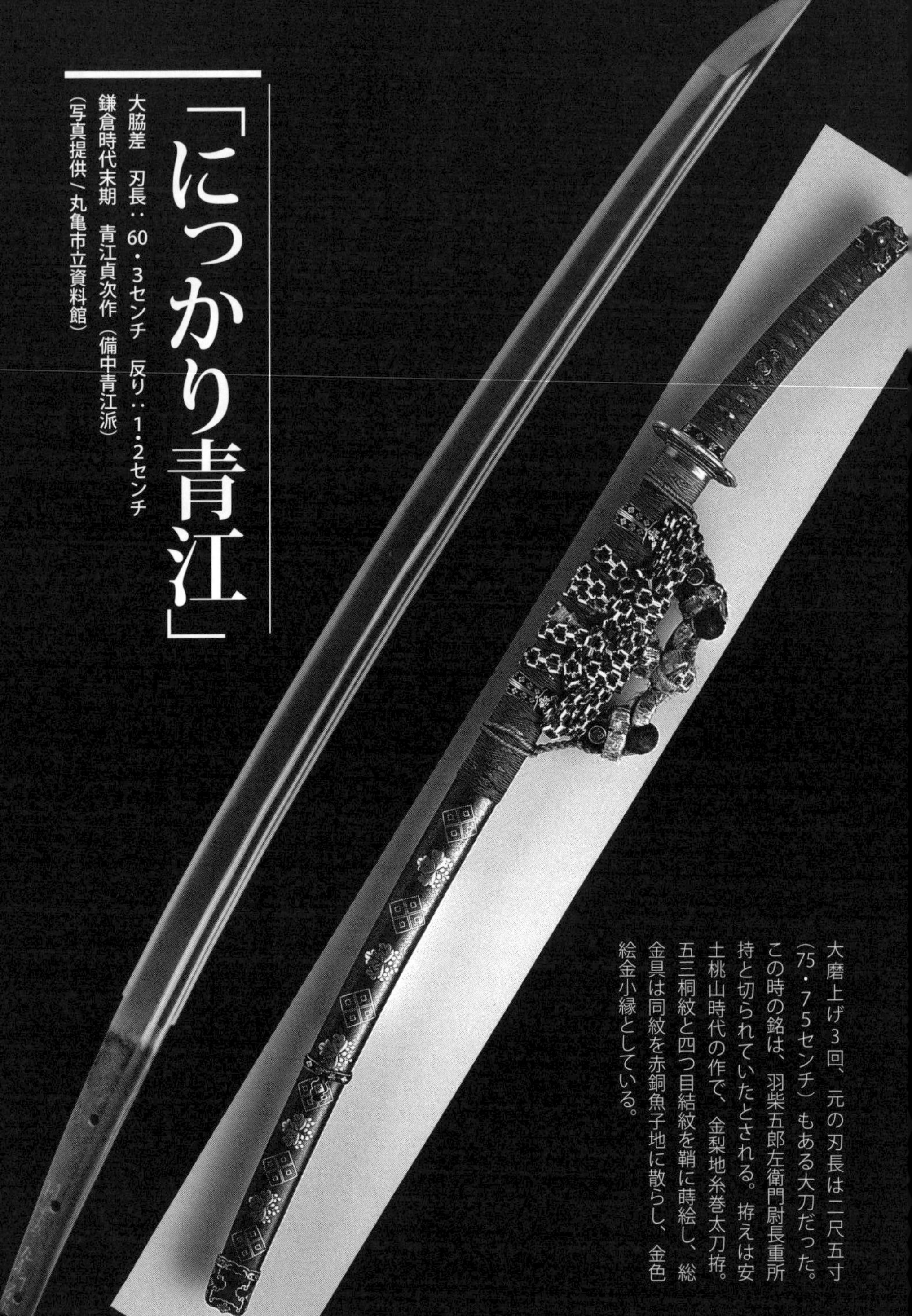

大磨上げ3回、元の刃長は二尺五寸（75・75センチ）もある大刀だった。この時の銘は、羽柴五郎左衛門尉長重所持と切られていたとされる。拵えは安土桃山時代の作で、金梨地糸巻太刀拵。五三桐紋と四つ目結紋を鞘に蒔絵し、総金具は同紋を赤銅魚子地に散らし、金色絵金小縁としている。

二「強靭・よく斬れる」名刀伝説

日本刀には数々の名刀伝説がある。

これらの伝説に共通するものは、如何に刀身が強靭で良く斬れたかということに尽きる。これは武者達の生死に係わる根源的な問題であり、日本刀に対する絶対的な願いだった。刀匠達の目標もそこにあり、懸命にこれに応えようとした。敵の攻撃は甲冑で防ぎ、自らの利刃は敵の甲冑をも裁《た》ち切りたいという、まさに「矛盾」した願望が名刀伝説を生んだ。

源《みなもとの》頼光《らいこう》が丹波国の大江山で酒呑童子《しゅてんどうじ》を斬ったという「童子切安綱《どうじきりやすつな》」、織田信長が無礼を働いた茶坊主に激怒して、膳棚の下に隠れた茶坊主を棚の上から棚ごと圧し切ったとする「へし切り長谷部」、上杉謙信の愛刀で、敵の武将を竹俣兼光で斬り伏せた時に鎧や兜、鉄砲までも断ち切ったという「鉄砲切り兼光」などがある。

そして、その一つに「にっかり青江」がある。

この刀は、鎌倉時代中期、後鳥羽上皇の御番鍛冶を務めた備中青江派の刀工・青江貞次の作である。

この刀を帯びた武士が、とある夜道で子供を抱いた若い女と遭遇した。この女は「にっかり」と笑いながら近づいてきた。その様子は尋常ではなく、武士は物《も》の怪《け》であるに違いないと判断し、迷わず一刀両断に女を斬り捨てた。翌日、同じ場所に行ってみると、そこには石灯籠（または、地蔵の首）が転がっていた（『享保名物帳』）。

この刀が如何に強靭であったかを言わんとする逸話である。

掲載刀身は三度も大磨上げされたもので、元の刀身は二尺五寸（75・75センチ）の長刀だった。この刀を帯刀した武士には三説があるが、その後、丹羽《にわ》長秀、豊臣秀吉、京極高次と所有者を変え、最後は讃岐の丸亀城主である京極家の至宝となった。

これらの利刃はどのような鋼材と造り込みだったのであろうか。

三　日本刀の地鉄（製鉄に就いて）

日本刀の武器性能には使用鋼材（地鉄）と造り込み等が深く関わっている。刀剣の地鉄を語るには、先ず、日本の製鉄事情と、国内の鉄市場を明らかにしなければならない。

弥生時代中期後葉の紀元前後、大陸や朝鮮半島から鉄素材が渡来して鍛冶が始まった。

福岡市・比恵遺跡群の発掘で、奇跡的にメタル成分を完璧に残した鉄塊（インゴット）が発掘された。これが成分々析の結果、大陸の炒鋼法（別章で述べる）で造られた高純度の軟鋼（炒鋼）と判明した（日鉄住金テクノロジー）。

三世紀、魏書東夷伝弁辰の条に「国、鉄を出す。韓、濊《わい》、倭、皆従（ほしいまま）に之を取る。……また以て二郡に供給す」とある。朝鮮半島南端には、三世紀中頃から「狗邪韓国《こやかんこく》」という倭国領土があった。半島中南部の韓族・濊族と倭族（日本）は弁辰に鉄を求めていた。また、剣・直刀の分析から、大陸の炒鋼もかなり輸入され、これらの船載鉄を使った国産直刀が古墳時代に造られ始めた。

また、五～六世紀の古墳や遺跡から、鉄素材三十四例、鉄鋌《てってい》二十四例が出土した。

※古墳・遺跡出土：

鉄素材：微量のコバルト（Co）、高い銅（Cu）の成分から大陸（半島経由？）産と推定された。

鉄鋌（短冊形の板に規格化された鉄素材）：宇和奈辺古墳陪塚大和六号墳の金属成分は、朝鮮昌寧出土の鉄器に類似。

鉄刀：１０６例の分析ではコバルト、ニッケル、銅、燐を含み、朝鮮半島南部の鉄原料と判定。北九州三ヶ所出土の鉄鏃（てつぞく＝矢）などはゲルマニューム（Ge）を含有。Geは朝鮮半島の金海地方に賦存するチタンを含有する磁鉄鉱を原料とする鉄に限定される。

ここで注意すべきは、この磁鉄鉱がチタンを含有することで、チタンは砂鉄の専売特許ではないということである。

日本の国産製錬は「たたら製鉄」と呼ばれている。

※たたら製鉄：製鉄民のタタール人が語源とする説があるが、足踏みフイゴ（タタラを踏む）から名付けられたという説も根強い。いずれにしても、自然通風を含め、日本の製鉄を便宜上「たたら製鉄」と呼称しておく。

四～七世紀にかけて半島から鍛冶集団が組織的に渡来した。入唐《にっとう》（中国の唐に渡る）した僧侶が彼の地で製錬法を学び、島根の船通山船通寺、伊豆の南禅寺、奥州の大原附近等で盛んに伝道と製鉄の事業を行ったとの記録もある。

古墳時代の鉄滓《てっさい》（ノロ。鉄中に含まれる不純物が高温で熔融した際に排出されるスラッグ）の出土状況は百五十例以上を数え、福岡県（筑前＝七九例）と岡山県（吉備＝三八例）が他地域を圧倒して多い。

当時の日本を一つの国ととらえるのは適当ではない。大きくは、三関《さんげん》（美濃国不破峠、伊勢国鈴鹿峠、越前国愛発《あらち》峠）と二関（相模国足柄坂、上野国碓氷《うすい》峠）が自然の要塞として列島を分断していた。前者は畿内以西と中部を分け、後者は中部と関東以北を分けていた。その中では多くの「クニ」、「邑（ムラ）」が独立して散在していた。自生であれ、技術移入であれ、製鉄技術は製鉄民の生活防衛から秘匿を原則としているので、各々のクニと邑で個別の製鉄が行われていたと思われる。

古代の原始製錬では、原料の採取の簡便さと炉温は極めて大きな要素となる。製錬がし易い順番は、褐鉄鉱《かってっこう》（赤鉄鉱）→餅鉄《べいてつ》→磁鉄鉱→砂鉄となる。砂鉄に含まれるチタンは還元を妨害し、且つ高温を必要として最も製錬し難い。

欧州では、原始製錬原料としてケルト族（原住民）の「つる草の鉄」が有名で、欧州を席巻したバイキングの武器材料として知られる。これは褐鉄鉱の一種で、葦などの水草の根に堆積する。小川の底や水辺に体積した土状の褐鉄鉱は日本の至る所に見られ、特に阿蘇山周辺にはリモナイトとして大量に産出する。世界で有名なスウェーデン鋼も、原始製錬ではベンガラ（泥状沼鉄）が使われていた。有名なインドのウーツ鋼も「黄金の水（湖沼鉄）」から採れると古書に記録されている。日本でもこうした製鉄史があった可能性が高い。

岡山県・門前池の製錬遺跡（炉底は20×30センチ）で沼鉄（褐鉄鉱）が発見され、弥生時代中期との見解もあるが確定していない。一般的に、地形の窪みを利用した自然通風の原始的褐鉄鉱製錬は、炉跡らしきものが認識できない為に、製錬の証明ができていない。

鉄鉱石製錬が筑前、吉備、近江地方で先行し、砂鉄製錬が遅れて出現したのは自然の成り行きだったと言える。

現在、製鉄の開始時期は五世紀後半（北九州市潤崎遺跡）を遡《さかのぼ》るかどうかが争点となっている。鉄滓の分析では、考古学者・金属学者の政治的な思惑も働き、製鉄炉か精錬炉かの判定が膠着状態になっている。

最近、広島県三原市の小丸製錬遺跡が発掘され、一号製錬跡は弥生時代後期（三世紀末）まで遡る可能性があると脚光を浴びた。しかし、肝心の木炭の炭素十四年代法の測定結果では、弥生時代後期を示すものもあるが、八世紀初頭を示すものが主とされて否定的な意見が優勢である。

四　国産鉄の限界

七世紀中葉、倭軍・百済の連合軍は唐・新羅の連合軍との朝鮮半島・白村江《はくすきのえ》の戦いで敗北し、朝鮮半島の鉄の利権を失った。倭軍兵士一人当たりの武器・武具の装備量を五キログラムと仮定すると、この戦いで一万人の兵士が没し

平安時代の製鉄風景画（玉名市立歴史博物館蔵）。

たので、一挙に50トンの鉄を失ったことになる。当時の国内での年間鉄消費量が5～60トン（生産量は30トン位）と推定されているので、兵士と共に一年分の鉄が失われた。

既に国内製錬も始まっていたが、生産量は少なく、日本は白村江で敗北するまで鉄を半島から輸入し続けていた。この敗北により、倭国は本格的な鉄の国産化を迫られて、国内各地で原始製錬の振興が計られた。

製錬炉には、円形、楕円形、箱形（西国に多い）、竪形（シャフト＝東国に多い）がある。炉形の違いは製錬技術の伝播の違い、製鉄民の部族の違いを物語っている。

800度位の低温炉では海綿鉄が生成され、日本刀が誕生する頃には炉温が上がり銑鉄《せんてつ》が採れた。

砂鉄を原料とした普通の製錬炉では、200キログラムの鉄塊を生成するのに、砂鉄1トン、木1トン（木材10トン）を消費する。

木材10トンは33立方メートルが必要で、十年生雑木林の森林面積は約1ヘクタールに相当する。本邦がいくら亜熱帯の風土とはいえ、森林を回復するには十年を要する深刻な森林破壊である。

製鉄先進国ではこの森林破壊と砂漠化が大きな問題となり、石炭燃料に切り替えた。使える森林面積によるが、同

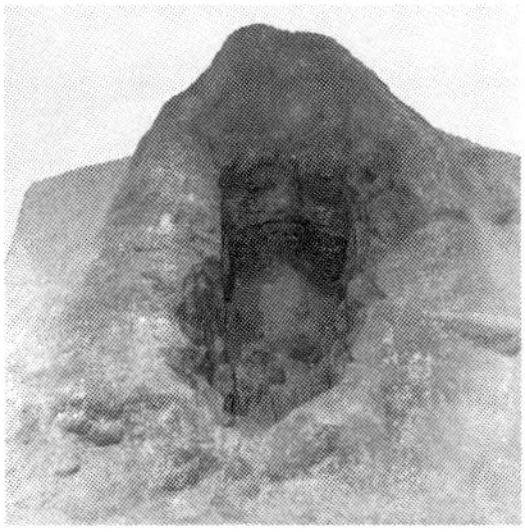

左：玉名市六反炉遺構模型（玉名市立歴史博物館蔵）。平安時代の遺跡。地形斜面に設けられた半地下構造の炉。炉の下部がよく残っていて、二分の一の精密模型で再現された。傾斜方向に奥行きの長い方形または長楕円形炉で、炉底面が炉前に向かって30度傾斜している。長辺:140センチ、最大巾:55センチ。奥に煙突、手前に焚き口と送風口があったと思われる。炉の構造は竪型炉と思われるが確定していない。

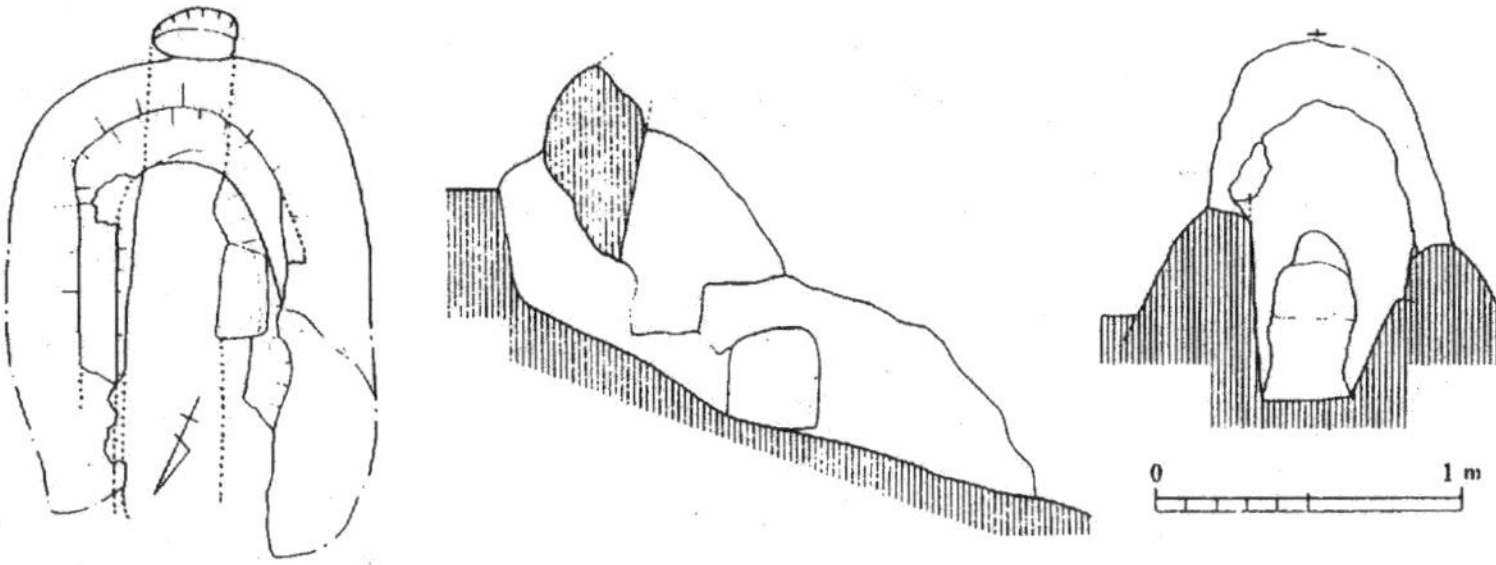

六反炉遺構実測図（玉名市文化財報告書第四集・玉名市教育委員会）。炉の奥と左右に羽口が無いので欠損した炉の上部は竪型炉を想定して描かれている。

一地区での操業には木材供給の観点からも限界がある。この点の研究は余り進んでいない。

また、一代《ひとよ》の操業で炉壁が浸食されるので、一基の炉で無制限に塊鉄を造ることができない。炉は操業ごとに新炉を築き直すという極めて非効率な製鉄法だった。しかも、得られた塊鉄は夾雑物を多く含み、実際に使える鉄量は半分以下に減少する。

古代の製錬炉は炉の内部直径が50センチ前後と非常に小さい零細自給製鉄だった。炉の容積を大きくした商業製錬炉が生まれたのは江戸幕府開府前の天文年間からである。

七〜八世紀頃の零細自給製錬炉では、鉄鉱石や砂鉄の含鉄率（富鉄鉱は50パーセント以上）にもよるが、得られる鉄塊は5キログラム前後であろう。同じ場所で年に四回操業したとして、得られる鉄塊は年間約20キログラムとなる(実際に使用できる鉄量は半減する)。

年間の鉄消費量を60トンと仮定すると、常時稼働する製錬炉は3000〜6000基が必要となる。時代が降《さが》るにつれて、鉄の消費量は飛躍的に増大して行った。ところが、鉄消費量の増大に反比例して平安時代以降の製錬遺跡の発掘数は減少している。

ここで注意を要することがある。

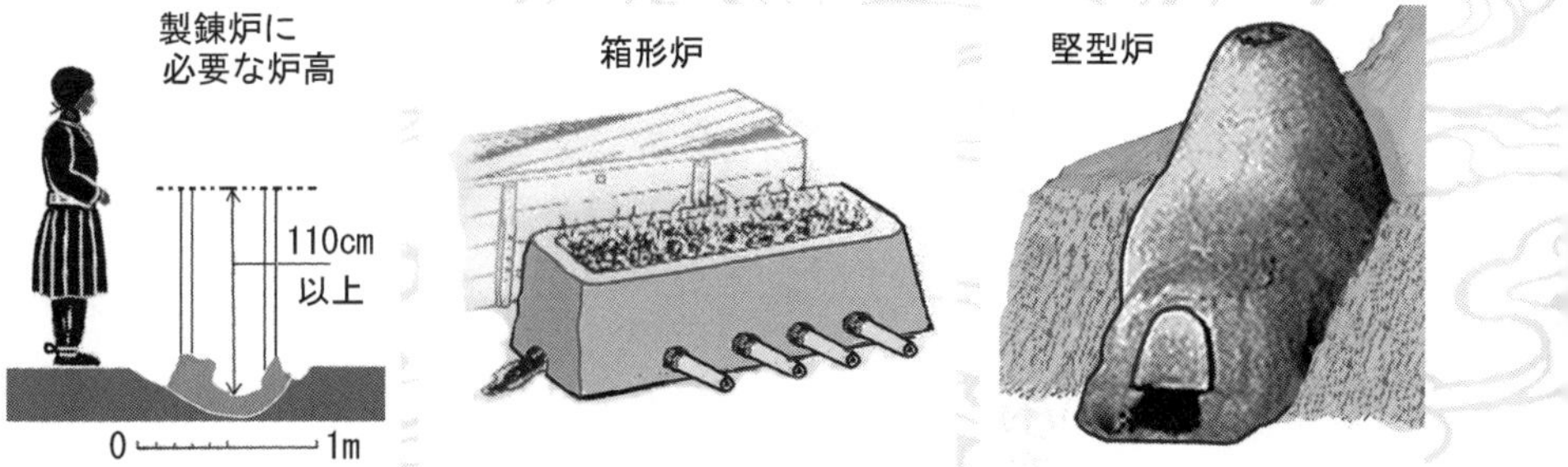

製錬炉図。砂鉄を原料に銑鉄を造る場合、内部の炉高は最低でも 110 センチ以上が必要。炉高がこれより低い場合は、ほとんどが精錬（製鋼）炉、または鍛冶炉。左端図は八千代市沖塚遺跡炉で、直径 50 センチ内外の円形炉で下部しか残っていない。中・右図は、箱形炉と堅型炉の一例。時代と地域で大きさが異なる。
江戸中期末に出現した高殿を持つ「永代たたら」は、製錬炉の容積は当然大きい。古代から製錬炉は次第に大きくなるが、「永代たたら」に比べたら、圧倒的に小さいことに注意。「永代たたら」は一代の操業で 2.5 〜 3 トンのケラ塊が得られる鉧（けら）押し法。実際に使える鋼塊は 1/3 の約 1 トン。砂鉄 13 トン・木炭 13 トンを消費する。

考古学分野への金属学者の参入によって、従来、製錬（製鉄）遺跡とされたものが、実は精錬（製鋼。炭素含有量の調整された鋼を造る）遺跡だったと覆されるケースが増えた。
これらを勘案すると、国産鉄は果たして国内消費を賄《まかな》えたのであろうか。日本刀は果たして国産鉄だけで造られたものであろうか。
平安から江戸の鎖国令まで続いた、活発な対外交易を無視することはできない。

※注意すること：

金属学者の佐々木稔氏などは、砂鉄を原料とする種々の製鉄実験を行った。その結果、銑鉄を生成するには還元距離（炉高）が最低限１１０センチ以上必要であることを論理的に証明した。

遺跡から炉跡と送風用羽口が発見されたからといって「製鉄遺跡」と短絡的に判断することはできない。還元し易い褐鉄鉱、餅鉄、磁鉄鉱の場合は若干炉高を低く抑えることができたにしても、炉高が低い場合は、ほとんどが精錬（製鋼）遺跡と言える。

鉄原料を判断する場合、大雑把に言えば、鉄鉱石の指標はマンガン（Mn）と燐（P）、砂鉄はチタン（Ti）の含有量が目安となる。但し、Tiが検出されたからといって、始発原料は日本の砂鉄とは限らない。朝鮮半島・金海地方の磁鉄鉱はTiを含有し、南部の砂鉄は我が国の砂鉄と同等以上の品位を持つ。

また、銑鉄の精錬（製鋼）に限れば、近年、新たな発見があった。鉄滓の中のルチルに近い組織のチタン化合物の存在がそれである。この物質は、銑鉄を粉鉱（砂鉄）で脱炭する時にしか生成し得ないことが突き止められた（A・ムアン、E・F・オスボン共同研究「酸化物の相平衡」）。

この結果、チタン化合物の検出が必ずしも始発原料を砂鉄と短絡的に判断することができなくなった。

鉄原料の産地の判定では、銅（Cu）の含有率0・1％前後が指標となる。日本でも、釜石（岩手）と赤谷（新潟）で銅鉱石と鉄鉱石が混在して堆積されている。但し、古代から江戸期まで発掘された形跡がない。

そして、日本産鉄鉱石製錬でも銅を含有した結果が出ることがあるが、含有率0・1％前後を超えるものは今までにない。含有率0・1％前後を超えるものは大陸・山東半島の原料とほぼ断定されている（佐々木稔氏、東京工大製鉄史研究会、他）。

日本の鉄原料に無いニッケルやコバルトを含んだものは当然のことながら外国産である。■

中世日本の鉄輸入の物証

二〇一八年、宋（北宋・南宋）時代の沈没貿易船三艘が南シナ海で引き上げられた。

この沈船は各々、「華光礁1号沈船」・「南海1号沈船」・「爪哇海（ジャワ海）沈船」と名付けられた。この沈船には、50～200トンの大量の鉄素材と鉄器（鍋・釘）などが積載されていた。

福岡県才田遺跡（中世）で発掘されていた棒状鉄素材が沈船積載の鉄素材と同じものであることが確認された。この鉄は共伴陶磁器から福建省泉州市で加工された鉄と判明した。

この物証は中世日本の鉄市場を証明する上での画期となった。

才田遺跡と同じ物は、東北～九州の十二ヶ所で発掘された鉄鋌状鉄素材（佐々木稔氏命名）とも酷似するものだった。これ迄、金属学者による刀身鋼材や鉄素材の成分々析の結果は多くの比重で外国産の鉄成分を示していた。

この鉄素材の物証により、漸く日本中世の輸入鉄の実態が解明されることになった。

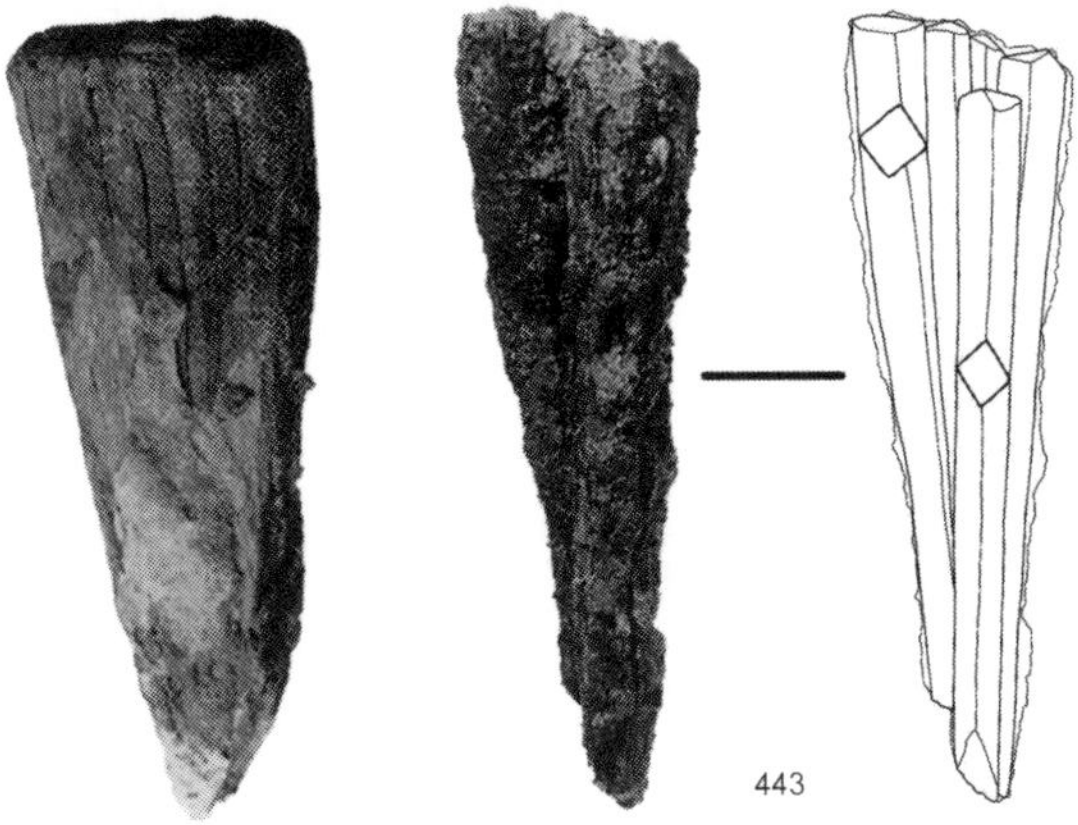

宋の輸出鉄と日本出土の鉄素材

左：華光礁 1 号沈船「鉄条材」　角柱錐（タガネ状）と扁平な楔形状の二種類の鉄素材が積載されていた。
写真は角柱錐（タガネ状）の 20 本の塊で、約 800 年海中にあったので銹着（錆着）して塊状となっている。（源資料：孟原召 2018 論稿「華光礁一号沈船与宋代南海貿易」）
（資料提供：「中国沈船資料に積載された「鉄条材」と日本中世の棒状鉄素材の比較研究」福岡大学考古学研究室・桃崎祐輔教授）

右：才田遺跡 SD1 溝「鉄素材」角柱錐（タガネ状）と扁平な楔形状の二種類の鉄素材が出土
写真は角柱錐（タガネ状）の 5 本の塊で、約 800 年土中にあったので銹着（錆着）して塊状となっている。
（資料提供：福岡県教育委員会 1998『九州横断自動車道関係埋蔵文化財調査報告書 48』九州歴史資料館）

※ 扁平な楔形状の鉄素材は沈船積載品及び才田遺跡出土品共に割愛した。両鉄素材は同じものであった。

二　実戦刀の雄、〝関〟鍛冶と美濃刀

一　蛤刃から鋭角刃への変化

文永十一年（一二七四）、蒙古・高麗の連合軍三万余が、九百艘の軍船を連ねて筑紫の博多に来襲した（文永の役）。有史以来、最大の国難だった。九州太宰府管内の御家人達が急遽参集して蒙古軍と激戦を展開した。苦戦しながらも、博多湾の各方面から分散上陸した蒙古軍を、各々の戦闘地区で巧みに包囲し、辛《かろ》うじて陸上から撃退した。

九州武士団の激しい反撃で、蒙古軍は体制を立て直す為に、玄界灘に退いた。その時、季節の暴風に遭遇して軍船の多くが沈没・損壊して退却した。蒙古軍は鉄砲（てつはう）と呼ばれる炸裂弾などの新兵器を使い日本武士団を驚かせたが、近接戦で武士達が戸惑ったのは日本刀の欠損だった。

特に鋒（切先）の破損が多かった。小鋒の破損は、研ぎ直しを必須とする実戦刀にとっては致命的な欠陥となった。研ぎ直すと鋩子《ぼうし》（切先の焼刃）の焼きの部分が無くなり、鎬地《しのぎぢ》に棒樋《ぼうひ》を掻《か》く刀身は鋒に棒樋が回り込み、最早、実戦刀としての機能が失われてしまうのである（図1）。

それ以上に大問題となったのは、鈍角の蛤刃は斬撃力が鈍く、蒙古兵のしなやかな皮鎧を斬り裂くことができずに武士達を苛立《いらだ》たせたことだった。

武士達は、それまでの重装鎧を対象とした刀身では皮鎧に効果が薄いことを訴えた。次なる来襲に備えて、幕府は日本刀の改良を迫られた。

この戦訓から、身幅を広く、重ねを薄くした刃断面が鋭角の刀身に変化するようになった（図2）。併せて欠損率が高い鋒を再生可能とする為に、長い鋒が採用される様になった。

しかし、重ねを薄くすると、刀身強度、刃部硬度の按配などの大きな困難が立ち塞さがった。

図1

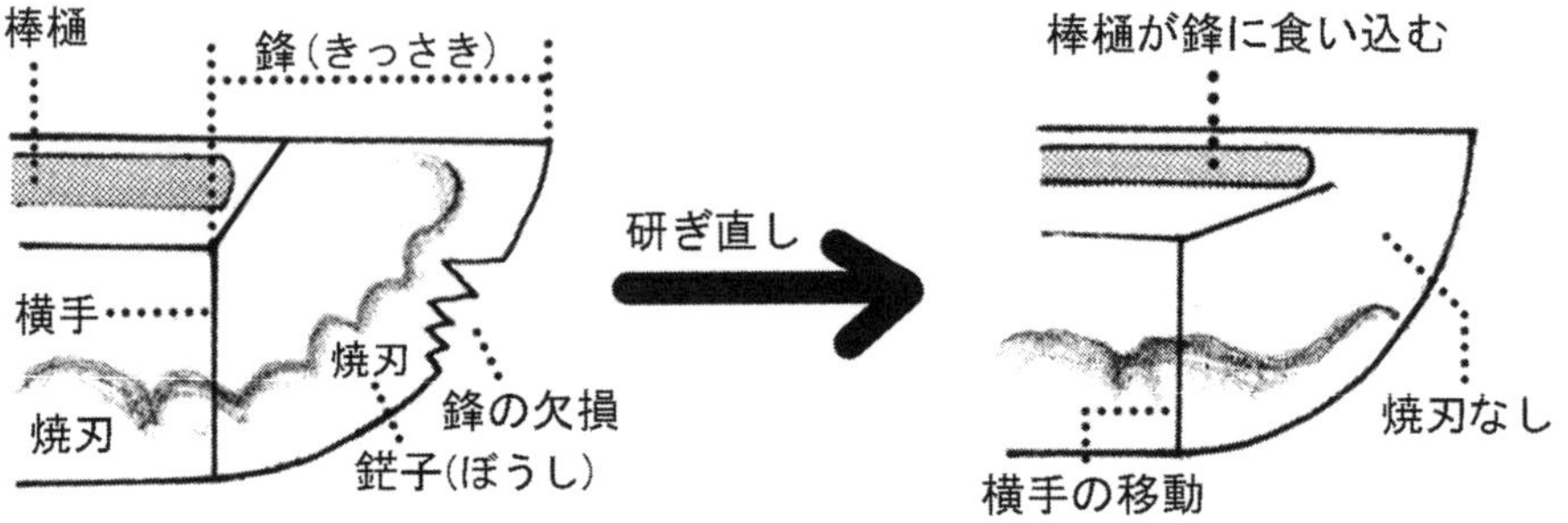

小鋒（猪首切先）の損傷は、研ぎ直し再生が極めて困難

図2

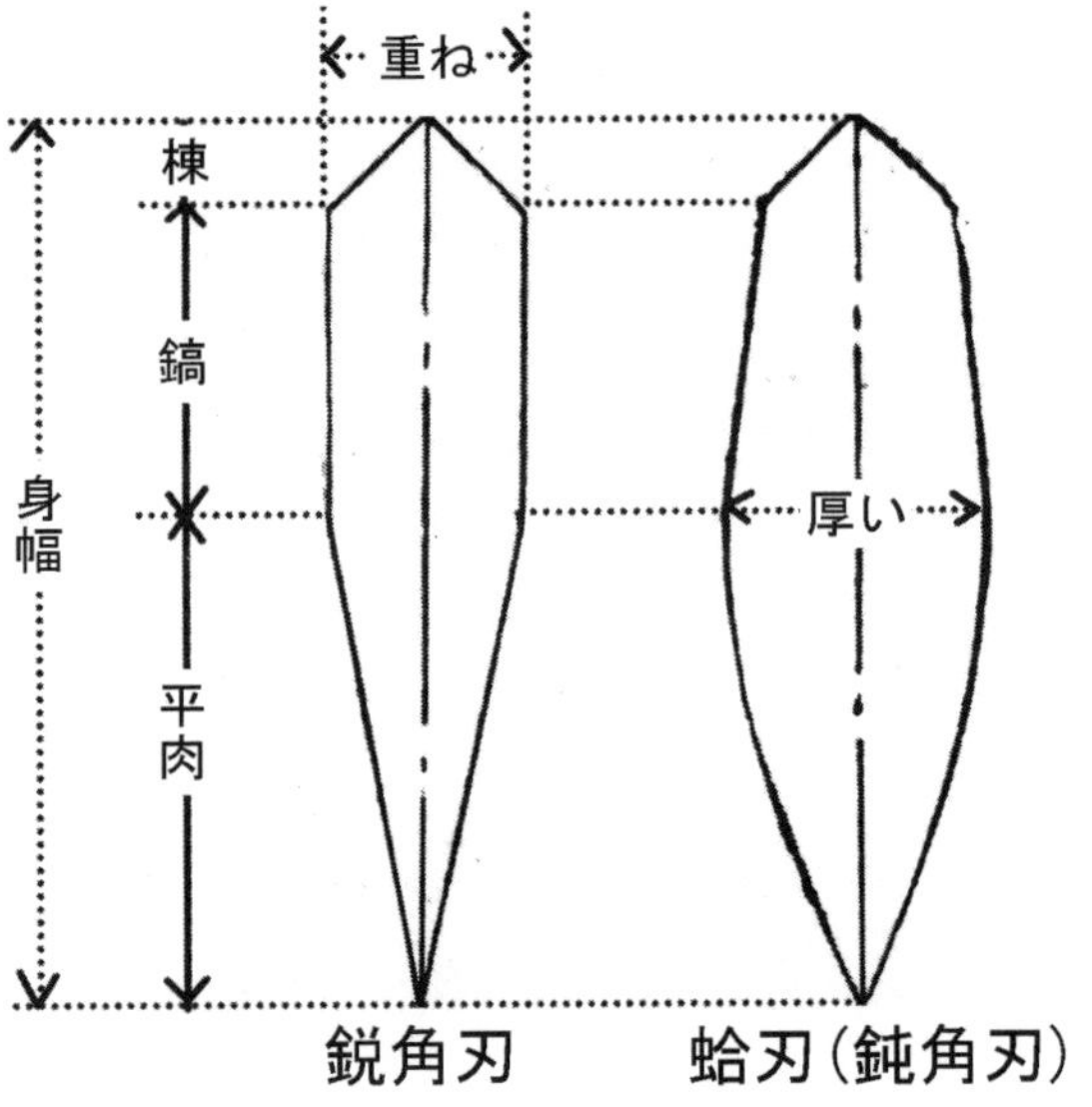

日本刀の変遷

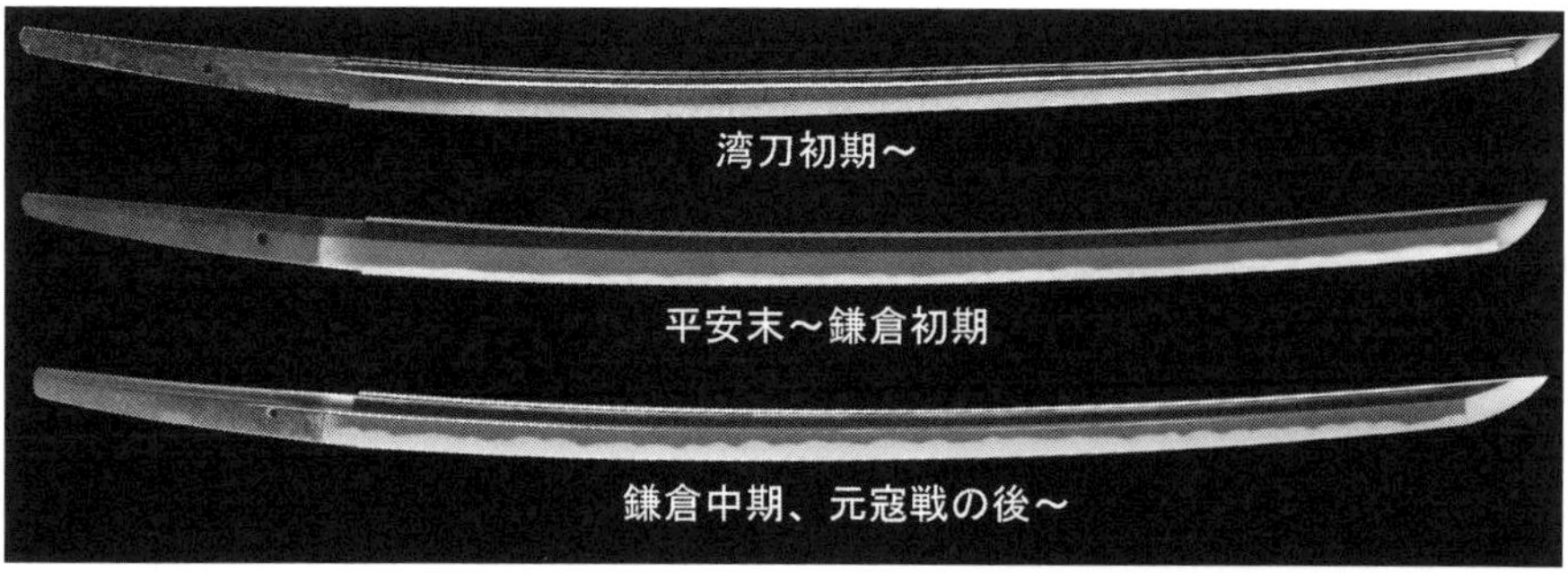

湾刀初期：

古備前に代表されるような細身で優美な刀身だった。元身幅《もとみはば》が広く、先身幅《さきみはば》が狭い、腰反《こしぞ》りの強い刀姿だった。刀身の鋒《きっさき》は短めになっている（上写真）。刀材は炭素量の比較的少ない柔らかい鋼を、低温の鍛造で処理していた。造り込みは複合組織の丸鍛えを基本とし、刃部の硬度は複雑な焼入れで実現していた。

※ 元身幅・先身幅：はばき元の身幅が「元身幅」、鋒（きっさき）側の身幅が「先身幅」。

源平合戦以降：

騎馬戦が中心になると重装な鎧を装着するようになった。華奢《きゃしゃ》な太刀では、頑丈な鎧に対して有効な攻撃が出来難くなった。その為に、身幅が広く重ねが厚い、元身幅と先身幅の差が余りない頑丈な太刀姿に変貌した。刀身断面は平肉の豊かな、俗にいう鈍角の蛤刃《はまぐりは》となった（図2）。重装鎧に対しては斬撃だけでは効果が薄く、鎧の小札の隙間から突きを入れる為に、俗に「猪首《いくび》鋒」と言われている頑丈な小鋒（小切先）となった（右写真）。

元寇の戦訓：

文永五年（1268）、モンゴル帝国（蒙古）の朝貢要求を拒否した鎌倉幕府の喫緊の課題は軍備の増強だった。北部九州～山陰～北陸に至る海岸線、及び瀬戸内海の防備が急がれた。

※ 元寇：日本の鎌倉時代中期に、当時大陸を支配していたモンゴル帝国、及びその属国である朝鮮高麗王国によって２度にわたり行われた日本侵攻の呼称。一度目を「文永の役」（1274年）、二度目を「弘安の役」（1281年）と言い、「蒙古襲来」とも言う。

※ 西日本の防備：国防の重点地区は大陸と朝鮮半島に近接する九州・太宰府、山陰が挙げられる。平安時代の貞観九年（867）、清和天皇は勅を発し、伯耆（ほうき）・出雲の国司以下の全ての官人に帯刀することを命じた。山陰道が九州と共に外交・国防の第一正面にあったからである。

こうした背景があって、伯耆安綱、貞守などの名工が生まれた。また、北陸は日本海対岸の沿海州との日本海交易が活発だった。古書によると、隋・唐代に満州北東部にあった靺鞨（まつかつ）との交易が盛んで、北海道を南下して佐渡島まで来航している。

九州・筑紫を出る「遣唐使」は十四回の派遣だったが、沿海州に建国した渤海国との交流は日本海を横断して渤海使四十八回を派遣した記録がある。活発な日本海交易ルートが確立されていて、関係が悪化すると裏返しの脅威となった。

「蒙古襲来絵詞：文永の役」。矢・槍・「てつはう」の飛び交う中、馬を射られながら蒙古軍に突撃する肥後の御家人・竹崎季長。蒙古兵は軽量で動きやすい皮鎧を纏っている。（画像提供：九州大学附属図書館〔部分〕）

鋼材の選択、造り込み、焼き入れの工夫など、個々の刀匠達は様々な試行錯誤を繰り返した。この結果、数々の造り込みが生まれた（第二章「三　末古刀の実力と渡来鉄」参照）。弘安四年（一二八一）、蒙古は、軍船四千四百艘、元・高麗・南宋・江南軍約十五万人の大軍で再び来襲した（弘安の役）。日本は博多湾岸に長大な防塁を築いていて、決死の戦いを水際で展開した。この為、蒙古軍は上陸出来ずに船中泊を余儀なくされた。幸いにも、台風という天佑《てんゆう》（神風）により、蒙古の軍船が殆ど沈没した為に辛うじて勝利した。

弘安の役の後、鎌倉幕府は更なる来襲を想定して筑紫に「鎮西探題《ちんぜいたんだい》」を設置した。この探題は、軍事と行政を統括して、各地の鉄材料の確保（国産・舶載）と、刀匠の増員、刀身の改良などの軍事力増強を推し進めた。

その実務指導を担ったのが、関《せき》（美濃）鍛冶《かじ》の祖と言われる「元重《もとしげ》」や、幕府御用鍛冶の「正宗」などだったと推定される。

二　美濃の鉄生産

弥勒《みろく》寺東遺跡から多量の鉄滓《てっさい》（排出された鉄中の不純物）と羽口（鉄炉に空気を送る装置の先端）が発見された。七世紀後半代と推定され、鉄滓は小鍛冶の「卸《おろ》し鉄《がね》（炭素量の調整された鉄）」と推定された。

千手院鍛冶が栄えた赤坂（大垣市北西）にある金生山《きんしょうざん》は、石灰岩の山塊で、銅や赤鉄鉱を豊富に産出する。ここの赤鉄鉱は含鉄率が64パーセントという富鉄鉱だった。塚原古墳群で発掘された刀子の成分分析で、原料は赤鉄鉱を示していた。

関市下有和の重竹遺跡A地点（室町時代）の発掘調査で、鉄滓・羽口・砥石・短刀・火打金などが出土した。鉄滓の分析は、卸し鉄の精錬滓を示し、「中世は卸し鉄」という日本刀地鉄の推論を補強したことになる。使用素材は砂鉄系とされ、その供給地は不明だった。

三　美濃鍛冶

美濃鍛冶は、志津と直江、赤坂、西郡《にしごおり》、関の四地区を核として、備前などの作刀地に比べて遅くに出発した。

美濃国には信仰を集める寺社（法威）勢力、領地を支配する貴族（権門）や地頭《ぢとう》が深く関わっていた。寺社は全国的な信仰のネットを築き、地頭も複数の領地・領域に支配権を持つことが多かった。これが、政策的な刀匠の全国的な移配を可能にしていた。

志津・直江——大和鍛冶の多くは、興福寺・延暦寺・園城寺・東大寺などの広大な寺領・神領を経営する寺社勢力に隷属して、寺社用人である武装集団の僧兵《そうへい》用武器を製作していた。これは全国の寺社も同様で、この軍事力は強大なものだった。

志津には大和鍛冶手掻《てがい》系の兼氏《かねうじ》が移住して鍛刀した。南北朝の動乱と寺社勢力の衰退で、都に近く三関で隔離された地を選んで移住したものと思われる。兼氏一族が志津から八キロ離れた直江に移住したのは、度重なる揖斐川《いびがわ》水系牧田川の洪水と、交通の要衝「津泊《つどまり》」※4があったことによる。

赤坂——赤坂の地名は赤鉄鉱の産出に由来する。古代から打刃物の生産が盛んだったと言われている。千手院の刀工が赤坂を作刀の本拠地としたのは故なきことではなかった。

西郡——外藤、長基、寿命などの刀工がいた西郡は、平安時代に近衛家の荘園があった。鎌倉期、大友氏はこの荘園の地頭職に補任されていた。南北朝期には、地頭の大友氏康と近衛家雑掌（国衙の役人）との対立が激化する。九州の大友氏はこの地に多大な関心を持っていた。

※津泊：船の停泊地。木造船にとっての脅威は「ふな虫」である。この虫は船体に食い入り、船板をぼろぼろにしてしまう。だが、こ

の虫は真水に合うとあっけなく死滅する。従って、木造船の停泊地は海岸の港ではなく、海から遡る河川の真水の湊（みなと）が設定された。

古代から近世に至る湊が河川に設けられた理由である。

関――六郎左衛門尉[※5]元重の来関は南北朝動乱の最中であった。三河弥兼国の覚書（宝徳二年＝一三五〇）に「関鍛冶之一番師匠トスル鍛冶ハ九州之住人元重也、六郎左衛門尉ト打チ、兼光以前之者也……」とある。左衛門とは左・右衛門府の一つで、「尉《じょう》」は従六位の三等官を指す。即ち元重は官位を持つ幕府の役人だった。また、『美濃国鍛冶略伝記』によると、元重は有能な刀剣鍛冶だったことが記されている。

彼は、筑紫、伯州桧原《ひばら》（米子市日野川河口）、敦賀、越前、備前、大和、山城と足跡を残している。これが出身他の混乱を生んだ。

※左衛門尉：衛門府（えもんふ）とは、律令制における官司で、当初は一つであったが、左右二つの衛門府が設けられた。鎌倉時代以降は朝廷の機能としては有名無実化していった。

しかし官職のなかでもこの衛門府などの武官官職は特に武家に好まれ、室町時代から安土桃山時代にはその意味合いが変化し、各地に割拠した戦国大名が「左衛門少尉」を略した「左衛門尉」を受領名として家臣に与え始めた。江戸時代になると、もはや朝廷とはなんの関係もなくこの「左衛門尉」が旗本や御家人などの中級武士に与えられるようになる。

更に、元重には在銘刀が一振りも存在しないことで、架空の刀匠という極論があり、在銘刀のある北陸敦賀の「金重」を関鍛冶の祖としているようだが、刀匠が官人や御用鍛冶の場合、幕府や隷属先に刀を納める時は、自分の銘を刻まないのが大宝令以来の慣習となっていて、私的売買の刀身のみに刀匠の個銘を切るとされていた。

東大寺、興福寺などの官幣大寺のお抱え刀工が多数を占めていた大和鍛冶の作刀の多くが無銘というのもこうした事情によるものである。相州の正宗も幕府の御用鍛冶だったとすると、殆どが無銘で納入され、在銘が極めて少ないのは当然であった。

無銘刀を一段低く見る風潮が見受けられるが、この認識は改められるべきであろう。

ともかく、関が作刀を開始したのは、元寇の戦役と軍備の増強が背景に働いていたのは確かであろう。これが、「業《わざ》物《もの》」と言われる関実戦刀の気風を育《はぐく》んだものと思われる。

四　作刀地の集約（関）

美濃刀の基礎を築いた兼氏に始まる「直江志津」（養老山

脈東麓）を初めとして、交通の要所である赤坂の「千手院鍛冶」、古くから大野郡西郡に居た「西郡鍛冶」などの多くは、南北朝の動乱が終わり室町幕府が安定した十五世紀前半頃、関に移住してきた（新関鍛冶）。

関への集約には諸要素が考えられるが、美濃東部を握っていた斉藤氏が、美濃西方の富島氏と対立関係にあり、西濃に在った直江・赤坂・西郡の諸鍛冶が富島氏の影響下に入ることを恐れた斉藤氏が、これらの鍛冶を東部の関に集約したという説もその一つである。

室町末期（末関）の時代になると、虚飾を排除した質実剛健な関の実戦刀の評価が高まり、周辺雄藩の庇護とも重なって、関は備前をも凌駕する実戦刀の一大生産地としてその頂点を迎えることになった。

五　志津三郎の刀身断面

昭和十年代の初頭、中国・大連《だいれん》に本社を置く総合巨大企業の南満洲鉄道（株）が日本刀製作を思い立ち、日本刀二口を切断検査した。

一つは古刀の志津三郎、他の一つは新刀の相模守藤原廣重である。

新刀の藤原廣重は、明らかに心鉄を皮鉄で包んだ構造である。ただ、心鉄が偏在して、一部は刀身表面にまで延びていた。

問題は古刀・志津三郎の断面構造の判断にあった。

当時の刀剣界では、日本刀は古来より玉鋼《たまはがね》で造られ、柔らかい心鉄を硬い皮鉄で包む最中《もなか》状の皮・心鉄構造と信じて疑わなかった。刀身分析した技術者達もこの日本刀の固定観念に支配されていて、この断面を「心鉄の配置の乱れ」と結論付けた。技術者であれば、この判断にかなりの迷いがあったと思われる。

この断面構造は、どのように推測しても、〝心鉄の配置崩れ〟と言うものではない。明らかに、硬鋼と軟鋼の板材を合わせて二〜三回折り返し鍛錬した「練り材」である（次頁左写真）。これは、昭和の斬鉄剣として有名な初代・小林康宏刀匠の刀身断面構造と極めて近似している。練り材の刀身が強靱であることは、84頁で既に述べた。

満鉄の技術者達は、古刀構造の実態を知らなかった為、苦し紛れの「心鉄崩れ」と見なさざるを得なかった。明治以降、刀剣界が流布し続けた、新々刀に準拠した日本刀の常識が如何に牢固なものであったかを証明する一つの事例となった。これらの判断が皮肉にも、心鉄を中央に整然と

「志津三郎兼氏極め」（本間薫山氏）

刀　刃長：70・4センチ（2尺3寸3分）
反り：1・4センチ（4分強）
南北朝時代（1342-1344年頃）
銘（金象嵌銘）：志津　薫山（花押）
（写真提供／つるぎの屋）

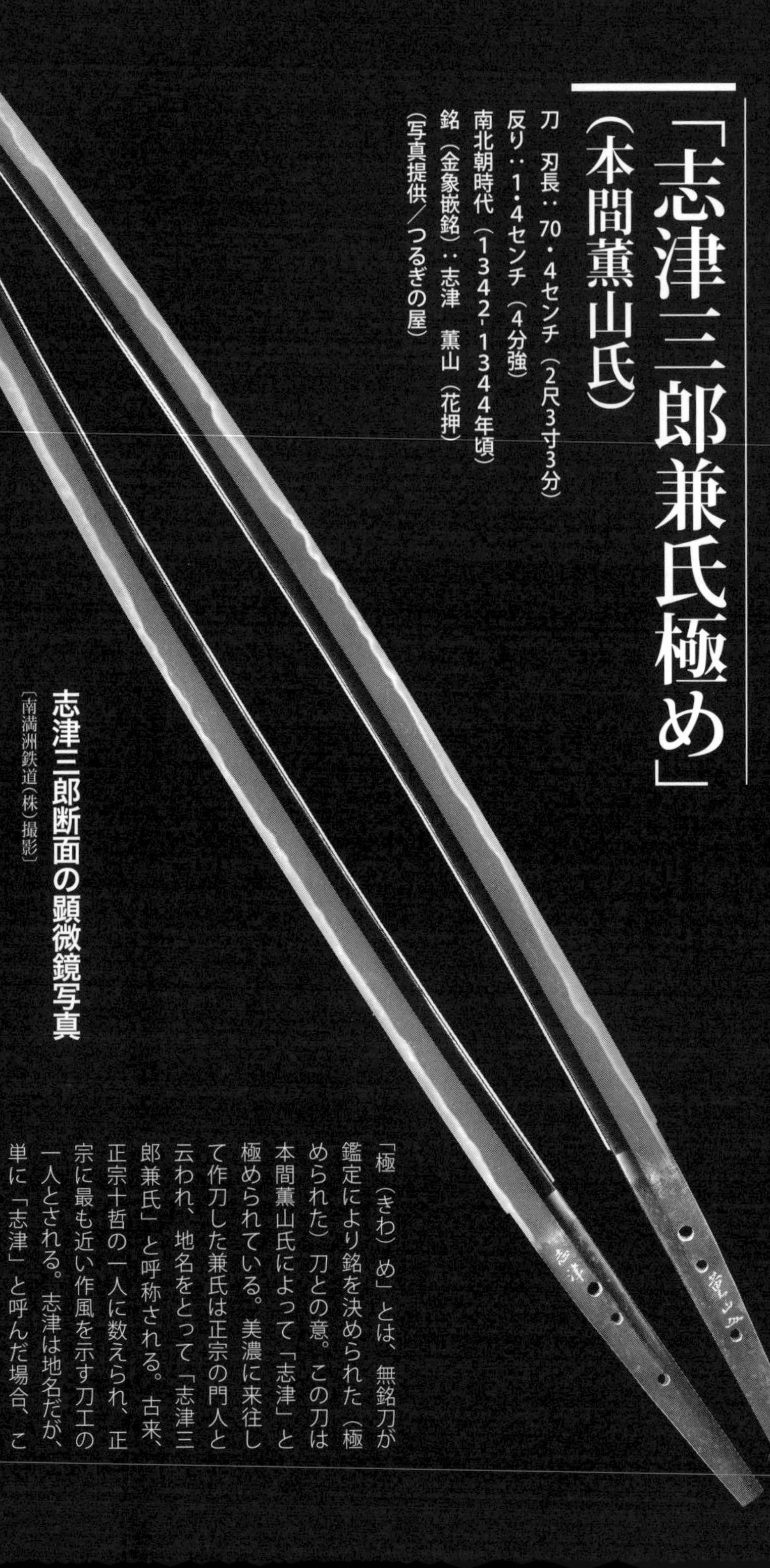

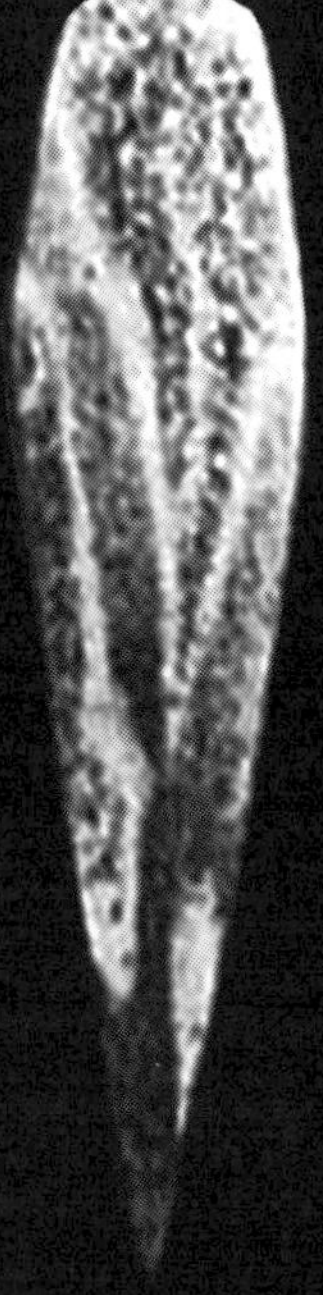

志津三郎断面の顕微鏡写真
（南満洲鉄道（株）撮影）

「極（きわ）め」とは、無銘刀が鑑定により銘を決められた（極められた）刀との意。この刀は本間薫山氏によって「志津」と極められている。美濃に来往して作刀した兼氏は正宗の門人と云われ、地名をとって「志津三郎兼氏」と呼称される。古来、正宗十哲の一人に数えられ、正宗に最も近い作風を示す刀工の一人とされる。志津は地名だが、単に「志津」と呼んだ場合、この兼氏を意味する。

反りが浅くついて、身幅広く、元先の幅差は目立たない。重ね厚く、中鋒延びるのは、この時期の美濃刀の特色をよく表している。

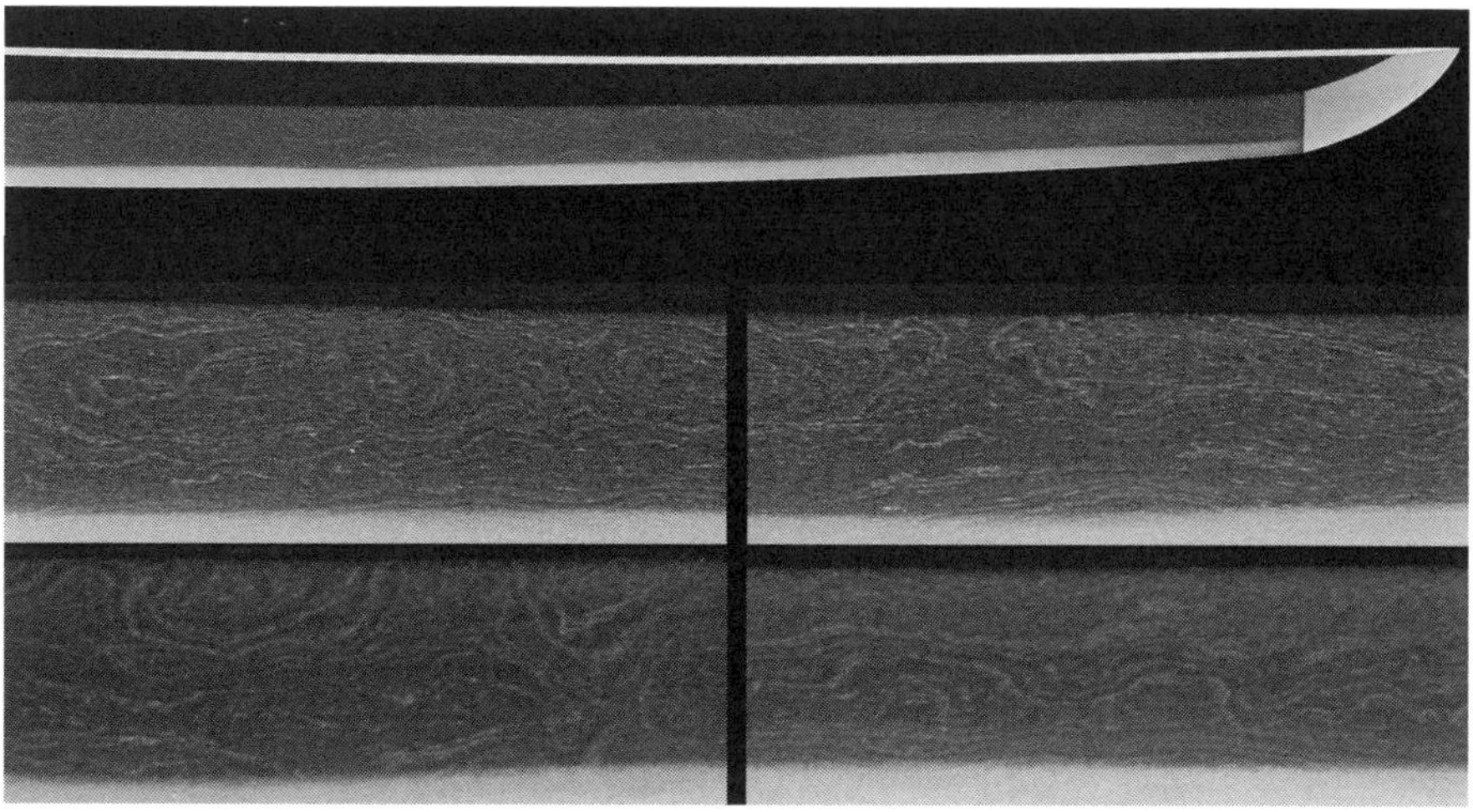

古刀・助重の刀身地肌（鈴木一良氏所蔵）
福岡一文字系の助重は丁子乱れの刃紋で知られるが、地肌にあらわれた複雑な文様は、硬・軟鋼が練り合わさった複合材を使用している為、炭素量の違う鋼が表面に現れた結果とみられる。均質硬鋼を皮鉄に使った新刀（特に新々刀）以降の均質な地肌との相違が確認される。

配置する「満鉄刀」という機械鍛造製の刀を生み出した（軍刀項で述べる）。

また、古来より刀材には玉鋼が使われていたという固定観念の為、この刀身の金属分析を敢《あ》えて行わなかった。東京帝大の俵国一博士が刀材成分々析の判断で迷われたのも、この「日本刀の常識」が災いしていた。

唯一の検査は刀身硬度を測定しただけで終ったことが惜しまれる。志津三郎の刃の表裏平均シェア硬度は57だった。因みに、新々刀・水心子《すいしんし》正秀の刃部のシェア硬度は68である。古刀刃部は新々刀の刃部に比べて、かなり柔らかいことが解る。

それでは、どのような鋼材が使われていたのであろうか。

※シェア硬度：硬さ試験には多くの方法がある。先端にダイヤモンド半球を取り付けたハンマーを落とし、その時の跳ね返り高さを元の高さで割って算出する方法を「シェア硬度」という。

被検査物の堅さが高い程、跳ね返り数値が高く、硬度差10はかなりの差ということができる。

六　地下からの証言

中世の刀身鋼材を類推するには、金属遺物から推し量る

西ノ谷遺跡出土品　〔(公財)横浜市ふるさと歴史財団〕

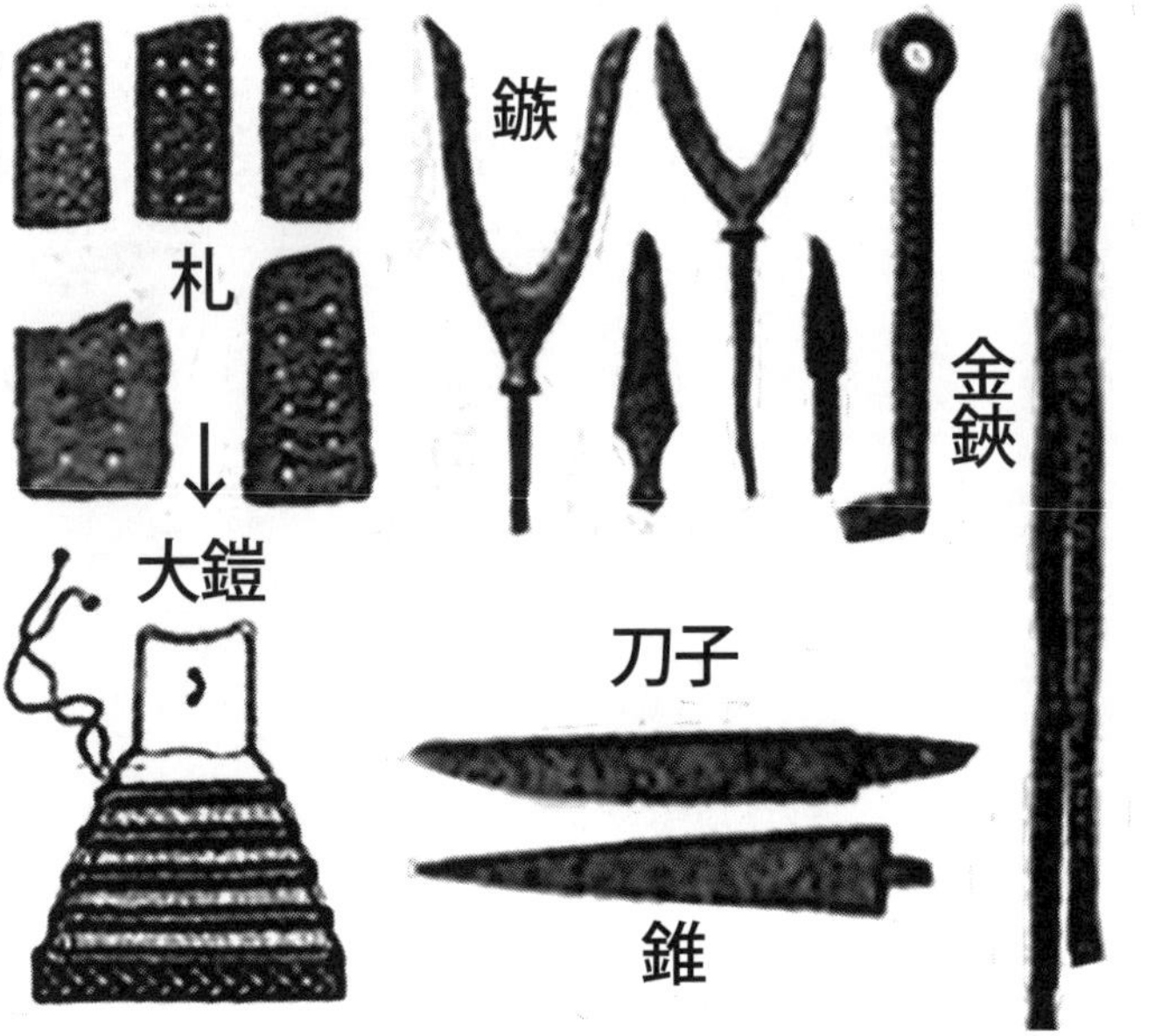

図3　中世の鉄素材（銑鉄と鉄鋌状鉄素材）

〔『鉄と銅の生産の歴史』佐々木稔論稿〕

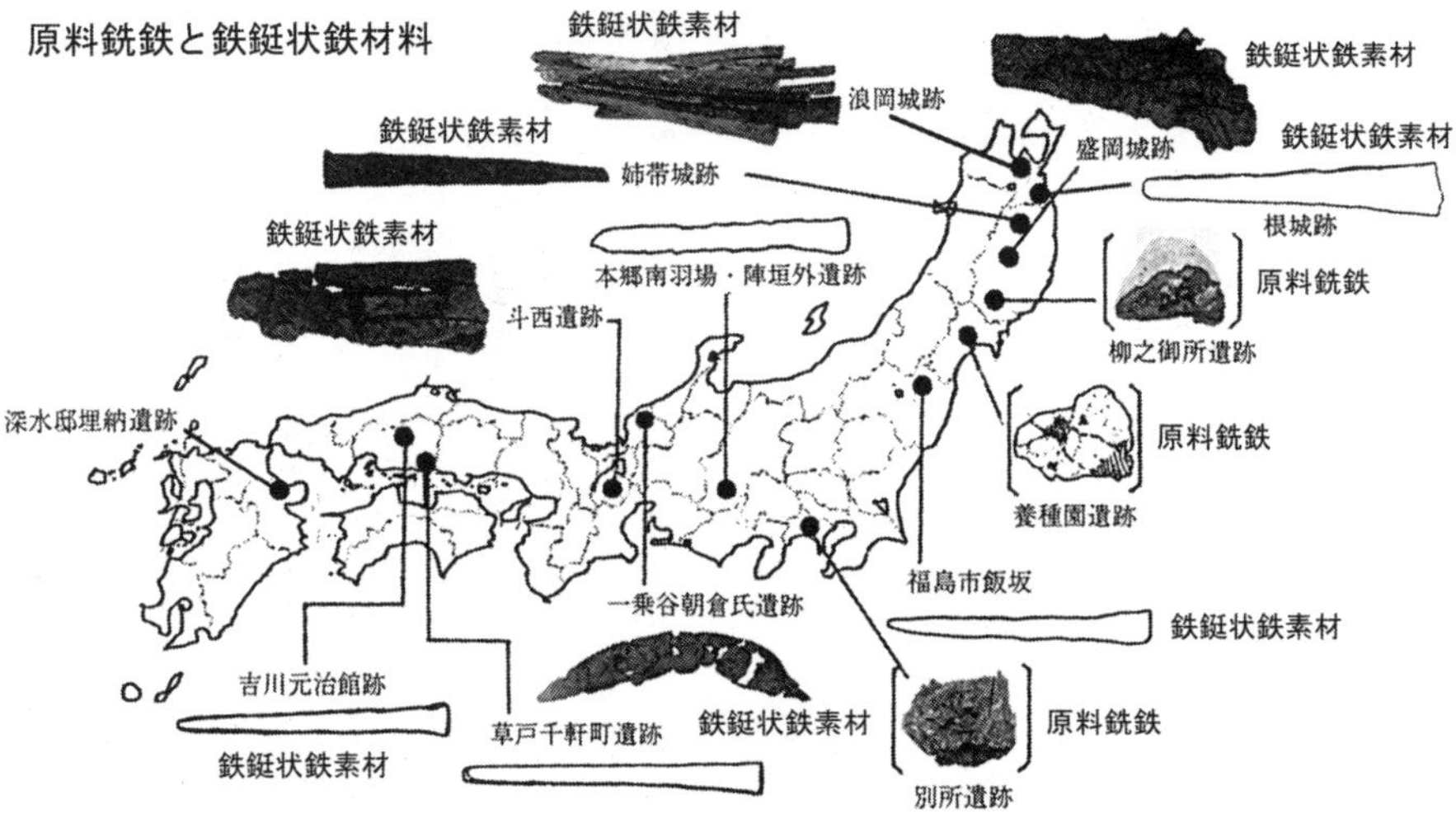

表1　中世（鎌倉末～室町末）鉄刀類の化学組成

No.	鉄器	出土地	時代	化学成分（%） T.Fe	Cu	P	Ti	地鉄
1	刀残欠	大分県三光村深水邸遺跡	14C 前半・鎌倉末～南北朝	54.83	0.556	0.082	0.016	含銅磁鉄鉱
2	短刀	〃	〃	54.91	0.599	0.072	0.002	〃
3	呑口式刀子	〃	〃	54.62	0.232	0.062	0.04	〃
4	刀子	青森県八戸市根城跡	15-16C・室町	77.56	0.098	0.081	0.009	同上（近似）
5	小柄	福井市一乗谷朝倉遺跡	16C 代・室町	91.97	0.001	0.012	0.018	砂鉄同類
6	槍身	青森市尻八館跡	14-15C・南北朝～室町	メタル	0.044	0.126	0.003	岩鉄・南蛮鉄？
7	鎧小札	北海道上ノ国町勝山館跡	15-16C・室町	63.38	0.01	0.141	0.003	〃

銅の含有率 0.1% 前後が産地識別の指標。0.1% 前後の銅成分を含む磁鉄鉱は我が国では確認されていない。中国・山東半島産出の原料と推定されている。また、銅成分 0.03% 以上を鉄鉱石、以下を砂鉄として識別する。
成分分析の網がけ、地鉄の解釈は筆書による（Cu= 銅、P= リン、Ti= チタン）。

外はない。

横浜市の「西ノ谷《にしのやと》遺跡」で古代末～中世初期とみられる鍛冶遺構から約二百三十キログラムの大量の遺物が出土した。鉄系遺物は、小札《こざね》・鏃《ぞく》（やじり）・刀子《とうす》・鎌・釘・金鋏《かなばさみ》・錐《きり》等である（前頁写真）。

幸いにメタルがかなり残存していて、金属成分の分析に寄与した貴重な遺跡だった。この遺跡の特徴は、精錬（製鋼）～小鍛冶の一貫生産遺跡であり、勃興した武士団が纏《まと》う「大鎧《おおよろい》」も製作していた。

時代は平安時代中葉初期、湾曲した太刀が出現する時期の鍛冶工房で、外部から持ち込まれた鉄鉱石系銑鉄《せんてつ》を粉鉱（砂鉄）で脱炭した鋼を精錬し、各種の武器・武具・鉄器を造っていた。

最大の成果は、銑鉄を粉鉱で脱炭した時にしか生成しない金属組成が確認されたことにある。これと同時代に発掘された茨城県鳥山遺跡、長野県吉田川西遺跡、埼玉県本荘遺跡などの鋤先《すきさき》、刀子、鎌なども同じ結果が出ていた。鉄鉱石の産地は特定できなかった。

東北での平安時代全期の鉄器用具五十点の分析を行った岩手県立博物館の結果は、三十七点が鉄鉱石系、砂鉄系は僅か三点に過ぎなかった。また、十四世紀前半（鎌倉時代末~南北朝時代)~十六世紀(室町時代)に亘《わた》る金属遺物が全国的に発掘された(112頁図3)。

ここで、原料銑鉄の現物が三カ所から出土したことが注目される。これは古刀期の時期と符号しており、「中世の鉄素材は銑鉄」との推論を実証する有力な試料となった。それでは、これらの鉄素材の産地はどこになるのであろうか。(前頁表1)に金属分析の結果を示す。

鎌倉末期~室町末期の全国四ヶ所で発掘された鉄刀類七試料の内、三試料(43パーセント)は全て銅成分を多量に含む国外の磁鉄鉱と思われ、二試料(28パーセント)が燐を含み(岩鉄鉱・南蛮鉄か)、一試料は銅成分の多い磁鉄鉱に近似、和鋼と思われるものは一試料の14パーセントに過ぎなかった。この状況は鉄器全体に共通していた筈なので、当時は大量の舶載鉄が流通していたことを物語る。

製錬遺跡の検証と共に、平安~室町末期まで、各地の砂鉄製錬が衰退していた状況が、これら鉄刀類の分析からも窺える。これは原始的たたら製鉄の鉄が、流通する舶載鉄に比べて、生産性と簡便性で大きな差があった為と推測される。そうした市場原理が自然に働いていたのだ。■

三 日本刀の大変革

写真1　鉧（ケラ）

炭素量の異なる鋼・銑鉄（ズク）・挟雑物が混合した鉄塊。鋼を多く含む。

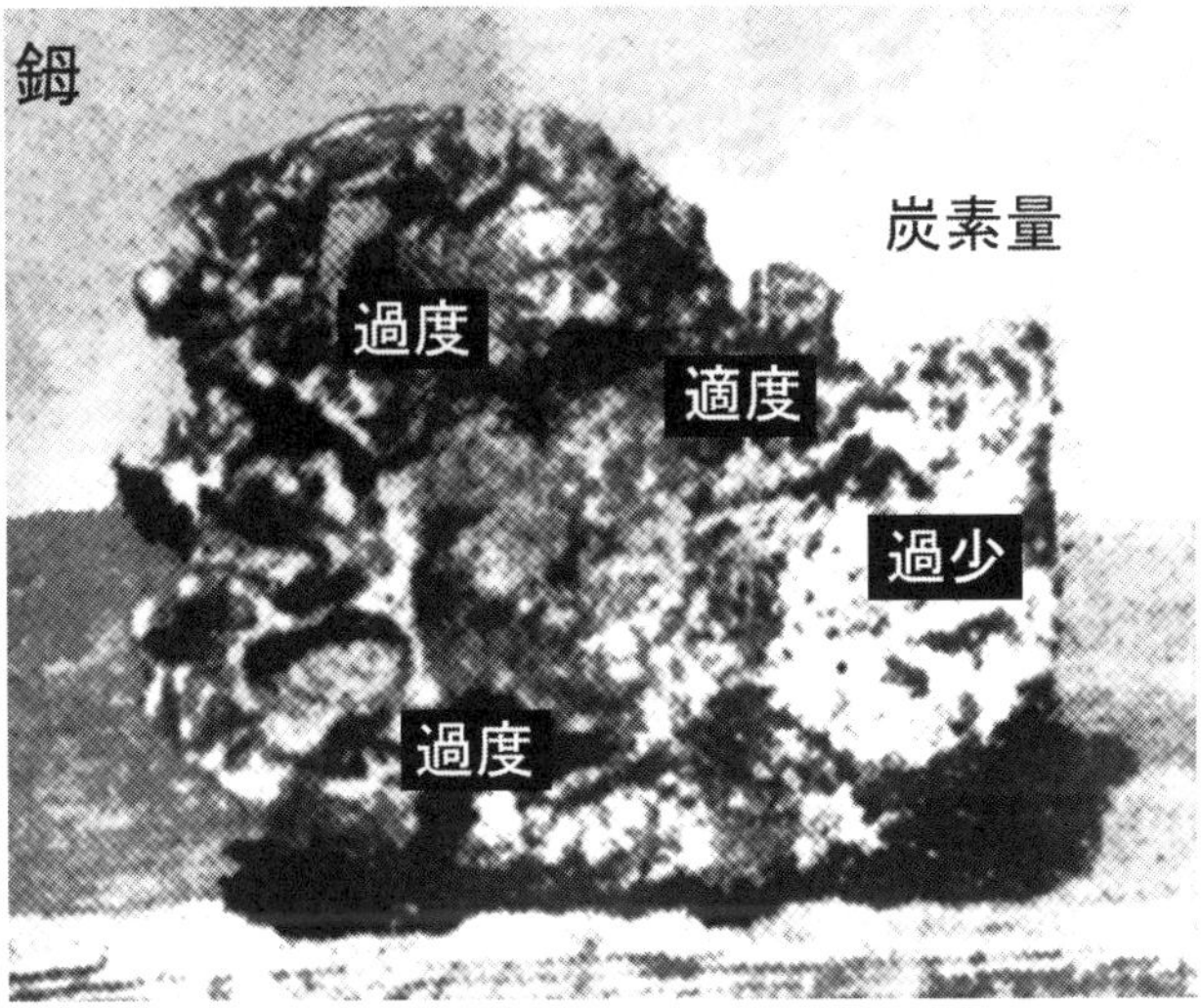

一 新鋼材の出現（商業和鋼の誕生）

中世古刀期の国産鉄は、既述したように、銑鉄《せんてつ》であった。ズク押し製錬の原料は、埋蔵量と還元のし易さから赤目《あこめ》砂鉄が使われた。現在、真砂《まさ》による鉧《けら》押し法しか語られないが、商業タタラの生産量ではズクを卸《おろ》した軟鉄が八割、鋼の出荷が二割であった。ところが、主流を占めた「ズク押し製錬」の具体的内容は、今日に至るまで未だに不明である。

※ズク押し製錬：赤目砂鉄を材料にして銑鉄を多く造る方法。鉧の量は少ない。鋼に変換するには精錬（卸し）が必要。

※鉧押し法：段階を踏んで鋼を造るのではなく、砂鉄から直接鋼を造る。不純物の少ない真砂砂鉄を使った直接製鋼法。

戦国時代が幕開けした四十年後の天文年間（一五三二～一五五五）、商業鋼として石見国《いわみのくに》（島根県）で出羽鋼《いずははがね》、伯耆《ほうき》国《のくに》（鳥取県）で印可鋼《いんがはがね》、播磨国《はりまのくに》（兵庫県）で千種鋼《ちぐさはがね》が生まれた。これは江戸末期の『古今鍛冶備考』・『剣工秘伝志』、及び明治に書かれた出雲・田辺家の回想記による。

　これらは、いずれも約三百年前のでき事を記述したもので、具体的内容は不明である。生産開始時期も確実な根拠が示されていない。

　この天文の商業和鋼《わこう》は、鋼を多く含む鉧（前頁写真1）を造る「鉧押し法」という直接製錬の先駆けとなった。製鉄専門業者（鉄山師＝製鉄山ともいう）の誕生でもあった。製鉄原料には、不純物が少ない真砂砂鉄が使われた。しかし、これは赤目砂鉄より還元性が悪かった。千種鋼は、鉧塊《けらかい》を自然放熱した軟鋼、出羽鋼は鉧塊を水冷した硬鋼と言われているが、印可鋼の鋼質は不明である。

　何故「鉧押し製鉄」が生まれたのであろうか。

　天文十二年（一五四三）より少し前に五島や平戸に鉄砲（手銃＝火縄銃）が伝わった。織田信長はいち早くこの火縄銃に着目し、諸将に先駆けて千丁の火縄銃を調達して鉄砲隊を組織した。天正三年（一五七五）、長篠《ながしの》の戦いで勇猛な武田の騎馬軍団を打ち破り、鉄砲の威力を世に知らしめた。この新兵器は、戦闘法を覆す一大画期だった。諸大名は生き残りを掛けて、この鉄砲の整備を急いだ。問題はこの製作方法にあった。

※鉄砲伝来：火縄銃の種子島伝来説の根拠は、六十年後の慶長十一年（一六〇六）に薩摩の禅僧・南浦文之が書いた『鉄炮記』である。明治二十五年、歴史学の大家、坪井九馬三・東京帝大教授が確実な史料と評価し、鉄砲伝来の根本史料として定着した。

　しかし、近年の火縄銃の実物検証と、平戸の史書の検証により、数種の異なるタイプが存在し、種子島に火縄銃が伝えられる以前、既に五島や平戸に火縄銃が伝わっていたということがほぼ判明した。

大量生産向けには、鋳物製銃身に長い銃腔《じゅうこう》を開ければ良いが、火薬の爆発に耐える鋳鉄の製造技術も、銃腔を抉《えぐ》る技術も日本に無かった。そこで、弾丸の径と同じ長い丸棒（心金）を造り、これに沿って鋼板を円形に曲げる方法で銃身を造った。

※爆発に耐える鋳鉄：炭素以外に、ケイ素（Si）を約1～3％含む鉄（Fe）の三元合金で鋳物に使える。銑鉄に比べて強靱。

　鉄砲先進国が鋳鉄製に移行したのに反して、日本は鋼を使った鍛鉄製という時代に真逆の非効率な製造法の道を進んだ。この為に、大量の「鋼」が必要になった。たたら製鉄の白ズクは、鋼に卸しても銃身には脆くて使えなかった。その為にシャム・福建の鉄を輸入して使った。この輸入鉄がズクだとすると、展性の良い鼠《ねずみ》ズクというこ

図1　卸し鉄法

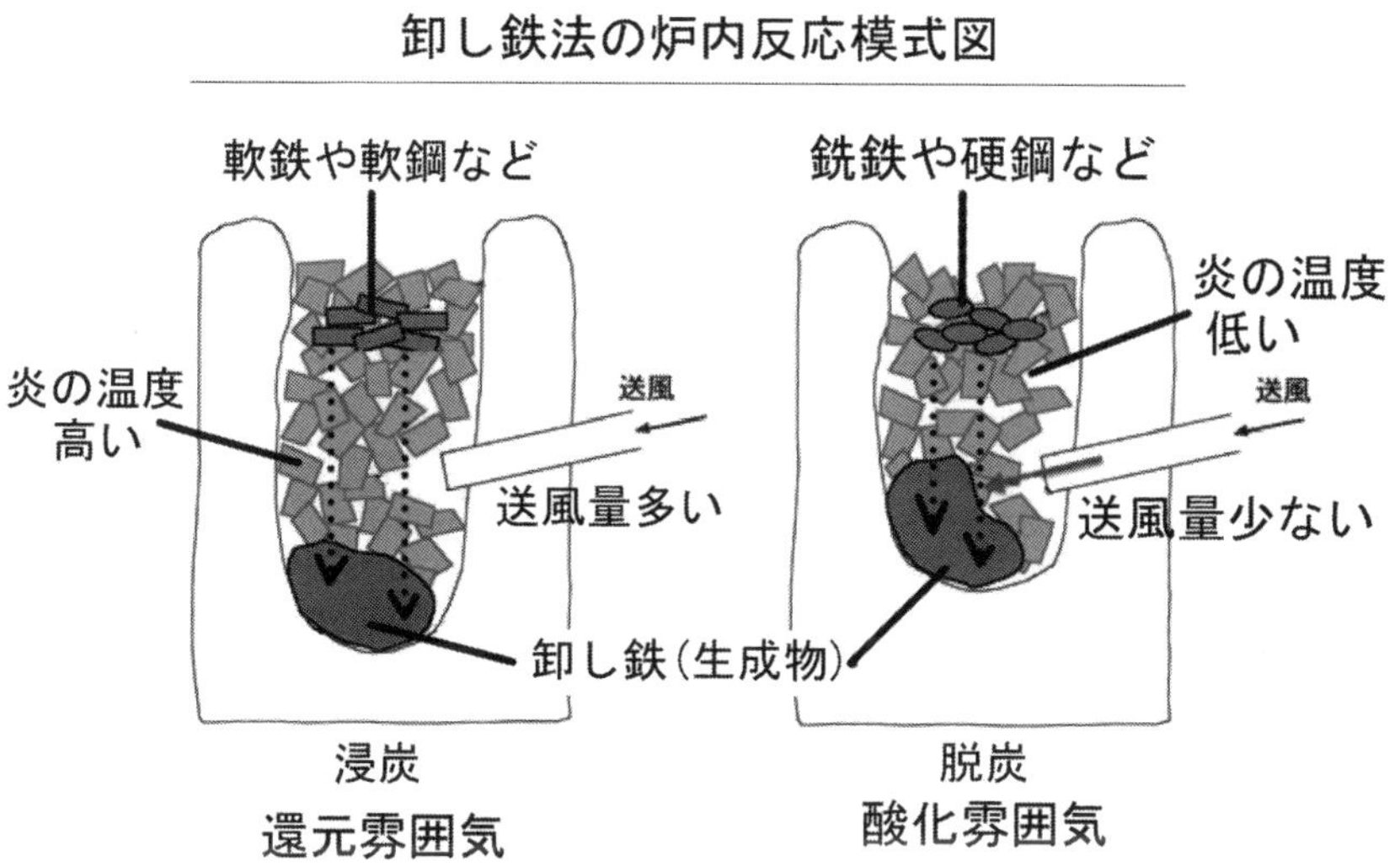

とになる。

※たたら製鉄の白ズク：炭素がセメンタイトになり、非常に脆い。

※鼠ズク：木炭や原料に含まれるリン（P）がケイ素（Si）と炭素（C）の作用を促し、炭素が黒鉛となったもの。普通「鋳鉄」と呼ばれ、白ズクより展性がある。

ただ、明の史書『明神宗実録』で、軟鋼が日本に持ち込まれていた事が判っている。ズクであれば、卸し鉄法（図1）で鋼にしなければならない。最も時間を要する作業で、ズク卸しは案配が難しく、常に最良の結果が得られるとは限らなかった。

その点、支那の軟鋼や鋼を直接含む鉧は、鋼の精錬時間が大幅に短縮できる。鋼生産の効率化と、和ズクが鉄砲に使えないという時代背景に押されて「鉧押し法」が出現したと思われる。ただ、天文の鉧押し製錬の規模、供給商品の形態などの詳細は記録が無い為に全く不明である。小割した鉧塊のままか、左下場や大鍛冶場で脱炭調整して販売したか、定かでない。

※左下場：ズクや鋼の炭素量を下げる作業。

※大鍛冶場：左下場で調整した鋼の炭素量を更に下げて、錬鉄（包丁鉄）などの軟鋼・鉄を造る。

写真2　南蛮鉄素材

左上：瓢箪形（ズク主体）、右上二種：瓢箪形の断面、左下：短冊形（軟鋼）、右下：小判形（鋼）。

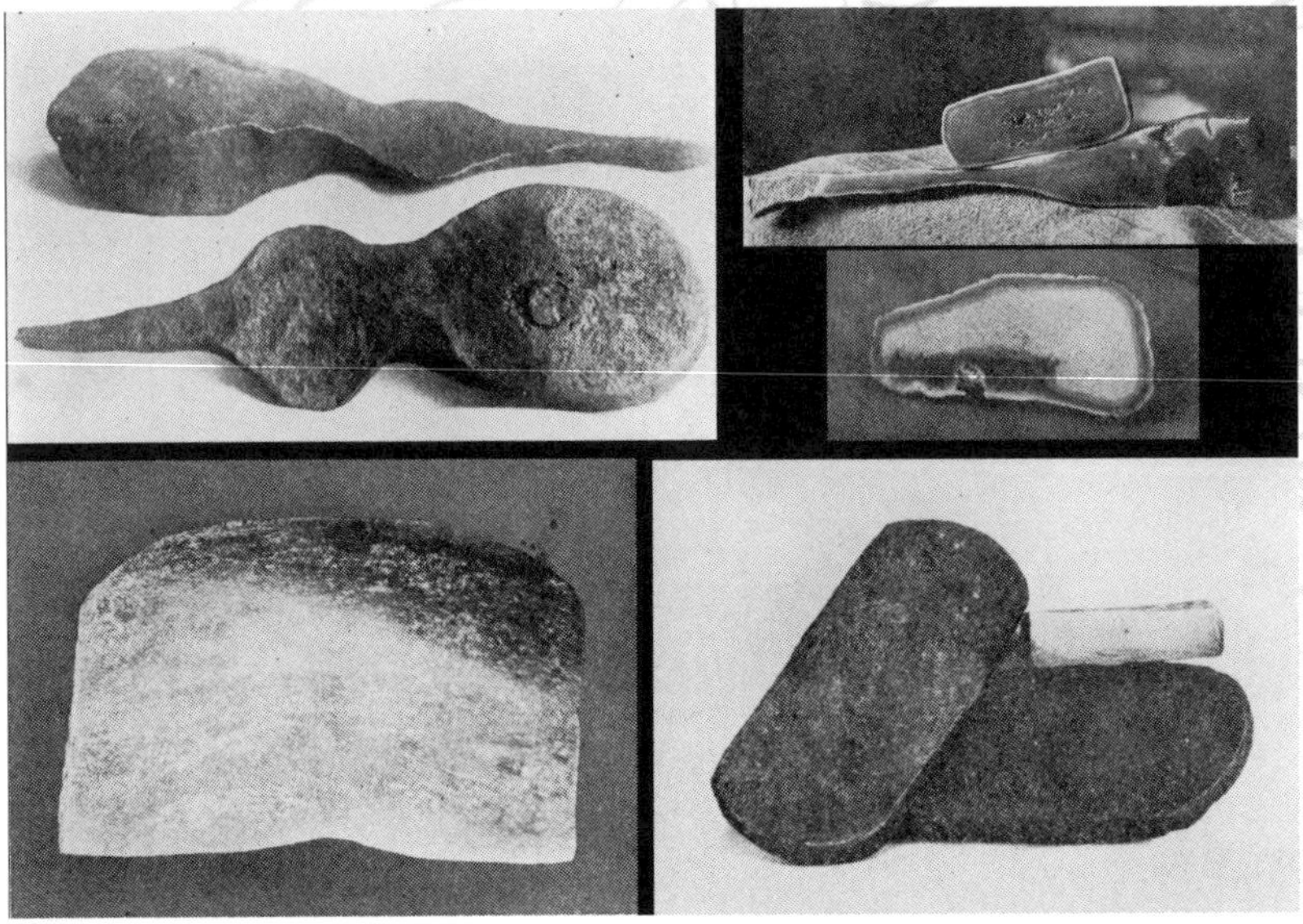

二　南蛮鉄の渡来

一五四三年、倭寇の頭領・王直のジャンク船（明船）に同乗したポルトガル人が、偶然種子島に寄港したものの、正規のポルトガル船としては一五五〇年六月に、王直の手引きで平戸に来航したのが初めてだった。これを機に、ポルトガル船が九州に頻繁に訪れるようになった。九州の地の利を活かした交易活動は、五島・平戸の領主、島津藩や豊後藩の諸大名に歓迎された。

一五五七年にポルトガルが明のマカオの使用権を獲得すると、マカオを拠点として、日本・明・ポルトガルの三国の商品取引が活発になった。これに遅れてスペインは、ルソン島のマニラを本拠として日本を訪れるようになった。ポルトガル・スペインとの交易を総称して「南蛮貿易」という。

織田信長や豊臣秀吉は積極的に南蛮貿易を推奨し、徳川家康はスペインとの貿易に積極的姿勢を見せた。こうした南蛮貿易で船載された鉄を「南蛮鉄」と呼んだ。南蛮鉄は産出国も多様で、瓢箪形、短冊形、木の葉形、小判形、角棒形、蒲鉾《かまぼこ》形など、品質・形態も様々なものがあった（写真2）。

金属学者の佐々木稔氏らによって国産の火縄銃などに用

いられた鉄の化学分析が行われた。「日本の砂鉄には含まれていない銅やニッケル、コバルトなどの磁鉄鉱由来成分の含有が確認されており、国外から輸入された銑鉄などが使われたと考えざるを得ない」と指摘している。当時の鉄砲の主たる生産地は、平戸・豊後・坊ノ津（薩摩）・和泉（堺）だった。これらはいずれも倭寇船、南蛮船の寄港地だった。

これらを勘案すると、火縄銃は主として舶載鉄で造られ、新しく誕生した国産和鋼もこれに加わったものと思われる。

三　日本刀の変革

新たに出現した商業和鋼や南蛮鉄は、従来の面倒なズク卸しに代わる魅力ある鉄素材だった。ところが、日本刀に使われるようになったのは、約六十年後の慶長前後になってからである。

古代刀剣の金属学的調査から、刀身にはウスタイト系ノロが多く含まれていた。ノロ（溶融した不純物）には大きく分けて「ウスタイト系」と「シリケート系」の二種類があり、その中のウスタイト系ノロは鍛接材の役割を担っていた。有用なノロが刀身に残留したのは技術未開の偶然の成果とも言える。

中世は刀匠自らズクを卸し、低温火床《ほど》と少ない折り返し鍛錬で刀にまとめた。これは伝承に基づく作業で、無意識の結果、鉄滓《てっさい》（ノロ）の完全排除がされなかった。このようなノロを適量含む鉄が古刀期の鉄であり、鉄そのものに鍛接剤が含まれていたのである。

このノロの効用は、㈱安来製鋼所社長であった工藤治人博士の「鉄滓を逃さないように鍛錬回数を少なくして低温で鍛える」という古刀に対する洞察とも一致している。

然しながら、天文の商業和鋼や南蛮鉄は、鍛接に必要なノロを殆ど含んでいなかった。技術革新で炉温が上がり、製錬と製錬過程でノロを過度に排除してしまった。南蛮鉄も同様だったと思われる。

鉄同士は９００度の赤熱鍛打で簡単に鍛接される。然し、赤熱された鉄の表面には必ず酸化皮膜が発生する。この酸化皮膜を除去しない限り鉄は折り返し鍛接できない。この皮膜を除去するものが鍛接材である。刀身に有用なノロを含まない為に、何らかの鍛接材が必要だった。

支那大陸では古くから泥水灰などの鍛接剤を使っていたが、その情報を刀匠は知らなかった。その為に、鍛接できない新鋼材は日本刀に使えなかった。この鍛接材をいつ知ることになったのであろうか。

写真３　粘土汁と藁灰

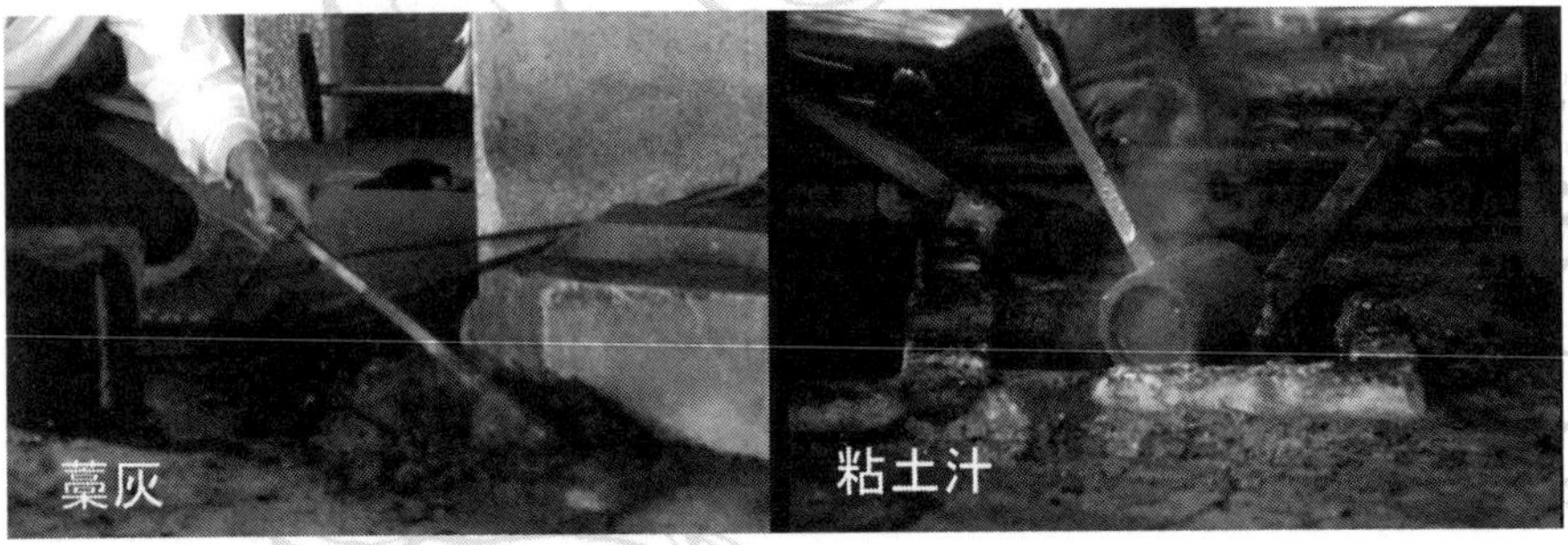

文禄・慶長の役（一五九二〜一五九八）と言われる豊臣秀吉の朝鮮出兵で、諸大名が多くの朝鮮陶工を連行し、計画的に各地で窯業《ようぎょう》を開始した。彼等が持ち込んだ重要な技術の一つが、粘土汁と藁灰《わらばい》（写真３）を組み合わせる人工釉薬《ゆうやく》だった。この人工釉薬が「藁灰釉《わらばいゆう》」である。

窯業の登り窯《がま》は、木炭炉や製錬炉と近しい関係にある。渡来陶工から鉄の鍛接材としての「藁灰釉」の効用を教えられたか、又は、偶然の応用発見のどちらかであったろう。新鋼材を使った新刀の出現時期に符号する技術要素は、この「藁灰釉」の渡来しか考えられない。合わせて、新鋼材が生まれて六十年近くも刀に使われなかった謎が解ける。

これで漸《ようや》く、新鋼材が鍛接できるようになった。ズク卸しの苦行を解放してくれる新鋼材は魅力的だった。ところが、ズク卸しの不均質鋼を無意識に使っていた刀匠達にとって、思いもよらない結果を招くことになった。この新鋼材を無垢《むく》で鍛えた刀は、直ぐに折れるか曲がってしまった。

鉄砲需要に応える製鉄山（製鉄所）は、左下場で予《あらかじ》め均質化した鋼を供給していた可能性が高い。あるいは、小割鉧塊のままの供給なら、刀匠は赤熱鍛錬（手動精錬）で挟雑物を除去しなければならない。この赤熱鍛錬を多く繰り返した結果、炭素濃度の均質化が進んだ刀材となってしまった。均質化した鋼は刀材として不適だった。

刀匠自らの「卸し鉄」手法もあるが、1100度で可能なズク卸しに比べて、鋼卸しは1400度以上の高温を必要とする。製鉄山ならできても、鍛冶炉での高温は難しく、何のメリットもなかった。新鋼材の魅力は、卸し鉄をしなくて済む簡便さにあったからである。従って、多くの刀匠達は新鋼材の使用を諦《あきら》めた。

四　新刀の誕生

こうした状況の中、刀匠・堀川國廣《くにひろ》は軟鋼の心鉄を硬鋼の皮鉄で包み込む皮・心鉄構造の刀身を考えだした。國廣は、安土桃山時代の刀工。新刀初期の堀川派の祖とされる。丁度、地鉄の一大変革期に刀を打っていた。確かに、彼が考案した造り込みは、折れず曲がらずの背反要素を満足する。然し、刀匠達はこれで一斉に新鋼材を使った皮・心鉄構造に移行したわけではなかった。

刀匠は極めて保守的であり、造刀法の継承は特にそうである。

ズク卸しから解放される新鋼材は魅力だが、作刀習慣の脱却にも抵抗があった。刀匠達はこの狭間に揺れていたに違いない。ここに新刀の刀身断面を示す（次々頁図2）。

昭和十一年、日本刀研究家の佐藤富太郎は、丸津田、助直、真改等の刀身を切断して、無垢鍛えの刀身である事を突き止めた。「彼等は、製鉄山（製鉄所）に頃合いの鋼を特別に造らせた。之をレールの如き棒状で納入させ、直ちに丸鍛えで刀を造った」と。佐藤は、同条件で錵匂《にえにお》いの発現実験を行い、顕微鏡上の論拠からもこれは間違い無いと断定している。

※丸津田：津田越前守助廣。延宝二年（一六七四）から、表裏とも銘が草書体になる。これ以前を「角津田」、これ以後を「丸津田」と区別する。

※錵匂い：匂いは日本刀の刃と地肌との境に現れ、白くかすんだように見える部分だが、「錵匂い」はその部分に光を当てるとキラキラして見え、実際に触れると肌で感じることができる。

製鉄山に造らせた鋼は、ズク卸しか、鋼の卸し鉄かが判らない。新鋼材の出現で、精錬（製鋼）が必ずしも刀匠の仕事ではないことに気づいたのではなかろうか。資金力のある彼等は、面倒な卸し鉄からの解放を願っていたとも言える。

五　南蛮鉄刀

南蛮鉄は慶長一六年（一六一一）、オランダ人によって徳川家康や重臣に献上され、将軍家御用鍛冶初代康継（写真

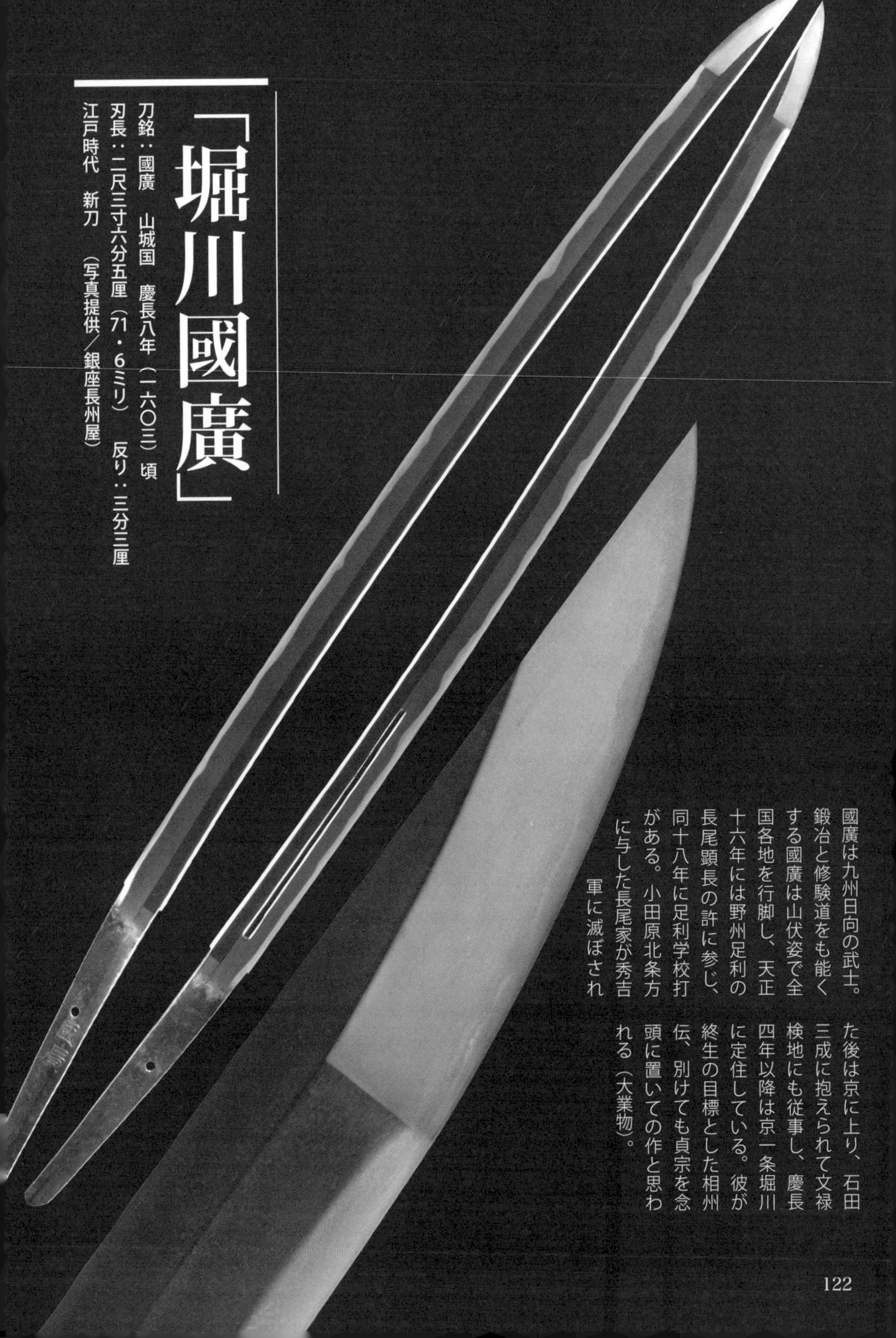

「堀川國廣」

刀銘：國廣　山城国　慶長八年（一六〇三）頃
刃長：二尺三寸六分五厘（71・6ミリ）　反り：三分三厘
江戸時代　新刀　（写真提供／銀座長州屋）

國廣は九州日向の武士。鍛冶と修験道をも能くする國廣は山伏姿で全国各地を行脚し、天正十六年には野州足利の長尾顕長の許に参じ、同十八年に足利学校打がある。小田原北条方に与した長尾家が秀吉軍に滅ぼされた後は京に上り、石田三成に抱えられて文禄検地にも従事し、慶長四年以降は京一条堀川に定住している。彼が終生の目標とした相州伝、別けても貞宗を念頭に置いての作と思われる（大業物）。

図2　新刀断面写真およびスケッチ図

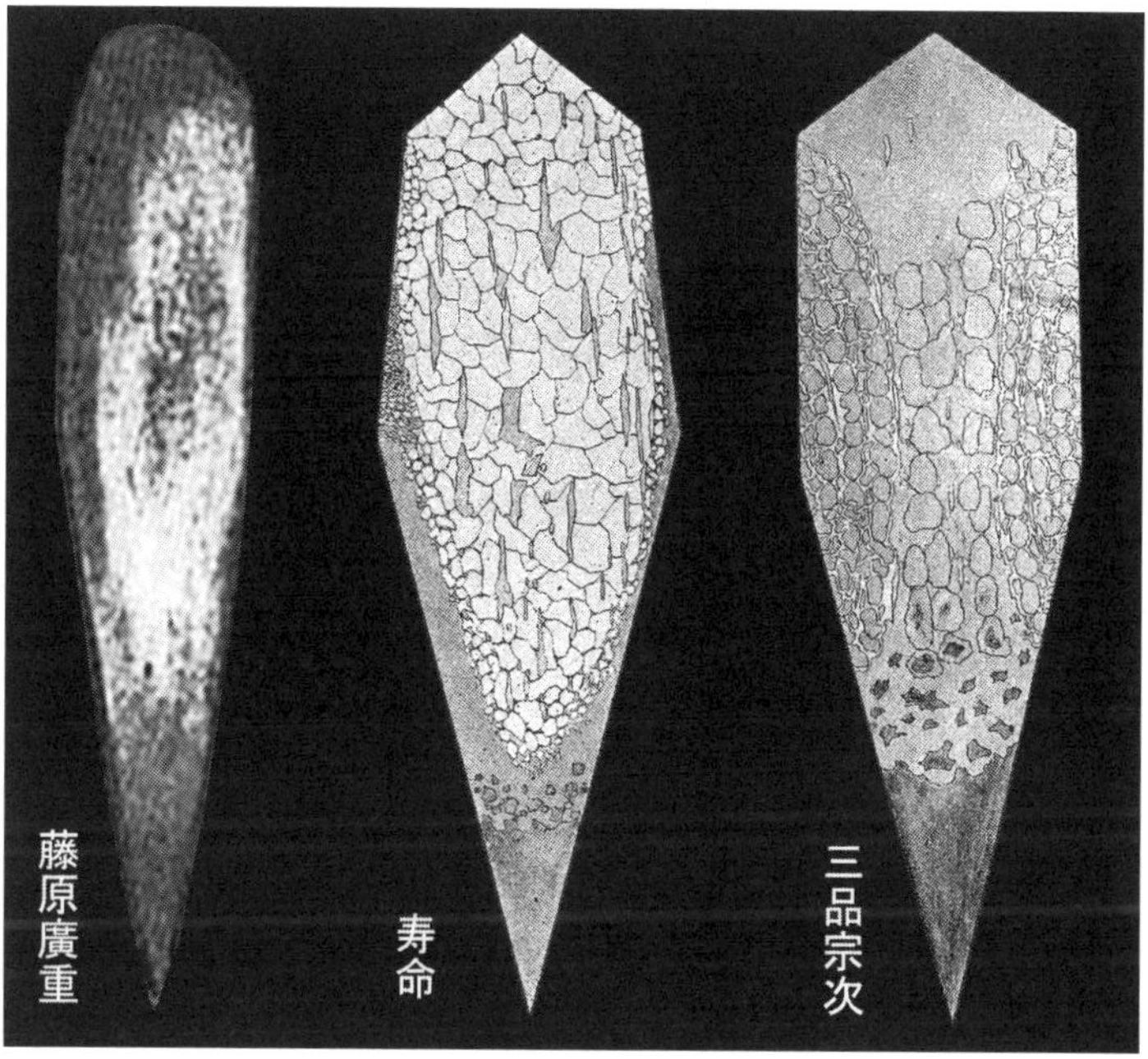

右：三品宗次（江戸中期）（京都帝大理学部・足田輝雄講師スケッチ）
中：寿命（京都帝大理学部・足田輝雄講師スケッチ）
左：相模守藤原廣重（心鉄の偏重　南満洲鉄道撮影）

古刀から新刀への過渡期

佐藤富太郎は「量産鋼（新鋼材）の鍛錬発明者と云うべき南紀重國、及び堀川一派だが、南紀は千種の中位（中炭素鋼）の物を用いた一枚鍛えで、國廣の門弟達は中位の量産鋼を使った丸鍛えが多い。そぼろ（乞食）助廣、丸津田、助直、一竿子、真改、丹波守吉道、京の五鍛冶、尾崎助隆、尾州江戸住正國、弟子の國次、國栄なども丸鍛えである」と述べている。

これは銑塊を精錬したものと思われる。炭素量がまばらな銑塊は赤熱鍛打の仕方によってある程度の不均質鋼が作れる。無垢鍛えの習慣にも合っていた。

徳川時代初期の武士達には、未だに戦塵の余韻が色濃く残っていた。そうした世相が影響したのかも知れない。

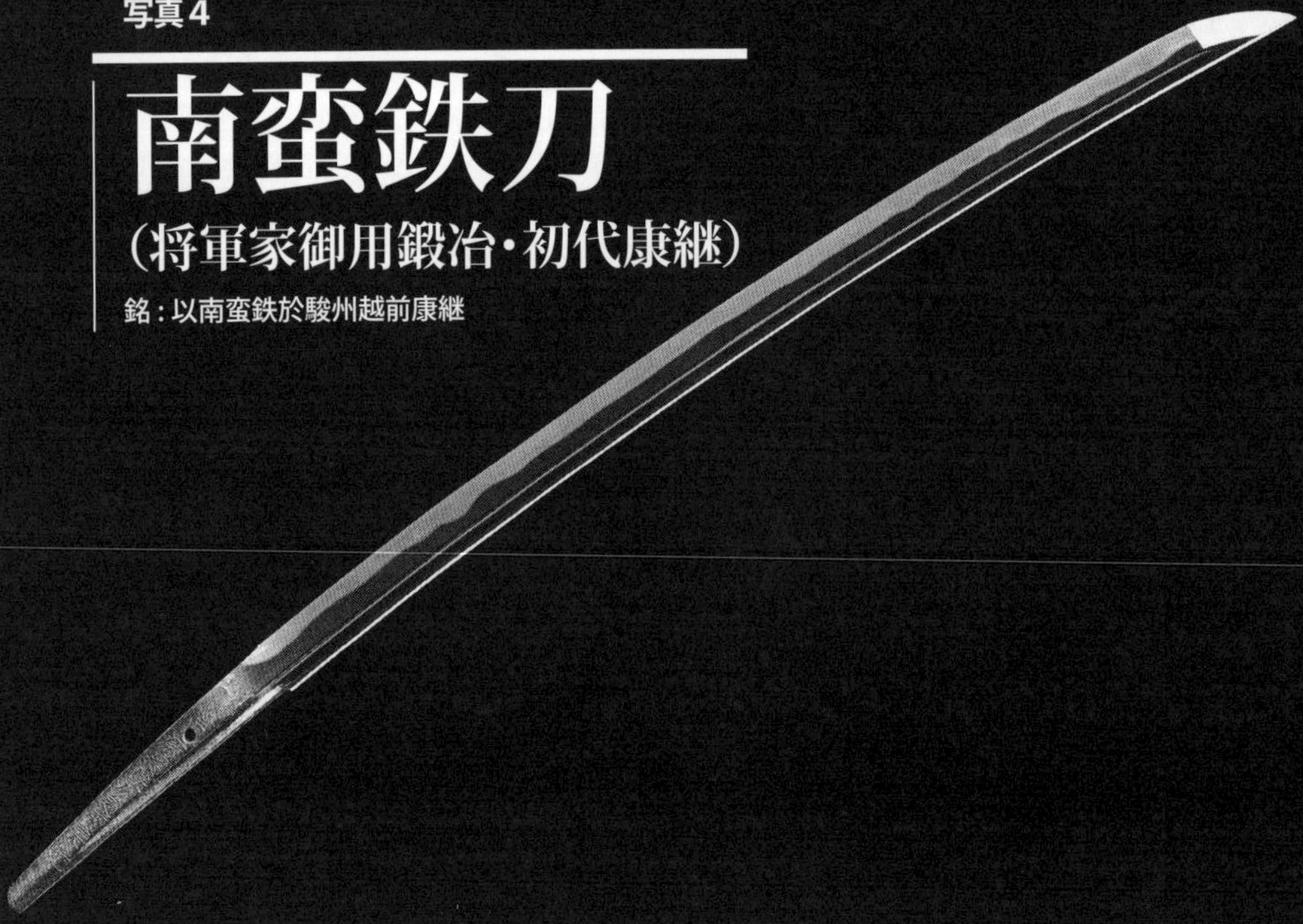

写真4

南蛮鉄刀

（将軍家御用鍛冶・初代康継）

銘：以南蛮鉄於駿州越前康継

4）は、この南蛮鉄を使って作刀した。元和七年（一六二一）には松倉豊後守にも献上された。江戸初期の渡来鉄は金銀に準ずるような高価な贈答品でもあった。

この貴重な渡来鉄を使って、時の権力者達が競って刀を打たせた。

新刀を代表する大阪鍛冶の井上真改がこの南蛮鉄で作刀している。鍋島藩でも出羽大掾《だいじょう》行友の「以阿蘭陀鍛作之」の添銘の刀がかなりある。阿蘭陀（オランダ）鍛とは十七世紀に日本に輸入されたドイツ、ベルギーの可鍛鉄である。唐鉄では出羽大掾國路の「以唐鐵作之」、和泉守國貞（初代）の「唐鐵」添銘の刀がある。唐鉄は南京鉄とも言う中国産の鉄である。渡来鉄を使うということは一つの流行となった。誇らしげに添え銘は切られた。南蛮鉄の輸入は九十年間続いたと言われる。一方、新たな国産鉄も、珍しかったのであろう。「以千種鋼作之」を銘記した刀がかなり確認されている。

堀川國廣が工夫した刀身構造は、時代経過と刀匠の世代交代も進み、新鋼材の簡便さに逆らえず、ゆっくりと皮・心鉄構造に移行して行ったものと思われる。

六　泰平の世

思えば、東北戦争以来、平安時代のわずかな一時期を除き、国内は八百年以上に亘《わた》って戦乱の連続だった。加えて大きな対外戦争を三回も戦った。天下を統一した徳川家康の大坂冬・夏の陣（一六一四〜一六一五）が終わって漸く泰平の世が訪れた。

幕府は「偃武《えんぶ》（武器を納める）」の政策を掲げて武家諸法度などを制定した。仇討ち以外は抜刀が禁じられた。刀はこれから永い泰平の眠りに入った。

寛永十六年（一六三九）、南蛮船入港禁止令が出て、これを鎖国と呼ぶが、長崎・出島を拠点にオランダ貿易が許された。朝鮮王朝、琉球王国、大陸の明《みん》（のちには清《しん》）とも交易が続き、大陸との貿易量はオランダ交易の倍に及んだ。

鉄の交易に関しては、南蛮鉄以降の情報が無い。また、天文の国産鋼から、江戸中期末に出現した「永代たたら」〔天和（一六八〇年代）〜享保年間（一七三〇）〕までの国産鉄の生産状況が全く不明である。

※永代たたら：足踏みフイゴに代わり、高殿の中で天秤フイゴを備えた大型タタラ。踏みフイゴの四倍以上の生産量だった。永代タタラのみ詳しい内容が明らかで、それ以前のたたら製鉄は具体的に判っていない。

泰平の世にあって、実戦刀の意識も急速に薄らぎ、刀は武士の装飾刀と化して行った。刀匠達は世相を反映して華美な地刃の刀身を競って造った。寛永以後の大阪新刀と元禄期の刀にその傾向が顕著である。武士階級の経済的没落も重なり、刀の需要は激減した。

刀工数も寛文期より半減し、江戸中期の享保〜宝暦では作刀すらも絶えた。そうした中でも、〝治《ち》にいて乱を忘れぬ〟刀匠が居た。長曽禰虎徹《ながそねこてつ》である。

長曽禰一族は近江にルーツを持つ、甲冑などを作る鍛冶集団であった。甲冑師であった長曽禰興里が五十歳を過ぎて江戸に移住、平和な世に甲冑の仕事が無くなり、刀鍛冶に転職して一門を旗揚げする。兜や古釘など、古い鉄を溶かして刀を作り、その古鉄の処理に関する自信から、はじめは「古鉄入道」と名乗っていた。その後、中国の故事により、「虎徹」と改める。

抜群の切味を誇り、大名の差し料にもなった。作刀上の師は諸説あるが、和泉守兼重とされる。残念ながら刀身断面構造が判らない。古い鉄が一つのヒントになるように思える。■

「長曽禰虎徹」

刀銘：長曽禰興里入道虎徹
江戸時代　新刀　（写真提供／銀座長州屋）

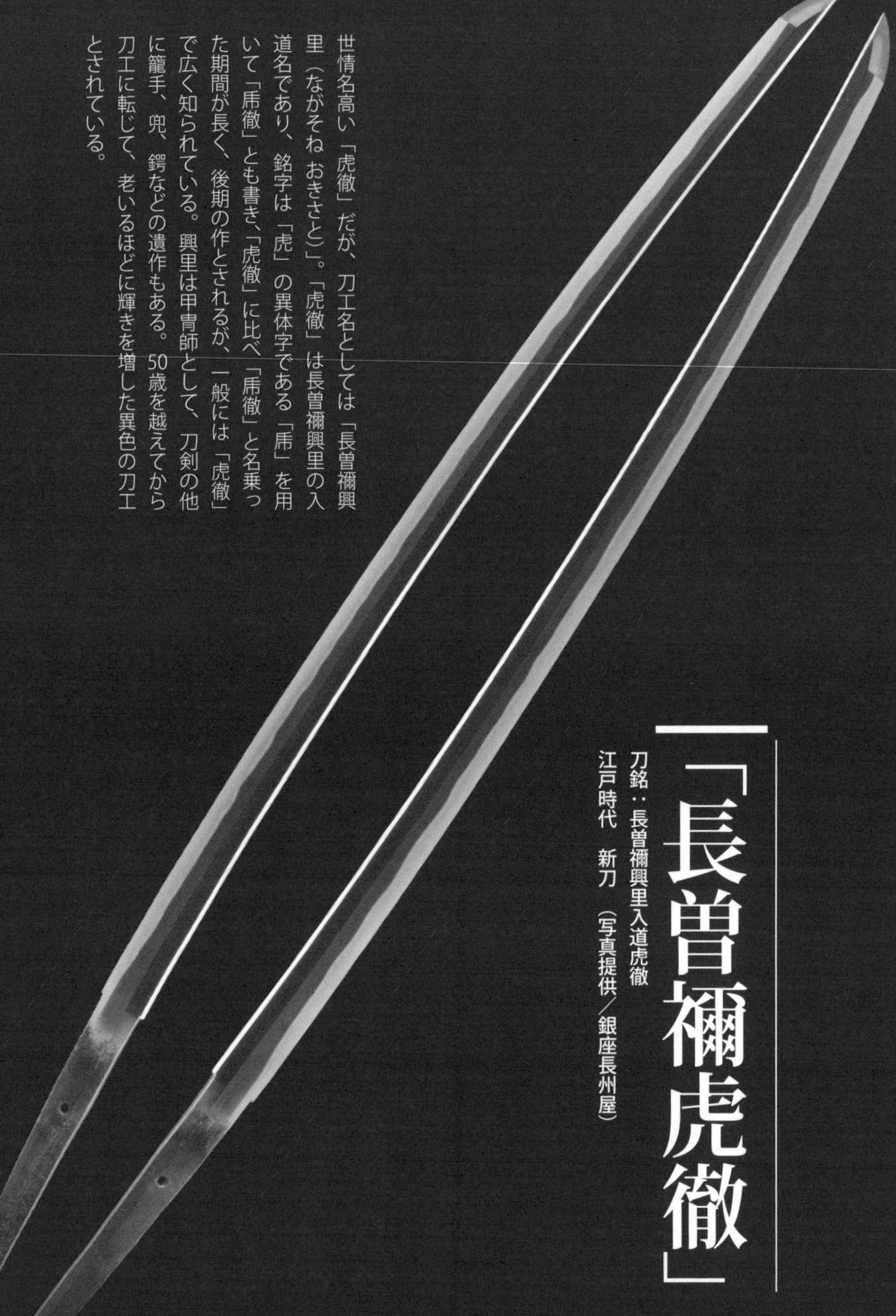

世情名高い「虎徹」だが、刀工名としては「長曽禰興里（ながそね おきさと）」。「虎徹」は長曽禰興里の入道名であり、銘字は「虎」の異体字である「乕」を用いて「乕徹」とも書き、「虎徹」に比べ「乕徹」と名乗った期間が長く、後期の作とされるが、一般には「虎徹」で広く知られている。興里は甲冑師として、刀剣の他に籠手、兜、鍔などの遺作もある。50歳を越えてから刀工に転じて、老いるほどに輝きを増した異色の刀工とされている。

第4章 軍刀の到達点

一　軍用日本刀の草創期

一　国軍の創設

慶応三年（一八六七）の大政奉還で江戸幕府は消滅し、薩摩、長州の軍事力を中核とする明治新政府が成立した。新政府は富国強兵を国策に掲げ、明治四年（一八七一）二月、長州藩出身の大村益次郎の指揮により、薩摩・長州・土佐の各藩兵で構成されたフランス式御親兵（親衛隊）一万人を創設し、明治天皇の閲兵に供した。大日本帝国としての初めての常備軍であり、これが国軍の創設であった。

十五世紀の大航海時代、イギリス、フランス、ドイツ、ロシア、オランダ、ポルトガルなどの西欧列強は、有色人種のアフリカ、アジア全域を競って植民地化して行った。長州藩の高杉晋作や尊皇攘夷運動の志士たちは、イギリスによる阿片戦争（天保十一年から二年間）で蹂躙《じゅうりん》されていた清国の惨状を目の当たりにしていた。来日した宣教師の情報に基づき、イギリス・フランスなどの西欧列強は「黄金の国ジパング＝日本」の植民地化を狙った。フランスは幕府を支援し、イギリスは薩長に肩入れした。日本を大規模な内乱に持ち込み、日本が疲弊するのを待って植民地化する目論みだった。それには、イギリスの東インド会社から派遣されて長崎に拠点を築いた武器商人のトーマス・グラバーが深く関わっていた。日本の侵略には新興国アメリカも新たに加わった。アジアで辛うじて真の独立を保っていたのは日本だけであった。欧米列強が簡単に日本を植民地化できなかったのは、武士が政権を担う「武の国」だったからに他ならない。

※：タイ王国は英・仏の思惑の結果、緩衝地帯として他力的に独立していただけである。

明治維新の最大の動機は、欧米列強の植民地の魔の手から日本を守ることにあった。明治新政府は日本の独立を守る為に富国強兵政策を推し進めた。国家の最大の責務は国防である。国防軍を保有することが独立国の最低条件であることを歴史は雄弁に物語っている。第二次世界大戦中の英国首相ウインストン・チャーチルは、我が身を挺してローマを護った若き門番の史実を謳った「橋の上のホラティウス」の詩を特に好み、国家の指導者として座右《ざゆう》の銘《めい》としていた。国家にとって国防の重要性を示唆する一つの例である。

※「橋の上のホラティウス」：紀元前五〇九年、ローマを追われたローマ王政最後の専制・傲慢なタルクィニウス・スペルブス王は、エトルシア軍の支援を受けてローマ侵攻を企てた。タルクィニウスの侵攻から古代ローマを護り抜いた若き門番のホラティウスの史実を、イギリスの政治家・歴史家のマカレーが「橋の上のホラティウス」という長編の詩に謳い挙げた。ローマ市に攻め込むにはティベル川の上に架けられた狭い木製の橋しかなかった。ホラティウスは自らが犠牲になってこの橋を落とし、タルクィニウス軍のローマへの進入を防いだ。

二　軍刀の制定

軍刀とは、刀剣の用途を指すもので、軍で使用される刀剣を「軍用刀剣＝軍刀」という。昔、合戦で使う日本刀を「陣太刀」と呼んだのと同様である。

陸軍武官服制規定（士官）

陸軍は、明治八年（一八七五）十一月二十四日、太政官布告第百七十四號の陸軍武官服制改正で正剣と軍刀を規定した。

軍服　凡ソ軍服ト稱スルモノハ通常左ノ諸品ヲ含有ス
軍帽、軍衣、軍袴《ぐんこ》（＝ずぼん）、軍刀、手套《てとう》（＝手袋）、下《か》襟《きん》

刀劍　一、凡ソ制服或ハ軍服ヲ着スルトキハ必ス刀劍ヲ帶《おび》ルヲ法トス（以下略）

※士官：武官の階級（昭和十年代の例、時代に依って、階級と呼称が変化する）と役割

◎陸軍
士官：将官＝大将・中将・少将、
佐官＝大佐・中佐・少佐、尉官＝大尉・中尉・少尉、
准士官（准尉）、
下士官：曹長・軍曹・伍長、
兵：兵長・上等兵・一等兵・二等兵

◎海軍
士官：将官＝大将・中将・少将、
佐官＝大佐・中佐・少佐、尉官＝大尉・中尉・少尉、
准士官（准尉）、

写真1　陸軍大将乃木希典刀

片手握りサーベル軍刀を佩用する陸軍の乃木希典（のぎまれすけ）大将
（乃木神社所蔵）

下士官：上等兵曹・一等兵曹・二等兵曹、
飛行下士官：上等飛行兵曹（上飛曹）、一等飛行兵曹（一飛曹）、
二等飛行兵曹（二飛曹）など、
兵：上等・一等・二等・三等の各水兵

注）海軍の場合は慣例的に階級の前に「海軍」呼称を付ける。

　明治二十年（一八八七）頃から、陸軍は少尉以上の各科士官を「将校」、海軍は兵科（戦闘に係わる）士官のみが「将校」と慣用的に呼称するようになった。これは、古代支那大陸での軍の指揮官が「校＝陣中」の仕切りの中から命令を発した故事に基づく呼称。

士官＝指揮官、何をするかを考えて下士官に命令を下達する
下士官＝士官の命令を実行する為に兵を動かし自らも動く
兵＝命令通り動く

　儀礼と指揮は密接しているので、これを「儀仗《ぎじょう》」と言い、実戦刀は「兵仗《へいじょう》」と言って二つに大別した。

　明治八年の太政官布告は、士官を対象とした正剣と軍刀を「服制の一部」として規定した。正剣は外装の規定のみで、剣身には全く触れていない。フェンシング剣に似た先の尖った棒状剣（エペー）が主に使われた。

　国軍草創期、白兵戦の伝統を持つフランス軍の指導を受け

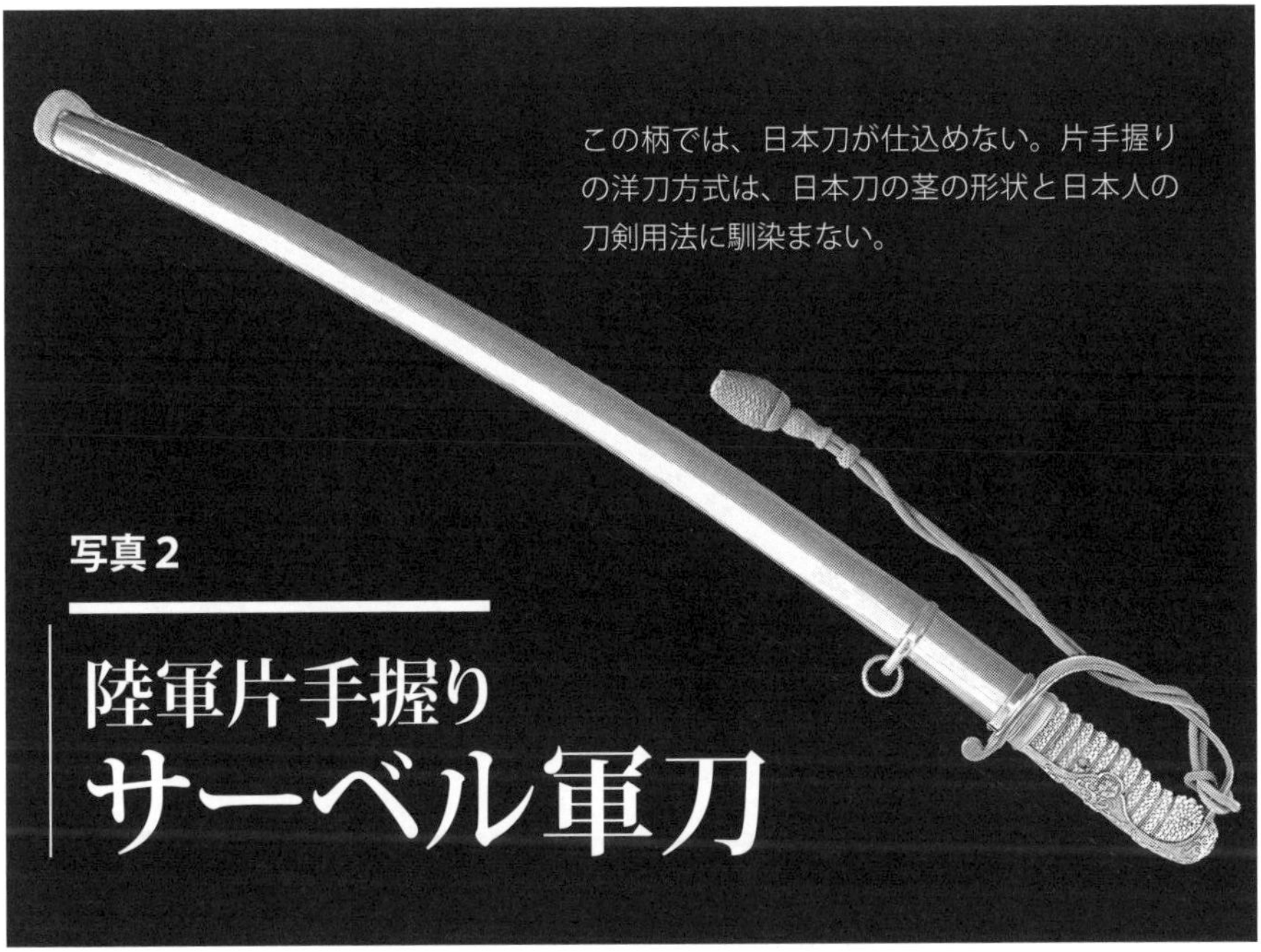

この柄では、日本刀が仕込めない。片手握りの洋刀方式は、日本刀の茎の形状と日本人の刀剣用法に馴染まない。

写真2

陸軍片手握り サーベル軍刀

た陸軍は、洋刀片手握りのサーベル型式を採用した（写真1・2）が、帝国陸軍は実戦用軍刀すら服制の一部と規定した。西欧での士官は貴族が当たり、士官は指揮・命令を下すのが主務で、実戦は下士官・兵が行うという認識に基づいていた為である。イギリス海軍に範《はん》を取った海軍も同様であった。即ち、国軍創設期の士官軍刀は「儀仗用」と認識されていた。その為に服制の範疇の義務づけられた私的装備品であり、刀身材質を鋼として、僅かに反りに触れるだけで刀身選択は士官の自由であった。

明治十年（一八七七）、西南戦争が勃発した。これは火器主体の戦だった。然し、火器を装備した政府軍の徴兵々卒は、薩摩武士の白刃に怯《おび》えて屡々《しばしば》敗退した。政府軍は平民兵卒の限界を認識せざるを得なかった。政府軍は緊急の対策に迫られた。急遽、旧会津藩士族による警視抜刀隊が編成された。戦いの勝敗は、武器の優劣と兵の士気の総和で決まる。薩摩軍の銃火を怖れず、白刃・白兵戦に挑んだ田原坂での抜刀隊の「捨て身」の奮戦は、西南戦役の帰趨《きすう》を決した。死をも怖れぬ抜刀隊員の強靱な精神力と旺盛な士気が窺える。政府顕官や、陸軍の基礎を築いた山縣有朋と幕僚達は、洋式装備を推進しながらも、武人の精神力と日本刀の威力を再認識させられた。士官達も、自ら佩用する軍刀の「兵仗」としての認

写真3-1　東郷平八郎海軍大将

日本海々戦時、旗艦「三笠」の艦橋に海軍長剣（軍刀の海軍呼称）を握りしめて立つ東郷平八郎海軍大将。刀身は大正天皇が皇太子時代に下賜された一文字吉房。この日本刀を仕込む為、柄は両手握りとなっている。

（三笠保存会所蔵の「三笠艦橋の図」の一部）

写真3-3　一文字吉房刀身

「一文字吉房」は七〇〇有余年前（建保年間一二一三年〜）の吉房の作。後鳥羽上皇が水無瀬の離宮に全国の名刀匠を集められ、御番鍛冶として御前で作刀を命じられた。上皇自ら作刀された太刀には菊紋が入り、御番鍛冶には「一の字」が許された。その為、「一文字吉房」と称す。武器の整備が急がれる時代の背景から、御番鍛冶の鍛った太刀は実戦用の実用本位の業物で、後の世の儀仗化した刀や鑑賞美術刀などの刀とは異質の物であった。

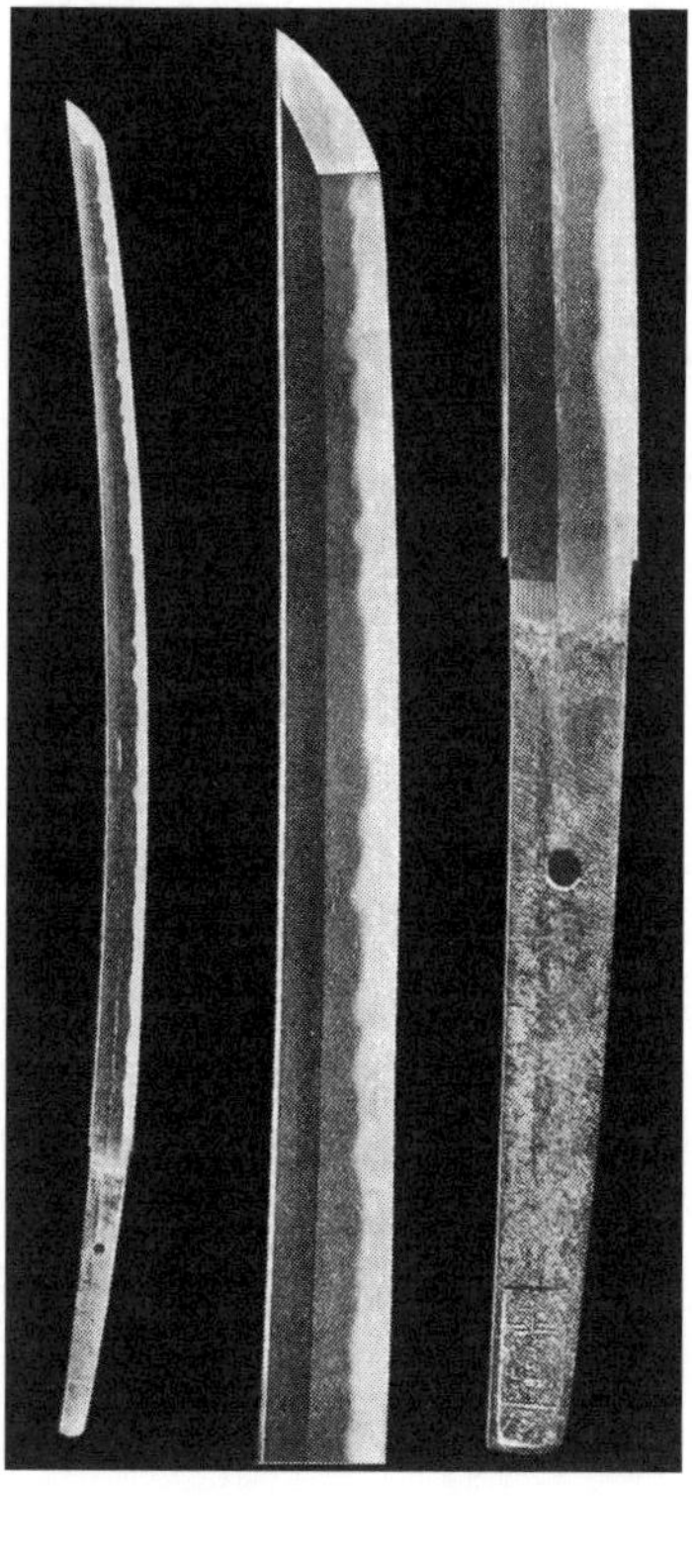

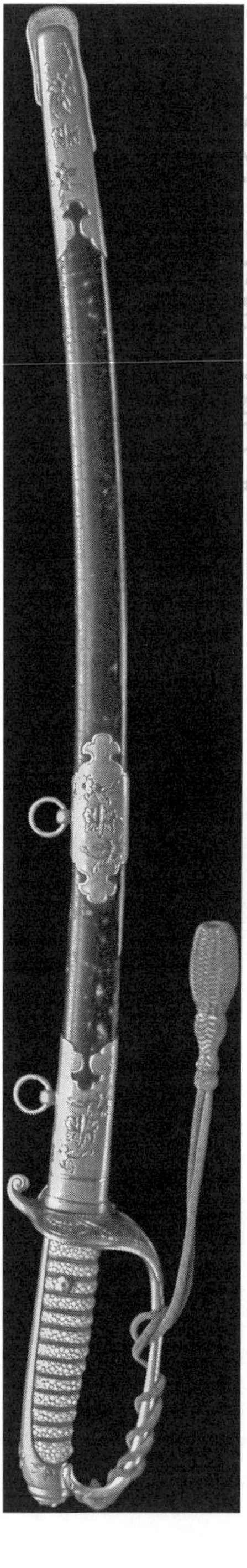

写真3-2◆東郷海軍大将が握りしめていた長剣の外装（東郷神社所蔵）

写真４　秋山好古（左）と騎兵旅団

日本騎兵隊の生みの親である秋山好古（左）と騎兵旅団（写真提供：高橋洋一氏）
明治 32 年 8 月 23 日に制定された官給下士官刀だが、騎兵は馬上で刀剣を片手操作するので、騎兵科は将校から兵に至るまで、この三十二年式軍刀を佩用した。
騎兵用は昭和 20 年の敗戦まで製造された。

識を高め、刀身に盛んに古作の日本刀を選択するようになった。その為、片手握りの柄が両手握りに改変された（写真3）。

明治二十七～八年の日清戦争（一八九四～五）で白兵戦を経験した日本軍は、武器としての軍刀の認識を更に高めることになり、将兵の精神的な拠り所にもなっていった。こうした意識の変革を受け、明治三十二年、三十二年式下士官刀が制定された（写真４）。下士官軍刀はその後終戦迄、常に「兵器＝兵仗」の規定だった。然し、日露戦争の熾烈《しれつ》な白兵戦を経験した後も、将校軍刀の規定上の位置づけに変化は無く、昭和九年から昭和十三年にかけて制定された将校用新軍刀も終始「儀仗」の範疇として「服制の改正」で定められた。士官軍刀は法規上の「兵器」ではなかった。

士官軍刀の「制式」とは、外装の基本要件のみを規定したもので、刀身、外装部材の形状・模様・塗色などの細部実施については各々の士官や各民間会社の裁量幅が介在する規格であった。従って、制式軍刀といえども、士官個人の趣向・製作会社・外装等級・時局などの要素が絡まって、刀身及び外装部材の選択肢が多伎に渡った結果、厳密には「同一の軍刀」といえる物が無い。服制令の士官軍刀を「兵仗」に転換したのは、大戦末期の昭和十八年に制定された陸軍の通称三式軍刀のみである。これは外装に止まらず、刀身の制式化を目論んだ。

三　村田刀

陸軍少将男爵・村田経芳は射撃の名手。有名な「村田銃」を開発した。幕末の熾烈な戦闘に身を投じ、その功績から「男爵」の爵位を授けられた。古刀から新々刀に至る古作日本刀に初めてメスを入れた人物である。

西南戦役以来、士官達はゾーリンゲンの洋刀に替えて日本刀の佩用を望んだ。これは洋刀と日本刀の性能差と言うより、永い日本刀の歴史が醸成した精神性を含む日本刀への憧《あこが》れが強く働いていた。然し、明治九年（一八七六）の廃刀令で刀匠は壊滅し、僅か数人の刀匠が細々と作刀しているに過ぎなかった。従って高価な古作刀を買い求める他はなかったが、軍から支度金が支給されても、薄給の下級士官には金銭面で簡単に入手できる代物《しろもの》ではなかった。

こうした現状に鑑《かんが》み、村田少将は軍刀の改良を志した。

実戦経験が豊富な村田少将は、日本刀の本質を明確に理解していた。日本刀の要点は、先ず折れ難いこと、次いで曲がり難いこと、最後が切れ味であると明快に論じた最初の人物だった。

少将が開発した洋鋼を混ぜた村田刀に刃文がないことを刀剣界は批判する傾向が強かった。これに対して、日本刀趣味の刀剣家達を「刀剣の本質に基づかない趣味人」と断じて切り捨てている。「なぜ西洋鉄が混じっていると悪いかという理由を私は見い出す事ができない。察する処、これは日本刀の三要素の精神を基としないで、見かけばかりの趣味に惹かれ、骨董的な愛玩心から生ずる為ではあるまいか。元来、この趣味という事は平常に於ける慰みに過ぎないもので、実戦の場合には、元より趣味などの必要は少しも無いのである」と少将は述べている。実戦経験者が抱く日本刀観と、美術刀趣味人の集まりである刀剣界関係者の日本刀観とは全く異質であった。日清・日露の白兵戦を経験しながら、刀剣界は美術刀趣味人が大勢を占めていた。

少将は日本刀の性能を確認する為に大量の日本刀を買い込んで試験を行った。折ったり、曲げたりして地鉄の観察などをした試験の結果、古作日本刀は性能で大きなバラツキがあり、意外と実戦に向かないことが確認された。その中で、村田少将が性能的に評価したのは、関孫六兼元、兼定（之）、四代目三原正家、備前秀光、元重、仙台國包《くにかね》、虎徹等である。尤《もっと》も、真正と判定された虎徹刀も、個体毎に性能のバラツキがあることを少将は経験した。

写真5-1

蜈蚣切丸を模した村田刀

刀身長：83・185センチ、刃長：66・357センチ、
茎長：16・827センチ、反り：0・714センチ

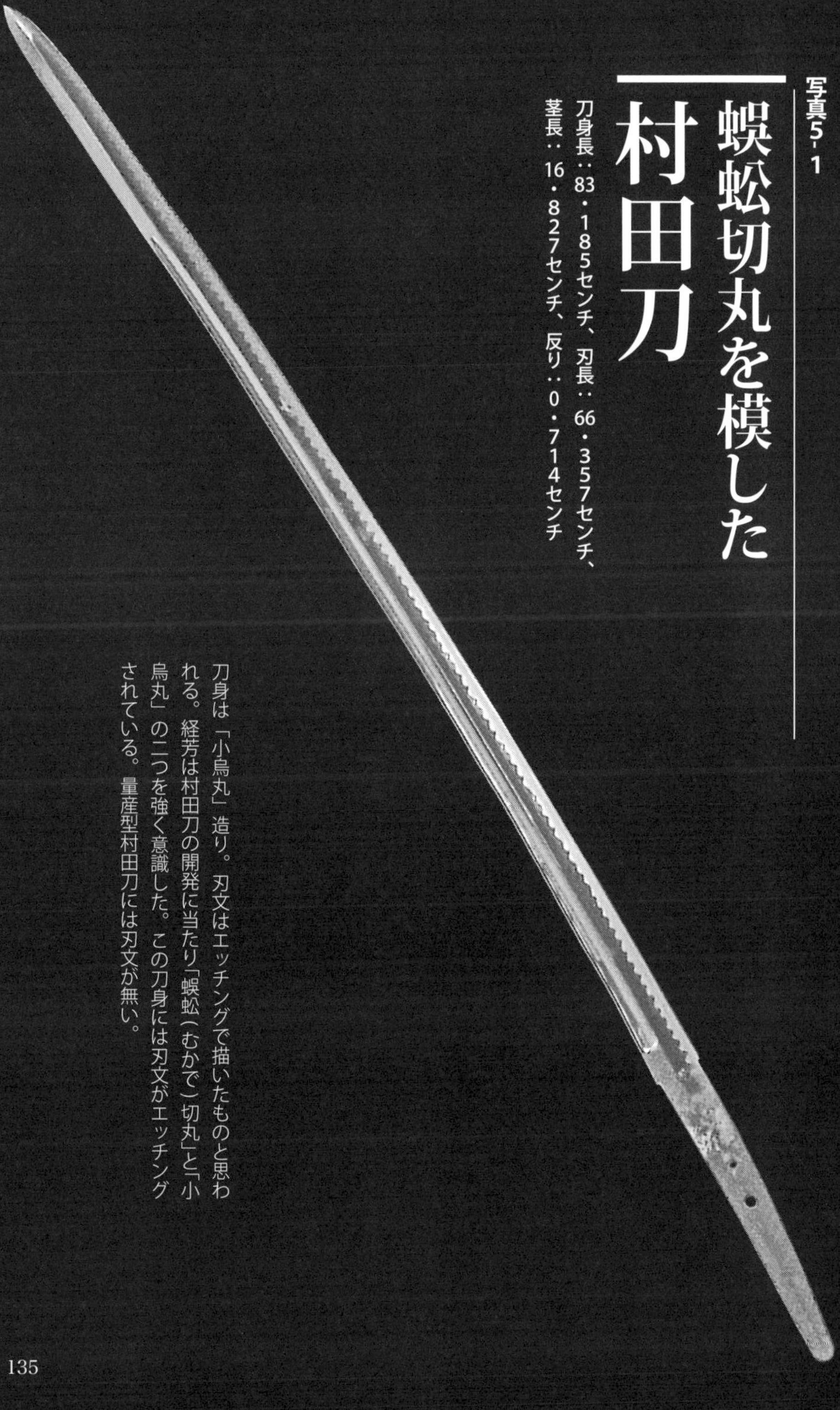

刀身は「小烏丸」造り。刃文はエッチングで描いたものと思われる。経芳は村田刀の開発に当たり「蜈蚣（むかで）切丸」と「小烏丸」の二つを強く意識した。この刀身には刃文がエッチングされている。量産型村田刀には刃文が無い。

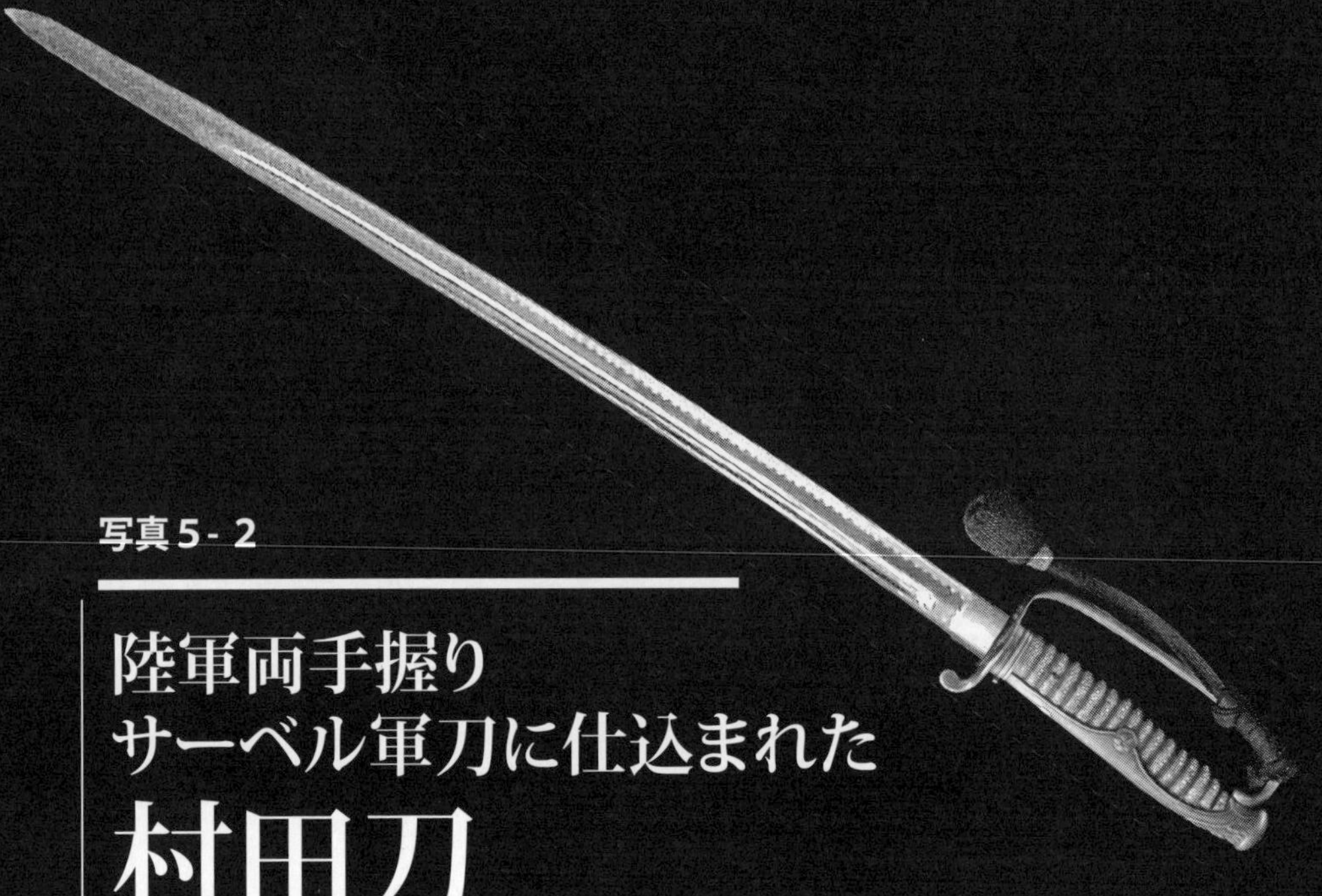

写真5-2

陸軍両手握り サーベル軍刀に仕込まれた 村田刀

刀剣界が評価する新刀最上大業物と言われる仙台國包、興里虎徹及び興正、陸奥守忠吉、初代三善長道、多々良長幸、大阪初代助廣等の中にも、折れず曲がらず切れるという三要素からみて実用には適し難い物も在った。

そこで、東京砲兵工廠在庫のサーベル地金（ドイツ・ゾーリンゲン社の刀剣鋼）で軍刀を自ら試作した。俵藤太秀郷の蜈蚣《むかで》切丸をモデルとした（写真5）。非常に良く切れた為、宮本包則、横山祐包等の指導を受け、スウェーデン鋼と和鋼比率を六対四で細切りし、これを1500度Cで溶解。丸鍛錬して油焼き入れをした刀身を完成した。

明治二十四年十月、工廠内での刃味試験で二本の刀身を使い豚の頭骨を見事に切断した。二口《ふり》とも刀身に全く異常が無かったので、この結果に依り軍刀に採用された。安価で、尉官将校でも入手し易い為、日清・日露戦争で大いに使用され、錆に強く良く切れる実用軍刀であることが実証された。陸軍東京砲兵工廠で製造され、銘は「小銃兼正」と切り、その下に村田経芳の四字を篆書《てんしょ》して、二字に合成した刻印を打った。裏に年号と製造番号が打たれる。この他自ら打った刀には「兼正」・「村田経芳」の銘が切られた。刃文が無い為に刀剣界の評価は得られなかった。

因みに、同じ工廠で村田刀と古刀の青江物の試斬が行われ

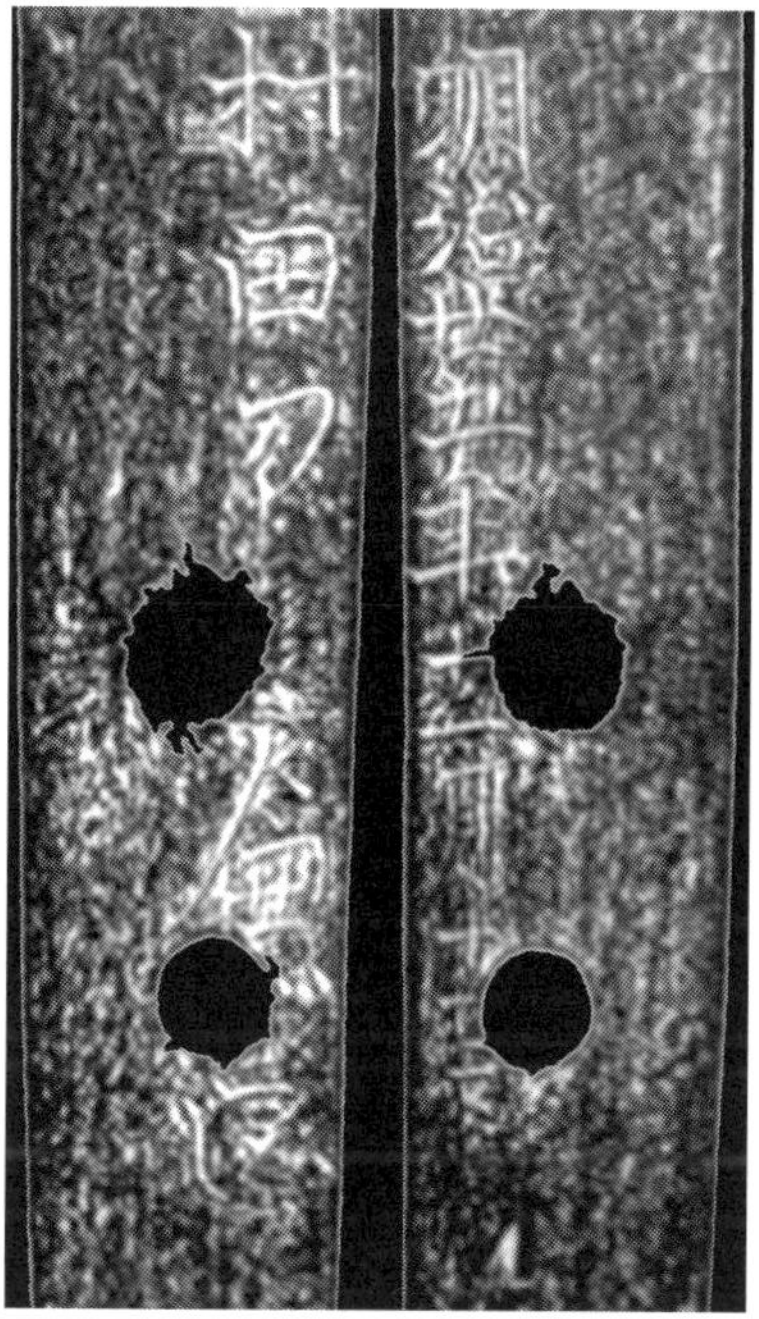

写真5-3 兼正銘の茎

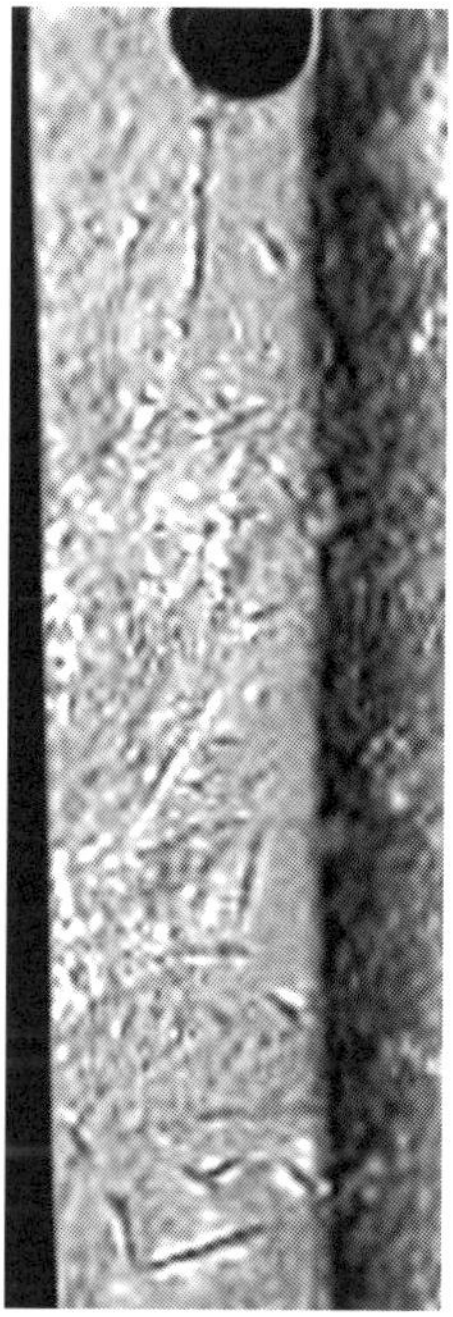

写真5-4 小銃兼正銘の茎部分

茎が朽ちて読みづらいが「小銃兼正」とある。

た。試験用として二十四斤《きん》の豚を一匹備えて、試斬は手練《てだ》れの剣士が担当した。

先ず少将の新作刀を以て豚の胴を斬ったところ、胴を切り通して下の土壇に切り込んだ。次に青江で斬ったところ、殆ど胴の三分の二が切れた。これは切れ味を試したのみで、次は刃の強弱を試す為に、豚の前額が一番堅いから其れを試した。村田刀は其れを残らず切り通す事は出来なかったが、三分の二以上切る事が出来た。次いで青江の刀で斬ったが、「カツ」という音と共に刀が曲がり、刃部に曲がった所や欠けた所ができた。青江の刀は殆ど三分の一余り切り込んでいた。

古青江は評価の高い刀、一方の村田刀は刃文も無い洋鉄混じりの刀だった。切れ味も強靱さも村田刀が優れていた。

刃文が日本刀性能にどのような影響を与えていると言うのであろうか……。地刃の美や刃文は、刀の性能に全く無縁であった。美術刀趣味人が評価する日本刀と、実戦経験者の日本刀評価は余りにも違い過ぎた。

四　新軍刀身が生まれる背景

明治初期の帯刀禁止令や廃刀令で刀匠は壊滅し、日本刀需要が底をついていた。武士に代わって登場したのが国軍の将兵である。市場が無くなった日本刀は、軍用日本刀として奇跡的に復活することになった。旧来の日本刀形式の復活だけではなく、指揮刀、短剣、銃剣などの新たな刀剣類の需要が生まれた。ところが、刀匠の復活は望めず、和鋼供給のタタラ製鉄の火も大正末には消えた。

膨大な軍刀需要に対して市場流通の古作日本刀にも数の限界があり、価格や性能にも問題があって、それに替わる日本刀をどうするかが喫緊の課題となった。

村田刀の後を追うように、帝国大学、造兵廠（工廠）などの国家機関、多くの民間企業などの研究者がこうした実情の打開に取り組んだ。

こうした時代背景が解っていないと、新たな軍用日本刀が多く生まれた理由を理解することが出来ない。■

二　時代の要請に応える新たな日本刀

一　三十二年式軍刀

軍刀には、士官用（義務付けられた個人装備品）と下士官・兵用（官給品）の二種類がある。軍刀は士官から兵に至るまで、全ての将兵が装備したわけではない。時代により、装備できる兵科・階級に変動があるが、軍刀を佩用出来るのは陸海軍ともに士官・准士官、上級下士官、それに帯刀本分兵に限定されていた。

※帯刀本分兵：軍刀の装備を妥当とされた兵科の下士官・兵のこと。代表は乗馬本分兵の騎兵、馬を輸送手段に使う輜重兵（自動車の普及で後に廃止）や砲兵（砲兵刀）、憲兵、あるいは歩兵（徒歩兵）の中の一部の下士官。海軍は陸戦隊を除き陸戦とは無縁なので、佩刀者は士官・准士官に限定される。海軍士官は短剣を常用し、軍刀はそれに対して「長剣」と呼ばれた。

国軍草創期、士官・下士官・兵用の軍刀は、ゾーリンゲン鋼の刀身を持つ片手握りのサーベル型軍刀だった。

帝国陸軍は明治三十二年（一八九九）、兵仗としての新たな軍刀を制定した。これが「三十二年式軍刀」である（写真1）。これは刀身と外装を共に制式化したもので、騎兵用の「甲」と輜重《しちょう》（兵站《へいたん》・輸送）兵用の「乙」がある（写真2）。刀身は陸軍刀剣鋼を使い、外装は片手握りのサーベル形式だった。

この特徴は、刀身と金属柄の結合が頑丈にできていて、金属鞘の大きな石突は、万が一、刀身が折損《せっそん》した場合に鞘そのものが武器として使えるように考慮されていた（写真1）。刀身と外装が一体となって共に武器となる、これこそが「軍刀という特別な刀」といえよう。東京砲兵工廠《こうしょう》（後の造兵廠）で製造された。

戦車の登場で、騎兵科の多くは戦車科に姿を変えたが、一部残存した騎兵科は終戦までサーベル形式の三十二年式甲軍刀を使い続けた。

写真1　三十二年式甲（騎兵用）軍刀

刃長83・6センチ、反り：1・35センチ。陸軍刀剣鋼の機械鍛造、油焼入れ、樋（ひ）付き、刃紋無し。鉄製の鞘は刀身折損の時、武器として使用される。甲は鍔護拳に革の指貫が付く。

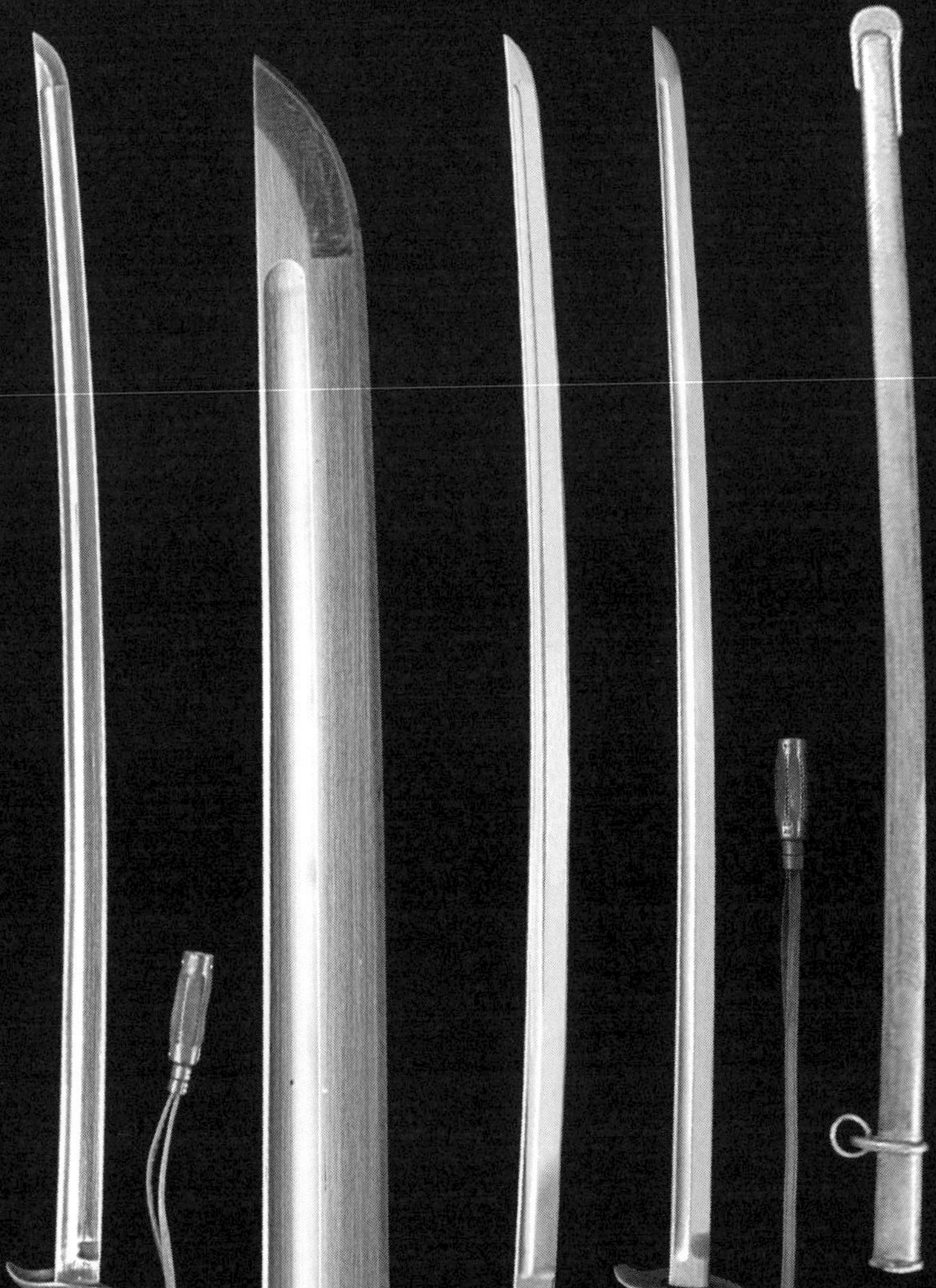

刃長77・4センチ、反り：1・35センチ。陸軍刀剣鋼機械鍛造、油焼入れ、樋付き・刃文無し。

写真2　三十二年式乙（輜重兵用）軍刀

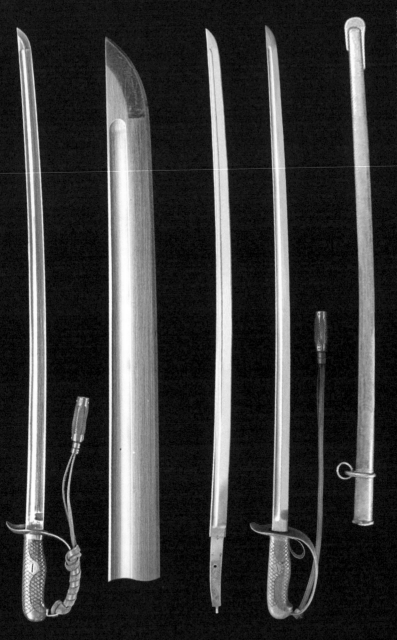

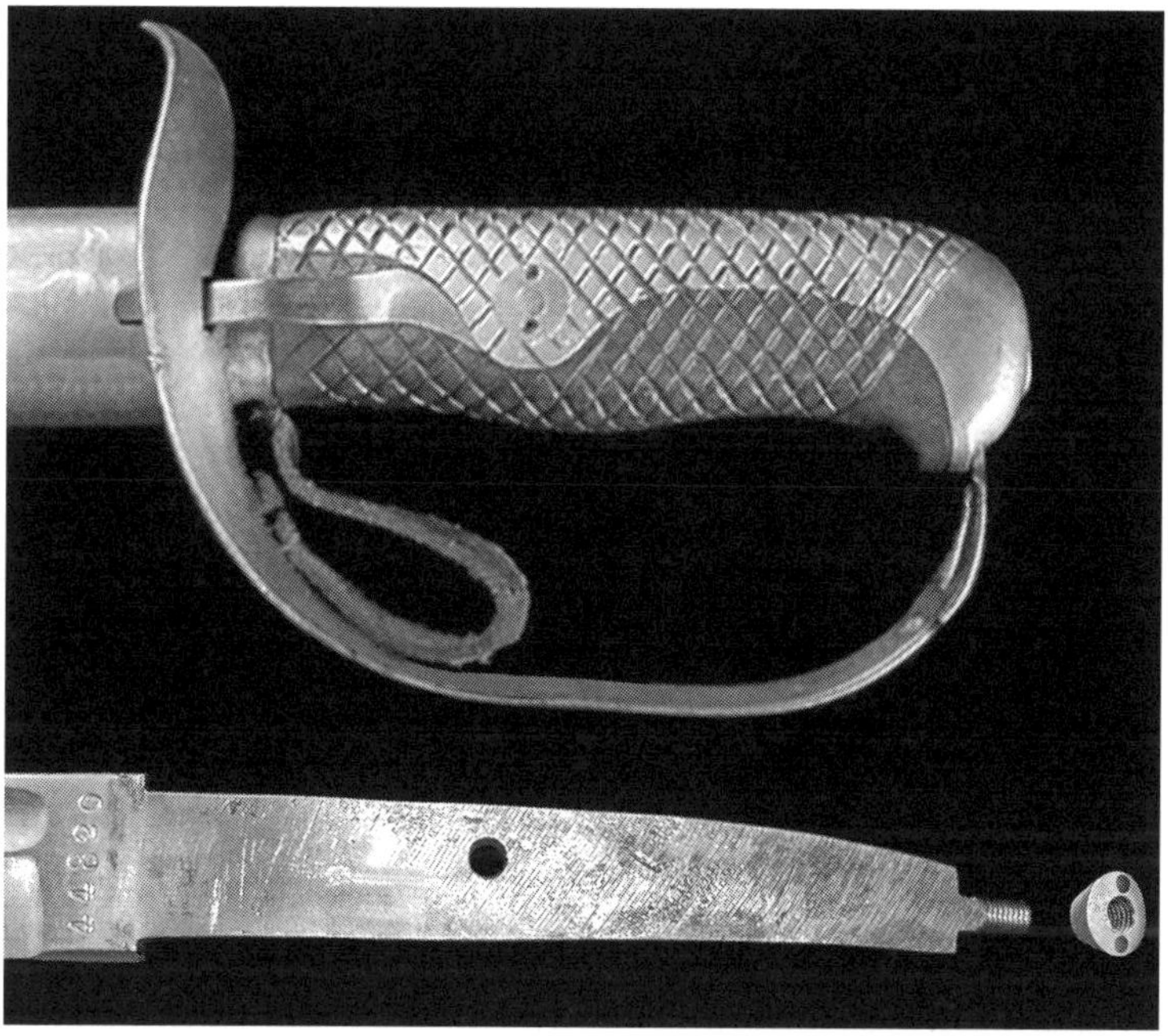

写真3　茎の形状

鉄覆いの柄と茎の終端ボルトで結合される。支那戦線で、古来形式の日本刀は柄の損傷が多発した。柄と刀身を一体化することで、激しい戦闘に耐えられるようになっている。

昭和七年（一九三二）、柄と茎《なかご》を両手握りの日本刀形式に改良した「三十二年式改型」がバリエーションに加わり、これは昭和十年（一九三五）、上級下士官（曹長）用「九五《きゅうご》式軍刀」として新たに制定された。

※三十二年式改型：皇紀歴二五九一年の末尾二桁をとり「九一式」とも呼ばれた。

※九五式軍刀：皇紀歴二五九五年の末尾二桁をとり「九五式」という制式名になった。

九五式軍刀には時代により、最初期型から最末期型まで刀身は二種類、外装は六種類のバリエーションがある（次頁、写真4―①、②）。

二　刀剣鋼の含有元素と刀身性能の規定

一連の下士官・兵用刀身には一貫して陸軍の刀剣鋼が使われた。

鋼の原料は明らかにされていないが、明治の制定時期を考えると、洋鋼を使用したものと考えられる。刀剣鋼は原料鉄を坩堝《るつぼ》や電気炉で精錬すると規定した。陸軍刀剣鋼の主成分と刀身性能の要件を（144頁図1）に示す。これは「仮規格」とされているので、初期段階の規格であろう。

写真4―①

九五式軍刀初期型

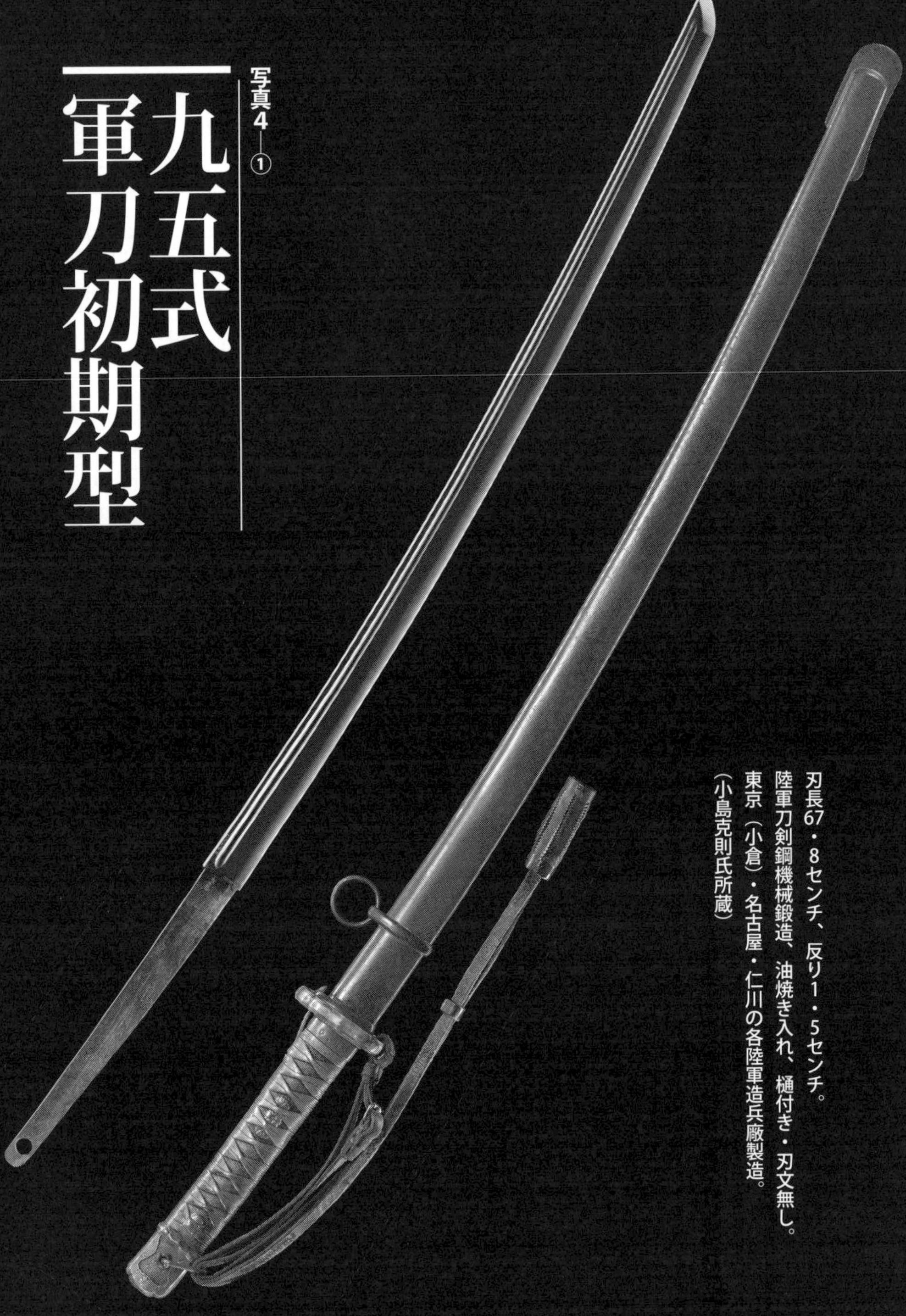

刃長67・8センチ、反り1・5センチ。
陸軍刀剣鋼機械鍛造、油焼き入れ、樋付き・刃文無し。
東京（小倉）・名古屋・仁川の各陸軍造兵廠製造。
（小島克則氏所蔵）

写真4―②

九五式軍刀末期型

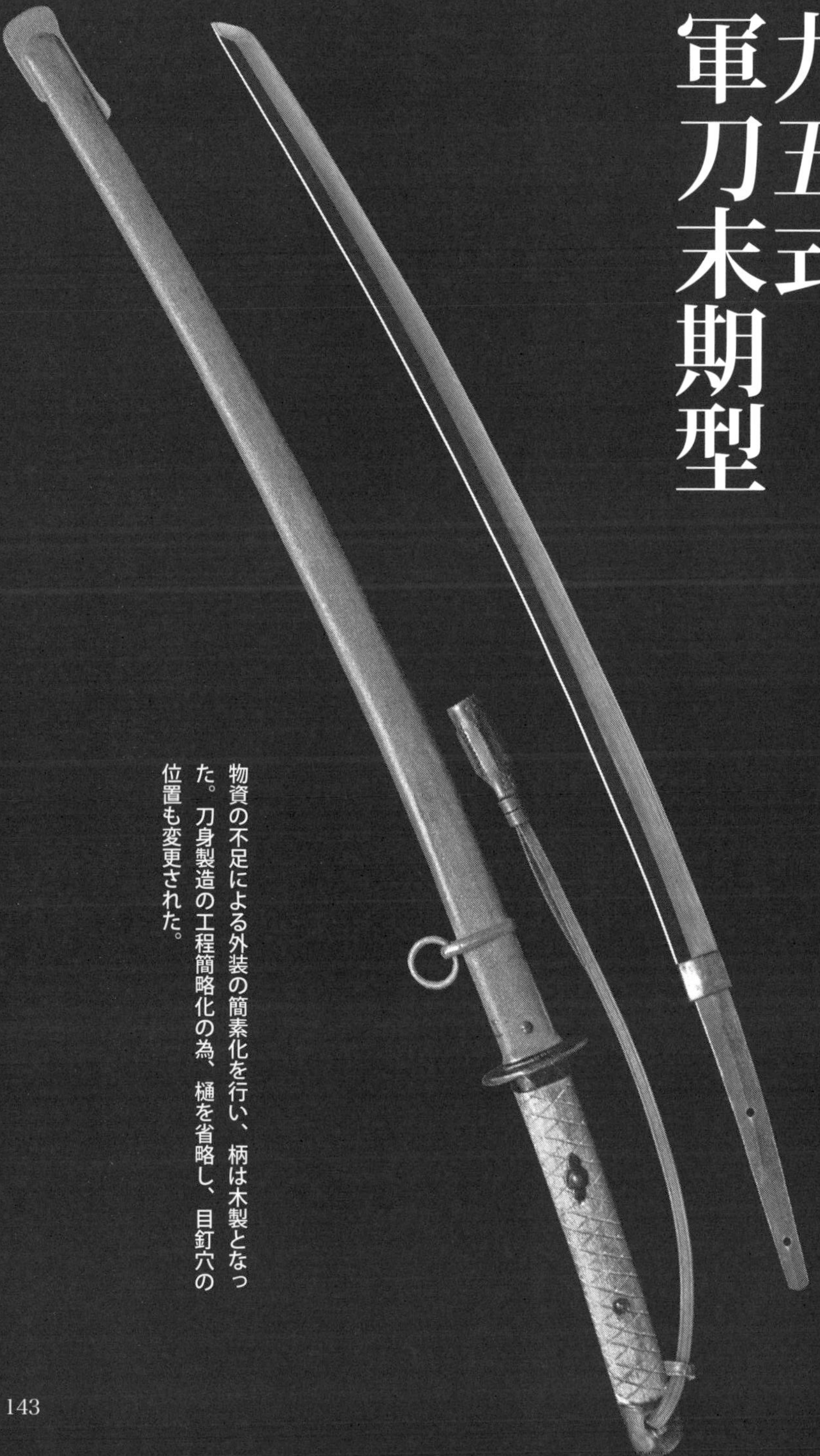

物資の不足による外装の簡素化を行い、柄は木製となった。刀身製造の工程簡略化の為、樋を省略し、目釘穴の位置も変更された。

図1　陸軍刀剣鋼仮規格

陸軍地鉄假規格・第26號　刀劒鋼

第一条　刀劒鋼ハるつぼ爐製若ハ電氣爐製ニシテ
主要成分及不純物ノ標準百分數次ノ如シ

項目	炭素	燐	硫黄
刀劒鋼	0.9-1.10	0.030 以下	0.030以下

第二条　刀劒鋼ノ金質値數ハ次表ニ依ル

項目 種別	降伏點 kg/mm²	抗張力 kg/m m²	伸 %	衝撃値 (シャルピー) kg/m m²	熱處理
刀劒鋼	80 以上	125以上	9以上	2以上	焼入温度 約840℃ 冷却油中 焼戻温度 620- 150℃
備考　抗張試験片ハ第五號ヲ用ウ					

金属の五大元素の内、マンガン（Mn）とシリコン（Si）が割愛されている。この二つは焼き入れ性や靭性に関係するもので、意図的な割愛かどうかが解らない。この公表含有元素値では、鋼の性質も、和鋼との違いも分からない。当時の金属分析手法の限界から、五大元素以外の微量元素の抽出をしなかったというなら解るが、MnとSiを全く含まなかった鋼材ということであろうか。

※五大元素：炭素、マンガン、シリコン、リン、硫黄。

また、当時の精錬技術からしても、炭素含有量に巾を持たせざるを得なかった。

刀身の鍛延は、予《あらかじ》め刀身のメス型を彫り込んだパレットに鋼塊を置き、機械鍛造で整形された。整形の終った刀身を電熱機で約八百四十度Cまで加熱し、冷却油中で焼き入れした。焼き入れで生じた刀身内部の歪《ひず》み（残留応力）は刀身を脆弱にする。この歪みは焼き戻しで取り除かれた。刀身の性質を決める重要な焼き戻し温度は６２０度〜１５０度Cと大きな巾を持たしている。

一定の鋼材を使い、同質な刀身を造るには、最適な焼き戻し温度に収斂《しゅうれん》しなければならないが、焼き戻し温度に大きな巾が設けられているのは鋼材の炭素含有量に巾があった為であろうか。

古作日本刀は焼き入れに水を使ったが、水焼き入れは急速な冷却で刀身にワレが生じ易い。その点、油焼き入れは冷却の変化が緩やかで焼き入れの失敗が少ない。そのかわり眠たい刀身となる。

刀剣鋼の刀身の弾力性は油焼き入れも寄与していた。ちなみに、現代の工業製品の焼き入れは全て油を使い、水焼き入れは行わない。

三　刀身性能の絶対条件

実戦刀の絶対条件は〝折れ難いこと〟である。その為に刀身の靭性（ある種の弾力性）が最優先された。小倉陸軍造兵廠での強度試験では、和鋼の皮・心鉄構造の刀身に比べて刀剣鋼の刀身は和鋼と同様に曲がりはしたものの、最後まで刃切れなどの刀身折損は起きなかった。刀身はバネのように弾力があり「特筆すべき」と報告している。

ただ、同じ刀剣鋼を使いながら、二人の刀匠間に顕著な刀身の性能差を生じた。二人の刀匠にとって刀剣鋼の丸鍛えは初めての経験だった。刀身性能の差は、刀匠の力量の差というより、初体験となる刀剣鋼の焼き入れ・焼き戻しの熱処理の違いに他ならなかった。古《いにしえ》の刀匠達が、焼き入れの水温を秘伝とした所以《ゆえん》である。

刀剣鋼に類した刀身として「スプリング刀」がある。

支那戦線で、武器を持たない工兵の身を守る為、廃車のリーフスプリングを使って、刀匠だった愛知県出身の伍長が現地で急遽日本刀を造った。現地では鍛刀の設備（焼刃土など）が無く、丸焼きして適度に焼き戻した。試斬をしたところ、生半可な日本刀が到底及ばない強靱な性能を発揮した。

これを聞きつけた将校達が争ってスプリング刀を所望するまでに至った。元々がスプリングという弾性を備えた素材だった。国内でもスプリング刀の噂が広まり、源良近のスプリング刀が有名になった。

※スプリング鋼材：スプリング用鋼材に特有の元素にはクロム・ニッケル・銅、バナジウム・モリブデン・アルミニウム・タングステン・ホウ素・窒素・チタンがある。

欧米では、日本刀ブームが広まり、米国カリフォルニア州にある刃物メーカーのコールドスチール社が、自社で造った無垢《むく》鍛えの「ＫＡＴＡＮＡ」の性能試験を公開して話題になった。あらゆる物体（巻藁・合板・肉・木材・本・プラスチック・コンクリートブロック・自動車鋼板など）を対象に、極めて過酷な試斬を行い、バネのような弾力のある刀身は驚異的な性能を見せつけた。

鋼材はＡＩＳＩ（アメリカ鉄鋼協会）規格の１０５５鋼（Ｃ＝０・５５％の普通炭素鋼）にスプリング焼き入れに類した熱処理を施したものと思われる。普通炭素鋼でも、焼き入れ・焼き戻しの熱処理によってスプリングのような弾力（靭性）を持たせることができる。

現代、スプリング（バネ）鋼材としては使用目的によって冷間、あるいは熱間鍛造された各種の鋼材があるが、単純炭素鋼以外に、シリコンやマンガンなどの元素を一定量含んだ合金鋼材が圧倒的に多い。

※シリコン、マンガンを含む鋼材：マンガンは焼き入れ性を上げるためには不可欠の化学元素。０・５％以下のシリコンは、フェライトに固溶し靭性を損なわずに強度を上げる働きがある。また、３００℃以下の焼き戻し抵抗を上げ、バネの耐へたり性を改善するスプリング鋼材に特有な元素。

元々の製鉄原料に含まれていたケースと、後で意図的に添加したものがある。前者は無意識な為に単純炭素鋼と捉えられ、後者は明確に合金鋼と意識されている。

ＪＩＳ（日本工業規格）では有用特殊元素の含有量が明確に規定されている。刀身に強靭性を付与するには焼き入れ・焼き戻しの工夫以外に、有用元素を含有することがより望ましいという解釈ができる。砂鉄系和鋼には無い特徴と言える。

四　士官用軍刀の刀身と外装の概要

騎兵科以外、片手握りの洋刀方式は、日本刀の茎の形状と日本人の刀剣用法に馴染まなかった。これに、日本刀々身を選択したいという多くの士官達の要望が重なって両手握りのサーベル外装に改変された。この結果、日本刀への刀身換装の選択肢が広がった。

ところが、明治九年（一八七六）の佩刀禁止令で日本刀の作刀は一気に衰微し、大正末には「玉鋼《たまはがね》」の鑪《たたら》製鉄も閉鎖された。その為に、日清・日露戦争、第一次世界大戦、シベリア出兵、関東大震災で日本刀の消耗が続いたが、辛《かろ》うじて明治初期までに作刀された古作刀の在庫で賄《まかな》っていた。

この間、廉価な将校用軍刀として「村田刀」（前項「一軍用日本刀の草創期」既述）が開発され、日本刀不足を補った。士官（将校）調達の刀身は、ある時期、洋刀や村田刀等が使われたものの、基本的には古作日本刀であった。

昭和六年（一九三一）、満洲事変の勃発に依《よ》り、日本刀の在庫が極端に減少した為、軍と刀剣界および民間篤志家《とくしか》の協力により日本刀の復活が画策され、昭和八年（一九三三）、靖国神社に「日本刀鍛錬会」が設立された。ここで作刀された日本刀は「九段刀」と呼ばれた。

※九段刀：戦後、トム・岸田氏の著書により「靖国刀」との呼称が一般的になった。

同年、再び鑪製鉄が復活し、民間鍛錬所も各地に誕生して作刀を開始した。陸軍造兵廠鍛刀所、海軍鍛錬所が設けられ、士官用日本刀を作刀するようになった。陸軍は民間刀匠に呼びかけて「軍受命刀匠制度」を設けた。刀匠の育成と士官用日本刀の作刀が官民一体となって推進された。

こうした背景のもと、在庫刀は勿論、軍鍛刀（錬）所の新作刀、九段刀（靖国刀）をはじめ、軍受命刀匠や民間刀匠による新々刀に準拠した新作日本刀が軍刀拵《こしら》えに納められた。

圧倒的多数の士官が日本刀を佩用する実体を後追いする形で、陸軍が昭和九年（一九三四）に、海軍が昭和十二年（一九三七）に各々士官用日本式太刀型軍刀外装（通称：陸軍九四式・海軍太刀型）を制定した（次頁、写真5）。

士官軍刀とは、本来は刀の「用途・外装形態」を指すもので、歴史的にも一部の例外を除けば、「軍刀という特別な刀身」が元々存在していたわけではない。刀身は古作日本刀が大勢であった。

しかし、支那事変による大量の軍刀需要に応える為、昭和十三年（一九三八）、南満洲鉄道で「満鉄刀」の生産が始まり、同時期、陸軍造兵廠で量産型軍刀刀身の開発を開始した。これらの動きは、旧来の日本刀作刀の非生産性と、性能の弱点を改善するものであった。

昭和十四年（一九三九）、北方戦線の戦訓から、東北帝国大学金属材料研究所が、厳寒に脆い日本刀の代替えに「振武刀」という耐寒刀を開発した。量産軍刀の生産が本格化していた昭和十六年（一九四一）、神戸湊川神社菊水鍛刀会は海軍士官向け本鍛錬の日本刀（菊水刀）の作刀を開始した。同十六年、関では古式人力鍛錬の機械化（「古式半鍛錬」と呼称）に成功し、作刀が開始された。

昭和十八年（一九四三）、陸軍は外装の簡略化と柄周りを強化した将校用制式軍刀外装（通称三式）を制定した。これは、服制令の将校用軍刀を兵仗に転換する意図に基づき、造兵廠では規格化された日本刀刀身（制式現代鍛錬刀・造兵刀）の製造を開始した。

支那事変突入後から、官民で、様々な名称を冠せた「特殊鋼刀」などが大量に造られた。これら新造刀法に拠る実用本位の刀身が大量に供給された結果、士官用の刀身は特

写真5

九段刀「靖廣」の新作刀を仕込んだ陸軍九四式軍刀

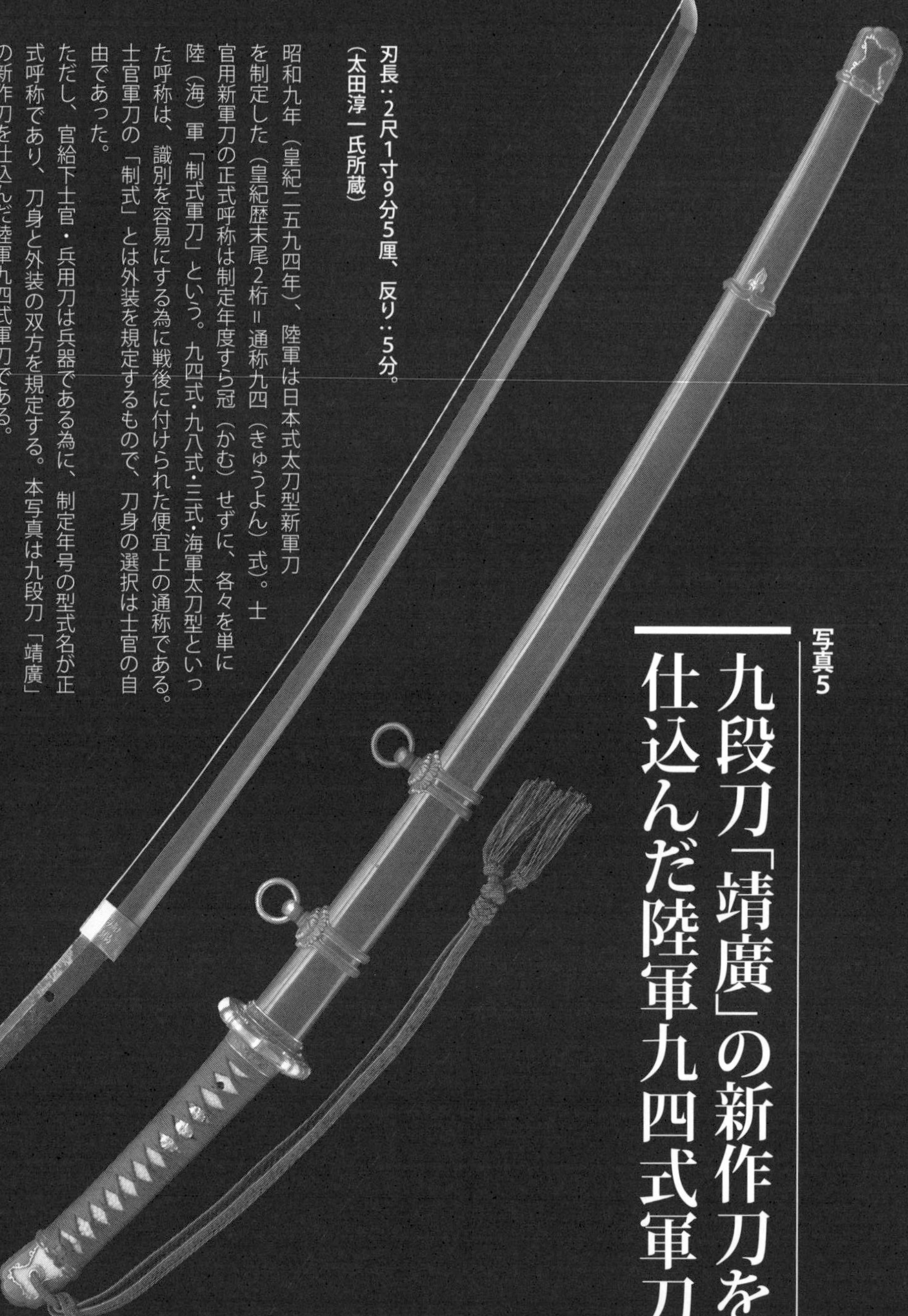

刃長：2尺1寸9分5厘、反り：5分。
（太田淳一氏所蔵）

昭和九年（皇紀二五九四年）、陸軍は日本式太刀型新軍刀を制定した（皇紀歴末尾2桁＝通称九四（きゅうよん）式）。士官用新軍刀の正式呼称は制定年度すら冠（かむ）せずに、各々を単に陸（海）軍「制式軍刀」という。九四式・九八式・三式・海軍太刀型といった呼称は、識別を容易にする為に戦後に付けられた便宜上の通称である。士官軍刀の「制式」とは外装を規定するもので、刀身の選択は士官の自由であった。
ただし、官給下士官・兵用刀は兵器である為に、制定年号の型式名が正式呼称であり、刀身と外装の双方を規定する。本写真は九段刀「靖廣」の新作刀を仕込んだ陸軍九四式軍刀である。

殊鋼刀が過半を占めるに至った。これらは、俗に「昭和刀」などと俗称される量産軍刀である。

五　軍刀の正しい認識

「軍刀」は、規模・組織運用の両面で、我が国刀剣史上に例を見ない「一大分野」であった。

ところが、ＧＨＱ（連合国軍最高司令官総司令部）の七年間に及ぶ戦後の日本占領政策の中で、徹底した日本人への洗脳政策が実施された。「武」や「軍」が否定され、「軍刀」は悪という風潮を醸《かも》し出し、軍刀は日本刀ではないという極端な偏向情報が意図的に創り上げられた。

既に述べたように、軍用刀身には大別して「俗説・日本刀＝新々刀準拠」と「特殊鋼刀」の二つの流れがあった。

日本刀の原点は武器であり、「折れず・曲がらず・能《よ》く切れる」が目的である。使用鋼材や造り込みは、その「目的」を達成する為の「手段」にすぎない。

日本刀は戦闘法や使用環境の変化によって、時代毎にその姿（鋼材、造り込み、体配など）を変えてきた。古刀～新々刀に至るまで、使用鋼材や造り込みなどの手段は時代環境に止まらず、刀匠個々人によっても明らかに多様であったことを既述した。日本刀が時代要請の変化に伴って、鋼材や製造法を変えるのは歴史の必然であった。そうした変化の延長線上に、戦時下の日本刀に求められる武器性能、量産性・コストを重視した軍用特殊刀身が生まれた。これは、その時代が求める日本刀の姿だった。

それにも拘《かか》わらず、戦前から日本刀鑑賞趣味人が大勢を占める刀剣界では、日本刀の偏《かたよ》った概念や認識が広く蔓延《まんえん》していて、日本刀の復活と言えば、古作日本刀の再現を当然とする動きが強かった。ところが、生産性とコストは言うに及ばず、時代が要求する日本刀の必要・十分条件を満足するには程遠いことが容易に推測された。

※古作日本刀の再現：例えば、計算機（器）という道具がある。この道具の「目的」は、「正確に、より速く四則演算処理をする」ことにある。この道具を造るには、様々な材料・造り方の手法があった。太古は、石、木切れ、鳥の羽、紐の結び目、両手、両足の指などを道具（手段）に使い、時代が下がって算盤（そろばん）が登場した。今日では、電子素子を材料に使う量産の各種電卓が一般的である。今日において、「木と竹を使って手作りする『そろばん』こそが日本の伝統的な最高の計算機（器）であって、量産された電卓などは計算機ではない」などという人がいたら、世間はどんな反応をするだろうか？　いつの間にか、計算機の目的は「ソ

ロバンを作ること」にすり替わってしまった……目的と手段の完全な倒錯である。

現代の刀剣界の風潮が、まさにこの倒錯にあたり、昔のある時期の製造法の再現を「刀の目的」としてしまった。このように、ある一つの手段を取り上げて、それを日本刀の目的や絶対条件とするのは明らかに間違っているのではないか。この〝勘違い〟が軍刀を否定・圧殺する元になったと筆者は考える。

技術者達は古作日本刀の長所と欠点を分析し、戦場での日本刀の戦訓も採り入れて、新たな日本刀の開発に挑戦した。彼等の願望は「時代の要請に応えられる日本刀」を造ることにあった。

これは同時に、武器である日本刀の原点を追求することでもあった。 ■

三　軍用日本刀の実力探究

写真1　世界的鉄の権威者・
本多東北帝大総長（右）と柴田果（左）

一　刀匠・柴田果の答え

「国工」という刀匠最高位の称号を持つ柴田果《か》は、昭和十一年十二月、彼の知人である陸軍技術本部のS大尉から、軍刀身の相談を受けた。これを機に、彼がそれ迄暖めていた「実戦刀＝日本刀の原点は如何にあるべきか」という構想を具体化した。

※柴田果：本名は柴田政太郎。明治十七年、秋田県雄勝郡（現：羽後町）の名家に生まれた。殆（ほとん）どの刀匠が赤貧に甘んじている中で、豊富な財力を背景に多くの日本刀の収集と研究を行い、戦前、戦中に活躍した異色の刀匠である。
　特定の刀匠に師事した訳ではなく、独学で打ち刃物の鍛錬を習得した。こうした背景が固定観念に囚われず、より良い刀身への発想を可能にしたように思われる。

　昭和九年帝展入選、総理大臣賞、特別賞、陸軍大臣賞など数々

の受賞を果たし、皇室への献上刀を収めるなどの実績から刀匠最高位の「国工」の称号を持つ。
新作日本刀展審査員・権大宗匠。栗原彦三郎の「聖代刀匠位列表　神品の列12名の一人」。短刀は多く存在するが刀は少ない。

日本刀の基本要件が「折れ難く、曲がり難く、能《よ》く斬れる」であることは論を俟《ま》たない。彼はそれに「持った調子が良い」ことを加味した。それに加え、当時の軍用日本刀は支那や満洲の北方戦線で多く使用されていた。日本刀研究の権威者として知られる岩崎航介氏の「鉄は零下何十度という寒地においては弾性を失い硬さを増すものであるから、極寒地においては、これまでの日本刀では折れる危険がある」という指摘を踏まえ、軍用日本刀には寒冷地対策が必須であると考えた。彼はこの理想に近いものを作りたいと考えて刀身の設計を行った。

二　刀身構造

明治の廃刀令以降、玉鋼による軟鋼を硬鋼で包み込む所《いわ》謂《ゆる》「皮・心鉄構造」（図1）が日本刀の伝統であるという見解が広まって行った。柴田果は、研ぎ減りした刀身の観察と切断刀身の造り込みの確認をした結果を以下のように述べている。

『刀は大抵硬軟二種の鋼を組合せて作られている。関伝はこれまで、軟鉄を中に入れ、それを棟金で包んだ一種の「捲《まく》り鍛」である様に伝えられているが、私の見るところでは、研ぎ減りの為に、中に入れてある軟鉄（心鉄）が刀身表面に現れてきた物はあまりない。又、私が折って見た二〜三本の物も同様である。特に試刀して見ると、研ぎ減りした薄い刀身であっても割合に弾力がある。これにより、関伝の物は、棟金として軟鉄を合わせたのみのものが相当多いと思われる（図2）。これに類した物に相州伝のある一種の組合わせがある（図3）。

この硬・軟鋼の配分だといくら研減りしても硬・軟鋼の割合配分は何等変化を起こさないので実用刀として適当であると思う』

更に、刀剣界の常識となっている「皮・心鉄構造」の刀身に関しては次のような所見を述べた。

『この組合せ法のうち最も多いのは甲伏（こうぶせ・かぶせ）、捲《まく》り等である。更に四方詰、三枚鍛、折返三枚鍛等があるが、これ等は何《ど》れも刀匠が、鋼材及び労力節約の為にとった簡便方法であって、この組み合わせによるものと思われる物の多くは、硬・軟鋼の配置は十中八九までは不平均になってい

図1　甲伏、捲り鍛え

皮・心鉄構造の中では最も実用的な造り。装飾刀と化した江戸泰平の世で、四方詰等の造り込みはその弱点を晒（さら）さずに済んだが故に、現代に至る迄、「高級な造り」と錯覚され続けている。

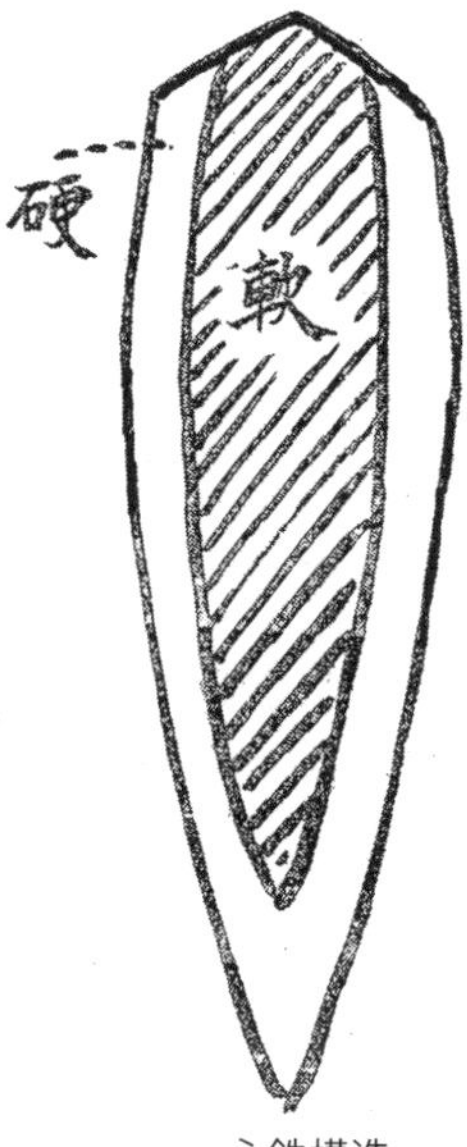

心鉄構造
甲状又はまくり

図3　相州廣光鍛法

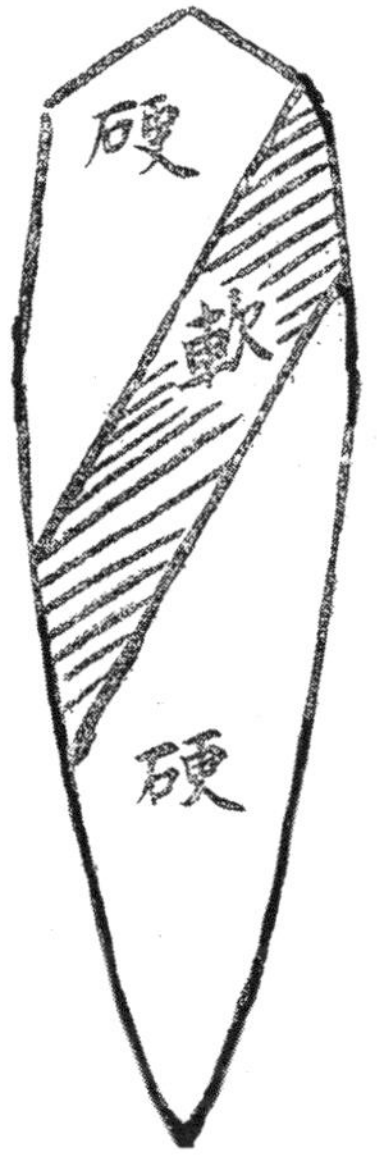

硬・軟鋼合わせ
相州廣光鍛法

図2　古来関伝

この典型として二代兼元の刀身構造を58頁に掲載した。一方、人間国宝・天田昭次刀匠は、大和物古刀を破断目視した結果、丸鍛えの刀身に刃金を差し込んだだけの「割刃鍛え」が次々と出てきたと証言している。

硬・軟鋼合わせ
古来関伝

図4　笹掻鍛え断面図

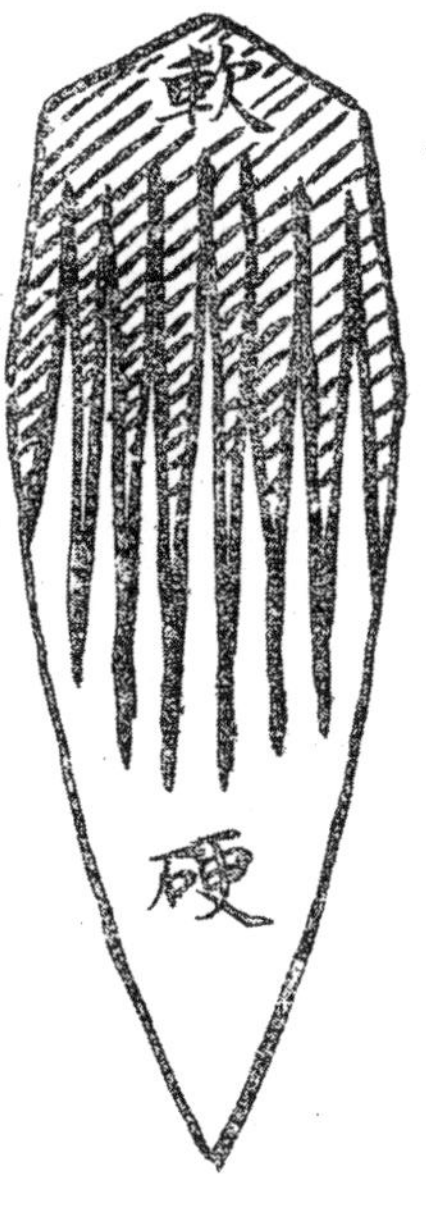

硬・軟鋼合わせ
笹掻き鍛え

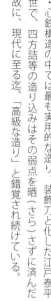

図5　笹掻鍛え組み合わせ鍛法

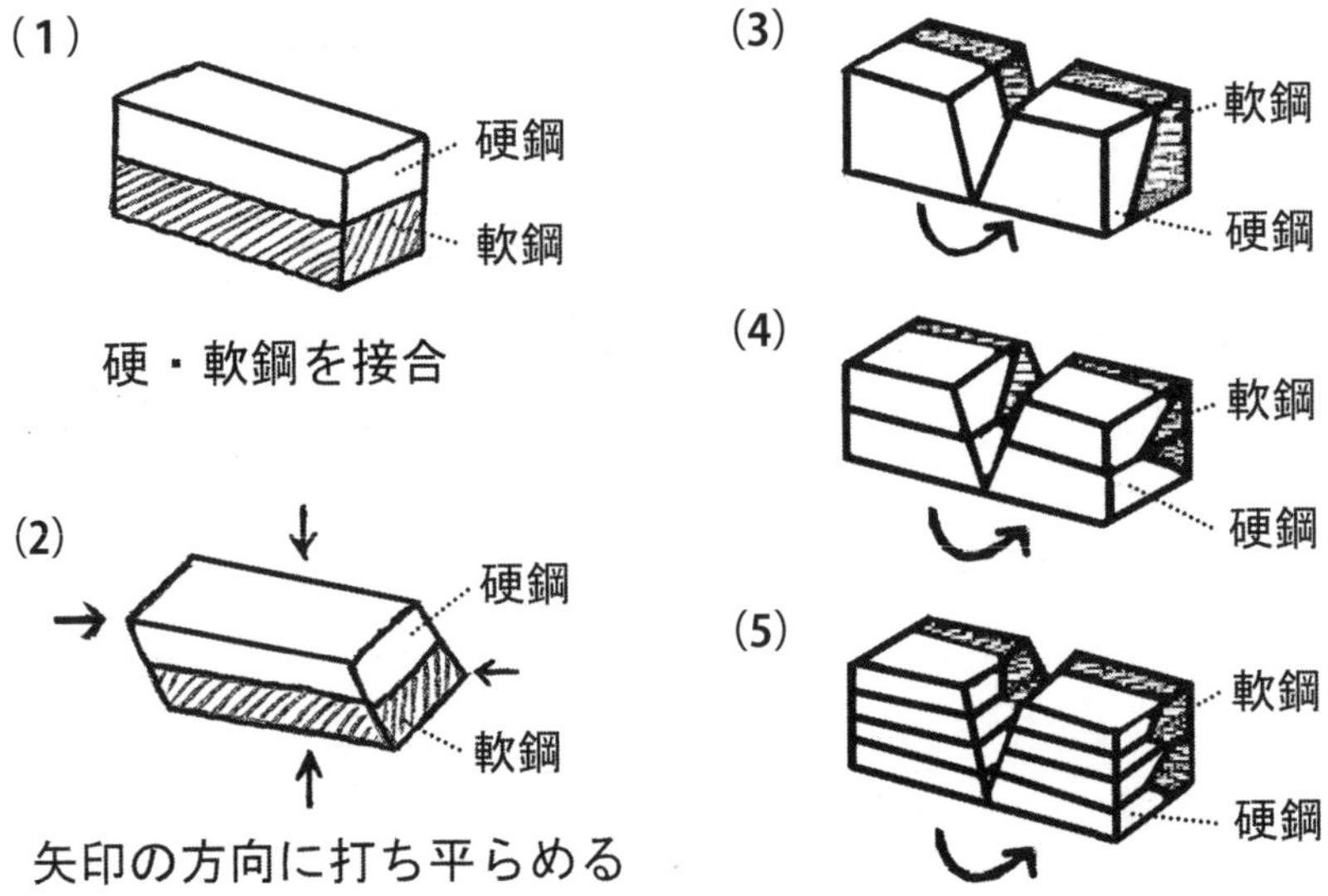

この鍛法は、折返えし度数が多過ぎると、硬・軟鋼の炭素交換が行われる恐れがあるので、七回の折返しに止めた。
即ち、硬鋼と軟鋼とは各壹百二十八の相対する楔（くさび）状に組合わされている。

る。これ等の組合せは理想としては最もよいように思われるが、この実現に当たっては非常な刀匠が、非常な手数をかけない限り硬・軟鋼が平均に配置されることはない。この硬・軟鋼の配置の乱れが刀身の各部分に強弱の箇所を生み、多くは研がれる度《たび》毎に硬鋼のみが減ることになって、何時とはなしに軟鋼の割合が多くなり、所謂《いわゆる》心金が現われて戦闘力を失ってしまう。その点、現在判っているもので比較的完全なりと見るべきものは、関伝の組合せと相州伝の中の一種の組合せ法のみである』

※皮・心鉄構造の刀身は、小倉陸軍造兵廠やその他の刀身断面顕微鏡写真、目視スケッチなどでも硬・軟鋼の乱れた配分が確認できる。
理論と実際の隔たりから、皮・心鉄構造は実用的な刀身構造とは言い難かった。特に、研ぎ直しには致命的な欠陥を持つ刀身構造だった。

こうした状況に基づき、柴田刀匠は「笹掻鍛《ささがききたえ》」と称する構造を考え出した（図4・図5）。

この「笹掻鍛」は、『いくら研減っても硬・軟鋼の割合が同じであると共に、この二種の鋼が程よく組合わされていて、最も完全にして理想的な方法である』との自負を語った。

三　使用鋼材

『この軍刀身の材料は、普通鋼に比べて更に軟かい「撓《しな》い鋼＝錬鋼」を適当に鍛錬して刃部に用いた。これは所謂《いわゆる》「甘斬れ」を主とすると共に、刃に耐久力を持たせる為である。又棟部は「卸鋼《おろしがね》」の焼が入るか入らぬかと言う程度の軟らかいものを適当に鍛錬して用いた。昔、燭台《しょくだい》を切ったとか、兜を割ったとか言う刀は矢張り『甘斬れ』の刃味のものであったと思われる節がある。鍛冶が生鉄を切る鏨《たがね》は最も硬度の低いソルバイト程度の焼き入れをしていると同様の理由ではなかろうかと思う』と推量した。

※甘斬れ：刃欠け、刃折れなどがし難い。砥石にかかり易く簡単に刃が付く。切味の持続は短いと言われる。

四　刀姿・体配

刀の性能は使用鋼材、造り込み、焼入れ・焼き戻しに依るところが大きいものの、刀姿・体配も重要であると考えられた。そこで柴田刀匠は、斬味の優れた相州伝と頑丈な大和伝の融合を目論んだ刀姿・体配を設計した。即ち『刀の型として一番斬味の勝れたものは、相州伝のものである。俗に大段平《おおだんびら》と言われるものである。これは鎌倉末期に当たるが、南北朝末期には忽然《こつぜん》と消えて終った。理由は、元寇《げんこう》の更なる来襲を予想して、蒙古の革の甲冑対策で作られたものであるものの、幸か不幸か三度目の元寇の来襲は無かった為に、結局廃《すた》れてしまった。

※相州伝：反り浅く、身幅広く、重ね薄く、鎬高く、鎬幅狭く、平肉少なく、先身幅細らず、切先延び、ふくら枯れ。

刀として丈夫な型とは、先ず大和伝の型が第一であろうと考える。この大和伝の刀は、試刀などに当たり特にズバ抜けて斬れるというようなことは無いが、その地味な点は折れず曲がらずということに就いて一番心配がないと考える。従って、今日の軍刀として理想の上から言えば、相州伝の様に斬れて、大和伝の様に丈夫で、しかも持った調子の良いものであることが必要であると考えた。そこで、斬るところの物打より上を相州伝とし、折れ易いところの鍔《つば》元《もと》より約一尺位までを大和伝とした。即ち、切先に行くに従って次第に鎬幅を狭くしたのである』（図6）。

※大和伝：鎬高く、鎬幅広く、重ね厚く、平肉豊か。

この型の利点は、次のようなものであった。

（一）一番に屈撓《くつどう》（＝曲がり撓《たわ》む）を受ける鍔元は丈夫である。

（二）中間から上は切味がよい。

図6　刀姿

反りが浅くても、反りの深い湾刀と同じ性能を備える。

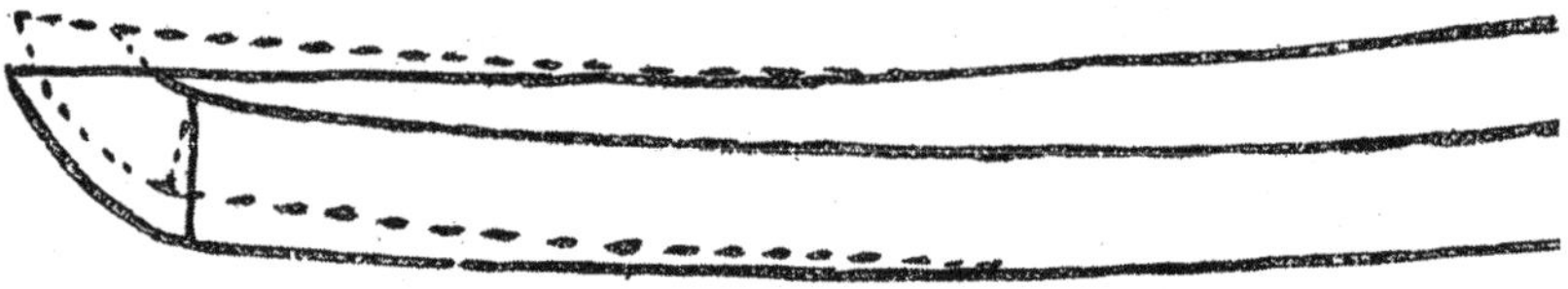

(三) 持った調子が良い。
(四) 反りが浅いので突きがよく利く。(五) 鎬幅が切先に行くに従って狭いので反りの深いものと同様の調子である(図6の点線の部分)。故に片手切薙切《なぎきり》には彎刀《わんとう》同様である。

五　焼刃に就いて

柴田刀匠は、幅二寸・板厚三分の真鍮《しんちゅう》板と、刀掛になっていた鹿角とを試斬した。この堅物斬りで、乱刃焼きの刀身は刃の欠損巾が狭く、直刃焼きの刀身は欠損巾が広いという結果が出た。その後、数回の作刀実験と試斬を繰り返し、硬くて狭いものを切る場合は、乱刃のものは直刃のものより遙かに実用価値が高いという確証を持つに至った。柴田刀匠は言う。

『実用刀は是非乱刃でなければならぬと考えている。元来、乱刃の足入りに就いては、私等刀匠の立場から、これまで最初焼刃渡しの際に刃切れを恐れての細工であって、それが却《かえ》って美術的立場から鑑賞されるようになったと考えている。そして、実用上、乱刃と直刃との差異に就いては、従来、何らの関心を持っていなかったのであるが、試刀の結果より見て、乱刃足入りのものは、最初から実用本意が主となって作られたものである。現に戦国時代、頑丈に出来た甲冑《かっちゅう》に対して作られた実用一方の刀は、殆《ほとん》どが五の目《ママ》（編注：互の目）丁字乱刃足入りであると言うことは、その点を暗示している様に思われる。又一方から言えば、元来、刀は硬・軟の鉄の組み合わせが、実用上から研究され改良されて発達したものとするならば、同様の意味で、刃毀《こぼ》れに就いても、その性質上、硬・軟の部分があって、これを防ぐ方法が無ければならぬ。この為、乱刃足入りと言う軟い線の部分を、硬化させた刃部に入れると言う工夫もあって然るべきと信ずるのである』

こうして、柴田刀匠は乱刃に軟らかい足を入れる事で直刃に比べて大きな刃毀《こぼ》れを防ぐという事を試刀と実例から結論付けた。焼刃渡しの刃切れを防ぐ目的で乱刃が着想されたが、結果として大きな刃毀れを防ぐ事になった。これは注目に値する。乱刃足入れは実用の観点から生まれ、刃文美鑑賞の対象になると云う思わぬ副次的効果をもたらした。

六　刀樋に就いて

柴田刀匠の刀樋に関する見解は以下の通りである。

『樋を掻《か》くと、刀身が軽くなり、上手に掻くと調子がよくなり、曲がり難いことになる。然し、それと同時に欠点も相当にある。現在残されている樋を掻いた刀は、その十中の五六までは磨上げて短くした為、調子を毀《こ》わしたものに調子をつける目的で掻いた俗に言ふ後樋である。即ち、樋に依って刀身を削る量を加減して調子を整えるというものである。時には鎬筋の疵《きず》を削り取る目的で掻いたものもある。

次ぎに欠点を言えば、樋を掻いたものは一度曲がると元の型に直すことが非常に面倒である。大方その曲がった部分に節がついて了《しま》ふ。手数をかけて原型通りに直った様に見えても、少し無理をすると一度曲がったところからまた曲がることが多い。これは試刀の際などにしばしば現れる。樋のある刀を試した時、ある部分が急角度に曲がったら、その部分はかって曲がったことがあると思って大抵間違いない。樋を掻いた刀身は折線的に曲がるので全く始末が悪い。樋を掻かないものは、かって曲がったことのある痕《あと》として「百足《むかで》しない」などを残してあるものでも、その部分が特に弱いと言うことはない。樋を掻いた刀を振るとヒュヒュと笛のような音が出るので、古来、夜討に忌《い》むとされた。

樋の欠点は以上の通りで、已むを得ないときに掻けばよいので、初めから調子のよいものであれば、別に樋の必要は無い』

写真2-1　刀身全景

写真2-2　切先と鎺元半景

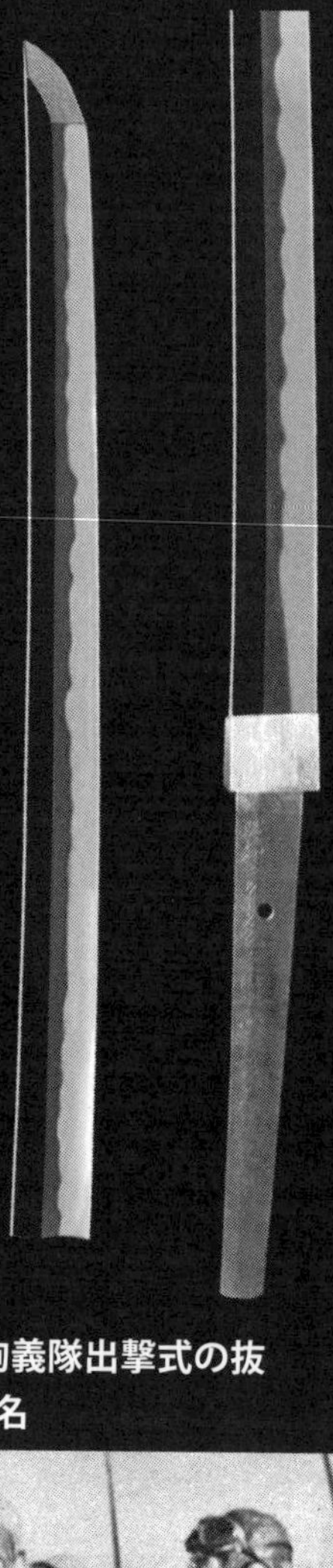

写真2-3　茎銘

（左）表銘：見敵必殺報國恩　應特攻隊需　果花押

（右）裏銘：昭和二十年三月卅一日大戦果発表之日

特攻隊員の霊に報いる為にこの刀は打たれた。

写真2-4　陸軍第10八紘隊・殉義隊出撃式の抜刀礼。隊長・敦賀真二中尉以下9名

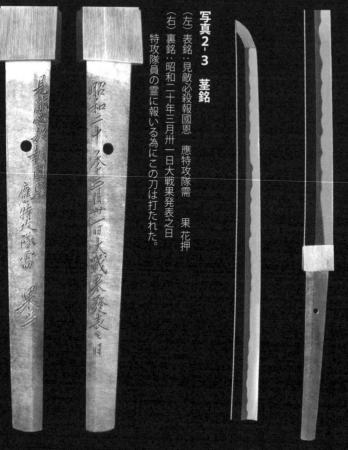

七 縒直し

刀身は焼刃土を刃側に薄く、棟側に厚く塗る。焼入れによって刃側は急冷されマルテンサイト組織になり膨張する。刃側は圧縮の力が働き、棟側は引張りの力が発生する。両者を残留応力という。要は刀身内部に異なる力の働きを内包しているということである。これは「ひずみ」とも表現できる。やっかいなことに、刃・棟ともにこのひずみは不均質である。この不均質な力のひずみは熱処理手法の焼鈍《やきなまし》によってかなり緩和されるが完全ではない。刀身に打撃が加わった時、このひずみによって打撃点に歪みが生じて刀身は脆弱になる。

※焼鈍し：通常は完全焼なましをいい、723℃の変態点以上30〜50。C高い温度に加熱して、適当な方法で除冷する。その結果、鋼は軟化し、刀身残留応力の全部または一部が除去される。

柴田刀匠は自作の短刀を進呈した著名な研ぎ師から、鍛冶慣用語の『張り』に不平均なところがあることを指摘され、刀身の完成には、この歪みの除去、即ち「縒直《より》し」が最も重要であることを認識した。殆どの刀匠は焼鈍を最終と考えて、縒直しに無関心であるが、縒直しをしていない刀は「鈍刀と化す」とまで言い切っている。

柴田刀匠の縒り直しは以下のような物理的手法によった。『先ず刀身の狂いを（物理的に）直して、大抵刃も棟もウネリが真直になったところで、巻藁に棟部から、まだ刃が付いていない状態の刃部から、あるいは両側面から打ってみた。その結果、この刀身の残留応力の不平均なところは縒《より》となり、あるいは刃のタゴミとなり、あるいはウネリとなって現れた。そこでこの歪みをよく取った。更に巻藁に打ち付けて歪みを取る操作を十数回繰り返したところ、巻藁に打ちつける度びにビンとはね返る弾力が刀身についてきた』

※タゴミ：主に東北地方の方言「たごむ」「たごまる」の形容詞と思われる。くしゃくしゃになる、膨らむという意味であろう。

この縒り直しで刀身に弾力を生じたという結果が試刀の好成績につながった。

八 試刀

造られた軍用刀身には天草砥迄がかけられた。

※天草砥：研ぎに使う中砥石

板の上の空俵に箍竹《こたけ》（＝竹のたが＝輪）を入れて束ねたものを斬った。これは全断し、箍竹の詰まった俵の吊し斬

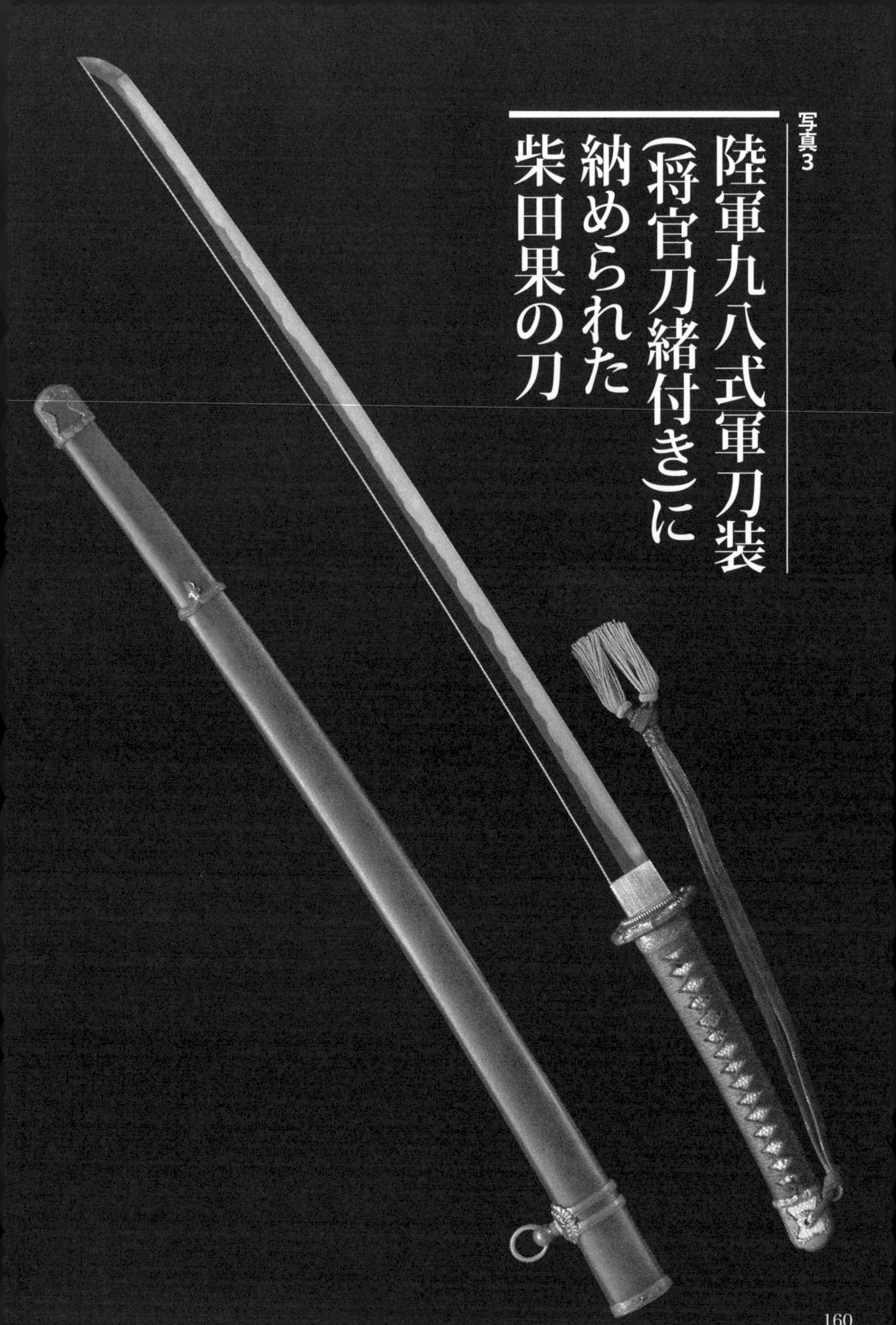

写真3

陸軍九八式軍刀装（将官刀緒付き）に納められた柴田果の刀

りも試みて、これも全断した。そこで、試刀の心得が全く無い酒屋の若衆に斬らしてみたところがこれも全断して刀身に異常が無かった。これは大変重要なことである。軍人といえども将校達はほとんど試斬の訓練をしていない。刃筋を立てるなどということは無縁である。そうした試斬の素人でも被切物が断ち切れて、且、刀身に異常を来さないという意味は大きい。柴田刀匠は『次第に斬れ味が冴えて来たのは面白い現象である。これは鋼の選定に関係していると思われる。又、打撃点について、切先の重い刀の打撃点は短いが、この刀は切先を軽くしているので打撃点が長くなっている。(剣技の素人が使う)軍刀に備わるべき要件である』との所感を述べた。

刀を受領したS大尉とその同僚達も、板の上に巻藁三束を重ねて試斬した。手練れの将校は下の板まで切り込んだが、試斬素人のS大尉は二束半の切断に止まった。いずれにしてもこの刀の切れ味に皆が驚いた。これまで(陸軍)戸山学校にて試した他の刀でこれ程切れる刀は無かったという評価だった。■

四　規格化と造兵刀

一　刀身規格化の背景

刀匠の力量に依存する個別手作りの日本刀は、利刀から鈍刀まで、外型・寸法、性能はバラバラだった。「日本刀」という名称で統一的に表現できる性能・仕様は存在しないことを既に述べた。

日本刀を趣味の視点として捉えれば、こうした多様な刀身は魅力的な鑑賞対象物に違いないが、戦いの武器としてみると、性能・仕様が平準化していないことは極めて不都合だった。何故なら、刀身性能がある程度平準化していないと、自軍の戦闘力の想定に齟齬《そご》を来たし、反りの少ない大段平《おおだんぴら》と、反りの大きい湾刀では自ずと戦法も違って来る。戦法の立案と訓練が複雑化することは軍備の構築に好ましいことではない。刀を帯びる武士個人にとっても、佩刀の性能確認は重大な関心事だった。

ところが、天草の乱が終結してから幕末の動乱が始まる迄の約百八十年の間、刀は武士の装飾刀と化して長い怠惰《たいだ》の時間を貪《むさぼ》った。幕末になって、諸藩は常備刀の見直しを始めた。厳しい試斬を実施して、各々の強度基準を設定した。有名な松代藩と水戸藩の例は既に述べた通りである。

明治に創設された国軍は、戦闘の主体である下士官・兵（帯刀本分兵のみ）に兵器としての日本刀を三十二年式軍刀として支給した。洋式装備を基本とした軍は、日本刀の工業化に取り組んだ。刀身の雌《めす》型パレットに洋鋼（精錬されたゾーリンゲン鋼）を載せ、機械鍛造で規格刀身を整形した。焼入れ・焼き戻しは刀身の強靱性に最適な数値を設定した電気炉で処理され油焼入れされた。焼刃土による刃文の生成は不要として省かれた。この一部は、昭和十年に陸軍刀剣鋼を使い、洋式柄を日本式柄に変更して九五式下士官刀となった。いずれも仕様・性能が均質な刀身だった。

九五式下士官刀の評価に先立ち、陸軍戸山学校では古作日本刀の強度試験を実施している。その結果、古作の名刀と称されるものでも、実戦に覚束《おぼつか》ない刀が多々あり、古作日本刀を検証もせずに軍用刀身に採用することは危険であるとの警鐘を鳴らした。九五式の試験結果、刀身強度は満足のゆくレベルを確保し、刃味は、手作り古作刀の中位に該当すると報告している。

※陸軍戸山学校：東京市新宿に所在した。歩兵戦技（射撃、銃剣術など）を研究し、教育を実施する機関。戸山流抜刀術、軍楽隊が著名である。

この頃、士官・准士官用（以下、将校用と略す）日本刀不足が深刻になっていた。その為、本来は下士官・兵用刀身の九五式刀身を将校用に拂下《はらいさ》げる処置が数回に亘り実施された。

昭和八年、官民の努力によってタタラ製鉄が「靖国タタラ」として出雲に復活し、壊滅していた刀匠の育成が漸《ようや》く始まった。

この時点での、将校用日本刀の需要数は七千二百本／年間と積算されていた。只、日本刀を打てる刀匠は、靖国神社境内に発足した「日本刀鍛錬会」の四名の刀匠を含めて十指に満たず、例え刀匠の数が増えたとしても、最大十本／（月・一人）の古来の造刀法では性能の均質化、量産、コスト低減は不可能と判定されていた。

二　陸軍受命刀匠制度

こうした状況を踏まえ、陸軍戸山学校は九五式軍刀身をベースに、地刃の美を加味した将校用軍刀の機械化造刀を推し進める提言書を陸軍省に提出した。然しながら、日本刀は刀匠が手作りするものという概念が刀剣界や世間に根深く浸透していた為、戸山学校の提言は直ぐには実現されなかった。遅ればせながら陸軍省兵器局は、昭和十三年九月、造兵廠長官に将校用軍刀の製造命令を下達した。これを受けて小倉陸軍造兵廠は将校用新軍刀の研究を開始した。

鋼材は玉鋼、陸軍刀剣鋼、安来白紙三号、水素還元鉄・電解鉄等の純鉄を比較し、量産性の観点から機械鍛造と人力鍛造の得失、玉鋼代用鋼の可否なども検討する大がかりな研究だった。

※玉鋼：靖国タタラ（東京九段日本刀鍛錬会）、広島市・帝國製鐵株式会社、東京芝浦電気株式会社、秋田市・秋田製鋼所などから供給された。

作刀実験と試験検査の結果、水素還元鉄（洋鋼）の機械鍛造が高成績を上げたが、信じられないことに、昭和十五年八月、陸軍兵器本部は「刀身ハ玉鋼本鍛トス」という通達を出した。

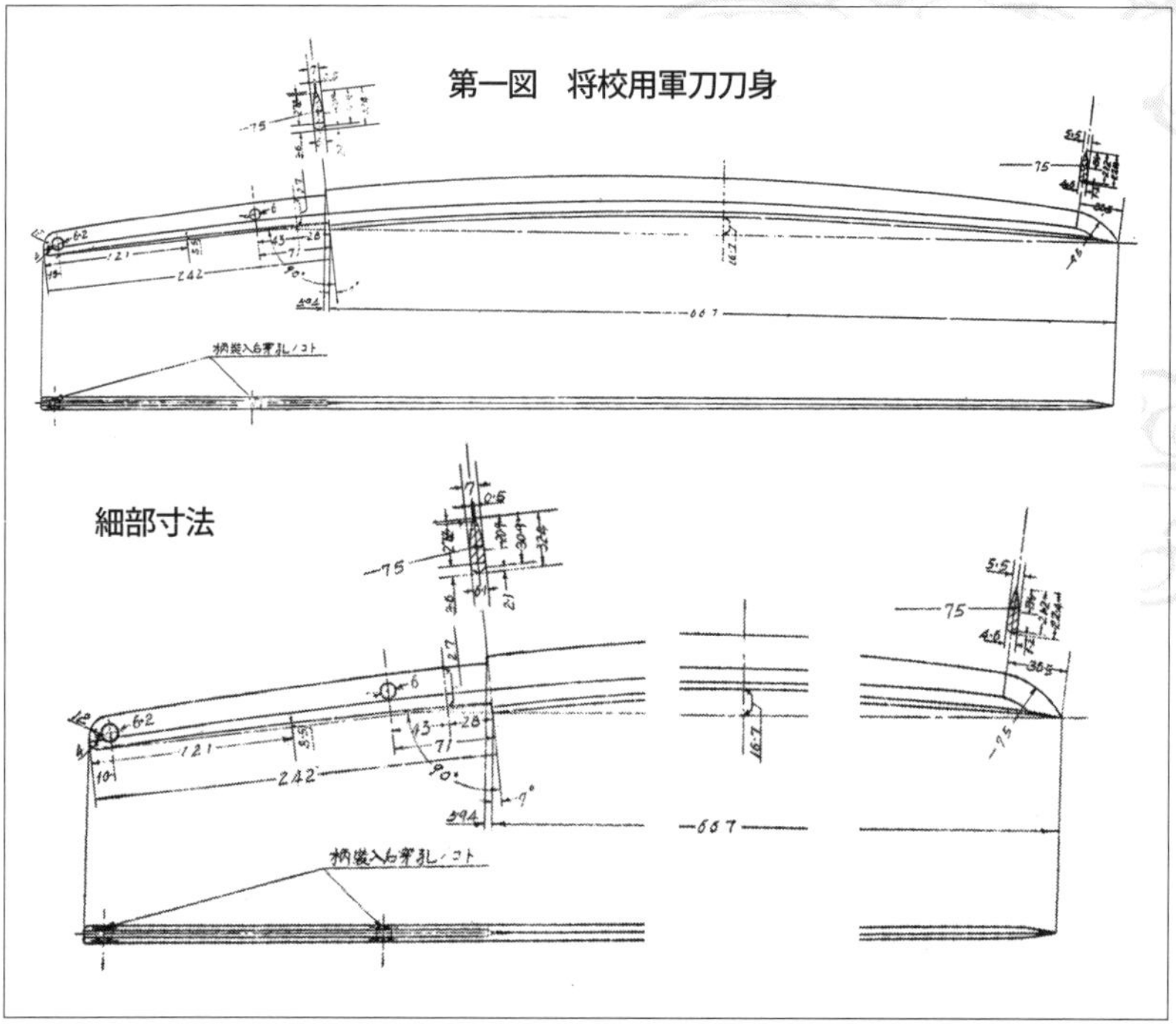

図1　小倉陸軍造兵廠将校用軍刀購買仕様図
小さくて見づらいが、細部に亘って寸法が規定されていることが解る。

刀剣界は鑑賞趣味人の集まりで、日本刀は玉鋼を鍛錬して造るものという固定観念が充満していた。軍や世間もそれに疑いを持たず、その結果がこの通達となった。日本刀の偏った固定観念がなければ、より高性能な刀身が効率良く実現できた筈である。日本刀の可能性の芽を摘んでしまったことが惜しまれる。これを受けて、小倉陸軍造兵廠は刀身の規格仕様をまとめて購買仕様書を策定した（図1）。

これと併行して、陸軍は将校用軍刀の増産を図るため、各都道府県の鍛冶組合・金物組合、或いは直接刀工に軍への刀剣の製作納入希望者を募った。納入する日本刀の材料（玉鋼・包丁鉄・木炭）は全て陸軍から支給するという好条件であった。応募刀匠に最も得意とする造刀法で刀身二口《ふり》を造らせ、担当地区の造兵廠に持参又は送り届け、軍の厳しい各種試験（重錘《じゅうすい》落下試験、棟打ち、平打ち、切味試験など）に合格する事が条件であった。

試験内容は、斬台の上の巻き藁二束による刃味試験、これをパスした刀身はシャルピー衝撃試験器による12キロの鉄錘《てっすい》（鉄の重り）を落とす落錘試験が実施された。

刃味試験でも折れる刀が相当数あり、シャルピー衝撃試験では落錘高さ2（高さ25センチ）までに折れる刀は折れ、それを耐えた刀は刃切れをしても最終の高さ10（高さ100センチ）まで耐えるという結果が出ていた。従って、落錘高3（高さ26〜35センチ）以上をクリアした刀身が合格とされた。この試験に合格した者が「陸軍受命刀匠」に任命された。刀身性能の確保の為に刀匠の選別が行われたということである。これら受命刀匠が造る軍用日本刀は性能・外形寸法・重量も細かく規定され、「制式規格」となった。この規格刀身は、小倉陸軍造兵廠がまとめた将校用軍刀購買仕様書を基にしていた。名古屋陸軍造兵廠関分工場長として軍刀製作の指揮を執った尾藤少佐は、受命刀匠が制式規格に則《のつと》って作刀する刀身を「陸軍制式現代鍛錬刀」と回想記に記述している。

三　陸軍制式現代鍛錬刀

「将校用軍刀々身加工仕様書」（制式規格）の抜き書き要点は次の通りである。

第一条　本品は別紙図面並びに左記各号により製作し、上研を施し納入するものとす。（一）切味良好にして特に平打及棟打に対して強靱なる性質を有し、容易に折損せざること。（二）形状は鎬造りにして華表反りとす。（三）本品は玉鋼及包丁鉄を以て木炭を使用し製作するものとし、制作者の最も得意とする鍛錬方法及硬軟組織の組合せにて可。刃鋼の炭素含有量は0・5〜0・7％の範囲とす。心鉄は包丁鉄に炭素を吸収せしめたるものにして数回の鍛錬を施し、介在物尠《すくな》く炭素含有量は0・05〜0・25％の範囲とす。（四）刃文は随意とするも刃文の深さは中程度とす。（五）中心（茎）の形状、鑢仕上及刻銘は特に入念に行ひ、銘は外装の一般型式と一致せしめ、佩裏《はきうら》に製作年月日（干支にても可なり）を彫刻するものとす。（六）刀身の肉置は棟地鎬地平にして、地及刃は適度なる弧形を有する蛤《はまぐり》刃とし、凸凹なく地研をなし、筋及角は一の曲線又は直線にして、表裏対称の形状を有し、砥石跡及「シケ」なく、地肌よく現れ、焼刃に沿ひて刃を拾ひたるものとす。鎬地及棟地は磨棒を用ひて研磨し、ハバキ附近は附刃せず、小鎬と松葉角の交点に於て重ねを若干増す如く研磨す。刃区・棟区の寸度は定寸に対して負を許さず。（七）反、身巾、重、切先の長さ其の他各部の寸法は図示の通とす。（八）長さ及び重量（図二参照）。（十）完成品の寸法形状は、添付図面と僅少の相違は許容し得べきも、重量の相違は許容せざるものとす。

※華表反り：上反り、鳥居反りともいう。
※太刀形式：軍刀は全て太刀形式。銘は「太刀銘」となる。

第四条　検査は左記各号に依り行ふものとす。

「陸軍制式
現代鍛錬刀
（通称：三式軍刀）」

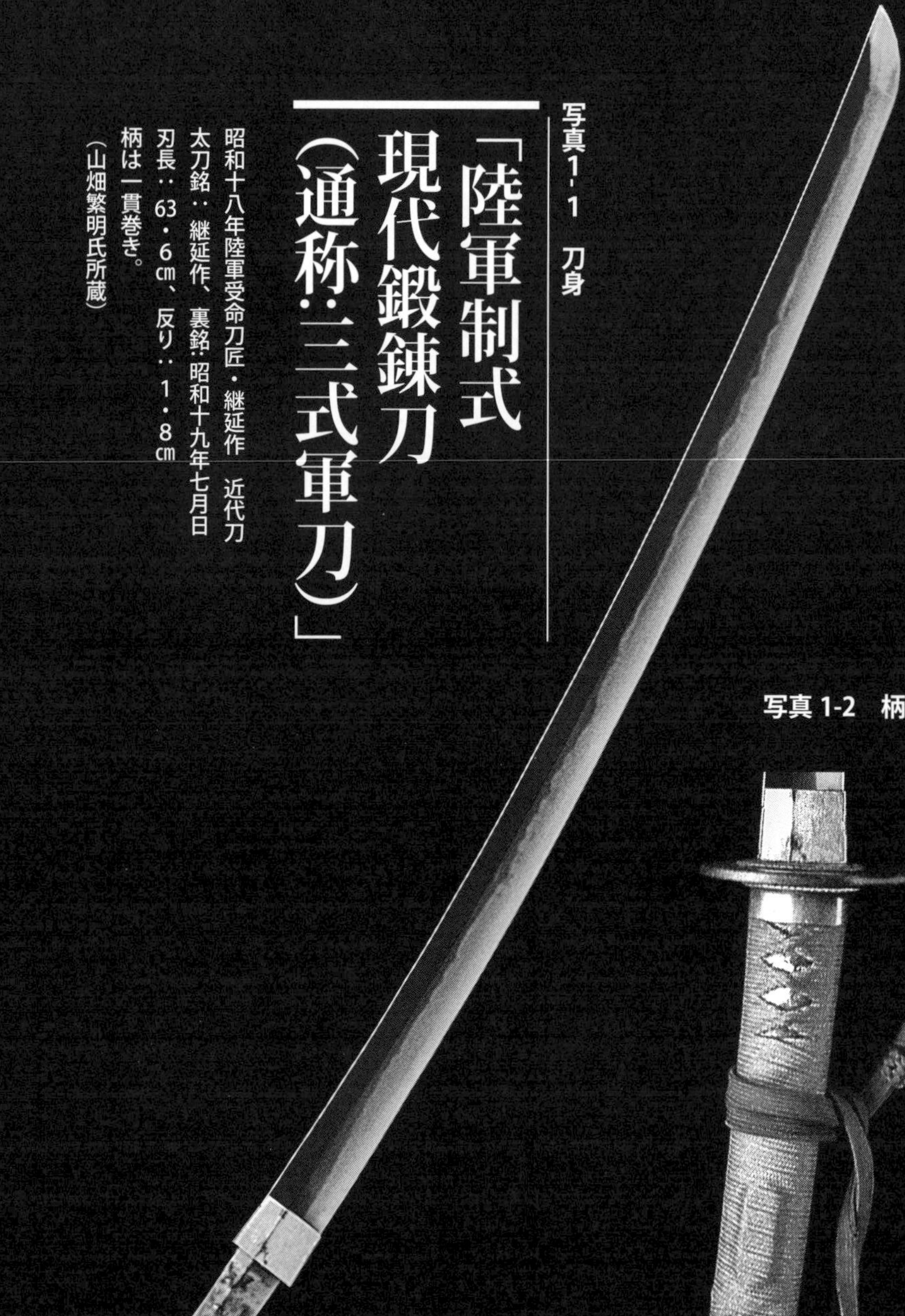

写真1-1　刀身

昭和十八年陸軍受命刀匠・継延作　近代刀
太刀銘：継延作、裏銘：昭和十九年七月日
刃長：63・6㎝、反り：1・8㎝
柄は一貫巻き。
（山畑繁明氏所蔵）

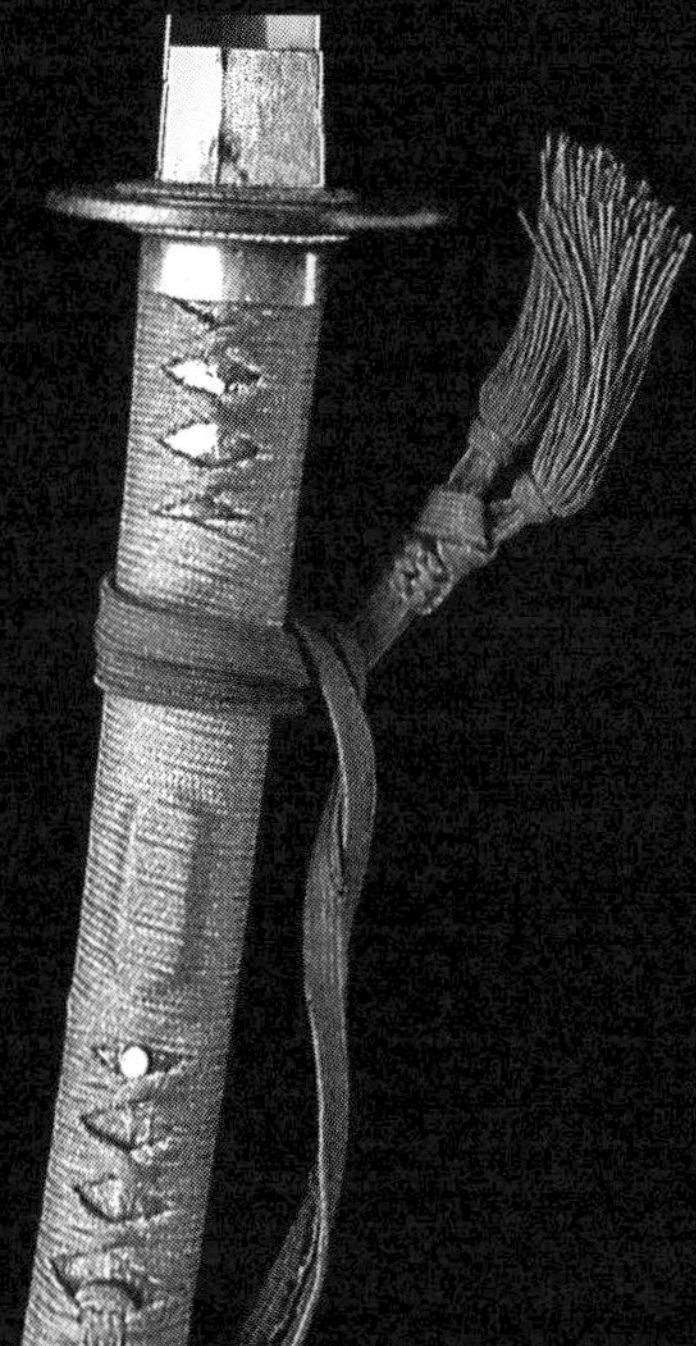

写真1-2　柄

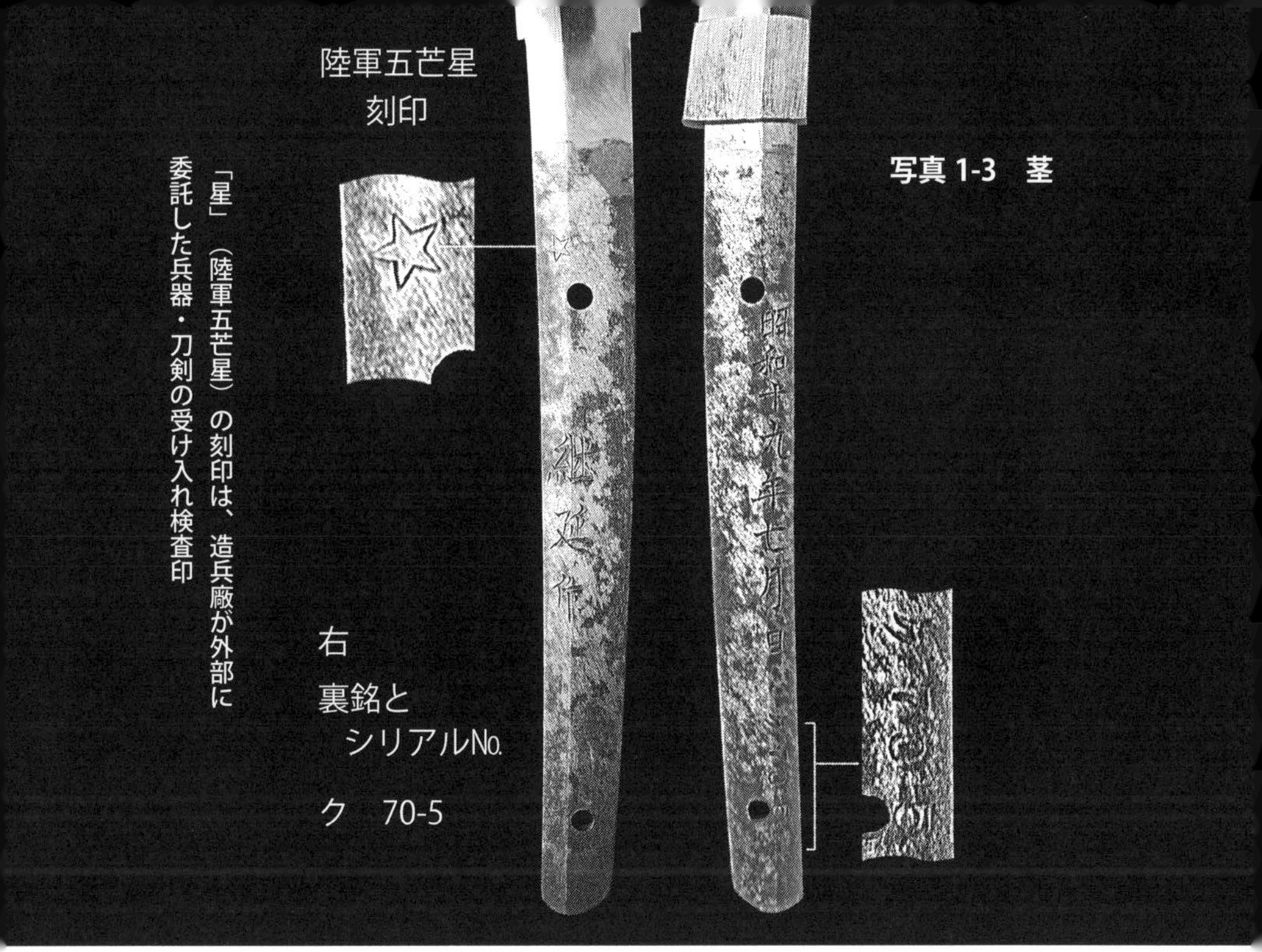

「星」（陸軍五芒星）の刻印は、造兵廠が外部に委託した兵器・刀剣の受け入れ検査印

写真1-3　茎

（一）持込の上、撻撃《たつげき》試験、切味試験、外観検査及び材料検査を行う。撻撃試験、切味試験は第一次持込（中名倉）の際行ひ、外観検査は第二次持込（研磨完了）の際行ふものとす。撻撃試験及材質検査は所要に応じ検査官の抽出する任意の一振りに就て行ひ、切味試験、外観検査は全数に就て行ふものとす。（二）撻撃試験は鋼管（直徑八十ミリ）に対し平打を行ひ、六十度湾曲するも折損せざるものたるを要す。（三）材料検査は前項供試品につき断面の顕微鏡検査を行ふものとす。（四）切味試験は巻藁（直径約十糎《せんち》のもの二束）、及、極軟鋼板（厚二ミリ、幅一センチ）につき試験するものとし、前者は切味良好にして切込量十二センチ以上、後者は刃コボレなく切断し曲りなきを要す。（以下略）

　この陸軍制式現代鍛錬刀（写真1）は、個別手作りの日本刀を初めて規格化した意欲的な試みだった。但し、造刀の効率化には無縁であった。小倉陸軍造兵廠の昭和十五年購買仕様書との主たる相違点は次の通りである。

（イ）佩用将校の身長に合わせて大・中・小の三種の刀身長を規定した。（ロ）茎長八寸を七寸に変更した。（ハ）二ミリ厚の極軟鋼板の切断試験が全納入刀に対して実施された。（ニ）過酷な撻撃試験が抜き取り検査に追加された。

図2　三式軍刀（昭和18年制定戦時軍刀）

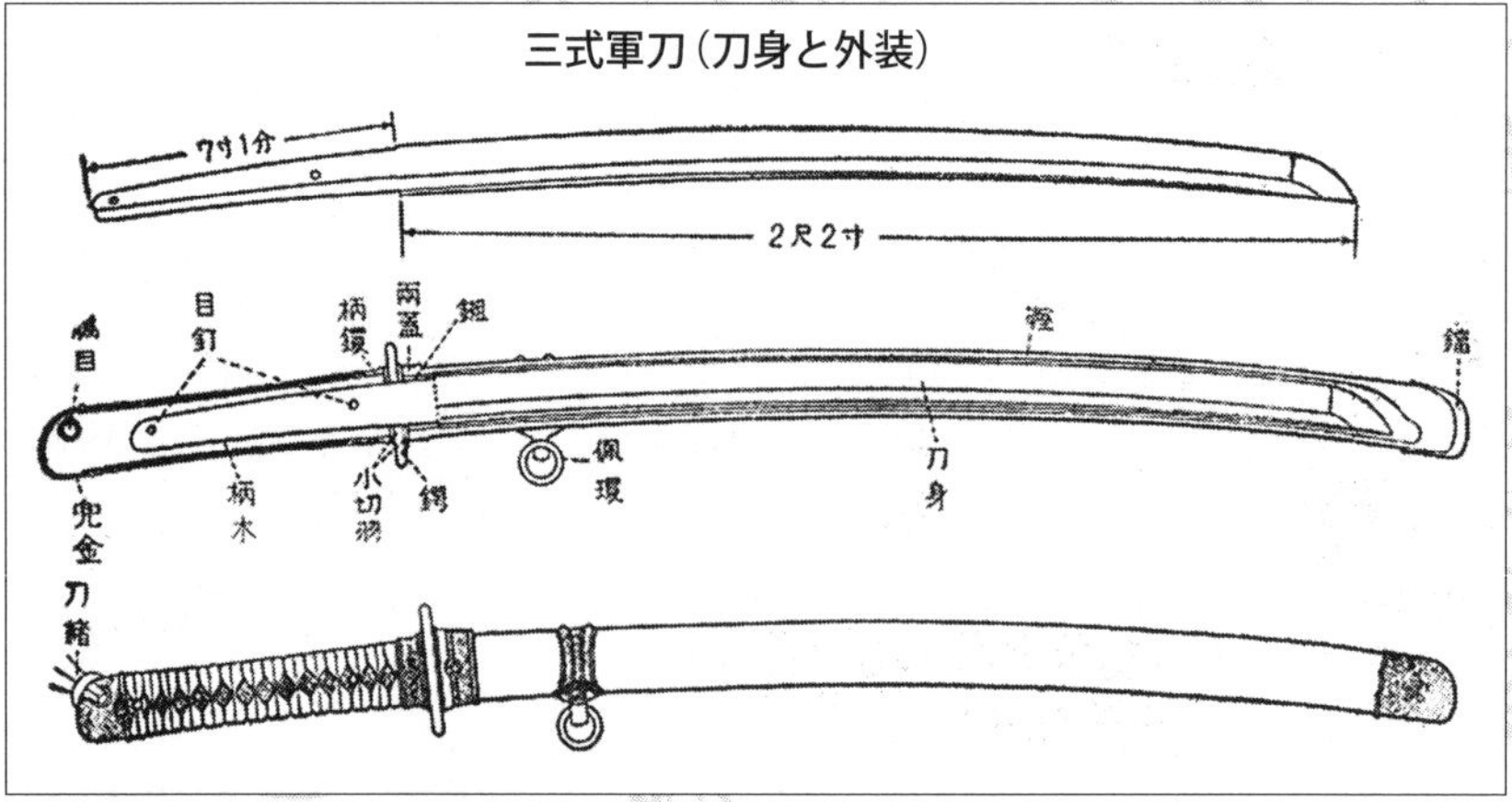

図の刀身は刃渡り「中」の刀身。

刃渡	小：2.0～2.1尺	195～205匁（約731～769グラム）
	中：2.1～2.2尺	205～215匁（約769～806グラム）
	大：2.2～2.3尺	215～225匁（約806～844グラム）
中心	七寸（約21センチ）	

図の柄巻きは諸捻り巻きであるが、実際は一貫巻きとなった。

造兵廠に納入されて検査に合格した刀身茎には、陸軍素材検査合格印の「星（五芒星）」が刻印された（写真1-3）。

※五芒星（ごぼうせい）：陸軍の軍帽などに使われた標章：「星」印と茎尻の方に番号刻印あるもの、「星」印と茎棟に検査印のあるもの、「星印」と小さい「関」印があるものなど多様。

この規定には顕れていないが、小倉の購買仕様書には「（刀身）先の重からざるものとす」と規定されている。これは打撃点を長くする為の柴田果刀匠による軍刀身の設計と考え方を一にしている。これは図面寸法上に反映された。又、茎の寸法は重要である。支那戦線で柄周りの損傷が多発した。主要原因は古作日本刀は磨上げもあって茎が異常に短いことにあった。この構造上の問題を改善し、実用に重点を置いた昭和十八年制定戦時軍刀（通称：三式軍刀）が制定された。従前の制式軍刀とは外装の規定だったが、三式軍刀は刀身まで規定された（図2）。実験の結果茎寸法は七寸に落ち着いた。戦訓から、併せて刀身茎の目釘を二個に補強した。又、多くの日本刀の柄巻きは「諸捻り巻き」（写真3）である。これは実戦で直ぐにボロボロになってしまった。柄巻きは一貫巻（実戦用天正拵え）に変更され、柄糸に漆を掛けて補強が図られた（写真2-4）。

軍が買い上げた軍刀は、軍の外郭団体である財団法人軍人

写真 2-1　刀身

写真 2-2　抜刀身・外装

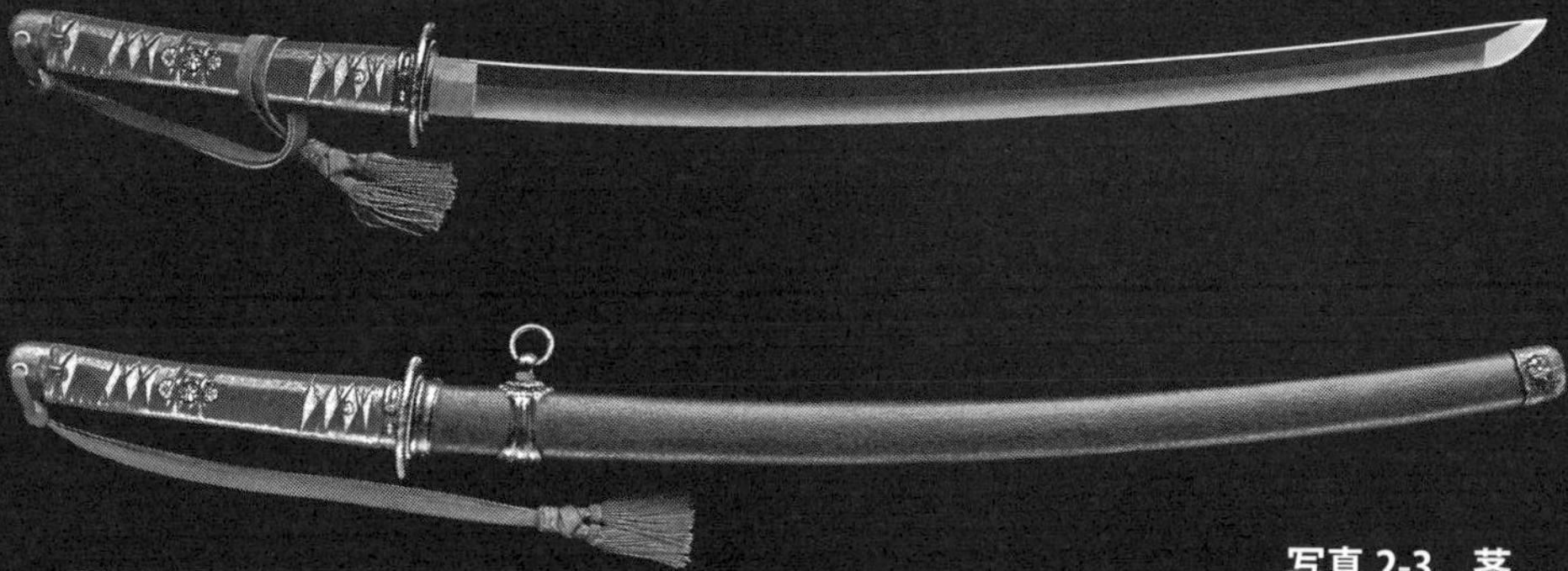

写真 2-3　茎

三式軍刀

陸軍受命刀匠・市原一龍子長光　近代刀

刃長：63.7 ㎝、反り：1.7 ㎝　　（荻野一信氏所蔵）

星刻印と裏銘が無いので、陸軍制式現代鍛錬刀の規格のどれかが外れたものと思われる。

柄は一貫巻き。天正の戦乱期に実戦向きの柄巻きとして登場した。実戦の戦訓から強度保持の漆がかけられている。

写真 2-4　柄

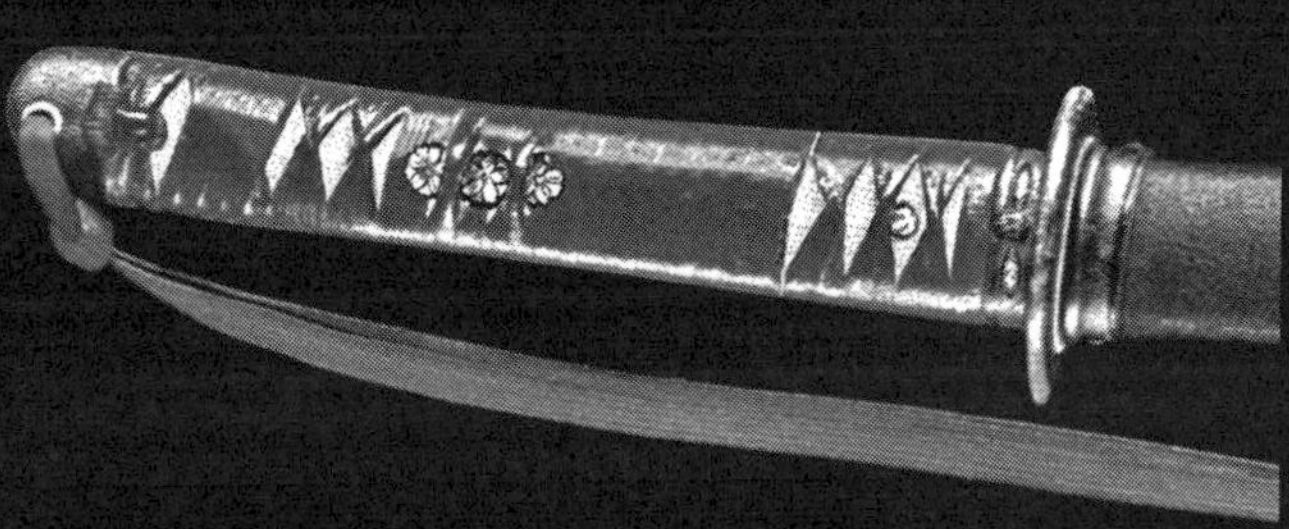

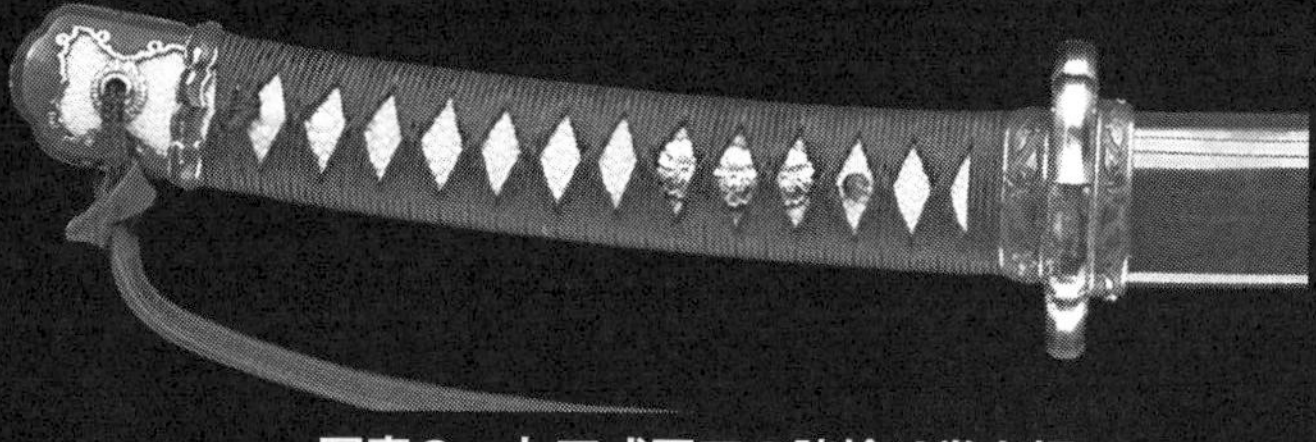

写真 3　九四式軍刀の諸捻り巻き柄

日本刀の柄巻きでは最も一般的。大東亜戦の実戦で脆さを露呈した。

会館、偕行社（陸軍）、水交社（海軍）を経由して販売された。造刀数は名古屋陸軍造兵廠関分工場の尾藤少佐の回想記しか資料がない。これによれば、昭和十九年末期に於ける各種軍刀の生産量（同工場分／月産）は次の通りとなっている。

・九五式軍刀（完成品）三千五百振り、
・造兵刀（完成品）千二百振り、
・鍛錬刀（愛知・岐阜県下）八百振り。

※これは一般鍛錬刀（普通の日本刀）と陸軍制式現代鍛錬刀の合計と思われる。全国鍛錬刀の生産数の約半数に当たると記されている。ただ、完成品とされていないので、検査前の員数の可能性もある。陸軍制式現代鍛錬刀の正確な生産数は判らない。

受命刀匠といえども、規格刀だけを作刀したわけではない。一般日本刀も当然作刀した。この規格がかなり厳しい為、寸法が大幅に外れたり、重量が外れた物は刀匠に返され、一般日本刀として刀剣商や将校に直接販売された（写真2-1）。

四　造兵刀

国家総動員として昭和十六年十月から文系学徒の徴用が始まり、昭和十八年十二月、理系学徒も動員され約十三万人の学徒が出陣した。彼等は直ちに見習い士官となったので十三万本の将校用軍刀の需要が発生した。終戦迄に出陣した学徒は約三十万人と推定される。この夥《おびただ》しい軍刀需要に対して、造兵廠は漸《ようや》く「造兵刀」の製作に取りかかった。これの形状寸法等は概《おおむ》ね鍛錬刀に準じたもので、刀身は刀剣鋼（Ｃ1・0％～1・1％）（既述）を使用し、機械的に整形して電気炉による油焼入（温度８４０度）・焼戻（５３０度）したものを鍛錬刀に準じて上研ぎした。九五式軍刀の制作法に準じたものだった。陸軍戸山学校が将校用刀身の機械化製造を提言して六年以上の歳月が空しく過ぎていた。

尾藤少佐は、『軍刀の不足は夥《おびただ》しく、製造元に矢の様な催促を受けた。鍛錬刀は大量生産の道なく、せめて造兵刀の大量生産へと思い直営生産を主体として民間工場と共に十九年の初頭に生産を軌道に乗せた。然し、十年の遅きに失したことが悔やまれる』と回想記に述べた。小倉及び名古屋造兵廠が造兵刀を、南満造兵廠が満鉄刀を量産している時点で、兵器行政本部・将校軍刀鑑査委員会(刀剣界の嘱託で構成)は「特殊綱刀、造兵刀、満鉄興亜一心刀は代用軍刀として採用しているが、何れ本鍛錬刀に総て切り替える」と布告した。これは量産に逆行する狂気の沙汰である。地刃の美を刀の目的と錯覚し、刀の本質（目的）すらも解っていない連中が刀剣界の主流を占め、斯界の権威者として軍刀行政の中枢にいたの

「造兵刀」

前期造兵刀：昭和十年前後、九五式軍刀を転用した物。
後期造兵刀：昭和十八年位から機械化造刀法で新造された物。

名古屋陸軍造兵廠関分工場の尾藤少佐の回想記では陸軍刀剣鋼を使ったとあるが、小倉陸軍造兵廠の嘱託だった九州帝大の谷村凞教授は戦後の論稿の中で「玉鋼」を使ったと述べている。どの鋼を使ったかは特定できない。

茎にある四つの砲弾マークは小倉陸軍造兵廠の標章。関東大震災で東京造兵廠が壊滅。東京の主力は小倉造兵廠に移籍して大きな組織になった。この標章は元々東京造兵廠が使っていた。従って、小倉（東京）造兵廠と併記されることが多々ある。

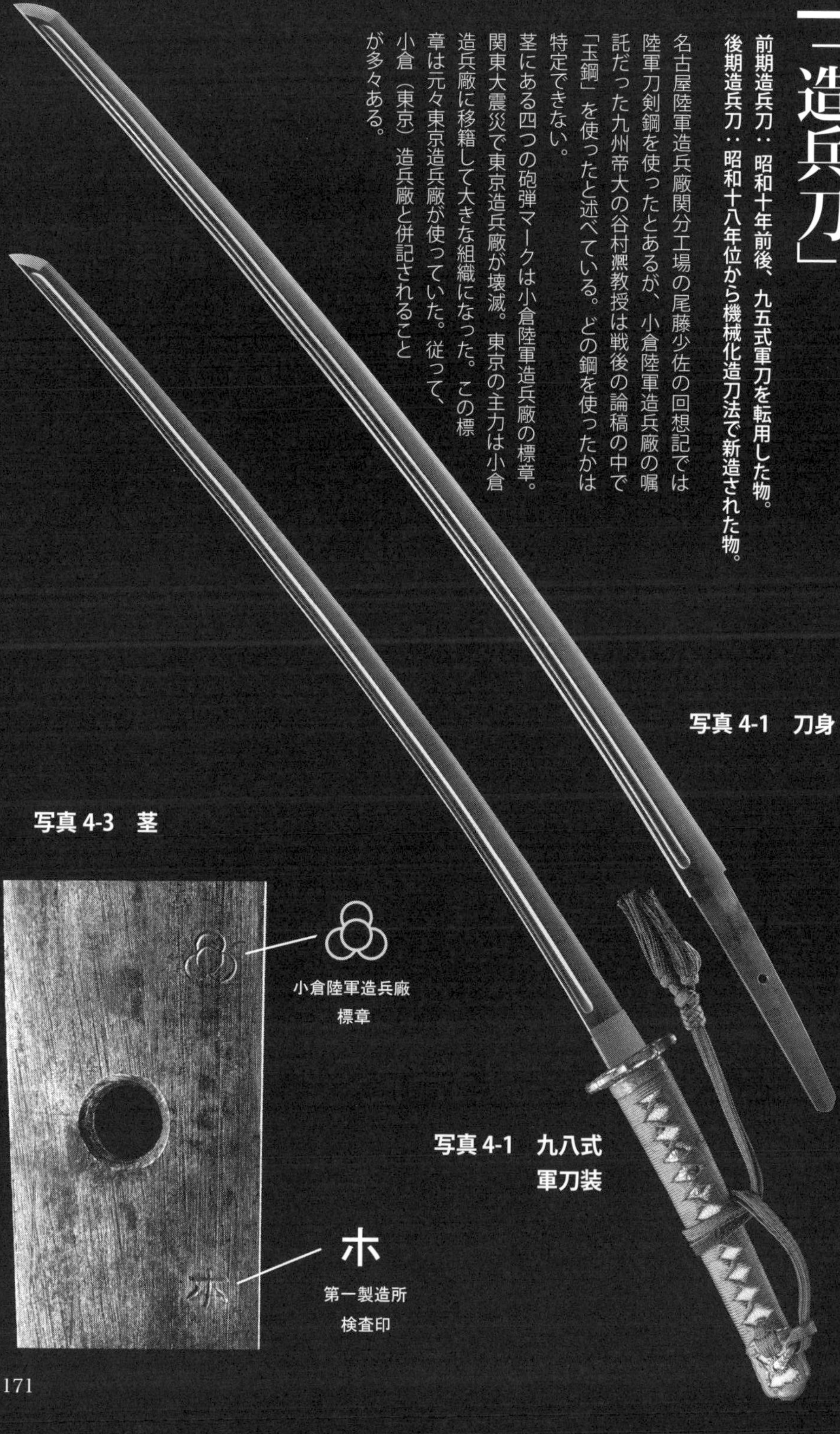

写真 4-1　刀身

写真 4-1　九八式軍刀装

写真 4-3　茎

小倉陸軍造兵廠標章

ホ

第一製造所検査印

である。こうした軍刀行政の愚かしさは、総て偏狭な日本刀妄想に起因していた。■

五　「新日本刀」とは何か？

写真1　昭和十三年頃の大村邦太郎

一　新日本刀

如何に優れた軍刀を造るかとの様々な試みがなされたが、その中の一つに、大村邦太郎氏（写真1）が案出した刀身がある。氏は、戦前・戦中、月刊雑誌『刀剣工芸』を主宰する他、日本刀研究の成果を数種の本に著《あらわ》して刀剣界をリードした重要人物だった。

　大村氏の研究の特色は、破損刀剣、破断面の検査、各種試断など、自ら行う徹底した実践検証に基づいている点にある。軍用刀身の設計に当たり、耐寒性能、強靭性、曲がった刀身の復元性、斬味の持続、製作費の低減を重視した。中でも、冷却剤を使って零下六十度に冷やした刀身を常温の部屋に横たえて、その刀身の側面を別の日本刀で斬撃する試験などは圧巻である。この試験で應永《おうえい》以前の古刀は、耐寒性を備えていたことが明らかになった。それ以降

図1　新日本刀の刀身構造

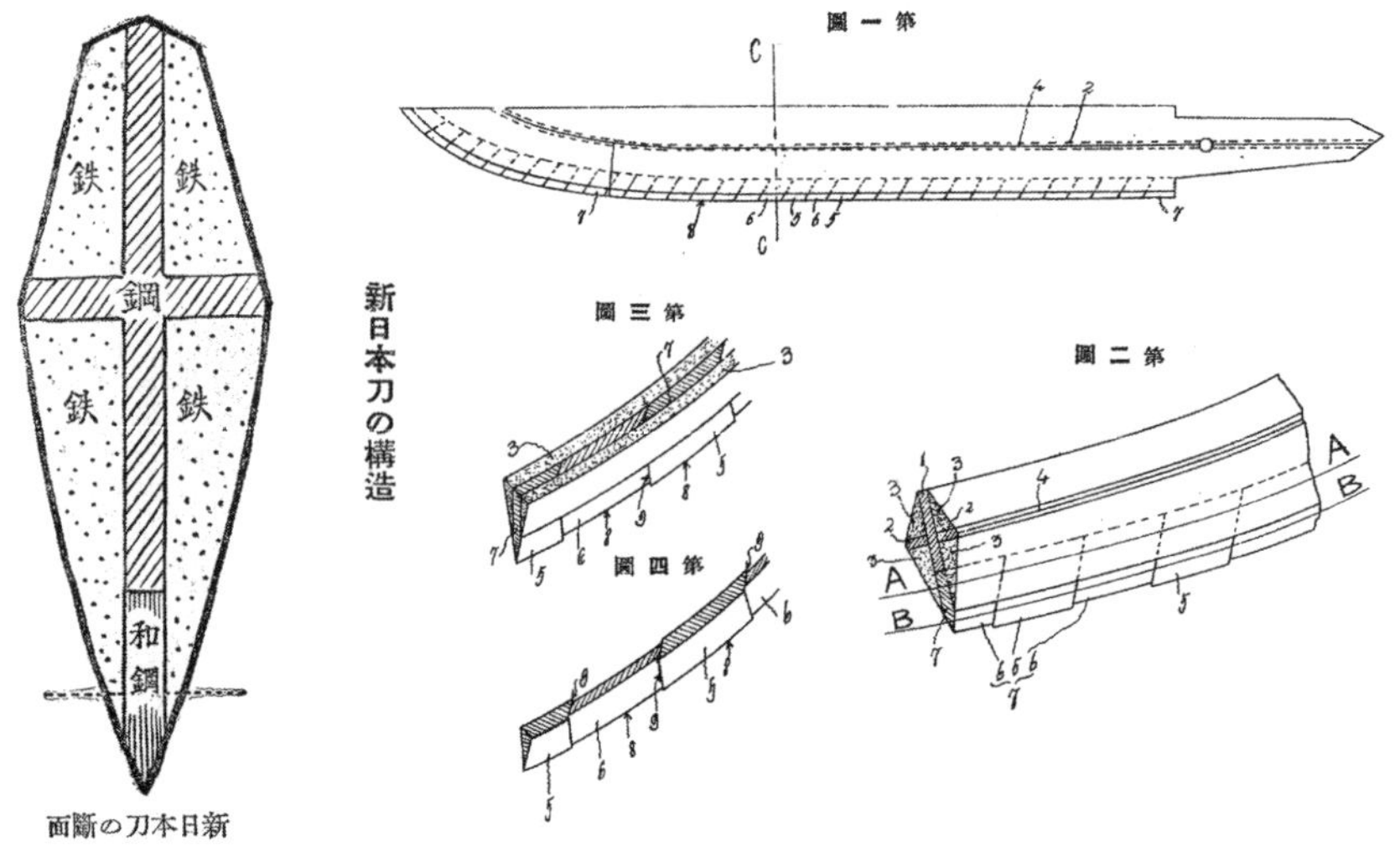

の刀身は、時代が下がるに従って耐寒性能は失われ、新刀、新々刀は論外であった。

彼は、実践検証に基づき、昭和十二年十月に「新日本刀」（図1）として特許を出願し、昭和十五年八月に特許を取得した。

この新日本刀の要旨は以下のように説明されている。

『普通日本刀と新日本刀との構造の差異を理解してもらう為に普通刀の構造を申し上げる。普通日本刀の構造は流派流儀によって古来種々の作り方が行われているが、概括すると、丸鍛（ママ）と複合鍛（ママ）との二つに大別できる。丸鍛（無垢鍛とも）は一種、または数種の鋼を折り返し鍛錬して搗混《つきま》ぜたもので、中から外まで同一鋼で出来ていて、古刀の初期・中期に多い。丸鍛は元来折れ易い筈なのに、應永以前のものは、我々の知る限り曲がるには曲がっても不思議に折れない。昔、「應永以降に刀なし」と言ったのは或《あるい》はこうした体験を著したことのように思われる。洵《まこと》に、應永以前の古刀は神秘的で賛嘆《さんたん》すべきものである。

※丸鍛えは折れ易い：均質な鋼の丸鍛えは折れ易いが、硬・軟鋼を練り合わせた（大村氏の表現：搗混（つきま）ぜた）複合材は折れ難い。言葉不足で誤解を招く。

次の複合鍛であるが、鍛錬した二種以上の鋼と鋼を搗混ぜなくて、各々の鋼を鍛着してそのまま打ち延べるものだが、その組み合わせ方によって種々の名称がある。これも二つに分かれる。どちらも柔らかい鋼や鉄を硬い鋼で包むが、周囲を全部包んだものと、棟側を残したものの二種がある。

※複合鍛え：四方詰め、捲り、甲伏を表している。また、戦国期に多く存在した硬・軟鋼を上下に配置した合わせ鍛えの説明が欠落している。

これに対して、新日本刀は人間の体格のような外柔内剛様式を採用した。鋼の骨格を十字状に組み、これに軟鉄の肉を盛ることによって屈折抗力を増大し、更に特殊な刃部構成を施した。

普通日本刀は刃部に均質な鋼を使うが、本刀は硬・軟鋼を交互に捻曲《ねんきょく》（ねじり曲げ）して、恰《あたか》も鋸歯《のこば》状の刃面とした。これは研ぎ上げる毎に軟鋼が先に摩耗して、刃先は鋸の刃状となり、斬味が増すと共に斬味の永続性を実現できた。焼入れは薄い塗土だけの丸焼きである。全身を貫く十文字の骨と刃だけ金《かね》（ママ）が揚《あが》っており、肉は鉄だから生身のままである。

※金が揚がる：「金が揚る」とは焼入れで地鉄が硬化するという意味。

日本刀の生命は斬味より寧《むし》ろ折れざることを以て第一生命とする。曲がっても折れない刀が実戦刀の要件で、その為に普通刀は軟鋼の心鉄を硬鋼の皮鉄で包む方法を多く採用してきた。然《しか》しこれだと、一端曲がった刀を鍛直すると、一度曲がった部分は更に曲がり易くなり、遂には使用に耐えられなくなる。外皮を鉄とした本構造はそれを防ぎ、低温脆性《ぜいせい》にも耐えられると共に鉄を使うことで生産費を激減させた』

この新日本刀は、特殊な低温装置の場所で打撃試験を行ったが、刀身に全く異常が無かった。日本刀の研究家で大著『日本刀大百科事典』を著した福永酔剣氏は、刮目《かつもく》すべき日本刀として、「満鉄刀」と共にこの「新日本刀」を挙げた。

二　関の昭和刀

美濃國は古来より、我が国刀剣の一大生産拠点であった。室町の最盛期には刀匠三百人余を超えていた。その数百年後の昭和六年に勃発した満洲事変は、翌七年（一九三二）一月、列強の利害が交錯する上海に飛び火して、これらの戦線で日本刀が脚光を浴びる事となった。

これを期に、明治の廃刀令後、壊滅していた刀匠の復活が図られた。

昭和八年、関町に「美濃刀匠擁護会」が組織され、昭和

写真２　古式鍛造と機械化鍛造

九年（一九三四）に渡辺兼永を立てて「日本刀伝習所」を興《おこ》させ、昭和十年十二月に鍛錬所を新築して活発な刀匠の育成を展開していった。

昭和十三年、関伝日本刀鍛錬技法を若者に伝える為、日本刀伝習所は道場と宿舎を設備して、「日本刀鍛錬塾」と改称し、渡辺兼永を塾頭として全国から塾生を集めてその養成を行った。軍用日本刀の需要が、再び刀の都としての古の活況を取り戻すこととなった。

昭和十四年時点には、関鍛冶刀匠として二百三十二名が登録され、室町時代の最盛期に比肩する刀匠達が日本刀の生産に従事した。

然し乍《なが》ら、膨大な軍刀需要に対して、古来の手作り日本刀の造刀効率の悪さは如何ともなし難《がた》かった。

昭和十三年より、満鉄では、機械化造刀の満鉄刀の生産が開始され、下士官用軍刀の機械化造刀を行っていた陸軍造兵廠《しょう》でも、士官用日本刀の機械化造刀の研究が始まっていた。こうした状況に鑑み、昭和十六年、「岐阜県立金属試験場」が機械鍛造の経験から、古式鍛錬による日本刀のエアーハンマーによる機械化に成功した。

これを期に、刀匠及び鍛冶工への機械化造刀法の指導を行って造刀効率向上に多大な成果を挙げて行った（写真２）。

これは「古式半鍛錬法」または「半鍛刀」と呼ばれた。「半鍛錬」とは実に奇妙な呼称である。本来は機械化造刀であるが故に「機械化造刀」と呼ぶべきものであった。これが後の世に、半分しか鍛錬していない粗悪な刀という誤解を招いた。こうした造刀法の珍説・奇説は、「鍛錬」という誤った認識と偏見に基づいている。日本刀は手で折り返し鍛錬しなければならないという固定観念から全て生まれたものである。

使用鋼材もそうだが、日本刀の「目的」を達成する為の「手段」は時代の変遷に依って最適のものを選ぶのが常道でなければならない。

ある時期の造刀手段を日本刀の目的であるかのように錯覚してしまった結果がこのような珍説・奇説となった。

三　刀身の品質保証

昭和十二年の日華事変（支那事変）以来、軍刀需要が更に拡大して、東京近郊で造られた悪徳業者による昭和刀が不評を買った事もあって、関町の刀剣商は、古式刀に劣らぬ実用刀を他刀と区別して売り出す為、昭和十二年十月にいち早く「関刀剣商組合」を組織した。

組合は国・県に働き掛け、鋼材から生産する実用新作日本刀は全部、関刃物工業組合の検査を受けさせ、合格品には刀剣の中心《なかご》（茎）に「関」の刻印を打った（次頁写真3）。関市に開設された名古屋陸軍造兵廠関分工場が昭和十七〜八年頃から検査印「関」を使用するようになった為、内務省令に依る「桜の中に昭」の字を配した検査印に変更された（写真4）。こうした検査刻印を打たせることで品質を保証させる事に成功し、全刀剣需要の大半を独占するに至った。

検査内容は外観検査と性能検査が実施された筈だが、現在確認されている内容は外観検査内容だけで、性能検査内容の資料が発見されていない。只、性能の推定は可能である。小倉陸軍造兵廠が行った性能試験の結果がそれを予断させる。即ち、同一刀匠に手作りと機械化造刀の二つの方法の日本刀を造らせての試験では、機械化造刀の刀身が全て優れているとの結果を導いた。

関刃物工業組合の刀身検査対象は素延べ刀及び半鍛刀に限られて、古式に基づく鍛錬刀はその対象にならなかった。古式鍛錬刀は全て優れた日本刀という誤った概念に支配されていたからである。

陸軍受命刀匠認定に応募した古来手作りに準拠した「本

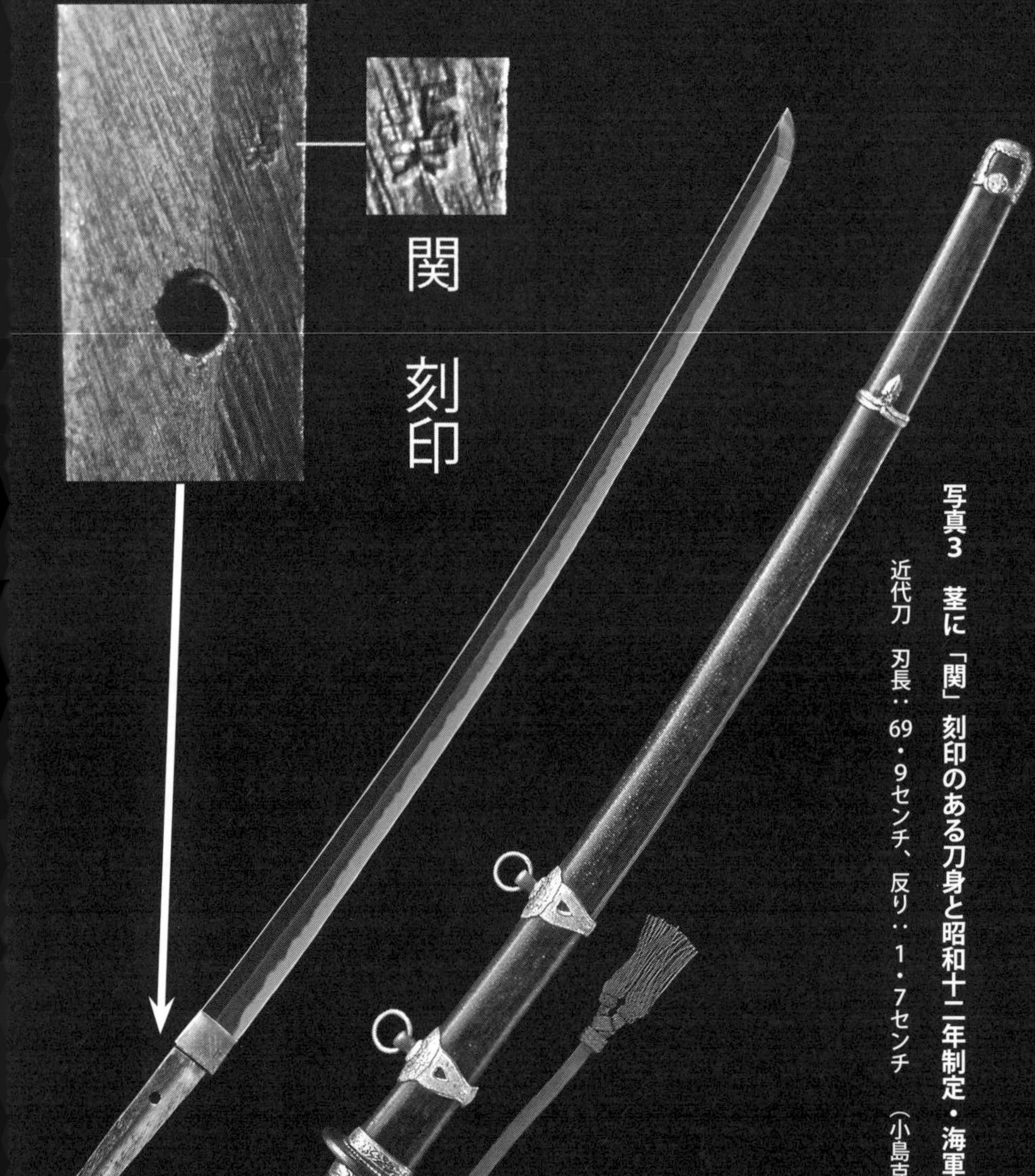

写真3　茎に「関」刻印のある刀身と昭和十二年制定・海軍太刀型軍刀装
近代刀　刃長：69・9センチ、反り：1・7センチ　（小島克則氏所蔵）

写真4　初期「検査印」と変更後の検査印

上：初期の検査印　下：名古屋陸軍造兵廠関分工場が「關」刻印を使用する以降の検査印。

鍛刀」は、造兵廠検査で、第二ステップの強度試験に辿り着く前、第一ステップの巻藁斬り刃味試験で相当数の刀身が折損している。利刀から鈍刀まで、性能に大きなバラツキのある個別手作り日本刀こそ性能検査が必要だった。また、膨大な軍刀需要に、手作りの日本刀では供給に応えられないことは自明であった筈だが、本鍛刀と言う古来手作りの日本刀の概念からどうしても脱却出来なかった刀剣界の大きな偏りが浮き彫りとなった。

只、素延べ刀や半鍛刀に限られたにせよ、刀身性能の検査と品質保証を行ったということは、長い日本刀史の中で画期的なことであったと言える。

四　ステンレス刀

実戦に耐える日本刀の基本条件は刀身の強靭性にあることは論を俟《ま》たない。但し、これだけで必要十分条件を満足する訳ではない。

古《いにしえ》の、刀身と柄が一体となった毛抜型太刀は別として、それ以降の日本刀は細い茎に木柄を装着して刀身を操るようになった。裸身を素手で操作する訳ではないから、外装の一端を担う柄の強靭性も実戦刀には不可欠の要素となる。磨《すり》上《あ》げもあって、刀身長に比べて異常に短い茎と、諸捻り巻きを常識とする柄巻きの手法は支那戦線で柄損傷の大きな原因となった。茎の尋常な長さに伴い、目釘を二個に増やすなどの対策をも加味して実施された柄周りの改善策は前項で既に述べた通りである。

実戦刀にとって更に必要な対策は、刀身保守作業からの解放を挙げなければならない。

陸軍は、風雨の中の行軍、全身ずぶ濡れになりながらの渡河作戦など、劣悪な前線環境で使用される日本刀の錆《さび》や

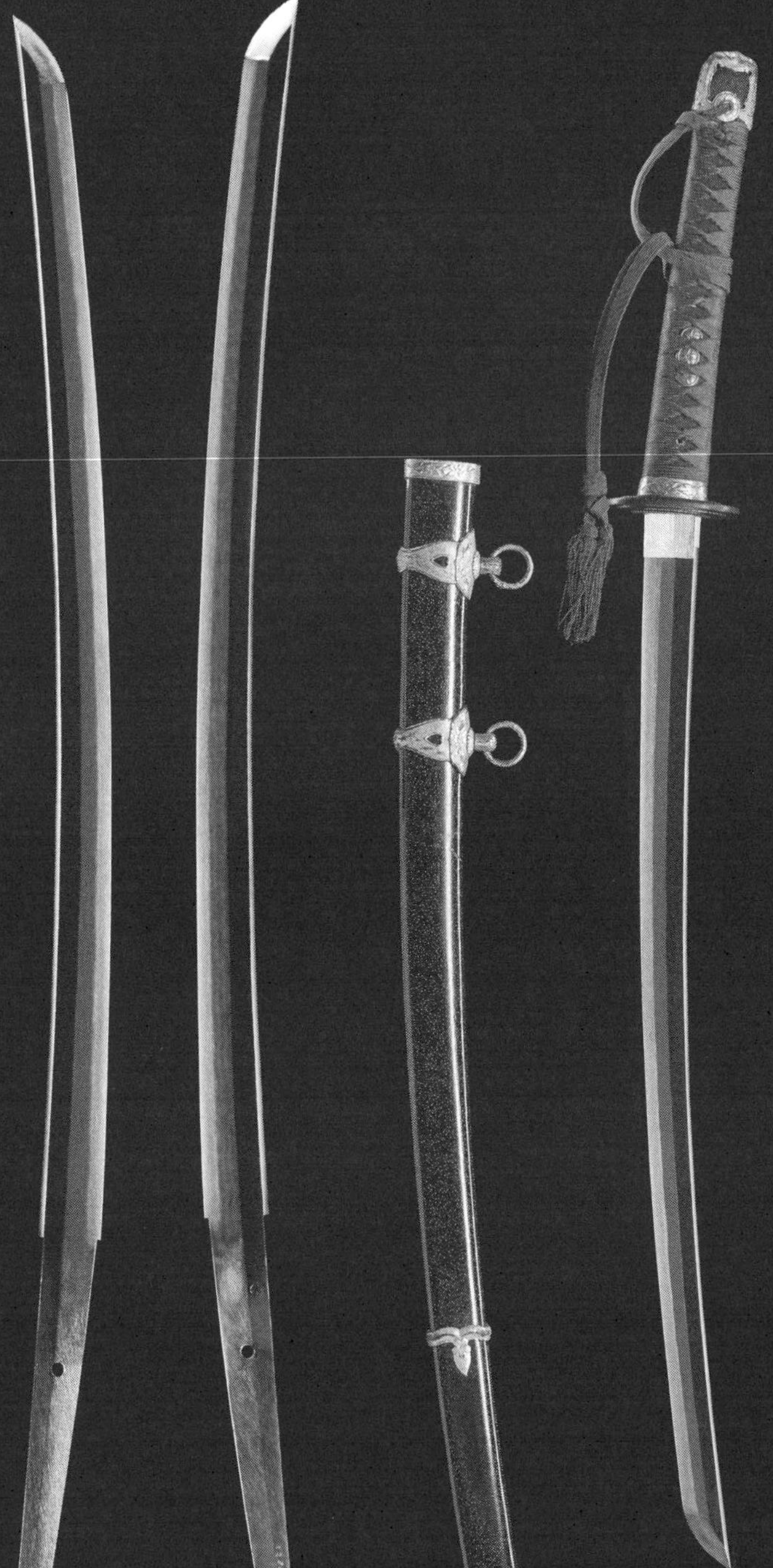

写真5　藤原兼永のステンレス刀

近代刀　（陸軍呼称：耐錆鋼刀　海軍呼称：不銹鋼刀）
刃長：66・8センチ、反り：1・8センチ
銘：兼永
陸・海軍のステンレス刀を打った藤原兼永は本名：川村永次郎、刀匠銘を「奈良太郎藤原兼永」と号した。ステンレスの無垢鍛えにも見事な刃文を出すことができ、刀身の見事な彫刻と共に、「軍刀には美的要素が無い」と言われることを覆す好例となっている。

血刀の錆に悩まされた。重火器戦の戦線にあって、日本刀の手入れに時間を割くことは如何にも苦痛であり無駄なことと考えられても不思議はない。こうした将兵の要求に応え、ステンレス刀がかなり普及した。

ステンレスとは、錆難い（Stainless）鋼（Steel）のことで、普通炭素鋼にクロムやニッケルを含有させた合金である。一般的には、クロムを約11％以上含有させた鋼をステンレス鋼と定義する。

これは、クロムが約十一％以上になると、錆難さ（耐蝕性）が飛躍的に向上する性質がある為である。クロムやニッケルの配合と金属組織に依って四種のステンレス鋼がある。

一、マルテンサイト系ステンレス：焼入れ後の硬さが高い鋼、刃物、刀剣用などに用いられる。

※マルテンサイト系ステンレス：13％Cr－0.3％C。

二、フェライト系ステンレス：フェライト組織の為、焼入効果無し。

※フェライト系ステンレス：16％以上のクロムを含有。

三、オーステナイト系ステンレス：一般的なステンレス鋼。元素配分量によって多種の鋼がある。

※オーステナイト系ステンレス：18－8（18％Cr－8％Ni）に代表される。

四、析出硬化系ステンレス：クロム、ニッケル、アルミの添加で析出硬化性をもたせる。各種バネ部品などに使われる。

※析出硬化系ステンレス：17％Cr－7％Ni－1％Al。

この内、刀剣用には主としてマルテンサイト系ステンレス鋼が使われる。陸軍では、このステンレス刀を「耐錆鋼刀」と呼称した。

ステンレス日本刀の先駆者は、関の藤原兼永であった。兼永（本名：河村永次郎）は、刀匠銘を奈良太郎藤原兼永と号した。刀鍛冶として、また、冶金家《やきん》として刀剣の他にポケットナイフ・金属彫刻・美術工芸品などに才能を発揮し、日本における最初のクロームスチールの刃物生産に成功した。

大正十年、東京における平和博覧会では「錆びない鋼」と云われたステンレス鋼のクロームスチールに独特の硬度を加味して、良く切れるナイフ・レザーを出品して好評を得、これを日本刀に活用し、その強靭さと鋭利さ及び特技の彫刻が絶賛を受けた（前頁・写真5）。陸・海軍で使われた「兼永」銘の刀身は全て彼の作品である。

海軍にあっては、その使用環境からステンレス刀が多い。常に海上の塩害に曝《さら》される海軍では、陸軍に比べて海上塩害対策の要素が極めて強い為、錆びない刀は必然だった。海軍はこれを「不銹鋼刀」と呼称した。陸・海軍で呼称が

写真6

海軍・天照山鍛錬場作刀身と昭和12年制定・海軍太刀型軍刀装

近代刀　刃長：63.8センチ、
反り：1.6センチ　不銹鋼刀
（西敏和氏所蔵）

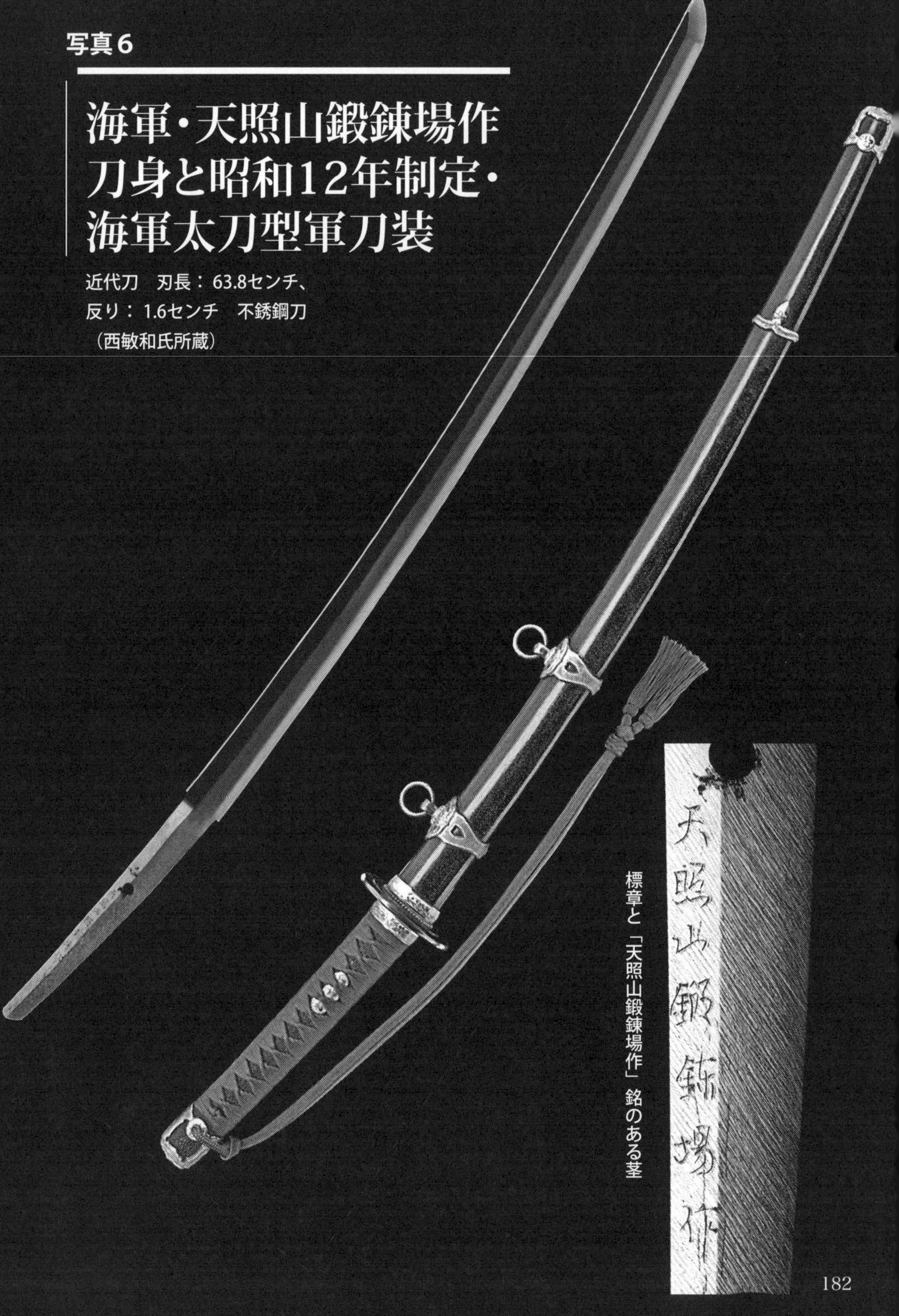

標章と「天照山鍛錬場作」銘のある茎

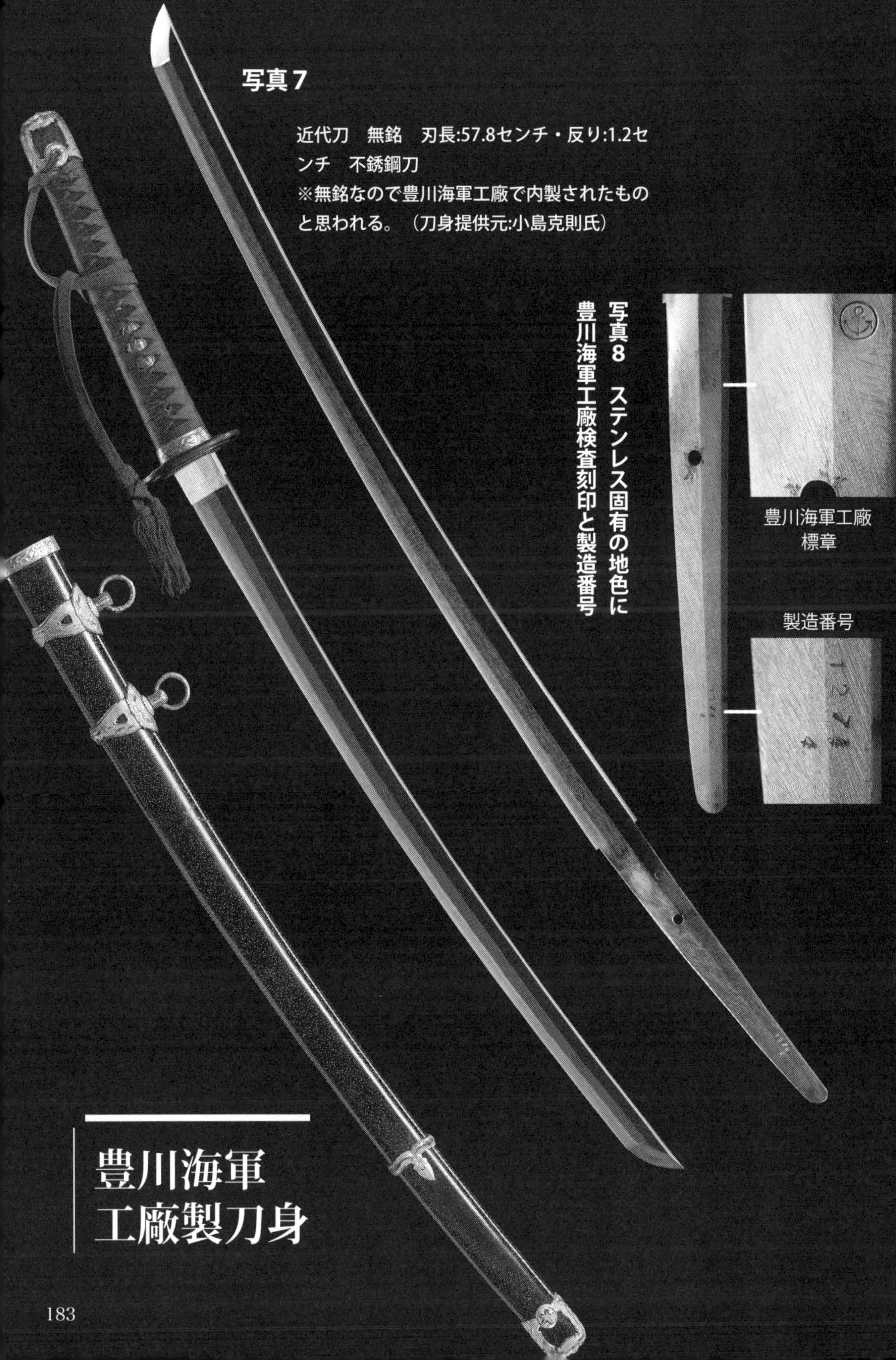

写真7

近代刀　無銘　刃長:57.8センチ・反り:1.2センチ　不銹鋼刀
※無銘なので豊川海軍工廠で内製されたものと思われる。（刀身提供元:小島克則氏）

写真8　ステンレス固有の地色に豊川海軍工廠検査刻印と製造番号

豊川海軍工廠製刀身

違うのは、ことある毎に対立する両軍の実情をよく顕《あらわ》している。

海軍のステンレス刀は素延べ、または機械鍛造製である。海軍・鎌倉天照山鍛錬所（182頁写真6）や豊川海軍工廠（183頁写真7）で造られた。ここで作刀されるもの以外、関刃物工業組合の第六担当部の刀匠が作刀し、荒研ぎした素延刀身に銘を切り、海軍天照山鍛錬場に納入された。海軍技官が合格品に検査印を刻印、徴用された研磨師が最終研磨をした。豊川海軍工廠でも同様であったと推定される（183頁写真8）。

※海軍鎌倉天照山鍛錬場：「鎌倉天照山鍛錬場」自体は、刀剣商の服部善三郎（本店大阪）が経営する海軍御用達の民間企業であった。服部は静岡の三島、鎌倉天照山に刀匠を抱え作刀の経営にあたった。娘婿の英治は終戦直後の日本刀救済に奔走した中心人物だった。

この他、刀匠が安来鋼銀系を鍛延・研磨し、本格的に作刀した銘切りの刀が存在する。陸・海軍士官に供給された。海軍で実戦刀法を指導した高山政吉師範が考案したステンレス刀は「高山刀」とも呼ばれていた。

ステンレスは一般炭素鋼に比べて硬い鋼である。靭性を持たせるには焼入れと焼き戻しが重要であるが、その具体的処理法は未だに発見されていない。■

第5章

現代刀

～斬撃性能の飽くなき探究

二 斬撃性能の実験検証

〝水戸の実戦刀〟勝村徳勝

幕末の動乱は、永い徳川泰平の世の眠りから日本刀を目覚めさせた。武士の装飾刀と化していた日本刀が、〝戦う武器〟であることを再認識させられた。各藩は、常備する日本刀の性能条件を定めて厳しい試験を実施していた。その一つに、尊皇の気風が高い水戸藩があった。

水戸藩が設定した日本刀の合格条件は以下の通り。

一、棒試し（正眼に構えている刀の両側面を直径五センチ位の樫の棒で思い切り叩く。棟も同様に叩く。刀は棟打ちに弱いので、下作の刀はここで折れてしまう。次
　刃を斜めから叩き刃コボレやシナエ〔ヒビ〕等が無いかを調べる）。

二、巻き藁《わら》試し（青竹の巻藁を数回斬り、刃味の良否を調べる）。

三、鹿角試し（数度実施。また、甲冑に使用される鉄板切り）。
　刀は刃肉を落せば薄くなり巻藁などは良く切れるが、堅い物を斬ると刃が欠ける。従って、二と三を満足させようとすると相反する条件を両立させる至難の業となる。

四、水試し（川や大樽に水を張り、その水面を刀の平で何十回も叩く。出来の悪い刀は数回で曲がるか折れ飛んでしまう）。

この一連の厳しい荒試しを通過した刀だけが、水戸藩の刀として採用された。

水戸藩には、実戦刀としての評価がひときわ高い勝村《かつむら》徳勝《のりかつ》とその一門がいた。勝村徳勝は名を彦六、水戸藩士の子として生まれ、はじめ関口徳宗に学び「徳一」と銘を切った。後に水戸藩工に推挙された安政四年（一八五七）に江戸小石川水戸藩邸に居を構え、石堂運寿是一や細川正義の指導を受けた。水戸家九代藩主、徳川齋昭《なりあき》（水戸烈公）の

写真1

「勝村徳勝」

刀銘：於東武水府住勝村徳勝作之
裏銘：慶応二丙寅九月日
常陸国　一八六六年（江戸時代後期）　新々刀
刃長：69・センチ（二尺二寸九分半）　反り：1・3センチ
（写真提供／さむらい商会）

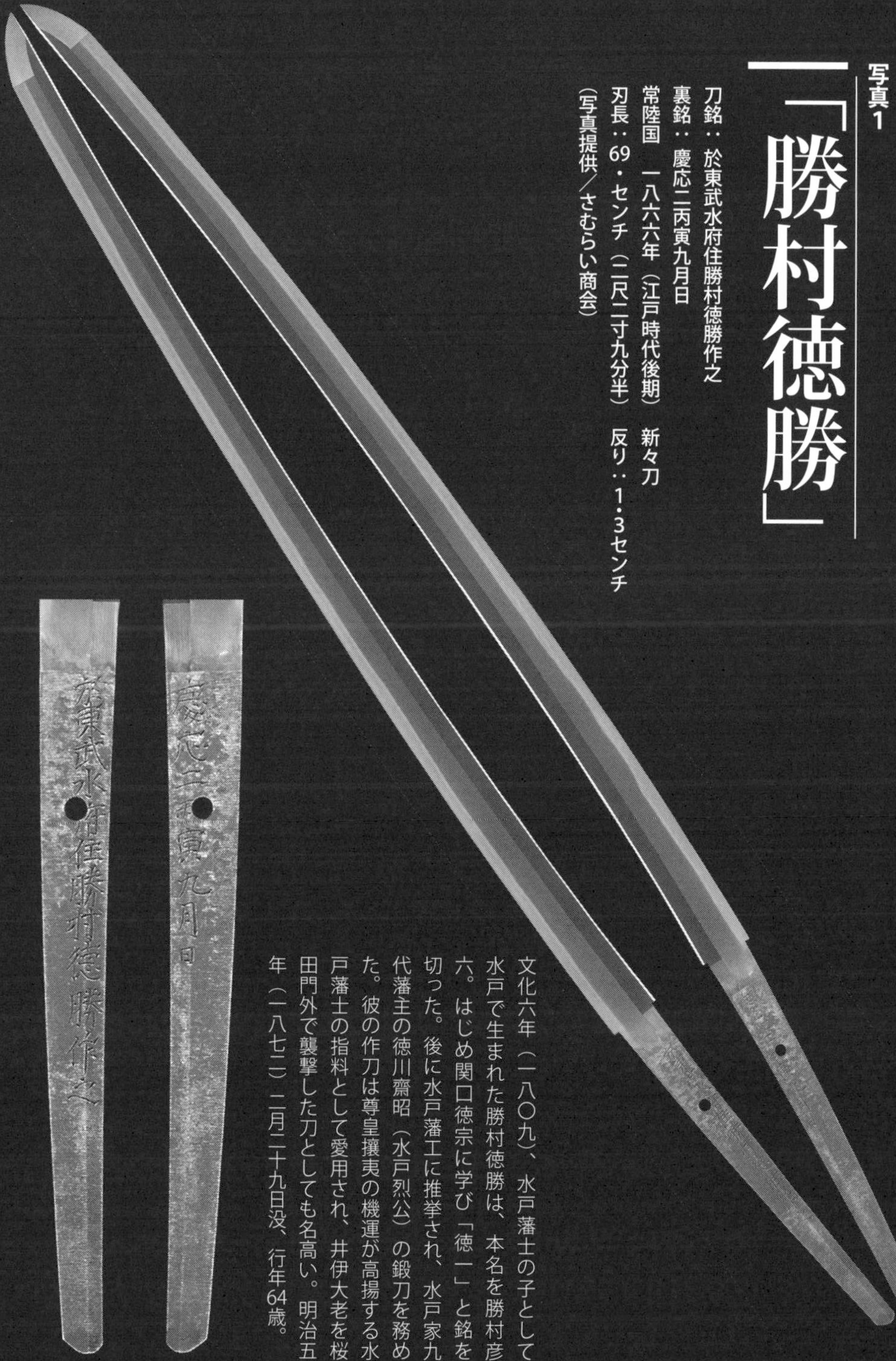

文化六年（一八〇九）、水戸藩士の子として水戸で生まれた勝村徳勝は、本名を勝村彦六。はじめ関口徳宗に学び「徳一」と銘を切った。後に水戸藩工に推挙され、水戸家九代藩主の徳川齋昭（水戸烈公）の鍛刀を務めた。彼の作刀は尊皇攘夷の機運が高揚する水戸藩士の指料として愛用され、井伊大老を桜田門外で襲撃した刀としても名高い。明治五年（一八七二）二月二十九日没、行年64歳。

写真２　勝村徳勝刀身断面

切断刀身の所有者は祖父江光紀氏（関口流抜刀術相伝師範、日本近代刀剣研究会幹事）。「関伝日本刀鍛錬技術保存会」の井戸誠嗣会長のご尽力で、公益財団法人「鉄の歴史村地域振興事業団」尾上卓生理事が分析と写真を撮られた。

銘：水府住勝村徳勝作之　　裏銘：慶応三年八月日

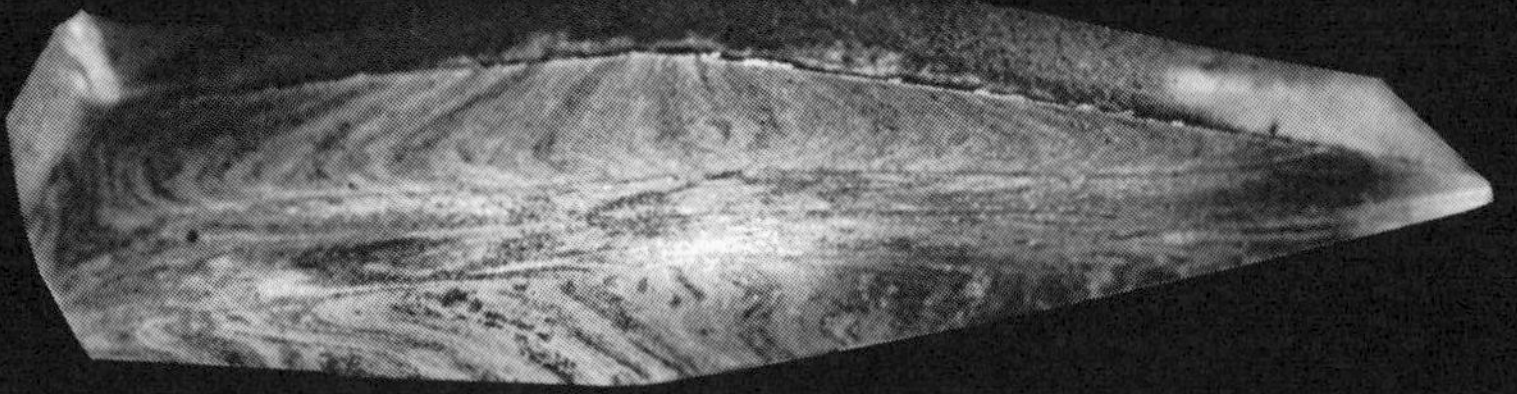

写真３　刀身上下断面の部分拡大

顕微鏡撮影で、撮影面積を制限されている為に撮影部分の貼り合わせ写真となった。

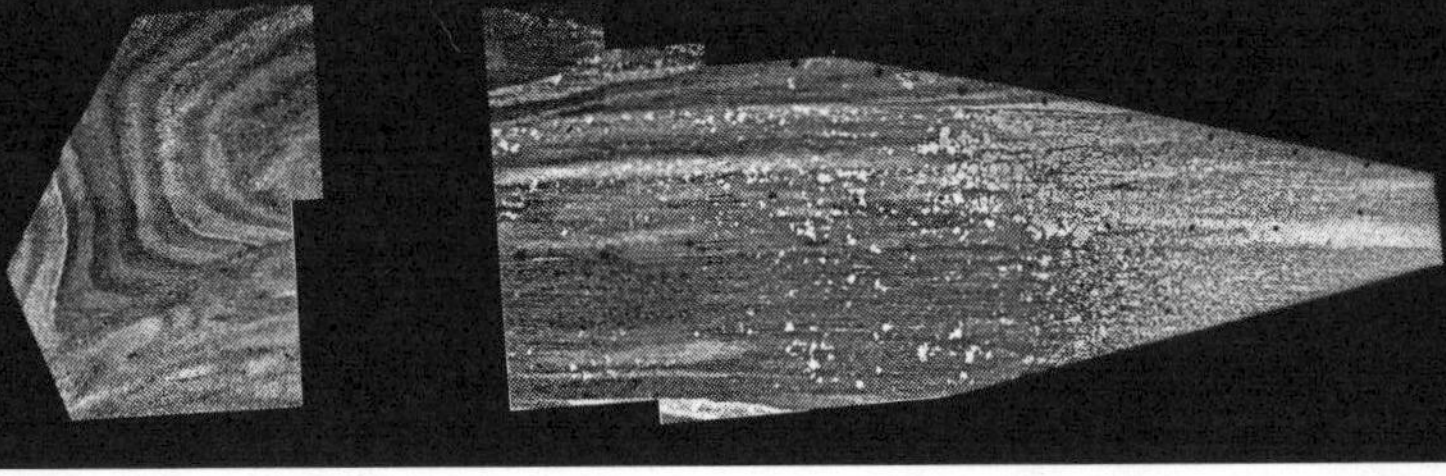

鍛刀の相手を務めたことでも知られている。彼の作刀は尊皇攘夷の機運が高揚する水戸藩士の指料《さしりょう》として愛用され、井伊大老を桜田門外で襲撃した刀としても名高い（写真1）。

今回、初めて断面構造が明らかになった。独特の構造である（写真2と3）。硬・軟鋼を貼り合わせ、一回折り返した分厚い複合材を刀身両側に配置。その中央の狭間に薄い心鉄らしきものを挟み込んでいる。中央配置の薄板は、やや硬めの鋼が使われていたようだ。

強靱な刀を目指す刀匠達は斯界の固定観念に囚われず、様々な独自の工夫を凝《こ》らしていたことの一例といえる。

刀身のロックウェル硬度が、刃先から棟《むね》まで十九点測定された。刃部の硬度は、古刀・村正＝42・7、新々刀・水心子正秀＝51位である。徳勝刀は、刃部近辺が＝53〜43、中央部付近が＝26〜27、鎬《しのぎ》から棟部＝34〜スケールオーバーを示す。

刃部近辺が最も硬く、水心子正秀刀より硬い。中央部は柔らかく、鎬地から棟にかけて硬くなっている。この刀身硬度の分布は、刃部と棟部に硬鋼を配置した関の孫六に近似した造りである。

数百年の時を超えて実戦刀を目指した二人の刀匠の偶然の一致であろうか。この表面硬度の分布状況から見ても、

表1　刀材に有用な元素

刀に有用な主たる元素	
元　素	働　き
マンガン (M)	焼入を良くし、粘硬性を増す。1.2～1.5%含有すると高張力鋼になる
珪素 (Si)	耐熱性、硬さ、靭性を増す。含有1%に付き、引っ張り強度が約 98Mpa 増す
ニッケル(Ni)	耐蝕性(耐錆)、強靭性を与え、粘りによる低温時の耐衝撃性を向上。熱処理を容易にする
モリブデン（Mo)	焼入に最も優れた元素。結晶粒の粗大化を防ぎ、引張り強度(靭性)を増大さす。耐蝕性に優れる
バナジウム（V)	硬度・強度を増大さす。結晶粒を細かくし強靭性を付与。耐摩耗性に優れる
タングステン（W)	硬い炭化物を形成、硬度と鋭い切れ味をもたらす
チタン（Ti)	焼き入れを阻害する元素。但し、鋼に添加されると耐蝕性、強靭性を増す

新々刀の一般的な分類の一つである本三枚構造の刀身とは異なることが判る。

二　洋鉄刀と羽山円真

羽山円真《はやまえんしん》は豊橋藩の藩士。江戸で清麿《きよまろ》門下の著名刀工・鈴木正雄に弟子入りした。円真は清麿に多大な影響を受けた新々刀期最後の名工だった。円真は好んで洋鉄地鉄の刀を鍛えた。「浄雲斎羽山圓眞浩之」と号し、洋鉄刀では円真の右に出る刀工はいなかった（次頁写真4）。

大正三年（一九一四）、河合洋鋼商店の依頼により、河合が外国メーカー三社に造らせた「東郷ハガネ」を使用して羽山円真は日本刀を造った。この洋鉄刀で兜の試し斬りをしたところ、見事に真二つに切れ、硬さも靭性も強いことが証明された。「大正の斬鉄剣」と言える。

東郷鋼の各種鋼材には、砂鉄系和鋼には無い有用元素（表1）の一部である珪素《けいそ》とマンガンなどが含まれていた。玉《たま》鋼《はがね》から離れられない刀匠達は、洋鋼丸鍛えを蔑視していた。刀に有用な金属元素を含む三元以上の合金鋼材では、硬・軟鋼を敢えて複合させる必要が無い。羽山円真はこうした鋼材の特質を知悉《ちしつ》していて、実に巧妙な鍛造処理ができた

弘化二年（一八四五）生まれの羽山円真は「新々刀期最後の名刀工」と呼べる刀工だが、写真の刀は明治期の作。ここでの「近代刀」の呼称は〝明治廃刀令から大東亜戦争の終結まで〟とする、「現代刀」として一括りにするには明らかに戦後の「現代美術刀」と認識や作刀の目的を異にする〝日本刀〟として、筆者が提唱する刀剣区分。旧来の日本刀以外に様々な日本刀が生まれた時代を指している。

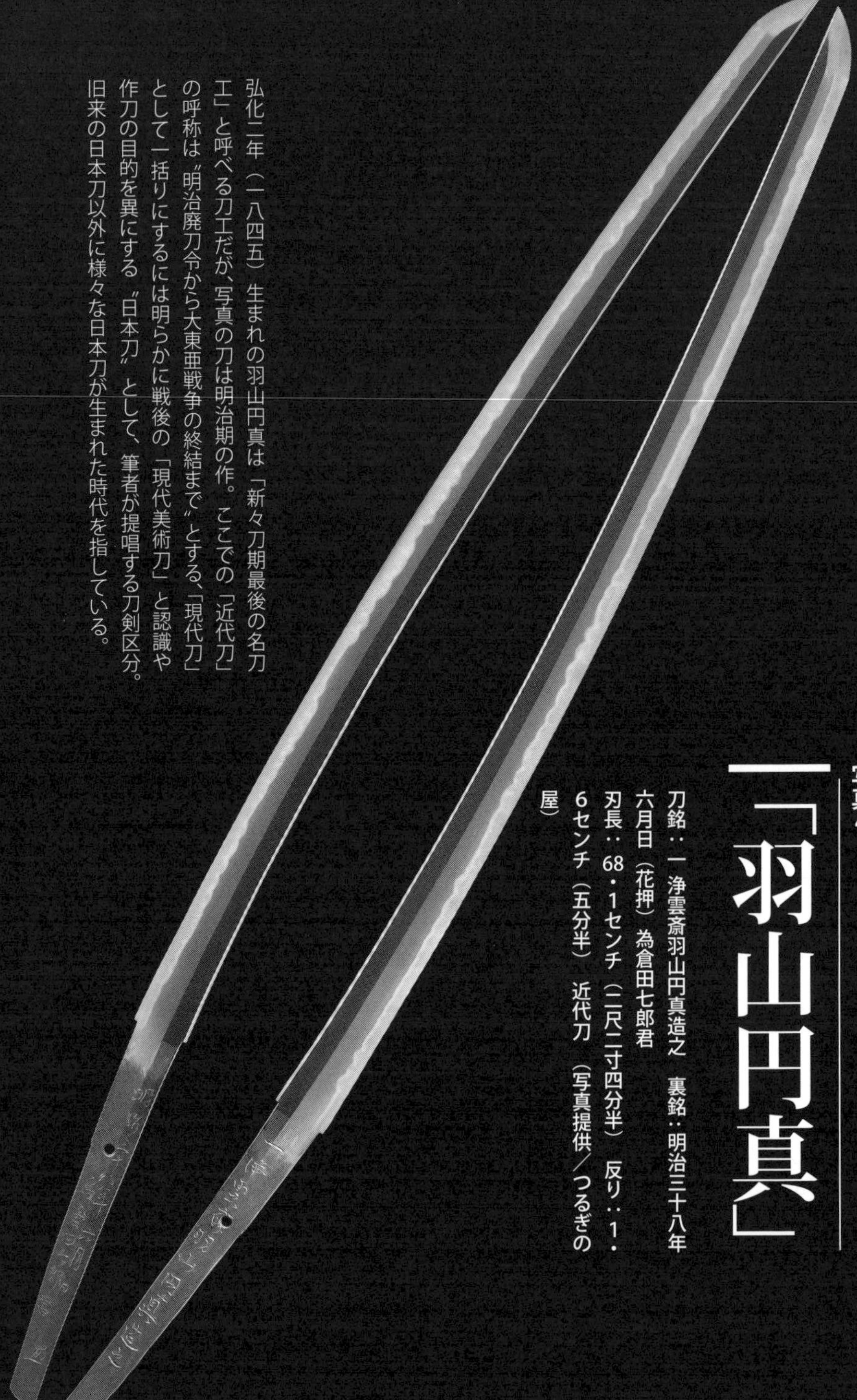

写真4

「羽山円真」

刀銘：一 浄雲斎羽山円真造之　裏銘：明治三十八年六月日（花押）為倉田七郎君
刃長：68・1センチ（二尺二寸四分半）反り：1・6センチ（五分半）近代刀（写真提供／つるぎの屋）

刀匠だった。

兜割りの結果、この円真刀と兜は東郷海軍元帥に謹呈された。新々刀最後の名工が、好んで洋鋼を鍛えたということは、玉鋼・心鉄構造という固定観念に一石を投じる大きな意味があった。

また、日本刀鑑定の愚かしさに反発して、刃物鍛冶に転向した刀匠の千代鶴是秀さんが製作する鉋《かんな》に一貫して使用されたのも東郷鋼だった。彼は「国産の鋼は使わない。切れ味が悪い」と答えている。天田昭次刀匠もその切れ味に驚嘆したという程の優秀な鋼だった。

砂鉄系和鋼と洋鋼の性能差は、例え微量であるにせよ、有用な含有元素の有無にあるとみなすことができる。

三　新々刀の検証

日本刀は、一定の性能仕様があるように漠然と思われているようだが、日本刀という名称で統一される共通の質、性能、若《も》しくは水準といえるものは存在しない。

戦時中、将校用軍刀の研究過程で、小倉陸軍造兵廠《ぞうへいしょう》が新々刀に準拠した刀の各種実験を行った。この嘱託《しょくたく》には、谷村熙《ひろむ》・九州帝大工学部教授が携わった。谷村教授は昭和十一年、自らも九州帝大に日本刀鍛錬所を設けて日本刀の研究を行っていた。

当時、軍用日本刀の不足から、日本刀の生産効率化が一つの急務となっていた。新々刀を古来からの日本刀と思い込んでいたので、新々刀に準拠した刀の生産効率と刀匠技能の標準化を目的とした。

岐阜県関町、福岡県小倉市、山口県岩国市の刀工七名を指定して、各刀工が最も得意とする玉鋼刀（皮・心鉄構造）一振り、他に安来白紙三號と陸軍刀剣鋼を使った無垢《むく》鍛え刀各一振りの合計三振の刀を各々の刀工に造らせて試験を行った。

実戦刀の性能優先順位の第一は「折れ難い」こと、第二順位は「曲がり難い」こと、最後に望まれることが「斬味」の良さである。

四　強度試験

シャルピー型衝撃試験機による平打ち及び棟打ちの強度試験が行われた（次頁表2）。試験結果は次の順位となった。

1位：刀工C（玉鋼、皮・心鉄構造）
2位：刀工F（玉鋼、皮・心鉄構造）

表2◆強度試験（小倉陸軍造兵廠による刀身強度試験表）

落下試験成績							
区分	刀工	材料	平打		棟打		摘要
			撃墜高 mm	状況	撃墜高 mm	状況	
鍛伸刀	A	安来鋼	485	切断 湾曲なし	110	切断	
	B	刀剣鋼	585	切断 湾曲小	210	切断	平打にて湾曲するも刃切れなし
	C	〃	585	切断せず 120°に湾曲す	210	鎬筋まで刃切れ	平打にて湾曲するも刃切れなし
本鍛刀	D	玉鋼	535	切断湾曲小	160	切断	
	E	〃	436	切断湾曲小	160	切断	
	F	〃	585	切断せず 50°に湾曲す	260	鎬筋まで刃切れ	平打ちにて焼刃深さの刃切れ
	G	〃	535	切断せず 120°に湾曲す	310	鎬筋まで刃切れ	平打ちにて焼刃深さの刃切れ

※「鍛伸刀」とは無垢鍛え（丸鍛え）、「本鍛刀」とは折り返し鍛錬して心鉄構造を持つ刀。

3位：刀工C（刀剣鋼、無垢鍛え）
4位：刀工B（刀剣鋼、無垢鍛え）
5位：刀工D（玉鋼、皮・心鉄構造）
6位：刀工E（玉鋼、皮・心鉄構造）
7位：刀工A（安来白紙三號）。

この試験で、無垢鍛えの刀剣鋼二刀が平打ち及び棟打ちにおいて断然優秀な結果を出した。刀剣鋼刀の平打ち及び棟打ちでは、落下高の低い時は落下する重錘《じゅうすい》を跳ね上げた。即ち、バネのような性質の鋼だった。特筆すべきは、刀工C（刀剣鋼・無垢鍛え）の平打ち試験において120度に湾曲するも、刃切れを唯一生じなかった（写真5）。同じ刀剣鋼を使った刀工Bの結果は悪く、鍛伸技術上に差異を生じた。刀匠の力量によって同じ鋼材でも性能差が生じること、刀材も性能差に顕著に影響を与えることの両要素が明確になった。

この試験で重要な点は、各刀匠は玉鋼・心鉄構造の造刀に習熟して来たが、刀剣鋼の無垢鍛えは全く無知であり、初体験のことだった。もし彼等が、無垢鍛えの造刀経験を積み重ねて研究していれば、刀剣鋼・無垢鍛え刀の強度成績は更に上位を占めていたに違いない。

更に、この試験結果から「日本刀最大の弱点は棟に猛烈

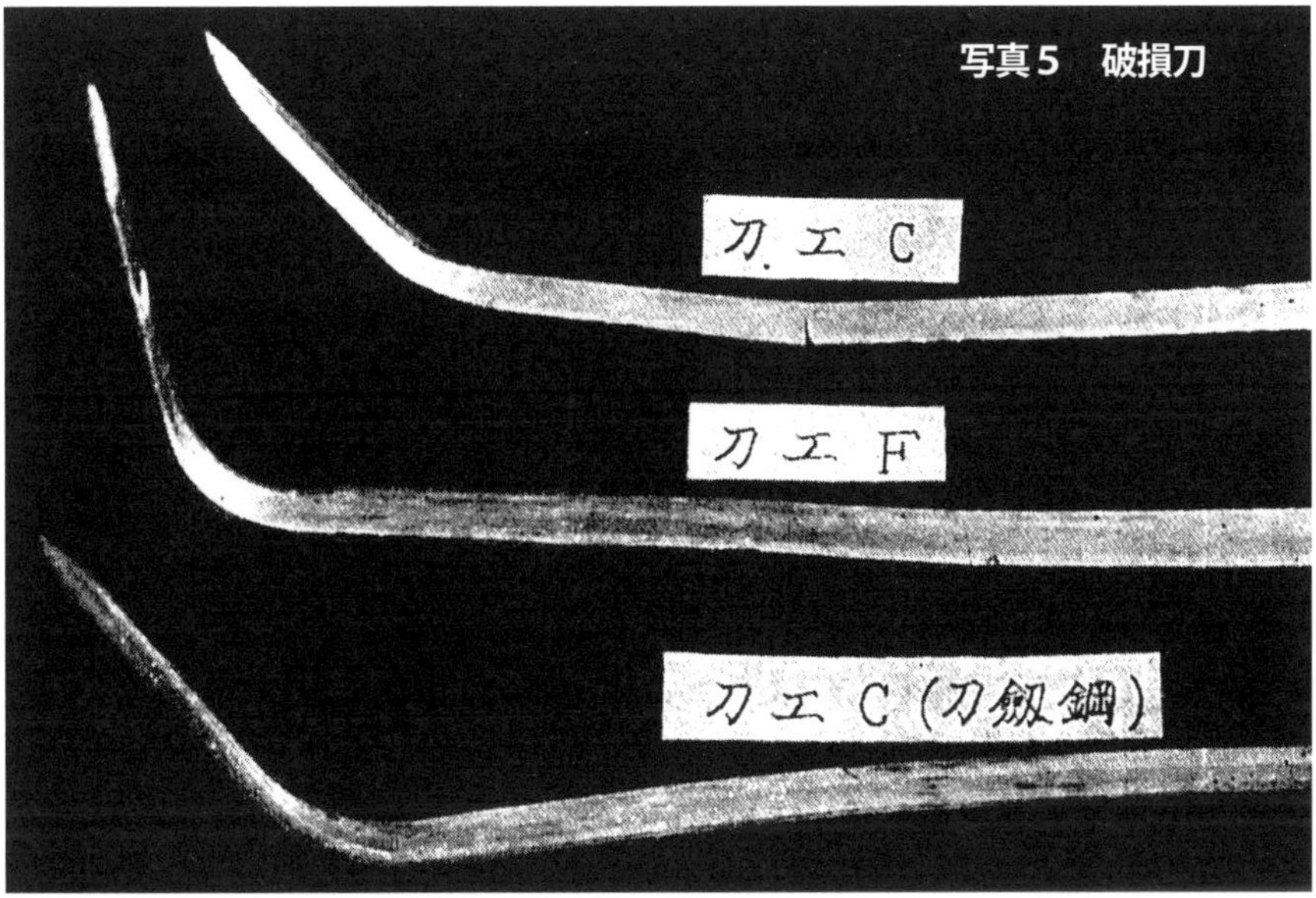

小倉陸軍造兵廠による刀身強度試験で破損した刀。刀工Cの刀剣鋼刀は最後まで刃切れを起こさなかった。

なる衝撃を受けた場合、刃切れを生じ、刀身切断の危険があること。本鍛刀と雖《いえど》も地鉄、鍛錬、硬軟組織組合せ、および焼刃のまずい刀は無垢鍛えに劣る。第一位と二位の刀工の刀身の特徴は、マクリ鍛え、中直刃《すぐは》、刃縁匂《におい》深く小沸《こにえ》絡むものだった。

「沸《にえ》」はマルテンサイト大、ソルバイト小なる組織、「匂《におい》」は反対にマルテンサイト小、ソルバイト大なる組織である。故に、「刃縁匂深く小沸絡むもの」は組織が徐々に変化した結果、組織に無理がない。刃縁に荒沸あるものは組織が急激に変化した結果であり、組織に無理を生じた為、衝撃に対して脆弱《ぜいじゃく》となる。実戦刀では棟打ちを絶対に避ける事、匂い出来、中直刃の刀身が優れていることを検《あらた》めて明確にした。

五　斬味試験

斬味試験には、九州帝大で開発した斬味試験装置が使われた（次頁写真6）。

ここで注目すべきは、ショア硬度28の5ミリφ極軟鋼線を切断できた刀は二刀のみ。ショア硬度28の3ミリ極軟鋼板はどの刀も切断不能で、刃部に大きな欠損を生じた。

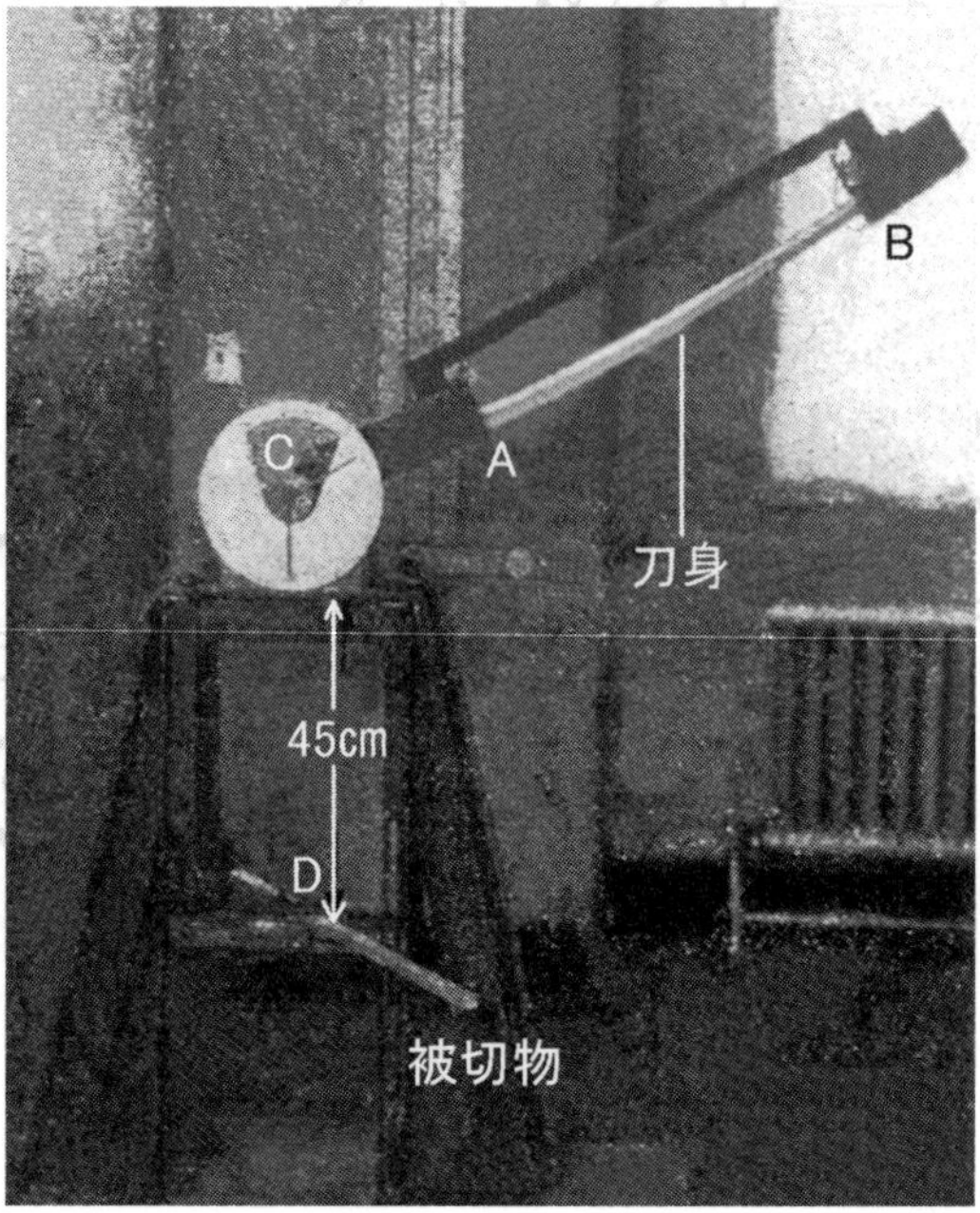

写真6　斬味試験装置

新々刀と同じ構造の機械製満鉄刀は、厚さ1・5ミリの軟鋼板を重ねて四枚まで切断し、刃こぼれも刃切れも生じなかった。また、東郷ハガネ一枚鍛えの羽山円真刀は、極軟鋼とはケタ違いに硬い鋼製兜を見事に断ち切った。

造刀法、刀匠の力量差もさることながら、刀材（特に含有元素）の影響が大だったことを窺《うかが》わせるに充分であろう。

六　造刀手段と使用鋼材の優劣

次いで、手卸し人力鍛錬と空気鎚（エアハンマー）機械鍛錬の性能比較が行われた。後鳥羽天皇七百年祭（昭和十四年＝一九三九）奉納刀入選の紀政次、小山信光、守次則定の三刀匠を指名して、各々に玉鋼、包丁鉄および純鉄（水素還元鉄）を使用した人力鍛錬による刀を各四本、これとは別に、純鉄を使用してキュポラを以て加炭後送風機利用の加熱炉および空気槌等の機械力鍛錬による刀を各二本当て造らせた。

※純鉄：酸化鉄（ミルスケール、またはワイヤドローイングスケール）を粉砕し、電熱炉中に入れ、温度約９００℃において水素（水の電気分解で得たもの）を以て還元してできた海綿状の純鉄。酸化鉄の還元に水素を使う為、ほとんど炭素を含まない。この水素

図1　刀身落下試験成績　小倉陸軍造兵廠による刀身落下試験グラフ

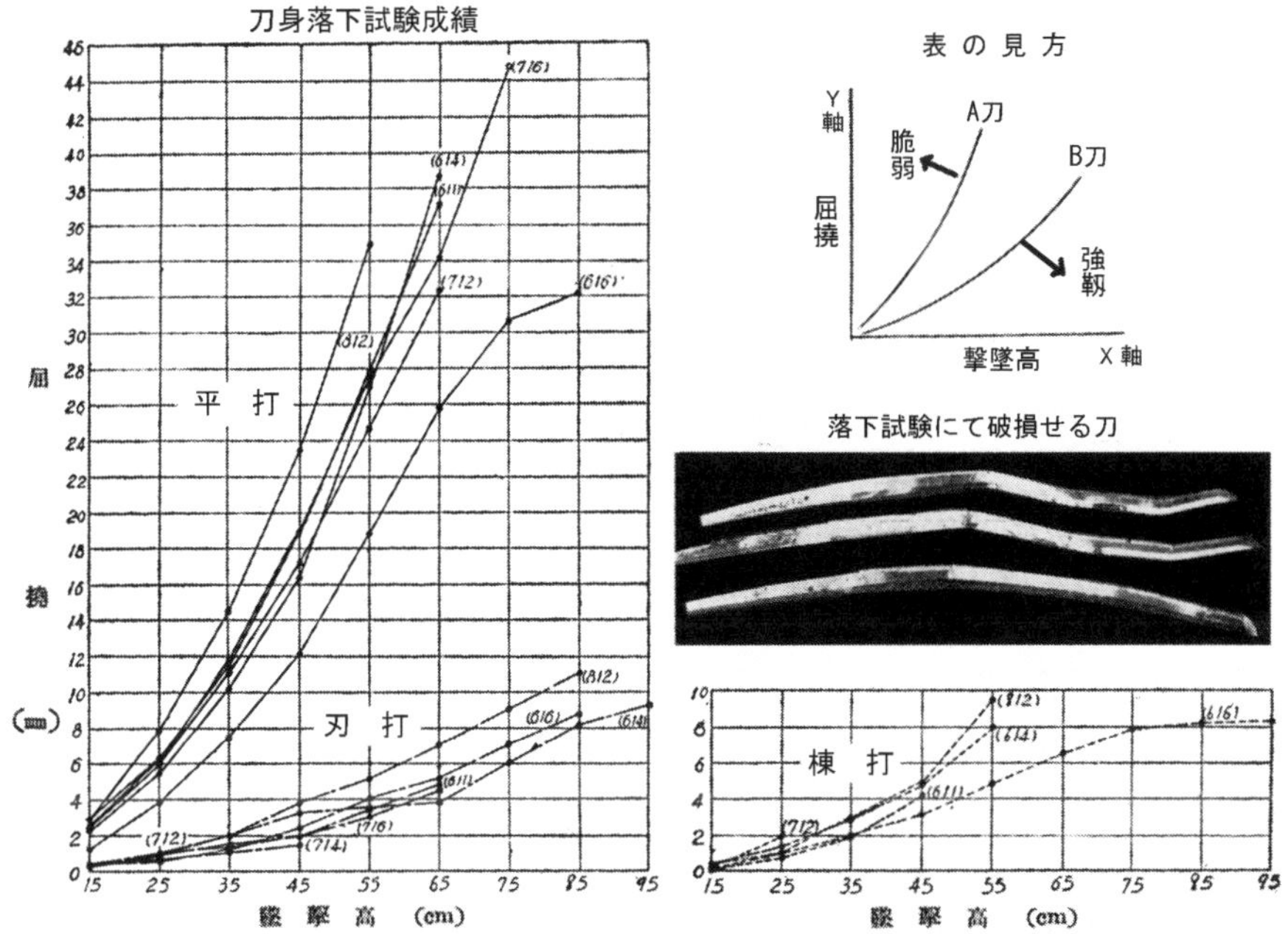

屈撓（くっとう）とは「たわむ、曲がる」こと。刀身№説明：6/1＝第6（紀正次）の1号刀を示す。7/2＝第7（小山信光）の2号刀、8/2＝第8（守次則定）の2号刀……紀正次　6/1＝玉鋼・人力鍛錬、6/4＝水素還元鉄・人力鍛錬、6/6＝水素還元鉄・機械鍛錬、小山信光　7/2＝玉鋼（心鉄に電解鉄混入）・人力鍛錬、7/4＝電解鉄・人力鍛錬、7/6＝電解鉄・機械鍛錬、守次則定　8/2＝玉鋼・人力鍛錬、切れ味を除き、全ての強度で水素還元鉄刀が優れていた。

還元鉄を平炉鋼またはルツボ鋼等の高温溶融にて精錬（主として吸炭）し、炭素含有量を適当にして鋼として使う。

本試験では吸炭作業として刀匠の手作業、およびキュポラを使った「機械卸し」の両方が行われた。

この水素還元鉄の性質は、急速焼入れしても沸えの組織になり難く、匂いの組織になる。これが落下試験で強靭性を発揮した。匂い出来の実戦刀にとっては、玉鋼より好ましい鋼といえる。

※キュポラ：吸炭や脱炭を機械的に行う装置。

人力鍛錬（従来通りの作刀法）に比べて、機械力鍛錬は作刀日数と松炭使用量が約三分の二に削減された。

平打ち、棟打ち、および刃打ちの強度試験の結果は次の通り（図1）。

平打成績：最優秀＝6／6（水素還元鉄・機械鍛錬）、脆弱＝8／2（玉鋼・人力鍛錬）、最脆弱＝7／4（電解鉄・人力鍛錬＝グラフ無し）

刃打成績：最優秀＝6／4（水素還元鉄・人力鍛錬）、最脆弱＝7／2（玉鋼・心鉄に電解鉄混入・人力鍛錬）

棟打成績：最優秀＝6／6（水素還元鉄・機械鍛錬）、最脆弱＝7／2（玉鋼・心鉄に電解鉄混入・人力鍛錬）

人力鍛錬で成績が良かったのは刃打ちのみ。平打ちおよび棟打ちは機械鍛錬が優れていた。各刀匠とも機械力鍛錬は今回が初めての経験だった。空気槌（エアハンマー）および機械送風機には全く不慣れで、加えて純鉄を吸炭させた白銑《しろずく》の部分を混ぜる等、玉鋼鍛錬とは大いに趣を異にしたにも拘らず、このような成績を出したことは機械力鍛錬が如何に能率的で優れているかを示している。

七　鋼材の優劣

鋼材の優劣は、洋鋼の水素還元鉄がいずれの試験も最優秀だった。

機械打ち同様、刀匠達は初めて未知の水素還元鉄を使った。それにも拘《かかわ》らず、これだけの強度を実現したことは、如何に扱い易い刀材であるか、また、優れた刀材であるかを物語っていた。

同一刀匠が、手慣れた玉鋼に対して、不慣れな水素還元鉄と機械打ち造刀に替えるだけで刀の強度に大きな差が出たという意味は大きい。この現実を更に追求していれば、より強靭な刀が、より効率良く実現できた筈である。玉鋼が固定観念にある為、造兵廠の研究班はこれ以上、新鋼材の優位性を追求しなかった。惜しまれて余りある。

その後、再び紀政次、小山信光、守次則定が作刀した玉鋼刀、水素還元鉄刀、電解鉄刀の切れ味試験が実施された。最良切味の小山信光の玉鋼・人力鍛錬刀は唯一刃鋼に包丁鉄を混入しているが最も炭素含有量が高い。次いで紀政次の玉鋼・人力鍛錬刀、水素還元鉄・機械鍛造刀が同じレベルの成績を出し、守次則定の玉鋼・人力鍛錬刀がそれに続いた。

小山信光、守次則定の二人は、昭和十六年新作日本刀展覧会において、最高位の「鍛刀總匠」を受賞した刀匠である。展覧会の評価は刀身美（地肌や刃文）である。見栄えのする華やかな刀身が評価された。ところが、この二人が造った刀は、別の墜撃試験で最も脆弱な刀だった。能《よ》く切れる刀、表面の地刃が綺麗な刀は、刀身の強靭性とは全く無縁であることが証明された。成瀬関次氏が言う〝戦う刀〟は「少し眠い感じの地肌・刃文の刀が良い」との指摘は論理的にも当を得ている。

因みに、小倉陸軍造兵廠に納入された玉鋼・人力鍛錬刀の実に37・5パーセントもの刀が実用に耐えられなかった。玉鋼・人力鍛錬という固定観念から脱却していれば、生産効率が良い、もっと強靭な刀が実現していた筈である。■

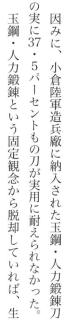

二　振武刀～寒冷環境に強い刀

一　近代における日本刀の需要

東京砲兵工廠《こうしょう》の村田経芳少将は、古来の日本刀の性能と価格に、軍刀の観点から最初にメスを入れた先覚者だった。日清・日露の戦役、シベリア出兵、第一次世界大戦を経て、満州事変の勃発に至り、将校用の市場在庫の古作刀は極端に減少した。満州事変以降、軍刀需要が急増して将校用の軍刀不足は深刻となった。

明治の廃刀令で刀匠は潰滅し、大正にはタタラ製鉄の火も消えた。日本刀の作刀復活は期待出来ない状況だった。日本刀不足に便乗して、悪徳業者に依る粗悪刀が市場に出回り始めた。こうした状況に鑑み、軍や民間企業において、良質な軍刀の供給が喫緊の課題となった。

軍用日本刀には、刀剣の三大要素である〝折れ難く、曲がり難く、能く斬れる〟ことを最低条件として、性能・質の均質化、製造の効率化、低コストが絶対条件として求められた。

特に、兵器としての官給下士官刀には、この条件が徹底して求められた。これは刀剣に限らず、武器・装備品に共通する条件でもあった。

また、数次の戦場での経験から、士官（将校）が装備する古来日本刀の弱点が浮かび上がった。技術者達は、これらの古作日本刀を研究し、新たな将校用日本刀の開発に挑戦した。

二　古来日本刀の主たる短所

武器の本質と装備面からみた古作刀の主たる短所は以下のようなものだった。

① 性能品質のバラツキ

古来の造刀法は、刀匠の力量によって利刀から鈍刀・駄刀まで性能品質に大きなバラツキが出る宿命を負っていた。刀匠の力量のみに依存する造刀法で、一定水準の性能を確保する事は事実上不可能だった。これは和鋼の扱い難さを示すことでもあった。

小倉陸軍造兵廠が行った研究過程で、優れた刀匠が造った陸軍刀剣鋼の素延《すの》べ刀は玉鋼《たまはがね》・心鉄構造の本鍛錬刀の一部を強靭さで上回った。また、水素還元鉄の心鉄構造の刀は、切味を除き強靭性の全ての面で玉鋼刀を上回った。日本刀という名称で統一される共通の性能・若しくは品質といえるものは無く、古作刀の性能は玉石混淆《ぎょくせきこんこう》だった。

② 短い茎《なかご》

古作日本刀の茎は磨上《すりあ》げなどもあって概して異様に短い。目釘を中心とするテコの原理で明らかなように、刀身を打ち込んだ時の目釘を回転軸にした短い茎尻《なかごじり》に掛かる応力はすさまじく、木柄へのダメージが大きいことは容易に想像がつく。これが実戦における柄損傷の最大原因となった。

※磨上げ：刀身が長すぎるために茎尻より切り縮めて刀身全体を短くすること。

前線で軍刀修理を行った成瀬関次氏の報告で明らかなように、柄周りの損傷が際立っていた。短い茎の古作刀は戦闘に耐えられない。

③ 低温脆性《ぜいせい》

鉄（広義）は熱処理・環境温度によって様々に変態（性質を変化）する物質である。鉄の金属結晶の中の原子配列には、「面心立方格子《ごうし》」、「最密六方格子」、「体心立方格子」の主要な三種がある（次頁図1）。

面心立方構造の金属は、金、銀、銅、アルミニュームなど非常に多い。これらは電気や熱をよく通し、塑性《そせい》変形し易く、金属らしい金属と言える。これらとオーステナイト系ステンレス鋼には低温脆性は起きない。

※塑性変形：物体に力を加えて変形させたとき、その変形をそのまま残す性質。

一方、最密六方格子構造の金属はあまり多くない。チタンやマグネシュウムなどがこれに当たる。

ところが、常温での鉄はそのいずれでもない体心立方格子という構造である。この構造の金属は、比較的に強度が高く、その分、加工がし難い。ところが、この類の金属の中の鉄だけは体心立方構造であるにも拘わらず加工し易くなる。その理由は鉄の温度による変態（固相変態）である。焼入れ・焼き戻しなどの熱処理が端的な例となる。

図1　金属の主要な結晶格子構造

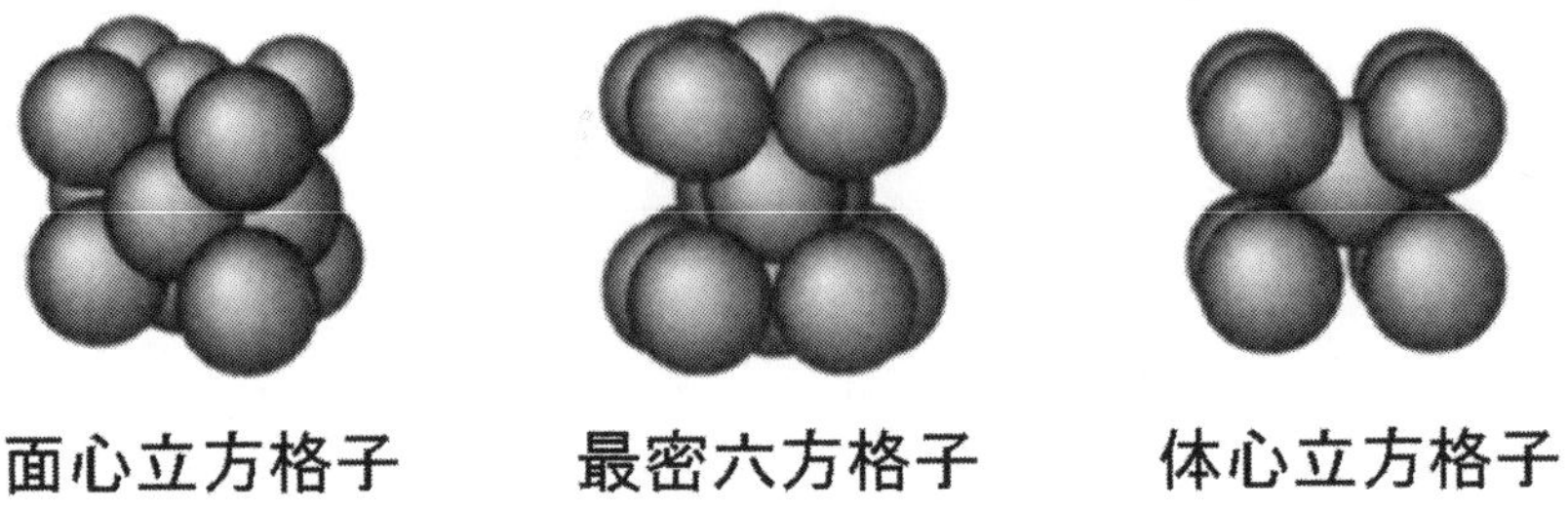

フェライト鋼などの体心立方構造の金属は、マイナス二十度くらいから原子結合面が急激に破断を引き起こす。これを「低温脆性」という。日本刀は、満州や北支那、アリューシャン列島などの北方寒冷戦線で脆《もろ》さを露呈して、武器としては使えないという深刻な状況に立ち至り、これに対する早急な対応が急がれた。

南満洲鉄道（株）は鉄道車両機器の低温脆性に悩まされ、その対応の為に自社製錬した鉄が「満鉄刀」を生む遠因となった。

低温脆性が体心立方金属で起こり、面心立方金属で起きないことについての原因は未だに究明されていない。

④　錆《さび》

普通炭素鋼の日本刀は、錆に極めて弱い。北方寒冷地から南方の熱帯地方に展開している陸軍では軍刀の錆に悩まされた。風雨や砂塵《さじん》に晒《さら》され、水に浸かっての渡河作戦など、軍刀は劣悪な環境下で携帯された。

戦時中、軍刀の手入れ法に関する指導書が、刀剣専門家と称する人により複数出版されている。しかし、日本刀が主武器であれば兎も角も、将兵に日本刀の手入れ用具などを携行する物理的ゆとりはない。また、敵と対峙する戦闘行動下で、軍刀手入れの時間的余裕がある筈がない。床の間に飾られた鑑賞用日本刀の感覚で軍刀の手入れ法を説く、銃後の斯界《しかい》の関係者の感覚に唖然とする他ない。

銃弾が飛び交う戦場で、仮に煩雑な防錆保守を必要とすれば、それは日本刀の実用性を大幅に損ねることを意味する。その為に、錆びない日本刀の需要が多かった。

その上、海上勤務を主とする海軍にあっては、軍刀に及ぼす塩害は深刻な問題だった。陸軍同様に錆びない日本刀が求められた。

⑤　棟《むね》打ち脆性

特殊な工夫を凝らしたもの以外、旧来の日本刀は棟打ちで破損、折損する。実戦では致命的な欠陥となった。

⑥　造刀の非能率と価格高

古来の造刀法は特殊技能を有する刀匠に頼る外なく、且つ、その造刀効率は極めて悪い。多量需要に応えられないばかりか、造刀効率の悪さが結果として高価となり、下級将校に負担を強いた。

⑦　和鋼生産の非効率と材料高

タタラ製鉄での鉄生産は特殊技能者に限られ、一代《ひとよ》ごとの炉の破壊など製鉄効率が極めて悪い。和鋼（玉鋼）は精錬（鍛錬）が不可欠で、生産効率が悪く、価格も高い。

こうした日本刀の短所を勘案して、新たな士官（将校）用日本刀への挑戦が行われた。この挑戦は、刀匠への依存を避ける為の鋼材や造刀法を開発するか、あるいは刀匠の技能の平均化を図るしか途《みち》はなかった。

明治の廃刀令で刀匠は壊滅し、刀匠の新たな育成と技能の平均化は気の遠くなる話だった。仮に、多くの刀匠が育成できたとしても、従来造刀法での生産効率の向上は望むべくも無く、刀匠の技能の平準化は現実的に不可能だった。

そうした時代背景の中で、これら日本刀の弱点の克服を次の二点で目指そうとした。

①　炭素鋼＝和鋼は、粘性、錆、低温脆性などの問題があり、鋼材の抜本的な見直しと新鋼材の開発。

②　造刀効率の向上、品質の均質化を図る為の機械化造刀法の開発。

開発者に依って主たる開発目的を各々異にしているが、均質な品質および近代科学を導入した量産性の確保は共通していた。

多くの挑戦があったが、主だったものを次頁表1に掲げた。

表1◆主たる新日本刀

新日本刀への挑戦						
開発主体	初期目的	名称	応用・目的	鋼材名	造刀法	備考
砲兵工廠・造兵廠	軍刀剣	下士官刀・銃剣	新刀剣鋼・廉価	陸軍刀剣鋼	機械化	丸鍛え
東京砲兵工廠	軍刀	村田刀	強靭・廉価	スウェーデン鋼＋和鋼	手・機械	丸鍛え
群水電化工業	純鉄の自給	群水刀	新刀剣鋼	群水鋼	手・機械	丸鍛え
南満州鉄道	純鉄の自給	興亜一心刀	機械造刀・耐寒	日下純鉄	機械化	二枚鍛え
東北帝大金属材料研究所	耐寒軍刀	振武刀	耐寒刀剣鋼	タハード鋼・日本特殊鋼	機械化	丸鍛え
岐阜県立金属試験場	軍刀	古式半鍛錬刀	機械造刀・廉価	出雲鋼・坩堝鋼	機械化	二枚鍛え?
小倉陸軍造兵廠	軍刀	造兵刀	新造刀法・廉価	玉鋼・陸軍刀剣鋼	機械化	丸鍛え
製鋼会社	特殊鋼	耐錆(不銹)鋼刀	耐錆	ステンレス・安来鋼銀系	手・機械	丸鍛え
アンドリュー社 河合規格	玉鋼代替え	俗称: 新村田刀	強靭・廉価	東郷ハガネ	手・機械	丸鍛え

三　振武刀（耐寒刀）の誕生

古来の日本刀は、寒冷の満洲や北方の戦線では脆さを露呈して使用に耐えられなかった。

奥州鍛冶・青山橘（永十郎）正秀は明治三十二年（一八九九）一月生まれ。明治中期の著名刀匠青山永造青龍齊橘光秀の子息で、早くも二十代の青年期に、日本玉鋼の鍛錬極意を許された刀匠だった（写真1）。

当時、金属材料では東北帝国大学金属材料研究所が頂点に君臨していた。永十郎正秀は従来の日本刀の鍛錬に飽き足らず、科学的日本刀鍛錬の大家として世界的に名声の高い「本多鋼」の創製者で東北帝大総長・本多光太郎博士の研究に惹かれた。その為、仙台市工業学校に入学。日本鋼の実地と学理を研鑽し、大正十二年（一九二三）、東北帝大・金属材料研究所に入所した。

正秀の卓越した技量は本多博士に認められ、刃物研究部指導員に嘱託された。此処で鉄鋼学の一層の研鑽を積んだ。

大正十五年（一九二六）に職を辞し、父の後を継いで刀匠となり、研究所時代の学理を応用して刃物類鍛造の改良を行い賞賛を得た。

厳寒の戦線でガラスのように脆くなる日本刀の欠陥に対

写真1

右：東北帝大総長・本多光太郎博士、左：青山橘（永十郎）正秀。

処する為、正秀は恩師・本多博士に科学的見地からの指導を受け、昭和十二年（一九三七）から耐寒刀身の開発に着手した。正秀は実験を担当した。

本多博士らと共に、寝食を忘れて開発に没頭し、二年の歳月を費やして昭和十四年（一九三九）十月、遂に「耐寒刀（振武刀）」が完成した（次頁写真2～5）。

これは、特殊鋼（タハード鋼）の丸鍛錬、特殊塩水温浴、水焼入れで造られた。この刀身は零下四十度でも損傷・折損しない科学的日本刀だった。金属材料研究所の略称を取って「金研刀」とも呼ばれた。

この「耐寒刀」の完成を期に、正秀は東北帝大日本刀研究部に復職。熱処理爐、鍛造ハンマー機、荒研磨機、電熱焼入機、焼刃試験機等を整備し、従来の日本刀鍛錬とは全く異なった科学的鍛造法を確立して旧来の因習に浸っていた全国の刀匠に衝撃を与えた。

刀匠達から非難の声が上がったが、正秀は本多博士の研究を唯一の信条として、この科学的造刀法の信念に揺るぎはなかった。

この耐寒刀の製造は仙台の東洋刃物株式会社が担当し、銘に「振武」と刻んだ（205頁写真6～8）。満洲やアリューシャン列島の北方戦線で使用され、極寒でも低温脆性のない優

写真２　九八式軍刀装の振武刀（米国人所有）

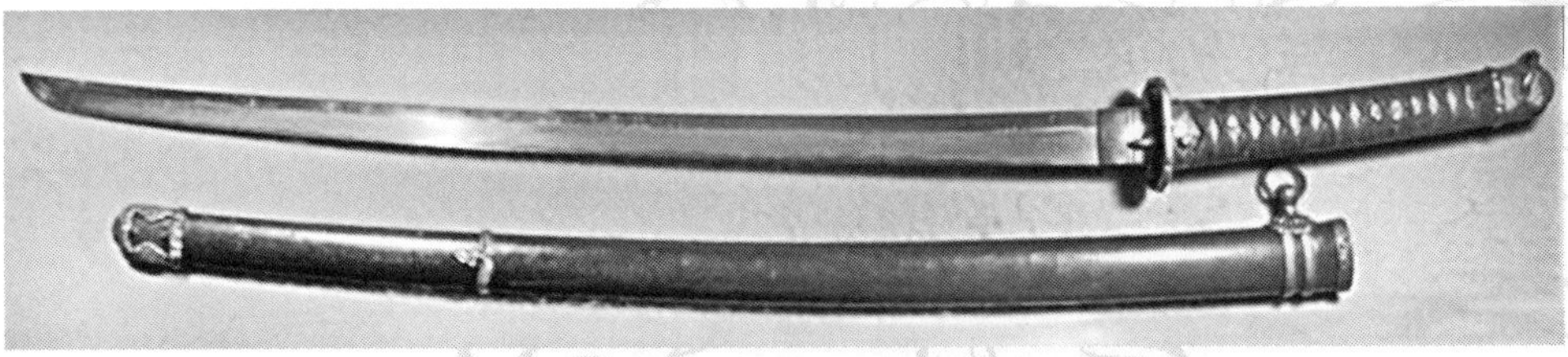

写真３　振武刀 刀身全景および切先半景（米国人所有）

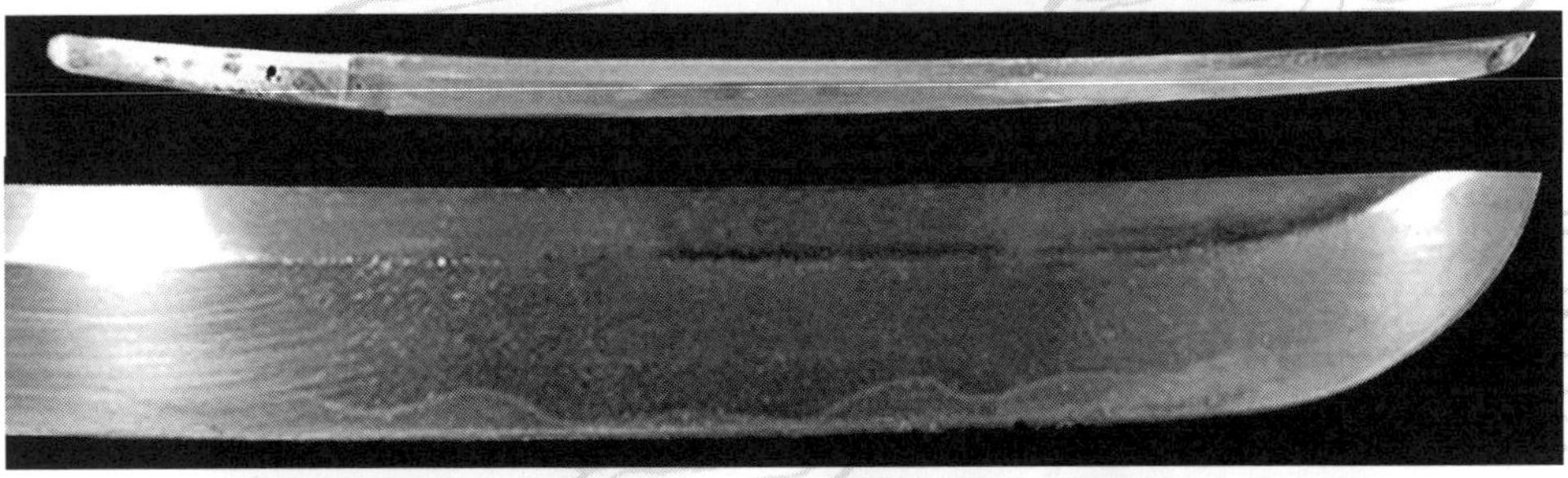

写真５　表裏銘 拡大部分

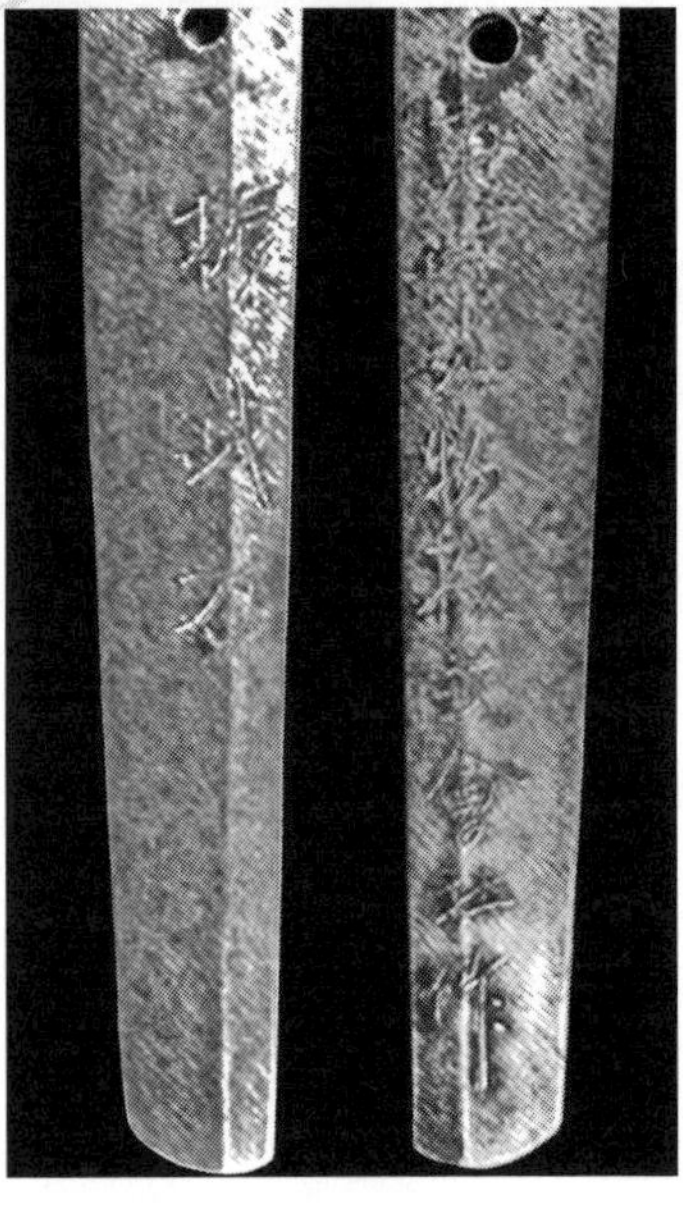

写真４　茎表裏銘

銘：振武刀　裏銘：東洋刃物株式会社作

となっているが、東北大学金属材料研究所蔵の振武刀、および製作企業の東洋刃物株式会社の記録に残る表裏銘と異なる。

これが偽名なのか、あるいは銘が二種あったのかは不明である。

写真６　振武刀（東北大学金属材料研究所蔵）

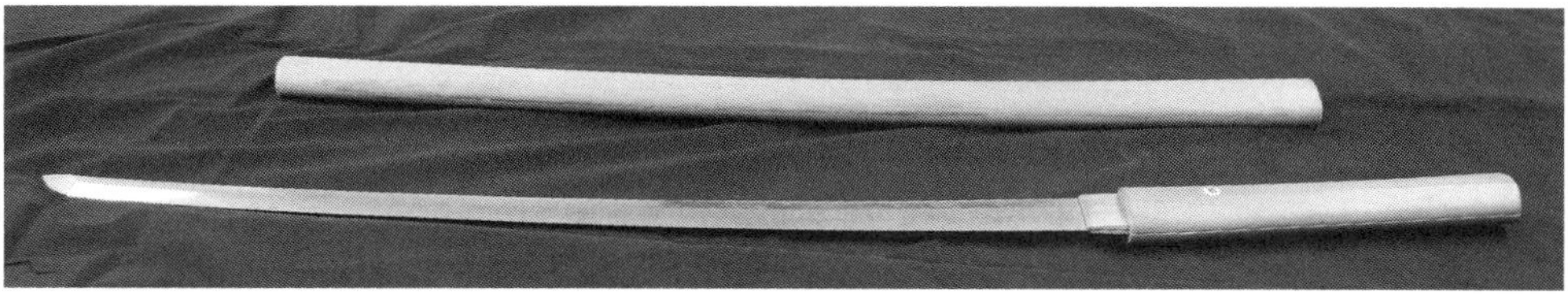

諸元：刃長：65.7 センチ、反り：1.7 センチ、目釘穴：1 個。
銘：振武
裏銘：東洋刃物株式会社（写真提供 / 東北大学金属材料研究所）

※尚、振武刀を製造した東洋刃物（株）の記録では、
刀身諸元：刃長：68.4 センチ、反り：1.5 センチ、目釘穴：1 個。
銘：振武
裏銘：東洋刃物株式会社
となっていて、振武刀には個体差があったことが窺える。

試作耐寒刀＝金研刀が完成した後、東洋刃物（株）が量産に入るまでには 3 年の歳月が流れる。この間、本多博士が開発したタハード鋼という合金鋼を日本特殊鋼㈱（現「大同特殊鋼㈱」）が製造するに必要な準備期間であった。

そして、東洋刃物（株）で生産が開始され、銘に「振武」と打たれる。その経緯については、東洋刃物（株）においても資料が探求されていないが、恐らく、一般的な「武を振るう」と言う意味で付けられたものと推定される。

写真７　振武刀 切先半景（東北大学金属材料研究所蔵）

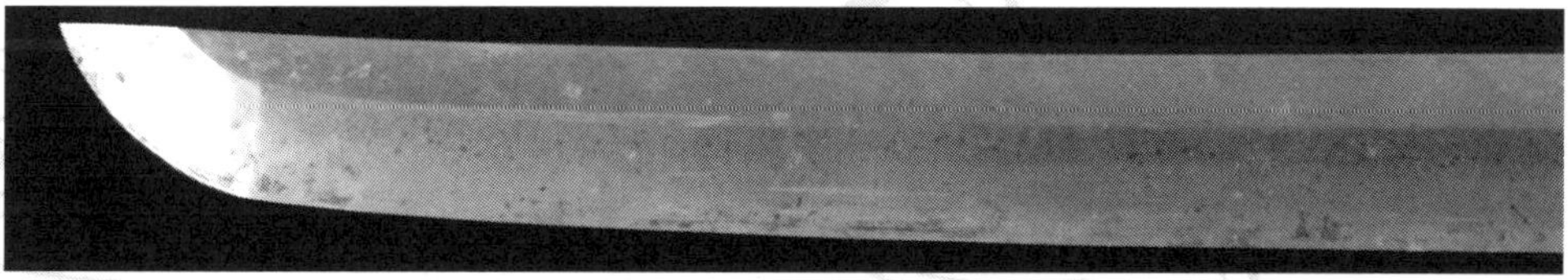

同じく「振武刀」の切先部分。刀身に疲れが目立つ（写真提供 / 東北大学金属材料研究所）。

写真8　振武刀登録証

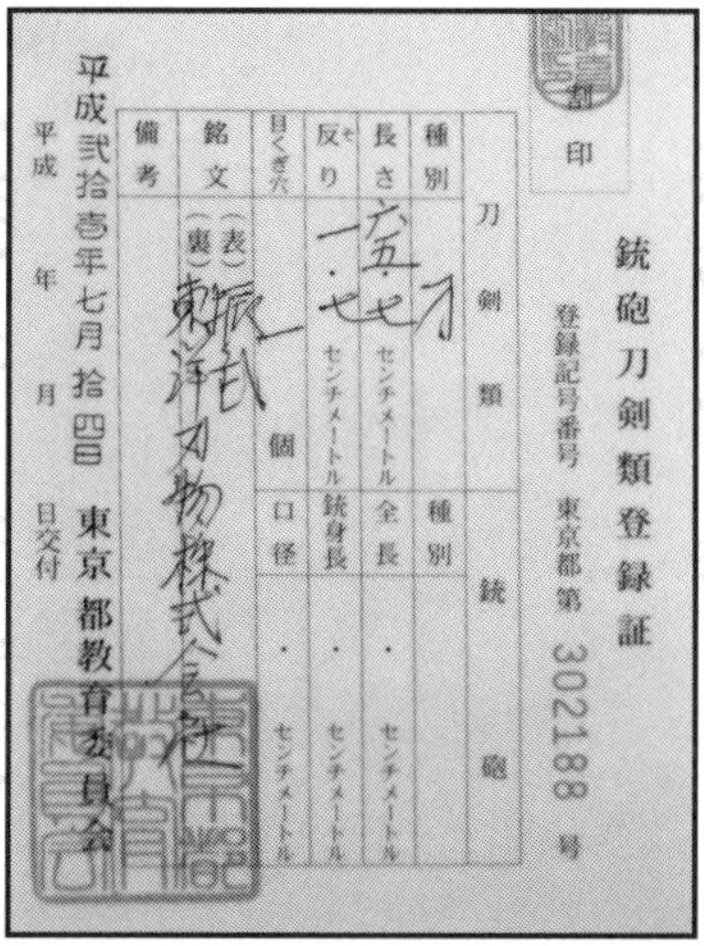

銃砲刀剣類登録証
登録記号番号　東京都第 302188 号
印
刀剣類
種別
長さ　六五・七　センチメートル
反《そ》り　一・七　センチメートル
目くぎ穴　一　個
銘文　（表）振武　（裏）東洋刃物株式会社
備考
銃砲
種別
全長　・　センチメートル
銃身長　・　センチメートル
口径　・　センチメートル
平成弐拾壱年七月拾四日　東京都教育委員会
平成　年　月　日交付

秀な耐寒軍刀であった。高空を飛行する特攻隊用短刀も造られた。

この耐寒刀が研究されている同じ時期、南満洲鉄道（満鉄）でも耐寒性能を目的の一つとする科学的鍛造法の「満鉄刀」が誕生した。

両者共に日本刀鍛造の一大変革をもたらした。単なる刀匠の枠を越えた科学的素養のある人間が刀を造ると、帰結する所は同じように思える。当時の刀剣界や刀匠達から非難や侮蔑の声を浴びせられたが科学的鍛造法に依る刀身が古来の刀身に劣るという論拠は何も無い。「振武刀」・「満鉄刀」・「群水刀」等の検証をみれば、寧ろ結果は逆であった。

耐寒性能は、従前の日本刀を完全に睥睨《へいげい》した。

四　振武刀のスペック

使用鋼材：

タハード鋼（ニッケル・クローム・マンガンの合金鋼）という特殊鋼。タハードとは、Tough（粘《ねば》さ）とHard（硬さ）を組み合わせた造語である。日本特殊鋼㈱（現大同特殊鋼㈱）から供給された。

生産期間は昭和十七年（一九四二）から昭和二十年（一九四五）の敗戦までの三年間で、二千〜三千口《ふり》が製造された。

製造方法：

◎前半期の工程：鍛造後、焼なまし、荒削り、焼入れ、焼戻し、粗研磨、仕上研磨。

◎後半期の工程：①調整済みの鋼材で鍛接は省略、②刀の外形の切り取り、粗研磨後日本刀の形に成型、③粘度質の土置きは刃先を薄く本体は厚塗りして乾燥、④全体焼入れ、全体焼き戻し、⑤歪みを取って仕上研磨した。

後半期は、鋼材メーカーに充分に圧延調整された鋼材を準備させ、鋼材受入後の鍛接の工程を省略して造刀効率の向上を図った。これは軍部からの増産要求が一層強くなり、造刀工程を効率化する為の処置であった。

但し、型鍛造は省略したが、伝統的焼入れ手法を採り入れている為に、振武刀の品質を著しく低下させるものでは無かった。

この振武刀の後半の調整鋼材の調達は、新刀期、製鉄山に特殊鋼材を造らせ、その鋼材で丸鍛えの日本刀を造った「丸津田」・「助直」・「真改」等の逸話を彷彿とさせるものがある。

彼等は、新たに出現した均質な硬・軟鋼による心鉄構造の造刀法に抵抗し、製鉄山に炭素量の不均質な鋼（卸《おろ》し鉄《がね》に近似）を造らせて、古刀期と同じ丸鍛えを行った。

近代科学の時代になり、古刀期の刀匠が希求した強靱な刀身を合金鋼で実現できるようになったのである。■

三　満鉄刀〜鉄道部品製造技術を活かした高品質刀

一　南満洲鉄道

「南満洲鉄道株式会社（満鉄＝本社大連）」は明治三十九年（一九〇六）に半官半民の国策会社として設立された。日本の国家予算の半分規模の資本金、鉄道総延長一万キロ、最盛期には社員四十万人を擁《よう》して満洲に君臨した総合巨大企業であった。

※南満洲鉄道株式会社：明治三十七年（一九〇四）から勃発した日露戦争は日本の勝利に終わり、帝政ロシアが保有していた満洲（支那東北部）における鉄道・鉱山開発を始めとする権益の内、南満洲に属するものは大日本帝国が引き継ぐこととなった。鉄道事業から始まった業容は、やがて、鉱工業、炭坑、製鉄、教育、農業、都市建設、電気・水道、医療など極めて多肢に渡る事業を展開して行った。

後に、満洲重工業開発株式会社（満業＝国策会社）が設立されて、

写真１　満鉄特急「あじあ号」

満鉄のシンボルとして、当時の日本の技術の粋を集めて造られた超特急「あじあ」号。

写真２　南満洲鉄道株式会社

左：大連の満鉄本社。満洲国が建国された後は満洲国首都の新京特別市に本部を移した。
右：満鉄大連鉄道工場の全景。この中に刀剣製作所が設けられた。

満鉄事業のかなりの部分が「満業」に譲渡され、鉄道・撫順炭坑・調査の三部門に縮小されたが、存在の大きさに揺るぎはなかった。

鉄道部門では最高時速百三十キロメーターを出す特急「あじあ号」（写真１）を走らせるなど、最先端の鉄道技術を樹立していた。また、満鉄調査部は、当時の日本が生み出した最高のシンクタンクの一つであった。

（一）満鉄刀の起り

当時の日本は、鉄の多くを輸入に頼っていた。この輸入が制限されたら日本の産業はたちどころに自滅する。資源の無い日本は、満洲に自活の路を求めた。その国策実行は満鉄に委ねられた。松岡洋右《ようすけ》満鉄総裁は、中央試験所の日下和治博士に鉄の自給を命じた。一方、鉄道部門では、極寒時に車輌バネが折損する事故が発生していた。これは、鉄の低温脆性《ていおんぜいせい》が原因と見られた。この対応策も必要だった。

昭和十年頃、日下博士が大栗子《だいりつし》（地名）に優良な富鉄鉱石を発見し、研究所に実験炉《ろ》を作り、この鉱石を比較的低い温度で還元して不純物の少ないスポンジ鉄の開発に成功した。続いて撫順《ぶじゅん》に本格的製鉄工場を建設して、スポンジ鉄の量産に成功した。

※富鉄鉱：鉄の含有率50％以上の鉱石を「富鉄鉱」、50％以下の鉱石

を「貧鉄鉱」という。

このスポンジ鉄を小型のアーク炉（独特な電気精錬炉）に入れて、硬軟二種類の鋼を得た。この鋼は試験の結果、靭性が高い優秀な性質の鋼であることが分かった。これは開発者の名を採って「日下純鉄」と呼ばれた。その使途は、高級特殊鋼、工具、溶接棒、スプリング等の材料として用いられた。

（二）試作満鉄刀

昭和十一年頃、中央試験所より大連鉄道工場にこの鋼を使って二尺二寸の日本刀一振りを製作するよう依頼があった。日下純鉄の開発者達は、輸入鋼や和鋼＝玉鋼を当然意識していた。自ら開発した「満洲産純鉄」の一つの検証に日本刀を思いついたことは自然の帰結であった。

刀匠でもない鉄道工場の担当者が日本刀を造るのは不可能で、炭素量0・2パーセント程度の軟らかい日下純鉄を刀の形に丸鍛造して仕上げた後、滲炭《しんたん》（表面のみ炭素量を増して焼入《やきい》れする）して焼刃土を塗り、水焼入れで仕上げた。

これが非常に立派なもので、古刀と間違う様な物が出来上った。その頃「大連遼東ホテル」で刀剣会があり、これを出品したところ、刀剣専門家もこの試作刀を「肥前の忠吉」と誤って鑑定したくらいであった。後で、大連鉄道工場の作品であることを明らかにした際、刀剣専門家達は大変驚くと共に、満鉄の技術を高く評価した。

日下博士は、この刀を中西満鉄理事に贈ったところ、大連在住の愛刀家の間で評判となり、注文が殺到する状況だった。大いに自信を得た大連鉄道工場は、刀匠二名を急遽雇い入れ、工場の片隅で甲伏構造（甲状造り＝心鉄・皮鉄造り）の手作りの日本刀を造り始めた。しかし、この旧来の手作り造刀法は工場の技術者達に生産効率の余りの悪さを強く印象づけた。

満鉄は昭和十二年九月頃に初めて本格的な日本刀製作を思い立ったが、これには二つの切っ掛けがあった。一つは、この日本刀を知った松岡総裁が大変喜び、祖国の重責を担う満鉄・十五万社員（当時）の団結と、真の満鉄魂を打ち込むには何よりこの日本刀製作に限るという認識を持った。もう一つは、支那事変の勃発により、将校用軍刀の需要が増加して軍刀不足が深刻になっていた。中でも、優良な軍刀はほとんど入手できない状況だった。これは満洲派遣の関東軍にとっても深刻な問題だった。当時、満洲の地は支那の軍閥《ぐんばつ》が割拠し、匪賊《ひぞく》（徒党を組んで略奪・殺人などを行う盗賊）の襲撃も相次いでいた。

※関東軍：大日本帝国陸軍の総軍の一つ。中華民国からの租借地であった関東州（遼東半島先端）の守備、および南満洲鉄道附属地警備を目的とした陸軍守備隊が前身。支那大陸の「関東」とは、万里の長城の東端である山海関の東側、つまり満洲全体を意味する。対ソ戦略の為、最盛期は70万人を超える大軍団だった。

彼等からの攻撃を排除し、満鉄および満鉄沿線の安全確保を一つの任務とする関東軍は、満鉄が製作した日本刀の情報を掴んでいて、昭和十二年（一九三七）十二月、関東軍は満鉄に対して、優良な日本刀の製作と供給を行うよう正式な要請を行った。

こうした背景の元、松岡総裁は情熱をもって日本刀製作の命令を発した。

（二）量産満鉄刀

満鉄刀製作は、撫順製鉄の日下和治工場長（職務替え、鋼材担当）と大連鉄道工場の渡辺義雄工具職場主任（製造担当）が中心となって始まった。

まず日本刀を解明する為に、多くの日本刀の収集と分析を急いだ。渡辺主任は、東北帝大の村上武次郎教授を訪れ日本刀の現代的製法について教えを乞《こ》うた。村上博士は、本多光太郎博士が新設した金属材料研究所で特殊鋼を専門としていた。折しも、本多博士が耐寒刀（後の振武刀。前項参照）の開発に着手した時期と重なる。

ここで村上博士は、何故か古来の製作法を「玉鋼の四方詰め」と説明している。若し、渡辺主任が本多博士に教えを乞うていたら、別の刀身構造になっていた可能性もあったように思える。

二　刀身品質の平準化と量産の実現

事前の分析や調査から日本刀製作の基本が確立した。

古来、手作りの日本刀は利刀から鈍刀まで性能に大きなバラツキがあり、生産効率は著しく悪い。時代の要請は性能の均質化と大量供給だった。

そこで、鋼塊の検査から始まって外装完了までを十三工程の流れ作業に細分化し、各作業基準を定めて作業の単純化を図った。各工程には責任者を置き、普通の職員の訓練が容易になり、日産数十振が製作できるようになった。量産満鉄刀（昭和十四年より興亜一心刀）を（次頁写真3）に示す。

写真３　満鉄刀（興亜一心刀）の刀身全景と部分　（佐藤康弘氏所蔵）

満鉄刀の全景、切っ先と、柄元から茎部分、刃部。地肌は梨地、中直刃の刀身。試作満鉄刀は古刀と見紛うほどの出来の良さをみせ、武器としての性能においては日本刀史上、最高レベルに達した一つと言えるかもしれない。

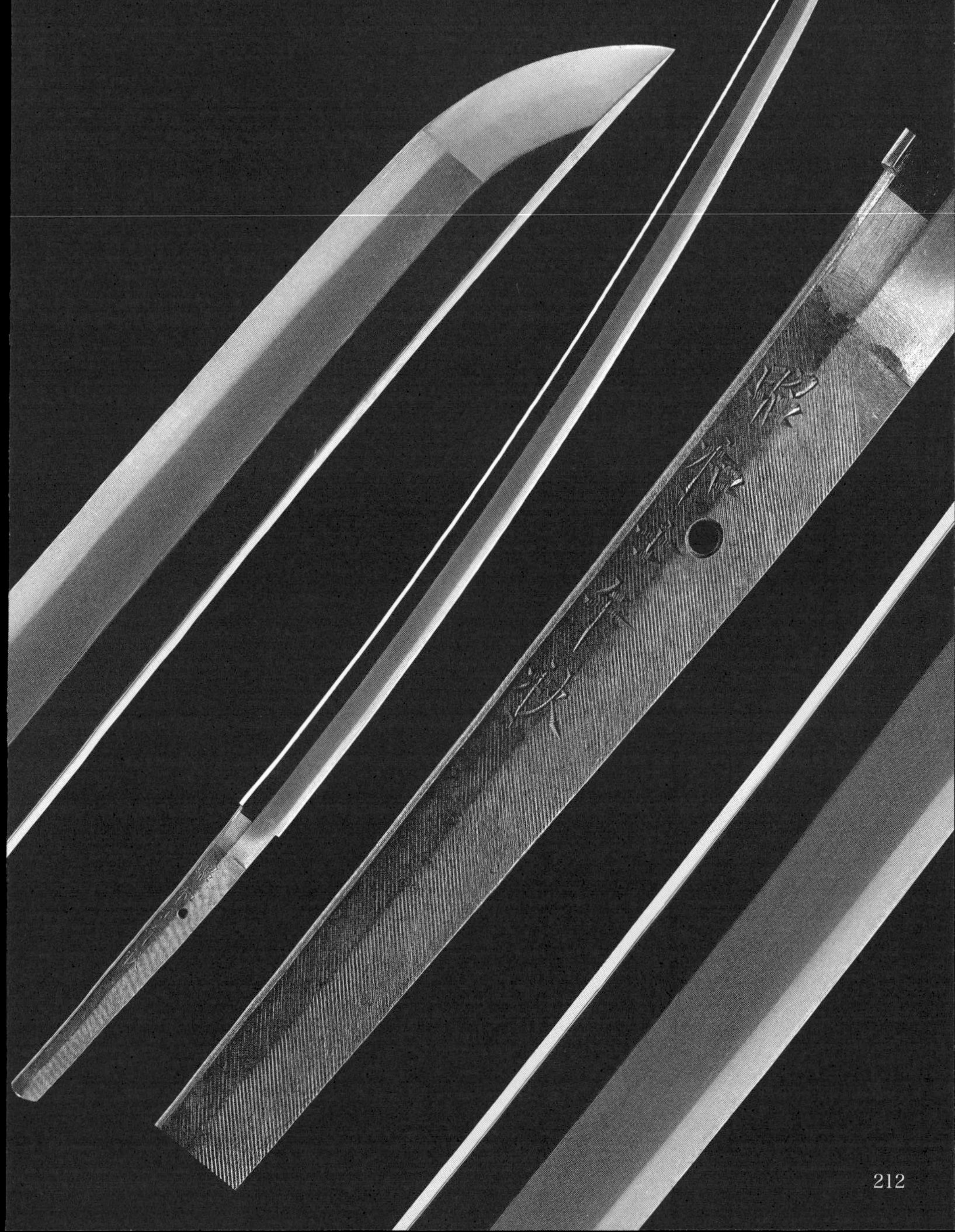

図1　満鉄刀身の鍛造法

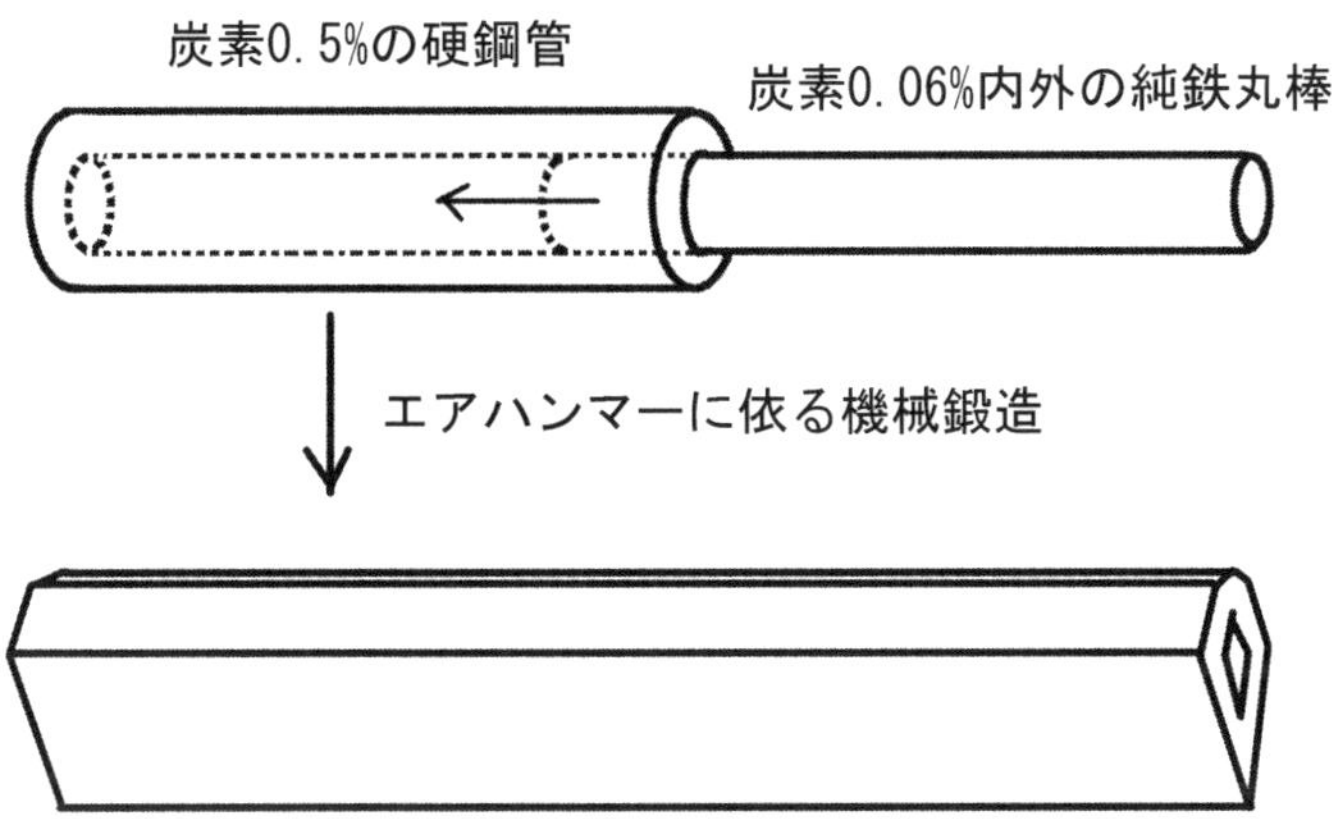

三　刀身構造と鍛錬法

刀身構造は「四方詰め（心鉄の四方を皮鉄で囲む造り込み）」とした。それが満鉄の製造技術に最も近い構造であったことも四方詰めを選んだ理由と考えられる。即ち、鉄道車両の車輪はホイールとタイヤから構成される複合部品である。レールに接するタイヤ（外輪）には耐磨耗性の硬鋼を、車軸を挿入するホイールには衝撃緩衝材《かんしょうざい》に軟鋼を使う複合構造となっている。車軸、軸受けなども同様である。

満鉄はこの製造法を「独特のモロ包み式鍛錬」と呼んだ。既に確立されていた部品製造の技術を日本刀製作に応用できると判断した。

具体的には、撫順の精錬炉で作った500キログラム鋼塊（炭素0・5パーセント）を、機械ハンマーで鍛造丸棒に延《のば》し、中心に孔をあけ軟らかい心鉄（炭素0・06パーセント内外の純鉄）を入れ、刀の重量に相当する長さに切断、加熱したものを一本毎に鍛造した（図1）。

古来日本刀の心鉄は規則正しく配置されたものが希《まれ》であって、これが刀身性能にも悪影響を及ぼした。満鉄のこの製法では、心鉄が極めて正確に配置されている（次頁写真4）。鍛造後、グラインダーを使用して荒仕上げ、荒砥《あらと》を

表1　興亜一心刀の化学成分表

	炭素	マンガン	珪素	燐	硫黄
皮鉄	0.57	0.05	0.17	0.018	0.003
心鉄	0.23	0.15	0.21	0.02	0.008

興亜一心刀の成分を東京帝大・俵博士掲載の29例の日本刀成分表と比較すると、マンガンの含有率が若干高い外は29例の著名日本刀（村正・廣光・兼房・祐定・了戒・康光・兼信……他）の数値の中に入っている。マンガン（Mn）は鋼に強靭性を与へ、焼入れ性を増し、ケイ素（Si）は硬さ・引張り強度（粘硬性）を増す元素である。満鉄刀の強靭性、粘硬性を支える要素の一つと思われる。

この化学成分によって明らかなように、硫黄の含有量は0.004%以下であり、俵博士研究による日本刀と同様な成分を示している。昔は優秀な原鉱石を用いない限り、これだけ炭素量や硫黄分を少なくする為には、10回も15回も鍛錬をしなければならなかったが、現代科学の進歩によって、成分のコントロールが機器によって容易にできるようになったのである。

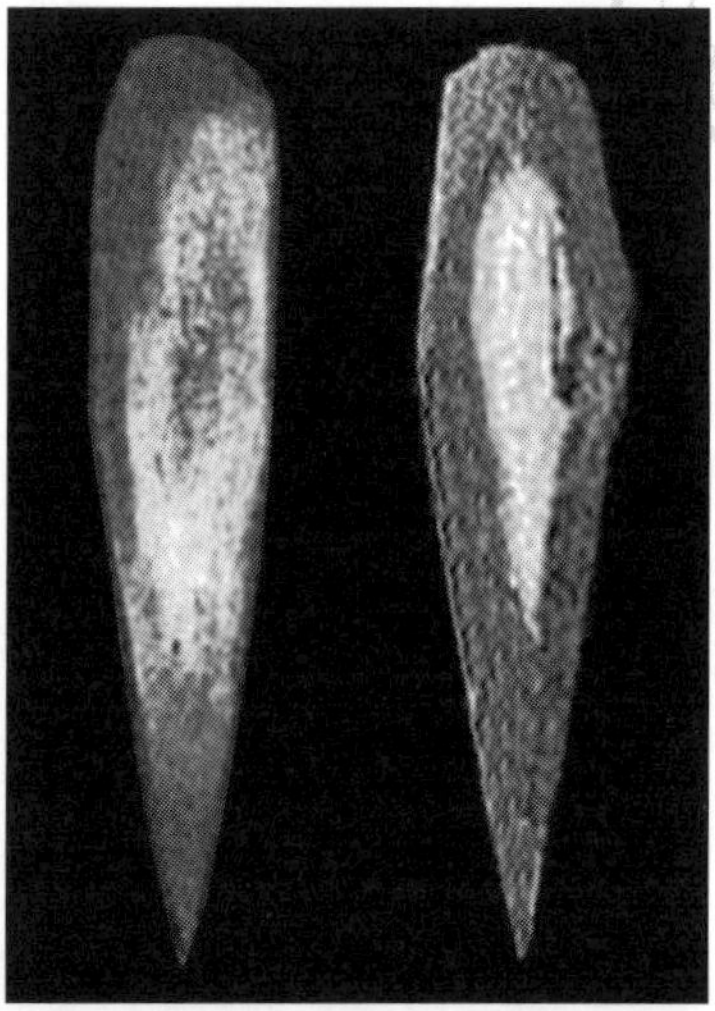

写真4◆新刀と満鉄刀の刀身断面比較

右写真の左が心鉄が偏在する新刀・藤原廣重の刀身断面（満鉄撮影）で、右が満鉄刀の刀身断面。満鉄刀は心鉄が正しく配置されている。同じく下写真は、満鉄刀の同一刀身5ヶ所の断面。刀身のどこを取っても心鉄が正しく配置されている。

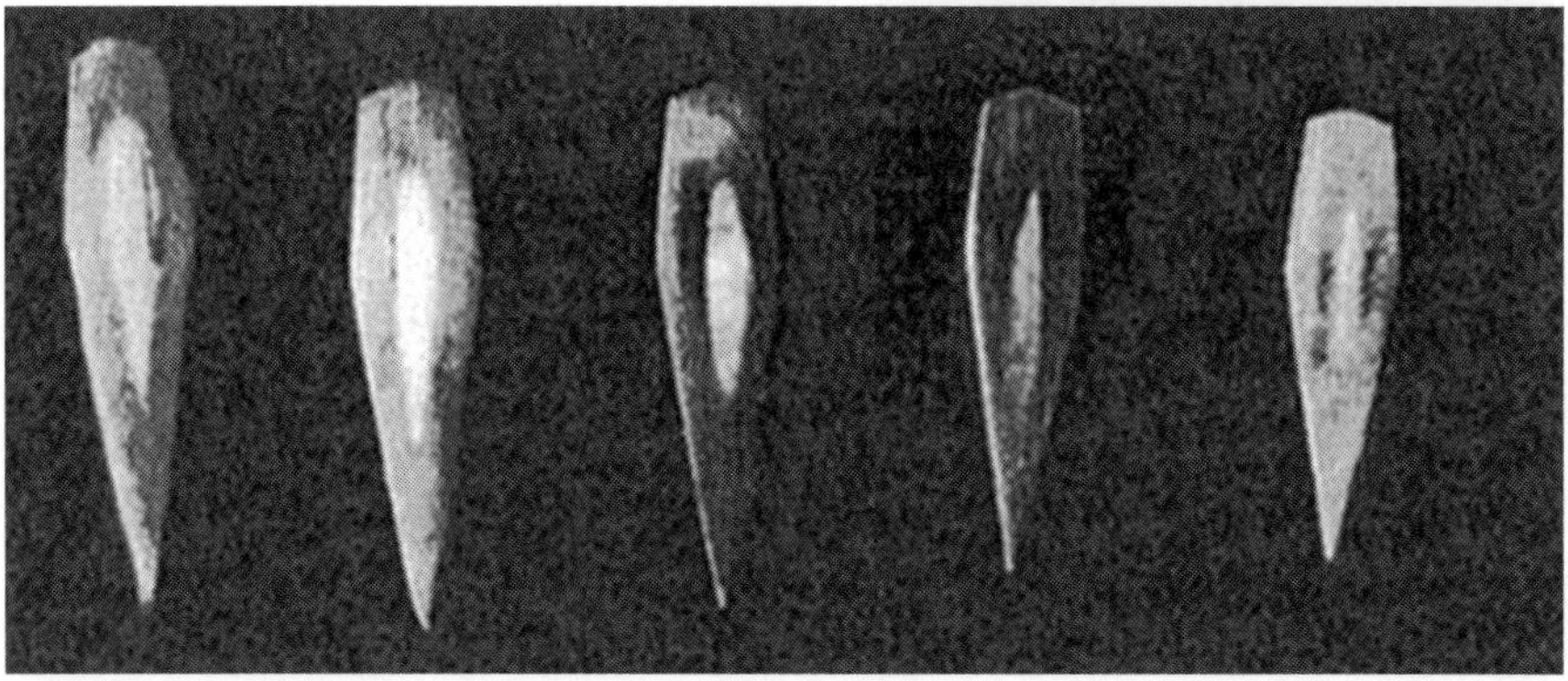

表2　興亜一心刀の硬度表

俵國一著「鐵と鋼五年一一號」より刀身ショアー硬度							
刀　名	刃表			刃裏			表裏平均
	最高	最低	平均	最高	最低	平均	
村正(二代)	72	50	57	70	50	57	57
廣光	75	60	66	77	59	58	67
水心子正秀	74	52	68	81	60	68	68
祐定	71	50	63	68	45	61	62
波平	70	45	61	66	50	60	60
興亜一心刀	72	50	57	71	50	57	57

東京帝大・俵工学博士が纏められた代表的日本刀の硬度表の内、「村正・廣光・水心子正秀・祐定・波平」の硬度表を掲げて、興亜一心刀の硬度を比較している。興亜一心刀の開発目標は「村正＝眞二代」を基準にした。「村正」の諸データと一致している。従来は刀匠の長い経験と勘に頼っていた焼入れを、近代的科学の力を利用して、温度を自由に制御する加熱炉で思い通りの硬度を実現した。しかも、その設定基準は名刀と目される刀である。水心子正秀の新々刀は最も刀身が硬い。興亜一心刀が古刀のように「しなやか」という成瀬関次氏の評価は、この硬度表からも裏付けられた。

かけて刀身を整えた。刀身の化学成分は表一の通り。

四　焼入法と刀身硬度

古来の焼入法は加熱温度を平均させるのに非常な苦心が必要だが、満鉄刀は独特の加熱炉と熱度計を用いた。すなわち鍛造された刀身五本を同時に電気炉で加熱した。

この電気炉は厳密な温度管理と加熱温度の平均化が容易で、炉温８００〜８３０度、焼入水温25度を保ち、焼刃土は大連神社裏山の良質なものを使用した。

刀身焼戻しは、２００度の熱油中に約30分間投入した後、空気中に放冷し、歪《ゆがみ》取り、反り合せ、第二仕上げ、研ぎ等、各分業で加工した。

最も大切なのは刃先の硬度であり、硬ければ刃切れ・刃こぼれが出るし、軟《やわらか》ければ曲るということで、硬度の決定には東京帝大・俵《たわら》博士の研究による日本刀の硬度を参考として古刀・村正を基準とした（表2）。

五　品質検査と品質保証

製品検査は、鉄道研究所の磁気探傷器を用いて、肉眼で見えない傷まで一振り毎に検査した（品質管理）。強度試験は5キログラムの重錘を落して強打を加え、また、大連屠殺場で豚の試し斬りを行いその刀身性能の確認を行った（抜き取り検査）。

刀身の均質化が出来たことにより、抜き取り検査ではあっても全刀身の品質保証を行ったことと同義だった。個別手作りの日本刀ではおよそ考えられない品質保証だった。

六　性能試験

（一）試斬

直径七寸の巻藁に五分丸の青竹を入れたものを据物斜断りを行い、何れも見事に切断した。刃切れ、刃こぼれなし。

（二）生物斬

重量二十六貫、首廻り二尺八寸の豚の首を見事に斬り落として、刃切れ、刃こぼれなし。

（三）峰（棟）打ち試験

幅六寸、長さ一尺の棒を縦目にして上部を半丸に丸味を附け木目を縦にして、これに二、三回連続して峰打ちを行ったが、三ミリの反りが出たものの、刃切れ、刃こぼれなし。

特殊な例を除き、一般の日本刀は棟打ちに極めて弱い。棟打ちに耐えられるのは実戦刀として必須の条件。

（四）鉄板斬り

厚さ五厘、幅一寸、長さ六尺の軟鋼板を重ねて四枚まで切断するも、刃こぼれ、刃切れなし。

（五）枯竹およびアカシヤ立木切り

枯竹太さ二寸、および立木アカシヤ直径二寸を切断したが、刃切れ、刃こぼれなし。

（六）耐寒試験

零下三〇度の冷凍室に刀身を一晩置いて棟打試験を行ったが折れなかった。また、鉄道研究所大連分所内の一室を借り、室内温度を零下四〇度に低下させ、抜身を一夜この室に据え置いた。翌日取り出し、直ちに鋳鉄製定盤上にて平打ち試験を行ったが、刃切れおよび刃こぼれを生じなかった。

満鉄車両の耐寒対策を行っているので、満鉄独自の手法が存在したのは確かであろう。ただ、日本刀への対策内容が発見されていない。耐寒試験を行っているので、満鉄刀開発の一つの要件であったことは確かと言える。北方戦線での軍刀には必須の条件だった。

（七）紙切試験

雑誌キング昭和十三年二月から六月号（一冊六二〇頁のもの）を重ねて二冊までは楽に切れ、三冊目は約半分くらいまで切れた。何れも刃切れ、刃こぼれなし。

（八）新々刀との強度試験

横たえた刀身に加重試験を行った。新々刀の加州物は一トン七分で刃切れが出た。満鉄刀は四トン七分の力で、初めて刃切れが出た。刀身は極めて強靭だった。

七　興亜一心刀の命名

当時、日本は五族協和（日本、朝鮮、満洲、支那、モンゴルの五民族の和合・協和を目指す）をスローガンにしていた。松岡総裁はその願いを込めて、昭和十四年（一九三九）三月二十三日、量産されていた満鉄刀に「興亜一心刀」と命名した。「興亜一心」とは、亜細亜（アジア）の民族が心を一にして「共に亜細亜を興《おこ》そう」という意味である。これ以来、茎《なかご》に「興亜一心」という銘が刻まれることになった（次頁写真5）。

当時の満鉄に課せられた使命の鼓舞を満鉄刀に託した強い思いが窺える。興亜一心刀（満鉄刀）は大戦末期には南満造兵廠《しょう》でも製造された。終戦までの通算製造数は約五万口《ふり》に及ぶ。

筆者は「無雙直伝英信流居合道」および「無双流居合斬道」の宗家・古岡二刀斎（本名・勝）師にインタビューを行った。師は昭和十五年、陸軍予備士官として支那に派遣され、大尉で帰還された。

古岡大尉は任官前の段階で既に「真剣操法」に相当習熟しておられた。支那大陸で、古岡大尉の噂を聞きつけた憲兵将校達が、古岡大尉の下に軍刀操法の教えを請《こ》いに多数訪れたという。

その古岡大尉の愛刀は「満鉄刀（興亜一心刀）」だった。古岡師の「満鉄刀は非常に優秀な日本刀だった」とのお言葉が強く印象に残った。■

写真５　満鉄刀 (興亜一心刀) の茎銘

写真左 : 初期満鉄刀の茎。満鉄商標の刻印のみ。
写真右 : 昭和 14 年 3 月に「興亜一心刀」と命名されて以降の茎表裏。

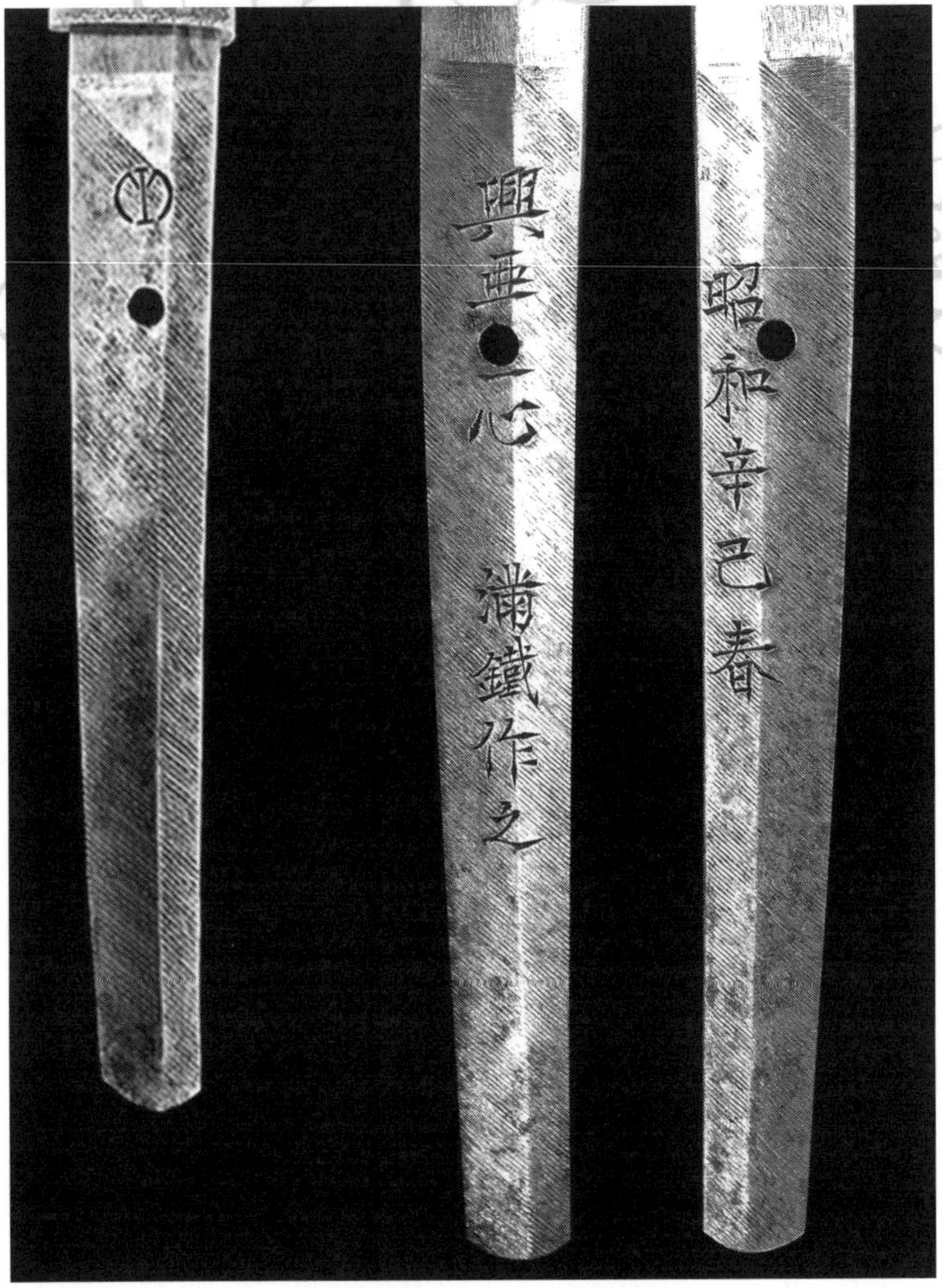

四　群水刀　～群馬水電が起こした〝電気製鋼〟革命

一　群水鋼の誕生

宮口竹雄氏は、明治三十二年（一八九九）、東京帝国大学電気工学科出身の技術家で、民間企業の電気畑を歴任した。大正二年（一九一三）の頃、日本は年間一億円くらいの輸入超過で大変不景気だった。輸入の主たるものは肥料と鉄が半々だった。この二つを日本で生産すれば輸出入の調節ができると考えられた。

こうした背景の元、宮口氏は電気製鉄の研究を思い立ち、洋行したついでに主として英国でこれを調べ、帰国後の大正三年、日本電気製鉄所を創立した。その後の紆余曲折を経て、鋼材および特殊鋼の製造を先ず始めた。

ところが、鋼製品のもくろみが外れ、鋼の本体を研究しなければ解決不能と考え、普通鋼でもっとも良鋼な鋼は日本刀であるという思いから、日本刀の研究に入った。元々、刀を造る為に鋼を開発した訳ではなかったが、満鉄同様に結果として両者の鋼が刀に使われたという点で共通している（次頁写真1）。

群馬水電㈱の社長となったのを契機に、原町発電所の隣地に研究所を設け、先ず日本刀用鋼の製作を始めた。鋼の名前は社名の略字を採って「群水鋼」と呼称した。しかし、同社が日本発送電㈱に吸収されたので、その研究所を分離して群水電化工業㈱を創立して、その事業を継承した。

昭和十六年（一九四一）三月、上野で開催された新刀展覧会に群水鋼の日本刀を出品して大変な好評を得た。他社の電気製鋼に比べて群水鋼の特徴は、自ら発明して特許を取った宮口式電気爐《ろ》（炉）を使用。この電気爐は電極が材料に接しない方式で、材質を害する事が少なかった。最初は原料に輸入屑鉄を使用したが、途中から鴨川海岸の砂鉄

写真1

「群水刀」

刀銘：群水兼宗作
群馬水電（株） 近代刀
刃長：64・3センチ 反り：1・0センチ
（刀身提供元：小島克則氏）

表1　日本刀用群水鋼の分析表

溶解番号	C（炭素）	Si（シリコン）	Mn（マンガン）	P（燐）	S(硫黄)
2353	0.72	0.17	0.26	0.011	0.013
2852	0.75	0.12	0.26	0.012	0.013

より造った銑鉄《せんてつ》、または純鉄を使うようになり、鋼の品質が向上した。

宮口社長は日本刀の〝鍛錬〟の意味を明確に理解されていた。即ち『日本刀製造の最も大切な事は鍛錬であると云う。従って鍛錬刀でなければ日本刀に非ずと云う説が出るのも無理からぬところであるが、鍛錬とは鋼中の鉱滓《こうさい》（＝鋼の屑）を除去する事と、鋼の質を密にする事の二点である』と。

また、電気精錬で、含有元素の除去が出来ることを発見したことは今一つの大きな成果であったと宮口社長は述べている。これが人力鍛錬では不可能な電気的鍛錬の優位点であった。『電気精錬では、鋼は爐（炉）中で溶融状態にある時、既に鉱滓等の不純物は全て浮かんで鋼と分離される。また、不要元素は爐内で色々な方法で除去するが、鋼の質を密にする事は、焼入れ焼戻し等の作業で出来るので、人力鍛錬とはつまるところ、鉄や鋼の屑を除去することに他ならない。従って、群水鋼は従来の人力鍛錬法の目的は全て電気炉内で成し遂げている可鍛鋼であるから、例え丸鍛え（群水ではこれをグン延《えん》式と呼称）でも鍛錬したと同じ理屈になる』と。

人力鍛錬しなければ日本刀にあらずという刀剣界の風潮を宮口社長は明確に否定した。群水で何回も改良を加えら

写真2

陸軍九八式軍刀装の群水刀

時の剣聖・中山博道と門人に依る何十回の刃味、打ち切り試験、軍の落錘試験の結果は「心鉄」を入れても入れなくても同じであり、６種類の造刀法でも、素延べ刀も鍛錬刀も性能はほぼ同じだった。電気爐で精製された群水鋼に折り返し鍛錬をしても全く意味が無い訳だが、従来の常識で折り返し鍛錬をし、心鉄を入れた刀を当たり前と思って作ったという状況には笑えないものがある。新々刀の作刀概念が如何に根深く浸透していたかがよく解る。

れた日本刀用鋼の最終的材質の化学成分を示す（前頁表1）。

二　栗原彦三郎と群水刀

群水鋼の改良と群水刀の誕生には、栗原彦三郎が深く関わっていた（写真2、3）。

※栗原彦三郎：明治十二年（一八七九）、栃木県閑馬村生れ。栃木県出身の衆議院議員。二代目稲垣将応、堀井胤明の門で「昭秀」の銘を持つ。壊滅状態だった日本刀剣界の再興に尽力して日本刀を蘇らせた最大の功労者。「日本刀鍛錬伝習所」（師範：笠間一貫斎繁継、東京市赤坂区氷川町）を、昭和十六年には「日本刀学院」（神奈川・座間）を設けた。刀匠の育成を行い、門人から宮入昭平（人間国宝）、天田昭次（人間国宝）、秋元昭友などの名工を輩出した。栗原の日本刀への情熱は並大抵のものでは無かった。昭和十二年（一九三七）、軍刀修理班を編成して自ら満洲に渡り、その途上、満鉄の懇請で初期満鉄刀の焼入れを行っている。

栗原が群水鋼を知ったのは昭和十五年（一九四〇）の春頃だった。栗原は内外の種々の鋼で日本刀を造っていたが、その内でも最も嘱望したのは群水鋼であった。

群水鋼を入手して度々実験したが、初めに入手したものは沸かすと崩れ易く、且つ鍛着力が弱く、度々鍛え割れが生じたので、その点の改良を群水に要求した。群水では栗原の苦言に応えて欠点の除去に努め、崩れもせず鍛着の良好な鋼が出来上がって行った。

栗原は約五十振りの群水刀を、中山博道先生や門人達に十二分に試験して貰い、都度に最高の成績を得た。しかし、栗原一人ならず、刀匠はほとんど全部が頑固で、心鉄を入れずにそのままグンノベ（丸鍛え）で作る事には感服できず、栗原は最後まで心鉄を入れぬ刀は作らないと抵抗した。

実験の結果が出ても、尚、心鉄を入れない刀に承伏できないという栗原の心情は正直だった。しかし、何十回の刃味試験、打ち切り試験、軍の落錘《らくすい》試験の結果、心鉄を入れた刀も入れない刀も同一の最上最好の成績を上げつつあるという事実に抗しきれず、遂に栗原も心鉄を入れない刀を約三十振り造って試験し、好成績を得た。

栗原が立派なのは、新々刀の製法に固執せず、心鉄を入れない刀を三十振りも作って、それを納得するまで検証した事だった。

群水鋼が日本刀用の鋼として完成したのは、栗原の力が与って大きかった事が明白である。栗原は古代刀から新刀までの造刀法に造詣が深く、洞察力と勘は鋭かった。実験の結果と歴史上の造り込みの実態を総合して、栗原は一枚鍛えの群水刀の本質が日本刀であるという事を得心した。

写真3　晩年の栗原彦三郎

（写真提供　栗原彦三郎伝記刊行会代表　土子民夫氏）

三　栗原が鍛造実験した群水鋼の性能

群水鋼は創始者たる宮口社長が三十余年間も〝世界唯一

の良鋼を作って国家に貢献したい〃という熱誠で研究に研究を重ねたもので、軍の落錘試験を常に意識して作られた鋼である。栗原は実験上も古備前刀の鋼を彷彿《ほうふつ》とさせるものであると確信するに至った。

彼は特に以下の点に注目した。

（イ）鋼として最も銑気が少ない。

（ロ）鉄の処女姓が豊富で靭《じん》（＝ねばり）性が強く、折れにくい事は玉鋼以上である。

（ハ）刀および刃物に作ったら刃味は最も鋭利である。

（ニ）冷水で煡淬《さい》（＝焼きを入れる事）して適当な硬度となる。

（ホ）煡淬後の焼戻しが容易である。

（ヘ）研磨の際、玉鋼刀より刃毀《はこぼ》れ・刃捲《はまく》れが少ない。

（ト）研上げて白ケシ糠目《ぬかめ》なく、肌に潤《うるお》いがあって刃は白く、外見が大変に上品である。

（チ）含有非鉄元素僅《わず》かに千分の二以下で、坩堝《るつぼ》鋼と同然である。研上げてみると、鋼の精美は天国《あまくに》、神息《しんそく》（＝奈良時代）、古備前、古大和に近い。

※天国：日本刀匠の祖と目され「小烏丸」の作者と言われる。

※神息：豊前国宇佐の名工。大同年間に名刀、平城天皇の皇子の護身刀を作ったといわれる。

四　群水刀は純日本刀なり

栗原は日本刀の鍛造に古来三種の方法があると述べる。

『一、坩堝製等に依って鋼を精密にし、硬度・靭性を完全にし、折り返し鍛錬をせず専ら品位のみに専念して心鉄を入れずそのまま作刀したもの。

これは直刀時代の天国・神息等の大和の最古刀、古備前刀、山城の最古刀、安綱直系の最古刀、舞草《もくさ》の最古刀である。時としては一文字、古青江、古い三條系統のものにもあるが、この種の刀は千年を経ても刃味は鋭利、肌鋼は精美、些《いささ》かも機能を減損していない特徴がある。

※舞草：一関（北上川東岸）刀匠集団。この刀は「舞草刀」と呼ばれ、日本刀の原点と言われる。

二、充分に鉄の処女性、鋼の靭性保持に注意して精鍛し、折れ曲がりの恐れがない鋼を作り、心鉄を入れずに作ったもの。

この方法の作刀には、末の直刀時代の刀、天国および同時代の刀、古三條、古青江、一文字、古い舞草刀等に多く、その特長は八〜九百年、若しくは千余年を経て、尚、軍用として使える機能を有している。

三、入唐（中国の唐に渡った）の僧侶が彼の地で鉄の大量

表2　陸軍落錘試験成績表

刀匠名／落ち高さ	15糎	25糎	35糎	45糎	55糎	65糎	75糎	85糎	95糎	100糎
栗原 昭秀	0.25	0.49	0.85	1.3	1.69 刃切れ1	2.07 刃切れ1	2.59 刃切れ1	刃切れ1	3.39	4.17
宮入 昭平	0.16	0.24	0.44	0.89 刃切れ1	1.12 刃切れ1	1.54 刃切れ1	1.89	2.22 刃切れ1	2.66	3.04
幡野 昭信	0.3	0.59	1	1.4	2.00 刃切れ2	2.54	3.08	3.58	4.40 刃切れ3	4.68
群 水 刀	0.13	0.14	0.24	0.44	0.72	1.02	1.27	1.54	1.96 刃切れ1	2.16 刃切れ1

第一段階の試験は巻藁と鉄板の刃味試験である。折れる刀は墜撃試験の前のこの刃味試験で既に相当数が折れている。本試験はシャルピー型衝撃試験機で、刀身の刀の靭性と弾力性能を評価する。折れる刀は2〜3回目の段階で折れる。それをパスすると意外と最後まで持つというのが試験官の経験上の見解だった。

衝撃値が高い程、靭性と弾力に優れていることを示す。群水刀の刃切れは、四振り中、最後まで発生しなかった。

精練法を学んで来て、島根の船通山船通寺、伊豆の南禅寺、奥州の大原附近等で盛んに伝道と製鉄の事業を行った。この時代には未だ銑《ずく》、鉧《けら》、若しくは鋼、鉄等を細分していなかった。その為に刀匠はその鉄を買って適当に自ら卸《おろ》して適当な硬度の鋼を作って刀を鍛造した。

その後、鋼、銑、鉄を分類して売り出すようになった。玉鋼が出来るようになって、刀匠は自ら卸鋼を作る困難な工程を省く為に専ら玉鋼を使用するようになり、その為に心鉄を入れて刀を作るようになったものである。これが江戸時代の習慣となって心鉄を入れなければ物足らない心持ちに刀匠達をさせた。

應永以降の備前刀や肥前刀の如きは、僅《わず》かに二〜三百年足らずで既に肌鋼が摩滅し、心鉄が現れて美観を損ねる物が出るようになった』

こうした古来各種の造刀法があった事実と、群水鋼の性能・特長を照らし合わせ、群水刀は純然たる日本刀であると栗原は断定した。

栗原が造った丸鍛えの群水刀の機能は昭和十七年（一九四二）九月に東京陸軍造兵廠《しょう》で試験された。一振りは心鉄入り、他の一振りは二尺四寸八分の丸鍛えの長刀である。栗原昭秀、幡野昭信、宮入昭平の刀が併せて比較試験

写真4　日本出立前の成瀬関次氏
（写真提供 鎌田康男氏）

された。

いずれの刀も合格だったが、最後まで刃切れ・刃毀れを生じなかったのは丸鍛えの群水刀だった（前頁表2）。

試験後、中尉の部屋に立ち寄った際、刃味を試す時に折れる刀が沢山あることを聞かされた。その試験で折れた刀百本近くが部屋の片隅に山積みされていた。実戦に使える刀が意外に少ないことを物語っていた。

五　源良近刀と兗洲虎徹

根岸流手裏剣、桑名藩伝兵法山本流居合術の武道家で、日本刀の研究者である成瀬関次氏（写真4）は、昭和十三年二月に、尉官待遇の軍刀修理軍属として、北支、蒙疆《もうきょう》（＝蒙古の境）の全戦場を九ヶ月間に亘《わた》って軍刀の修理を行った。

その著書の中で、現地で急造された車の板バネ（リーフスプリング）を使ったスプリング刀が明らかになった。

日本軍は、常に支那軍閥《ぐんばつ》の大敵を相手にし、成瀬氏もまた、三度も死に直面したという激戦だった。

『昭和刀は一撃直ぐに折れるもの、という宣伝が一時相当にあった。

刀剣家の一概に昭和刀とけなしている物の中に、相当研究したらしい刀のある事を第一線の陣中で知った。

現代の剣聖中山博道先生の試し銘の入った、源良近という刀を戦線で見た（次頁写真5）。

将士はいずれも切れ味がよく強靭だと云っていた。

この刀は無垢鍛《むくぎたえ》、即ち一枚鍛が多くて、昭和刀と同列に論じられているらしいが、自分たちは相当慎重に之を研究した。

陣中で、この源良近刀に数振り接したが、切っ先も元も折れたものはなく、刃こぼれしたものはあったが、それはとても小さかった。

どうした造り方か、地鉄が非常にねちっこい。この源良近刀に首をひねっている昭和十三年三月頃、兗洲《えんしゅう》に川口隊という移動修理班がいた。

※兗洲：支那の州の名。古代の天下九州のひとつ・兗州（えんしゅう）に由来する、現在の中華人民共和国山東省西南部の済寧市に位置する市轄区。

兵器修理班の鍛工場で、工員（制規上軍刀の吊れない人達）が、日に日に危険にさらされて来るので、必要に迫られて、廃物の古自動車のスプリングを利用して刀を打った。

一応、丸鍛錬して刀の形とし、本式の焼入れ作業は出来ないから、全体に焼を入れて適度に戻す「造兵刀」と同じ製造工程である。

私（成瀬）の助手をしてくれた加古という鍛工軍曹（その当時伍長）が指導した。愛知縣小牧に住む刀匠で、造刀については深い研究を積んでいた。

そうした焼の刀であるから、勿論刃文もなく、若い人達の手に合うようにというので、ある刀の如きは元身幅が一寸二分、重ねが二分二三厘もある大切っ先の浅反り二尺三寸、虎徹の大業物そっくりなものが出来、それに木工場で楊柳《ようりゅう》（＝柳の総称）材の鞘をつくり、軍刀修理場で外装を引き受けて、実用堅固に外装した。

二〜三日で幾振りかの刀がつくられ、兎《と》に角《かく》吊れるようにし、いつ敵襲があっても心配ないという事になったが、試し切りをして見ると、実にもの凄い切れ味で、誰云うとなく「兗洲虎徹《こてつ》」の名が高くなり、工兵隊あたりでは支那鍛冶の工場を借り、此のスプリングを漁《あさ》りつくして刀を作った程盛んになった。

刀が折れず・曲がらず・良く切れさえすれば良いというのならば、この「兗洲刀」は満点に近い性能を発揮した。

後に戦闘で十数名を切ったが、刃こぼれも刃曲がりも生じ無かった。

「兗洲虎徹」については、当時、津浦線一帯の評判で、軍

写真5
「源良近」

刀銘：表銘「源良近」　裏銘「昭和九年二月日　範士中山博道先生試切刀」

近代刀　刃長：67・2センチ　反り：1・7センチ　（刀身提供元：刀剣しのぎ桶川店）

源良近は森久助といい、自称三条宗近の末孫と称し、東京の芝三島町に住み、大正から昭和にかけて鍛刀した。その作は直刃出来に優れた作品が多く、またその斬れ味の評価も良く宮城警護の衛兵の刀も鍛えていたという。

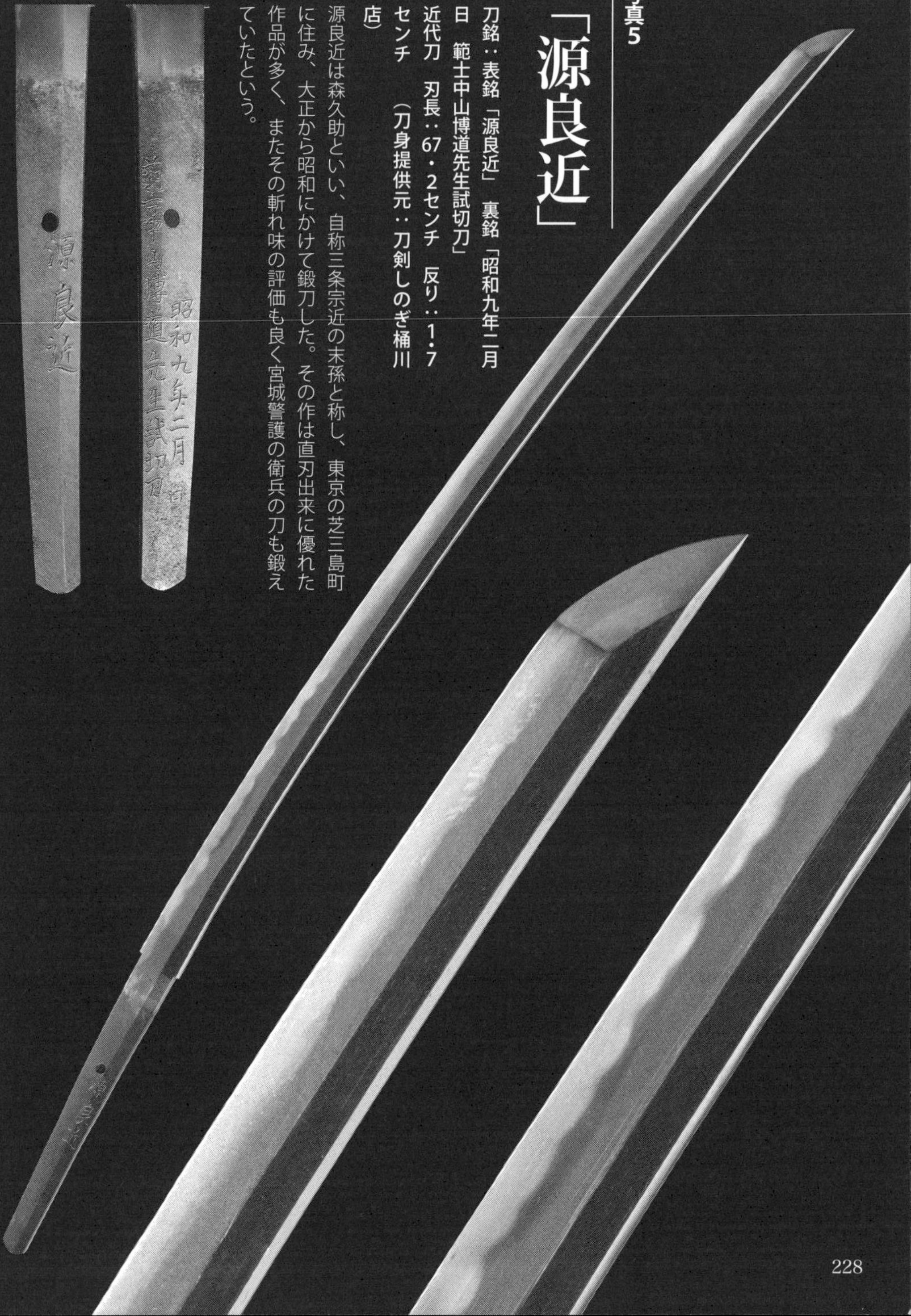

刀を消失・破損した将校は、自身出向いて来たりして一刀の鍛造を所望して止まなかった』

※津浦線一帯：津浦鉄道沿線展開陣地群を指す。

この事について、成瀬氏は両三回発表した。

成瀬氏はスプリング鋼材に強靱性の理由を求めているが、スプリングには普通炭素鋼と合金鋼の二種類があり、当時は普通炭素鋼であったと推定される。そうであれば、焼入れと焼き戻しにこそ強靱性の秘訣があったように思われる。

現在の米国コールドスチール社の普通炭素鋼を使った強靭な「KATANA」の例をみれば、鋼材の元素にだけ強靭性の理由を求めることはできない。

支那戦線で評価の高かった良近刀は丸鍛えが多かったと成瀬氏は述べているが、残念ながら鋼材と造刀法は不明である。兗洲虎徹は現物写真すら存在しないが、幸いな事に源良近刀は登録証のついた現物が存在した。

この刀身を掲載し、丸鍛えの刀の再評価を世に問いたい。■

五　斬鉄剣～小林康宏が追究した〝斬れ味〟

写真1　小林康宏刀匠

一　真の日本刀を求めて

大東亜戦争の終結で、約一千年以上に及ぶ永い日本刀の歴史は幕を閉じた。日本を占領した連合国軍最高司令官総司令部（ＧＨＱ）の七年に及ぶ日本解体政策は熾烈《しれつ》を極めた。政治、教育、文化、思想などは徹底的に否定され破壊された。その中で、日本刀も例外ではなかった。軍、武、武器は悪と刷り込まれ、日本刀は根絶の対象となった。

そうした中、軍刀工房を経営していた一人の人物が『日本刀は武器ではなく美術工芸品である』との方便を使い、かろうじて一定の美術性を持つ日本刀が認められることになった。日本が独立した時、この概念は訂正されるべきであったが、鑑賞趣味人が大勢を占める刀剣界では、日本刀の最も基本である武器性能を疎《うと》んじ、刀身美の再現だけに突き進んで行った。

こうした戦後の美術刀剣界にあって、真の日本刀を追求した刀匠がいた。小林康宏（写真1）という。因習の柵《しがらみ》がない小林刀匠は古刀の再現を見据えていた。因習という不確かな技に囚われず、科学的素養を駆使して古刀の再現を目指した希有な刀匠だった。

※小林康宏：本名「小林林」。

二　刀匠への道

大正三年（一九一四）、山梨県東八代郡豊富村に生まれる。陸軍に召集されて中支派遣軍に配属され、特務機関の宣撫《せんぶ》工作員となる。

昭和二十一年に復員して冷凍機の商売を始める。昭和三十五年（一九六〇）頃、懇意な刀鍛冶の鍛刀所で秋元昭友刀匠と知り合い、後援者のようなことを始めた。日本刀の作刀が再開されたとはいえ、刀材は完全に枯渇していた。こうした状況の中で、

「地鉄を研究しようと思い立ち、仕事を放っぽり出して一生懸命に鉄を作って秋元刀匠の元に持って行った。そして良い刀ができた。ところが、この刀匠が蔭に廻ると、『小林さんは素人でいい加減なことを言って困る。この金（かね＝鉄・鋼の意味）で作れ、あの金で刀を作れと言って困る』と他人に話していた」

秋元刀匠は、日本刀は玉鋼で造るものと思い込んでいたのであろう。「これはいかん。自分でやるしかない」と、これが刀匠となるきっかけだった。

※秋元昭友：戦中、栗原彦三郎昭秀門。

昭和四十三年（一九六八）頃、五十名規模の会社を解散して、東京高輪のビル内に鍛錬場を設けた。昭和四十五年（一九七〇）一月に刀匠の認可が下りた。ところが、電気ハンマーを使う街中の作業所の限界を感じ、昭和五十二年（一九七七）、故郷の山梨県に帰る。小林康宏五五歳、人生の秋だった。昭和五五年（一九八〇）七月、山梨県巨摩郡の無人林の中に新たな鍛錬所を設けた。

三　古刀の地鉄

小林刀匠の日本刀の鋼材に対する見識は明快だった。「応永年間（一三九四～一四二七）迄の古刀は良かった。戦国時代、刀の需要が急増して今まで棄てていた鉧（ケラ）の中の鋼で刀を造り始めた。この方法が江戸時代に定着してしまった。玉鋼のような不純物が多い鋼は、古刀には使われていない。慶長期以来、刀鍛冶は玉鋼を日本刀の材料と思い込んでしまった。良い古刀には不純物が殆ど入っていない。それが鎌倉時代になると四～五種類も入り、現代刀

では不純物が十数種類も増えている。

※玉鋼：天文期に出現した千種・出羽鋼を包含して、小林刀匠は和鋼を広義に「玉鋼」と呼んでいる。国産鉄に限れば、鎌倉～応永の頃まで、刀材は銑卸し（間接製鋼）が主だったと推定される。戦乱の需要拡大で作刀効率が問題となった。最も時間を要するのが鋼の精錬だった。鉧（ケラ）は精錬時間が短縮できる。銑（ズク）押し製錬では鉧の量が少ない。天文の頃、大資本の製鉄山がたたらを鉧押し法（直接製鋼）に転換し、出羽・千種などの商業用量産鋼が生まれた。

皮肉なことに刀匠達はこの鋼を敬遠して、従来の刀材（支那鉄卸し推定）を慶長まで使い続けた。天文の量産鋼はそれまでの鉄卸しの鋼とは異質のものだった。新刀以降、刀匠達は、量産鋼を使って鉄質の違う古刀を再現しようとした。

伝統、伝統と言っても間違った伝統なんか何にもならない。今の刀鍛冶は玉鋼で造るのが正しいと思っているが、それなら何故古刀と同じものが出来ないのか？　それを指摘しても、あの素人がと言われる。実際に古刀を超える日本刀を造れば、私の作刀理論は否定出来ないだろう。何故、こんな簡単なことにみんなが気付かないのか」との無念の思いを竹内海四郎氏に語っている。

※竹内海四郎：身体文化研究家。昭和五十八年（一九八三）に小林康宏刀匠を密着取材した。

この刀身地鉄の劣化は、東京帝大の俵國一博士が「日本刀の科学的研究」で古刀→新刀と時代が下がるにつれて地鉄が汚れて行く事を化学分析で証明していた。

四　自家製錬

既に（財）日本美術刀剣保存協会が五十年より玉鋼の供給を開始していたが、自ら信じる鋼材の製練に挑んだ。常識的な開放型たたら炉ではなく、丘の斜面を利用した「登り窯《がま》」（次頁写真2）を造った。密閉型の自然通風の登り窯は温度が上がらず、古刀期同様の鉄が採れる筈という計算に基づいていた。この窯で流動ズクを生成した。

五　刀身地鉄の製法

昭和五十九年（一九八四）頃の地鉄の造り方はズクと錬鋼の練り材だった（次頁、図1）。登り窯で得た蜂目ズクと既成錬鉄のスウェーデン鋼を組み合わせ、独自考案の密閉型火炉《ほど》（写真3）に装入して沸かす。

※蜂目ズク：銑（ズク）押し製錬で得られた溶融銑は鋳型に流してインゴット状にして使う。この時の表面が氷のように滑らかなので「氷目ズク」という。「蜂目ズク」とは氷目ズクを適度に脱炭した

写真2　登り窯

自然通風の登り窯は全長6メートル、原料には砂鉄を、燃料には赤松の薪が使われた。流動ズクを生成していたので、炉温は1100度強であった。

図1　ズクとスウェーデン鋼の混合

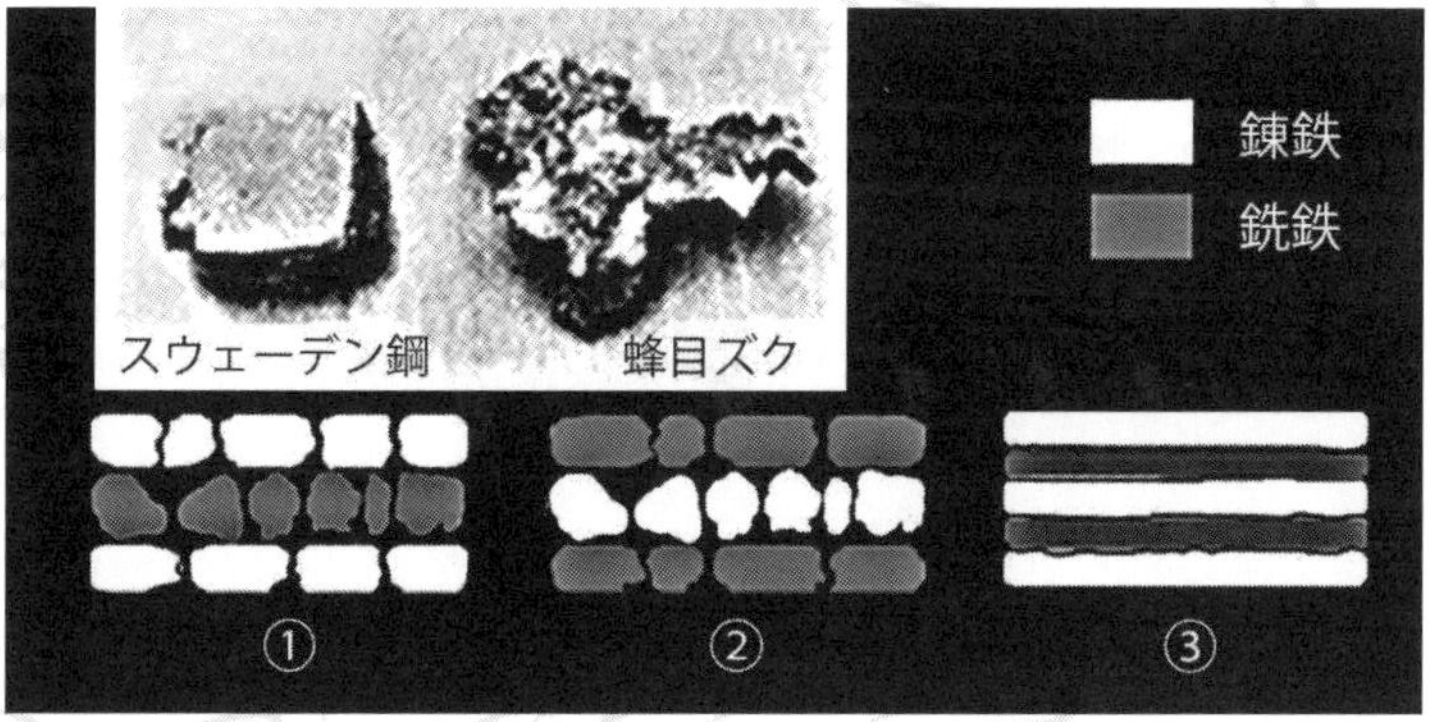

写真3　康宏刀匠独特の閉鎖炉

写真は入り口を開放した状態。積み沸しにテコ鉄を使わず、ハシ（ヤットコ）を使うことで閉鎖炉が可能となった。最大の特徴は、赤熱された鋼に不必要な酸素を触れさせない事で、鉄質を維持するところにある。

ズクのこと。表面に蜂の巣のような穴が開いているので蜂目ズクと呼ばれる。

※スウェーデン鋼：予め精錬されているスウェーデン鋼は清純な鋼として世界的に知られていた。この鋼は、不純物を取り除く為の鍛錬（「鍛打」というべき）を必要としない。

ズクと錬鉄の組み合わせ方および炉温が地金の質を決定する。赤熱した蜂目ズクと錬鉄の塊を取り出し、鍛打して一つの地鉄に纏めた。銑《ずく》と錬鉄は半溶融の状態で鍛造されているので、密閉型火炉の温度は1100度強と推定される。銑鉄と錬鉄の組み合わせがどのようであれ、下鍛えによって低炭素（錬鉄）部と高炭素（ズク）部が半固溶で混じり合った練り材の地鉄ができた。

これは、大陸の刀剣用「灌鋼《かんこう》」の製造法（図2）と酷似している。灌鋼は漢代から造られ、日本の室町時代に当たる時期まで改良されながら千六百年以上に亘《わた》って大陸で刀剣地鉄に使われ続けていた。この灌鋼と着想が近似したのは偶然の結果なのであろうか。

六　丸鍛えの信念

小林刀匠の造り込みは迷わず硬・軟鋼を練り合わせた不均質鋼の丸鍛えであった（次々頁写真4）。何時、その確証を

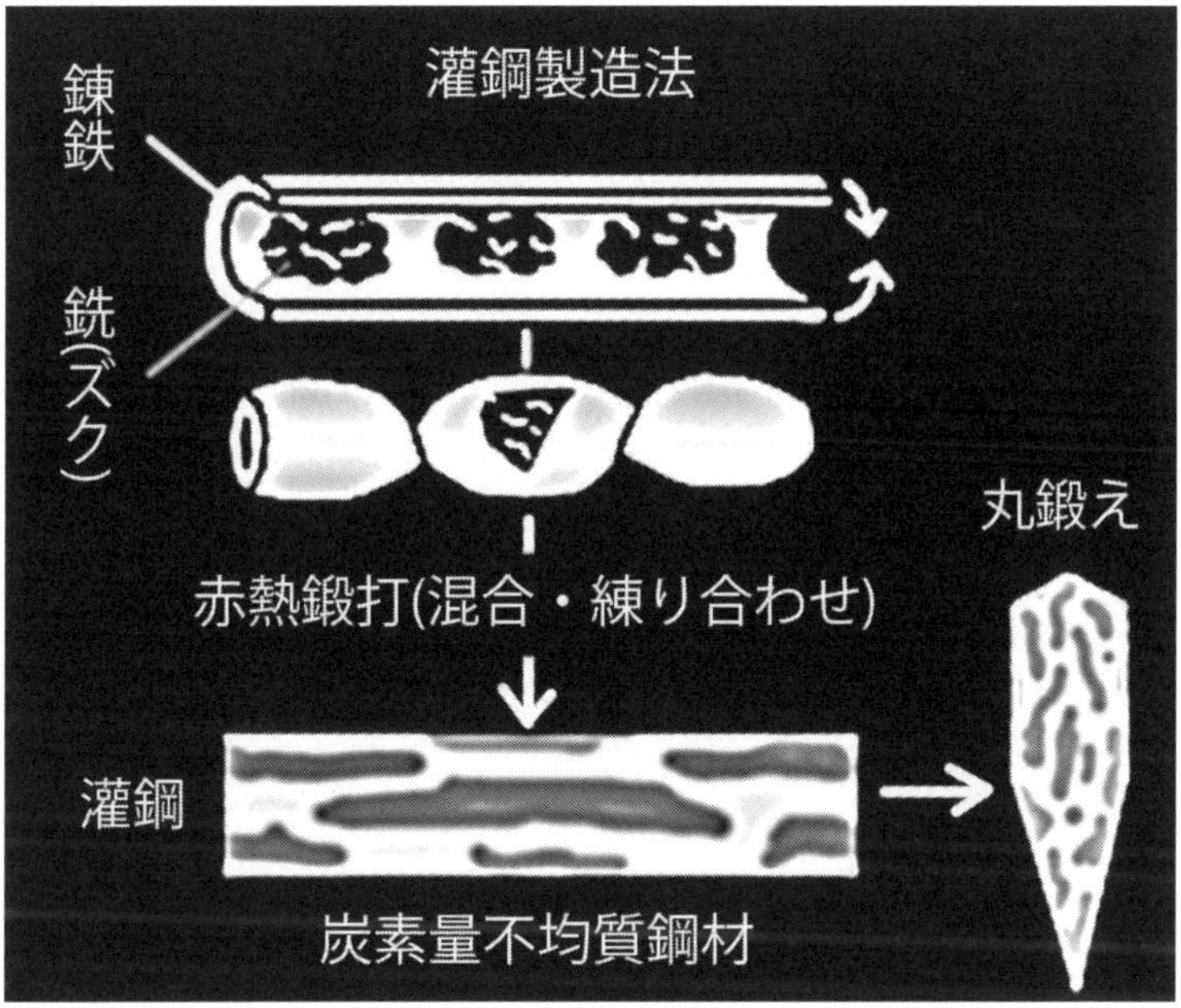

図2　灌鋼の製造法

灌鋼の製造法は、錬鉄の長い薄板に銑鉄粒を夾んでコイル状に巻き、泥で封じてから炉内で高温に加熱する。加熱後、取り出して鍛打鍛造する。

得たかは定かでない。刀身構造は鋼材の質と表裏一体である。

北宋の沈括による十一世紀の産業技術書『夢渓筆談』、明代末の十七世紀、宋應星の『天工開物』等に刀剣鋼材や製鉄法が載っている。大陸の刀剣用地鉄や古代刀剣の実態などを学んでいた可能性も高い。スウェーデン鋼を混合した村田刀なども参考にしたかも知れない。しかし、刀剣界はこれらの事には目もくれず、日本刀は古来から玉鋼と心鉄構造（硬・軟鋼の合わせ）だったという因習に浸りきっていた。これが古刀に近づけなった理由のように思われる。

七　合わせ鍛え

合わせ鍛えと丸鍛えの概念図を（239頁図3）に示した。上図は新刀以降に主流を占めるようになった硬・軟鋼の合わせ鍛えである。

①量産鋼を赤熱鍛打して平らに打ち延ばす。表面のスケール（不純物）は飛散して、鋼は酸化脱炭される（錬鉄の場合は吸炭させる）。

②この鋼を二つに折り曲げ鍛打を何回も繰り返す。

③鍛錬を十回も繰り返すと１０２４の折り返し鍛接層が形成され、鋼材の量は二分の一に減じ、薄くなった折り返し層では炭素交換が行われて鋼は均質になる。

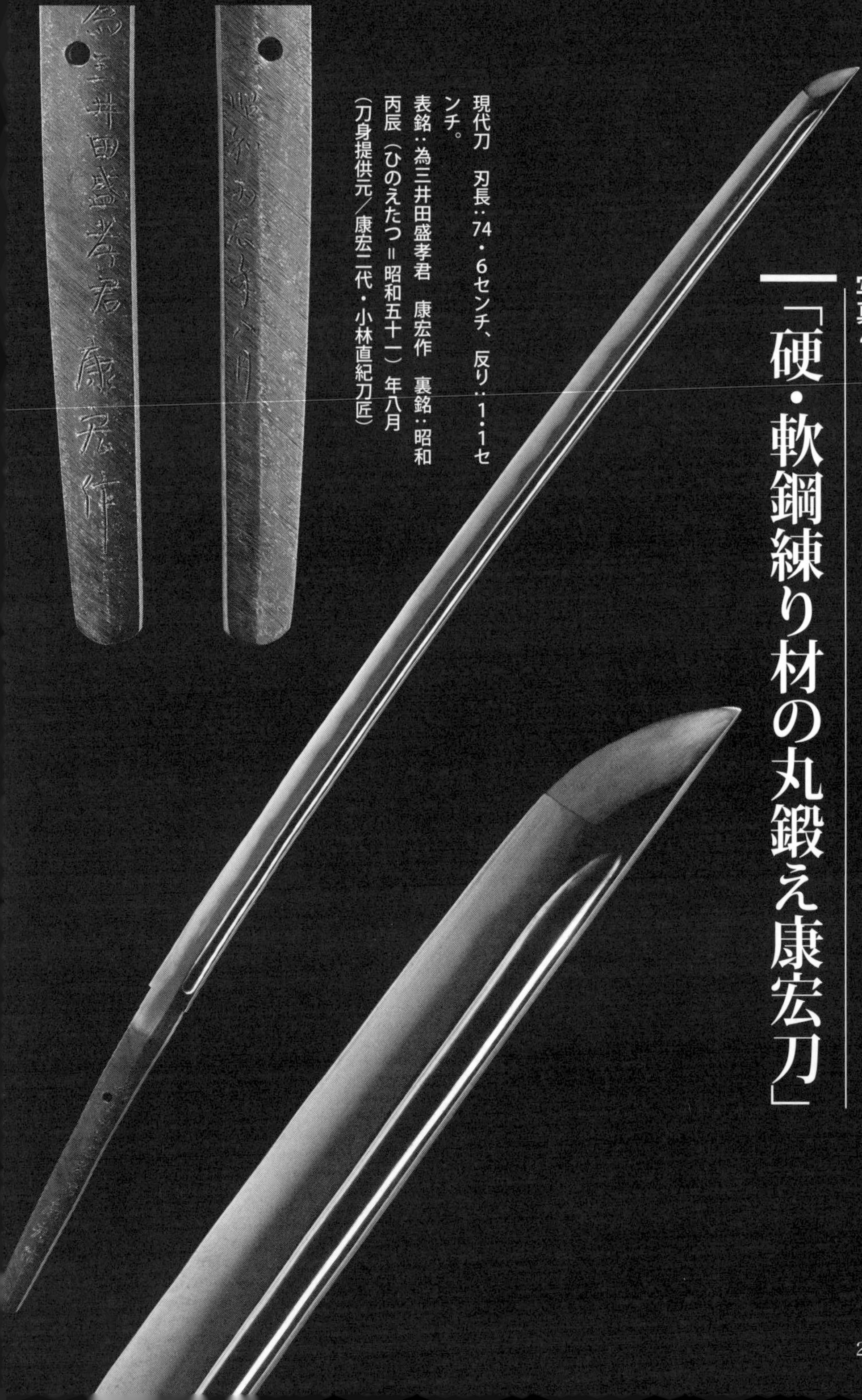

写真4

「硬・軟鋼練り材の丸鍛え康宏刀」

現代刀　刃長：74・6センチ、反り：1・1センチ。
表銘：為三井田盛孝君　康宏作　裏銘：昭和丙辰（ひのえたつ＝昭和五十一）年八月
（刀身提供元／康宏二代・小林直紀刀匠）

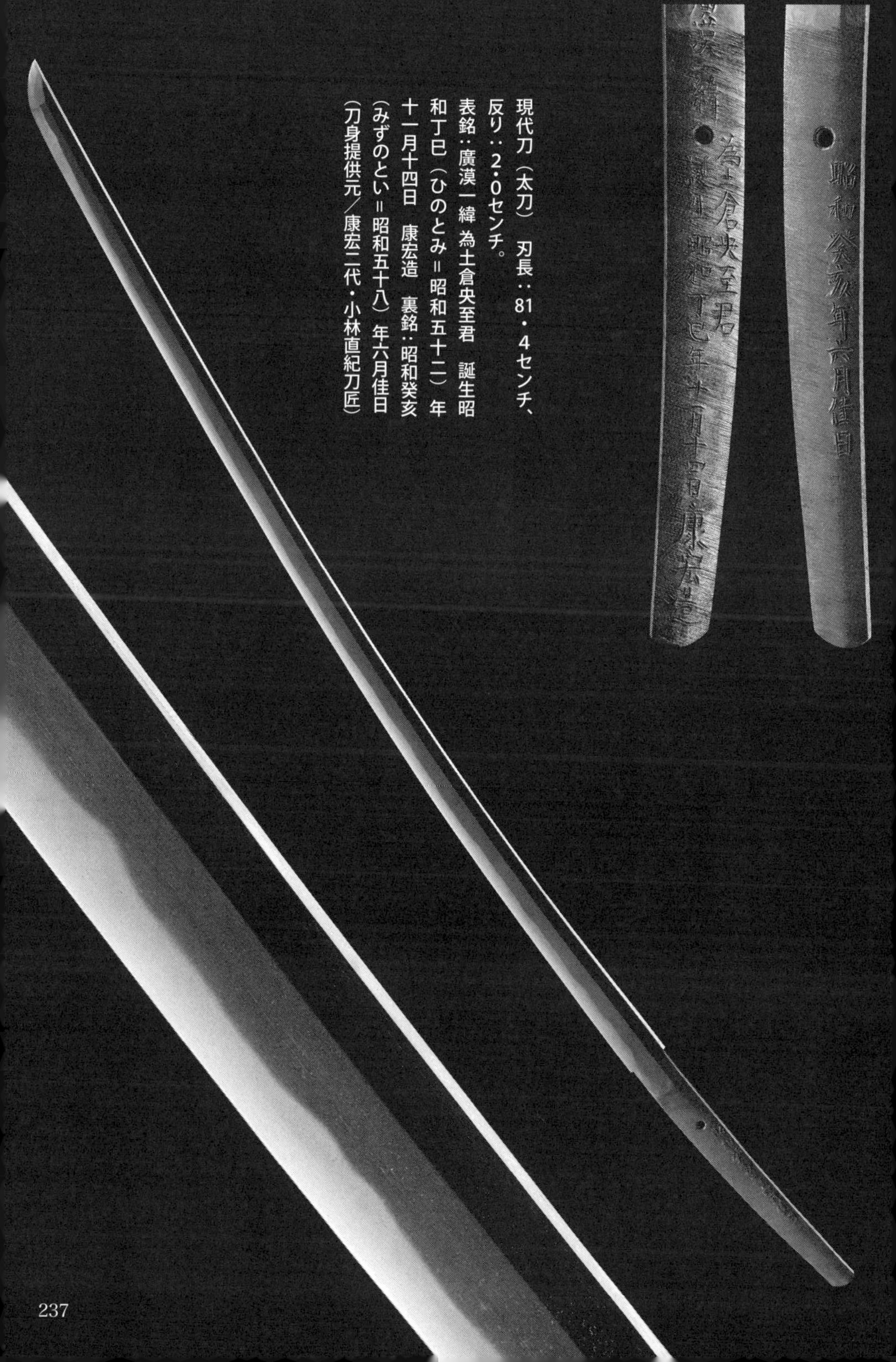

現代刀（太刀）　刃長：81・4センチ、反り：2・0センチ。表銘：廣漢一緯 為土倉央至君　誕生昭和丁巳（ひのとみ＝昭和五十二）年十一月十四日　康宏造　裏銘：昭和癸亥（みずのとい＝昭和五十八）年六月佳日（刀身提供元／康宏二代・小林直紀刀匠）

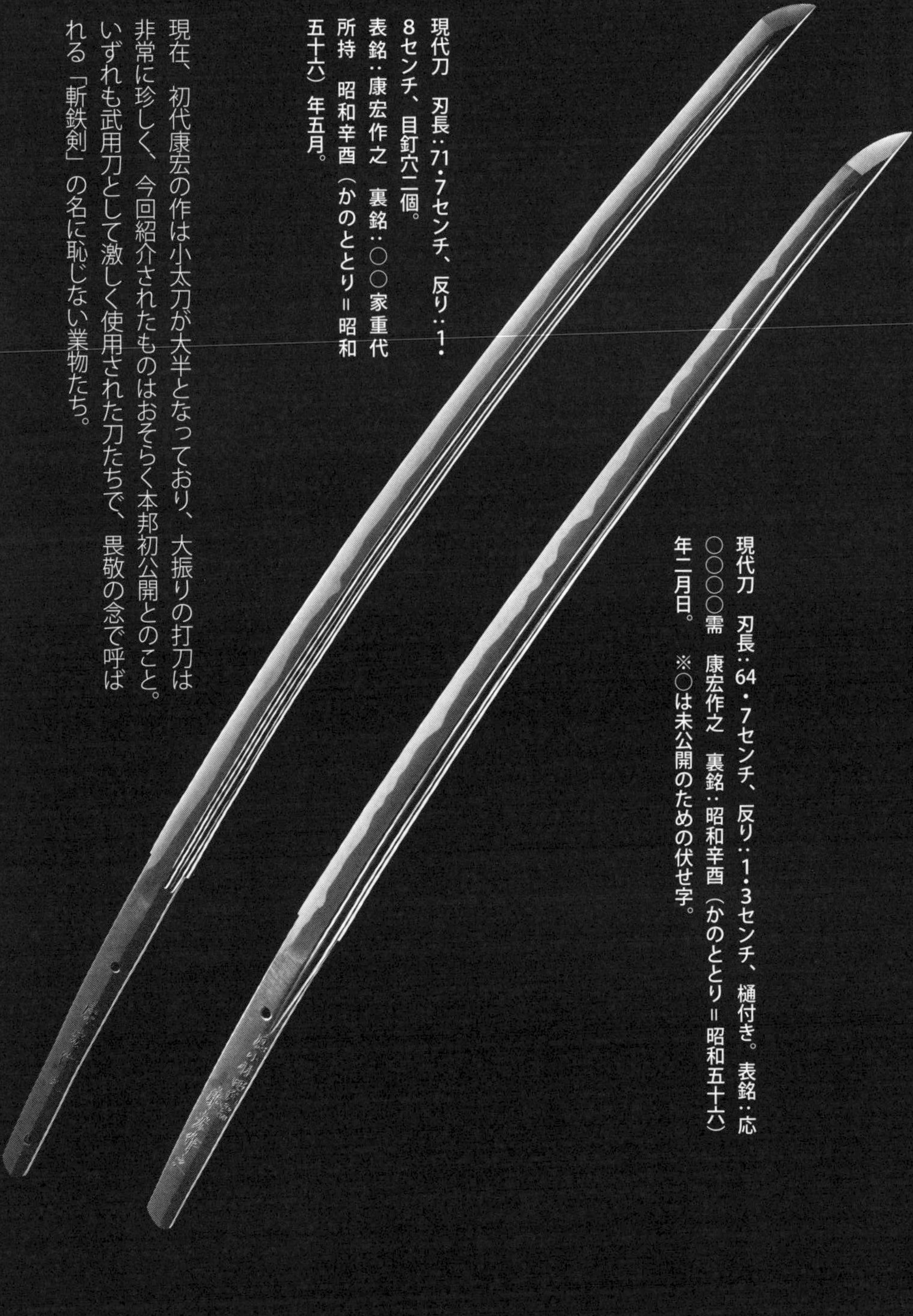

現代刀　刃長：71・7センチ、反り：1・8センチ、目釘穴二個。表銘：康宏作之　裏銘：○○家重代所持　昭和辛酉（かのととり＝昭和五十六）年五月。

現代刀　刃長：64・7センチ、反り：1・3センチ、樋付き。表銘：応○○○○需　康宏作之　裏銘：昭和辛酉（かのととり＝昭和五十六）年二月日。　※○は未公開のための伏せ字。

現在、初代康宏の作は小太刀が大半となっており、大振りの打刀は非常に珍しく、今回紹介されたものはおそらく本邦初公開とのこと。いずれも武用刀として激しく使用された刀たちで、畏敬の念で呼ばれる「斬鉄剣」の名に恥じない業物たち。

図3　鍛錬と構造図

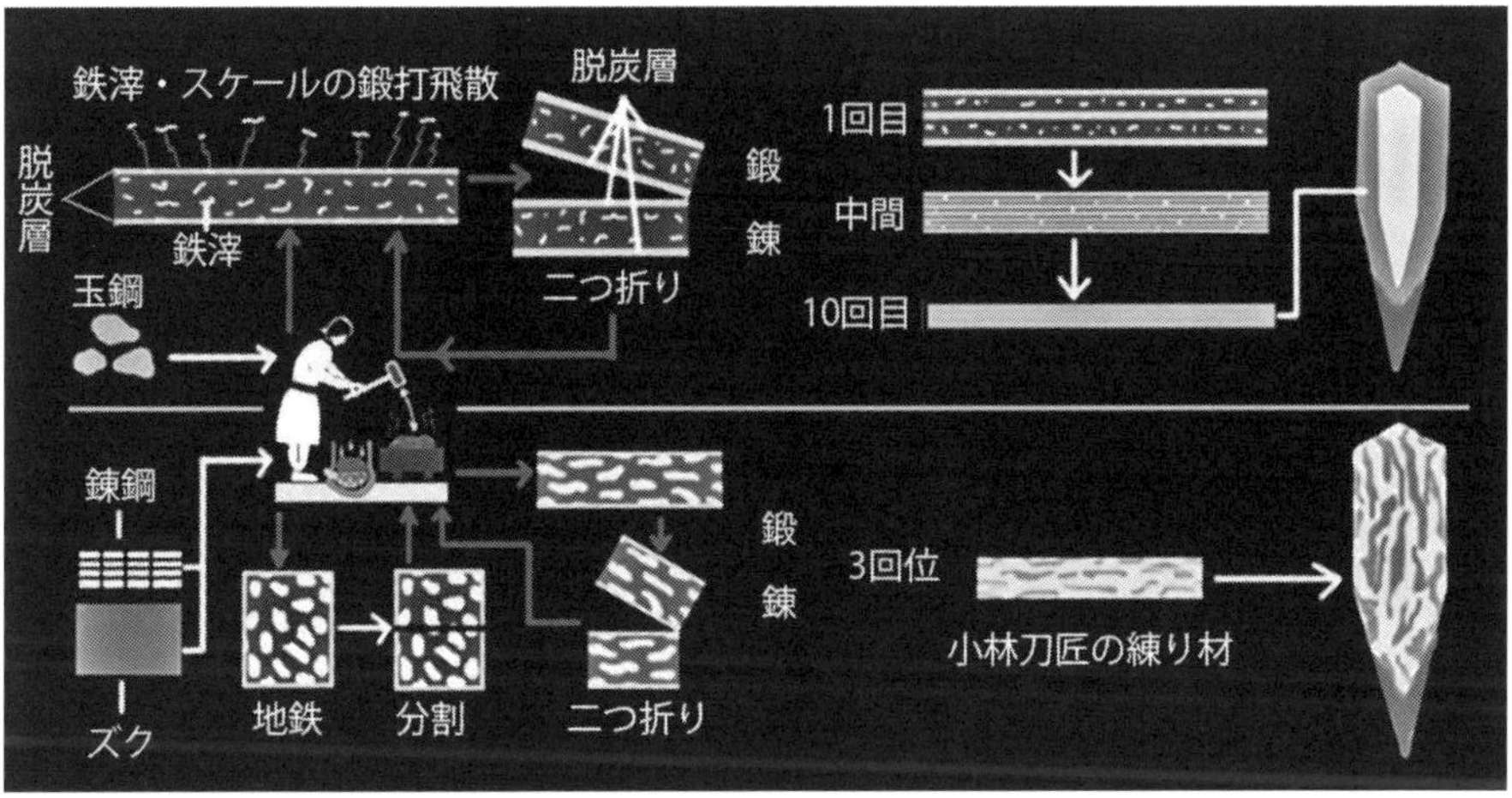

④炭素分布が均質化したという意味で鋼単体としては品質が向上する。ところが、均質な鋼が刀材に適している訳ではない。均質な普通鋼は、熱処理（焼入れ、焼鈍《なま》し）を如何に工夫しても、粘りと硬度の両立に自ずと限界があった。

※両立に自ずと限界があった：スプリングの熱処理は均質鋼でも強靭性を確保できる。

その為、硬・軟鋼を貼り合わせる種々の造り込みが考案された。所謂《いわゆる》「合わせ鍛え」である。合わせ構造の一つである心鉄構造は研ぎ直しの観点からも実用性がなく、強靭性は工夫された丸（無垢）鍛えに劣ることは既述した。加えて、折り返し鍛錬が鋼を強靭にするという妄想もあって、鍛錬回数が多いことを良しとした。辿りついた結果が、古刀より退化した日本刀だった。

八　丸鍛え

例え炭素量が不均質な鉄素材であっても、鍛錬回数を多くすると均質な地鉄となってしまう。鍛錬を少くするには不純物の少ない素材を選ぶ必要があった。また、少ない鍛錬は有用な鉄滓《てっさい》（ウスタイト系ノロ）を残留させる効果もあった（工藤博士の論理）。

液状の溶融製錬では、鉄滓が溶銑中から浮揚して容易に

写真5◆硬・軟鋼練り合わせ刀身の断面写真

（写真提供／㈱ハチオウ 森雅宣会長）

異なる炭素領域が木の年輪状に分布している。
これは、新々刀期の水戸の豪刀・勝村徳勝の刀身断面に近似している。

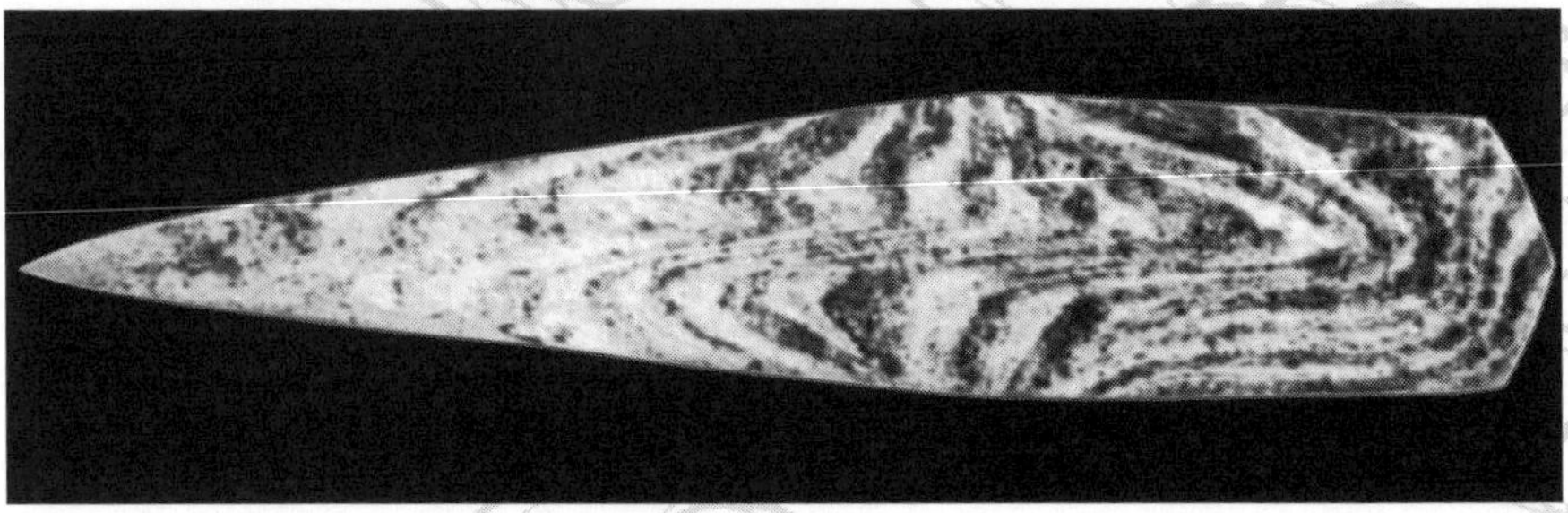

銑と分離出来る。また、銑（ズク）の融点は低く、不用元素の固溶も少ない。

不均質鋼を造るには、一、銑卸し、二、灌鋼の様に銑鉄（ズク）と錬鉄を混合する、三、炒鋼などの清浄な硬・軟鋼を混合する三つの方法があった。銑卸しは、卸す工程で不純物と不用元素が混入するリスクがある。小林刀匠は灌鋼近似の手法を採った。錬鉄には清純なスウェーデン鋼を選んだ。錬鉄には独自に考案した密閉型火炉が使われた。蜂目ズクと地鉄造りにはスウェーデン鋼の組合せ方と沸し方が最大の鍵になる。

図2には灌鋼近似の例を示したが、刀身断面（写真5）の炭素分布をみると、平板状の硬・軟鋼を交互に鍛接し、数回の折返し鍛錬で練り合わせたことを示している。練り材を造る折り返し鍛錬は、均質鋼を造る為の折り返し鍛錬とは意味が全く違う。火炉の沸しでは両素材の炭素交換が始まる。両素材の混合比率に依って適温を制御する秘訣があったと思われる。

九　古名刀の条件

元㈱安来製鋼所社長の工藤治人博士は安来鋼の開発者で、古刀研究の第一人者である。古刀鍛造の秘訣を次のように述べる。『一、打上げた時　炭素〇・四五～〇・五になるように素材

写真6　康宏刀を試す竹内氏（「月刊空手道」1983年7月号）
竹内海四郎氏レポート「武の足跡シリーズ⑥「現代刀工の革命家・小林康宏」より。

を選ぶ事。
二、初め高温に熱して除滓する和鋼独特の作業をしない事。
三、心金を用いず丸ギタエにする事。
四、なるべく低温に焼く事。
五、折り返しは少なくする事』

これは鎌倉・南北朝期の古名刀の鍛造に対する工藤博士の不動の考えだった。小林刀匠の鍛法は、工藤博士の古名刀に対する洞察と近似していた。

十　性能検証

康宏刀匠に密着取材した竹内氏は鍛冶研ぎを終った刀身で、鉄鋼片、ドラム缶、工作台の鉄足に試し斬りをした（写真6）。竹内氏は試斬の素人で、刃筋を立てるなど無縁の者である。刀身にとっては全く劣悪な環境での試斬だった。しかし、驚くことに刀身には全く異常が無かった。

この他、康宏刀を所持した武道家の評価は次の通りである。

●林流居合抜刀道師範、
殺陣師・林邦史朗氏談

「現代科学のデータや機械もドシドシ使っている。古刀と比

写真7　康宏刀を愛用する東郷秀信師範

康宏刀をもって数々の驚異的な試斬を行っている東郷秀信師範。写真は『秘伝』誌企画の卵斬り試斬（「秘伝」2007年11月号）。

べて遜色がない。今まで、色んな刀で斬ってみたが一番良い」

●戸山流抜刀術四段、俳優・滝田栄氏談

「小林先生の刀を四振り所持。二十世紀でなければ作れない日本刀だ。古刀は職人の技だけで、科学的分析や全ゆる試し切りのデータを基に作った訳ではない。戦国時代の刀と斬り合えば勝つでしょう。古刀と戦っても物怖じしないと思う。建設用の1cmφの鉄筋が切れた。古来の刀の凄さを追求しているようですが、美術品としても凄い作品だと思う」

●武道家・東郷秀信氏（写真7）の試斬（昭和五十九年当時）

孟宗竹（太さ6・5cm、肉厚6・5mm、水入り）を斜め切断。軟鋼のトタン板を紙のように切り裂く。刀身に異常無し。鉄板（厚さ2mmの鉄板に深さ2・7cmまで斬り込む。刀身に異常無し。

武道家達は、畏敬の念を込めて康宏刀を「斬鉄剣」と呼んだ。■

おわりに

現在、日本刀に関する情報は、ほとんどが刀身地刃の鑑賞視点に基づくものです。最も基本である使用鋼材と造り込みに関しては、日本刀史の終末に近い玉鋼と心鉄構造を安易に述べるに止まっていました。

本書は、根拠の乏しい刀剣資料を排除し、国内外の確かな考古学資料、金属遺物の分析、性能試験等の科学的論拠に基づく資料（出典資料名は割愛）のみを基軸にして、ある程度の日本刀の真実を明らかにしたつもりです。しかし、画像を多く、文字数を少なくという現代的風潮の体裁に則った為、概略表現に止まらざるを得ませんでした。只、日本刀諸情報の中で日本刀の実質を初めて大系的に明かにしたものと自負しています。

本書発刊に当たり、各種写真や資料、刀身現物をご提供戴いた自治体、博物館、刀剣商、個人の方々に、深甚な謝意を申し述べます。また、筆者の主張に着目戴いた（株）ＢＡＢジャパン社の東口敏郎代表、永きに亘り編集のご苦労をお掛けした塩澤祐也副編集長に厚く御礼申しあげます。

令和元年十一月

大村紀征

著者プロフィール

大村紀征　（おおむら ともゆき）

昭和41年（1966）3月、九州産業大学産業経営学科卒。同年4月、商社入社。日立造船情報システム（株）に移籍。システム開発や営業を歴任。取締役で退社。

著書:『情報検索論』、『CAD/CAM 概論』他。

平成8年（1996）、軍刀の現物調査開始。

平成10年より軍刀の資料的本格調査を開始。その過程で現在流布されている「たたら製鉄と日本刀」の概念に疑問を持ち、日本刀の研究も併せて開始。平成14年12月、「軍刀・日本刀」のホームページ開設。

平成15年、サイト支持者により「軍刀を語る会」が結成され、勉強会を実施。

平成17年2月、日本刀部門の独立サイト開設。

平成20年、「日本近代刀剣研究会」が発足し、顧問。

考古学に基づく製鉄と日本刀の普及啓蒙活動を実施。

現・福岡金属遺物談話会（幹事:福岡大学考古学研究室）受講。中世の国内鉄市場と日本刀地金のテーマを追求中。現代の美術刀剣界とは一線を画し、従来説に囚われない日本刀の真実を追求している。

装幀：谷中 英之
本文デザイン：リクリ・デザインワークス

真説“戦う日本刀”　“最高”と呼べる武器性能の探究

2019年12月30日　初版第1刷発行

著　　者　大村紀征
発 行 者　東口敏郎
発 行 所　株式会社ＢＡＢジャパン
〒151-0073 東京都渋谷区笹塚 1-30-11 4・5F
TEL　03-3469-0135　　FAX　03-3469-0162
URL　http://www.bab.co.jp/
E-mail　shop@bab.co.jp
郵便振替 00140-7-116767
印刷・製本　中央精版印刷株式会社

ISBN978-4-8142-0257-7　C2075

日本刀が斬れる理由、美しい理由

刀匠であり武道家でもある者だけが知る秘密、教えます。

刀匠であり武道家でもある者だけが知る秘密、教えます。隕石に含まれる鉄で作った隕鉄刀。持つと、不思議な気流を感じます。こんな不思議なものがこの世にある不思議！　世界最高峰の斬撃力！　世界最高峰の美しさ！　日本刀には、知られざる“理由”がある。

■松葉國正 著
■四六判　■ 180 頁
■本体 1,400 円＋税

目次
●第一章　日本刀よどこへ行く
刀鍛治／修業の果てに／日向の國の刀工國正となって／武士と日本刀／日本刀とは何か／者剣法／切っ先三寸と現代剣道、居合道／現代日本人は日本刀に活路を見出せる？　日本刀の今日的意味
●第二章　戦う日本刀
武技／戦闘様式と剣術の発達／現代において日本刀で戦うとは（抜かずに勝つ）／心に日本刀を持つ／斬れる刀とは
●第三章　刀を作るという事
日本刀を作る／鉄の話／大鍛冶と小鍛冶／鍛錬～鋼を練る＝均質に整える／日本刀の姿／焼き入れ
●第四章　日本刀と共に生きる
日本刀と修羅／日本刀が斬れる理由、美しい理由／合気と刀と無敵の境地／かっぺ刀工松葉國正の武と美を巡る人生は

全解　日本刀の実力

日本人の魂が宿る！　究極の武器

一閃で鉄も両断！　比類無き“斬撃の理”に迫る。日本刀の使い方、見方・選び方、製造工程…。これ一冊ですべてがわかる！　その深い輝きを放つ刀身と独特の反りは、我々の遺伝子に刻まれた記憶を呼び覚ます――。日本刀は単なる武器を超えた日本文化の結晶といえる。

■月刊秘伝特別編集 著
■ B5 判　■ 164 頁
■本体 1,500 円＋税

目次
●第 1 部 日本刀の使い方
卵を貫く、その鋭さ―東郷秀信師範／生きた日本刀の使い方―東郷秀信師範／日本刀、斬撃の理―東郷秀信師範／日本刀が養う、武術の手の内―東郷秀信師範／“兼元”―中川二三生師範／斬ることの意味―大和龍門師範／日本刀の操法―黒田鉄山師範／抜き、斬り、納める“侍”の日本刀操法―黒田鉄山師範
●第 2 部 日本刀の見方・選び方
日本刀のキホン／刀剣博物館に行ってみよう！／日本刀所有に必要な手続きとは？／刀剣店に訊く“好みの刀”の見付け方／“山田浅右衛門”試し銘の刀 ― 大東流合気武道本部長 石橋義久師範
●第 3 部 日本刀の造り方
日本刀が出来るまで／たたら製鉄／鋼を鍛える刀匠 小林康宏／深遠なる“研ぎ”の世界／装備金具・鞘

BOOK Collection

“常識”を捨てた瞬間に到達できる神速の剣術

気剣体一致の「改」

今なお進化し続ける「孤高の達人」が綴る、古流剣術に秘められた身体改造理論～「最大最小理論」「等速度運動理論」「無足の法」。今だから語れる“最高到達点”からの言葉! 武術理論が、あなたの“動き”を別次元に導く!

●黒田鉄山 著 ●四六版 ●228頁 ●本体1,700円+税

常識では決して届かない“見えない技”の極限領域

気剣体一致の「極」 「居合術編·棒術編」

現代に生きる名人·達人の域に達した、振武舘·黒田鉄山師が語る、現代人の想像を超えた古流武術身体論!あらゆる武術にもスポーツにも参考となる、重大な手掛かりが綴られた歴史的好著!

●黒田鉄山 著 ●四六版 ●272頁 ●本体1,700円+税

『五輪書』の原典から読み解く

武蔵“無敗”の技法

「最重要文書『兵道鏡』『円明三十五ヶ条』の解読」 武蔵の技、再現。『五輪書』以前に、すでに武蔵によって書かれていた『兵道鏡』『円明三十五ヶ条』。ここには“勝つ技術”が詳細に書かれていた!『五輪書』を読んでも分からなかった答はここにある!

●赤羽根龍夫 著 ●四六版 ●232頁 ●木体1,400円+税

何をやってもうまくいく、とっておきの秘訣 **武術の“根理”**

剣術、空手、中国武術、すべて武術には共通する“根っこ”の法則があります。さまざまな武術に共通して存在する、身体操法上の“正解”を、わかりやすく解説します。剣術、合気、打撃、中国武術…、達人たちは実は“同じこと”をやっていた!? あらゆる武術から各種格闘技、スポーツ志向者まで、突き当たっていた壁を一気に壊す重大なヒント。これを知っていれば革命的に上達します。

●中野由哲 著 ●四六判 ●176頁 ●本体1,400円+税

触れるだけでカラダの奥が動き出す

サムライメソッドやわらぎ 皮絡調整術と無意識領域の運動

覚刺激だけ! 0秒で起きるカラダの奇跡!! 皮膚刺激によって、固まっていたカラダの奥底を動くようにする、平直行の新メソッド! 書のメソッドは筋力アップでも、より良い動きを覚えていく事でもない、ただの覚醒。だから0秒で体が変わる!

●平直行 著 ●四六判 ●200頁 ●本体1,400円+税